国家级一流本科专业建设点监狱学·系列教材

罪犯教育学（第二版）

Criminal Pedagogy

王雪峰／主编

法律出版社
LAW PRESS·CHINA
北 京

图书在版编目(CIP)数据

罪犯教育学 / 王雪峰主编. -- 2 版. -- 北京 : 法律出版社, 2022
ISBN 978 - 7 - 5197 - 6444 - 9

Ⅰ. ①罪… Ⅱ. ①王… Ⅲ. ①犯罪分子 - 教育学 Ⅳ. ①D916.8

中国版本图书馆 CIP 数据核字(2022)第 031068 号

罪犯教育学(第二版)
ZUIFAN JIAOYUXUE(DI - ER BAN)

王雪峰 主编

责任编辑 慕雪丹
装帧设计 汪奇峰

出版发行 法律出版社
编辑统筹 法商出版分社
责任校对 赵明霞
责任印制 胡晓雅
经　　销 新华书店

开本 710 毫米 × 1000 毫米 1/16
印张 19.25 **字数** 330 千
版本 2022 年 6 月第 2 版
印次 2022 年 6 月第 1 次印刷
印刷 永清县金鑫印刷有限公司

地址:北京市丰台区莲花池西里 7 号(100073)
网址:www.lawpress.com.cn
投稿邮箱:info@lawpress.com.cn
举报盗版邮箱:jbwq@lawpress.com.cn

销售电话:010 - 83938349
客服电话:010 - 83938350
咨询电话:010 - 63939796

书号:ISBN 978 - 7 - 5197 - 6444 - 9
定价:46.00 元

凡购买本社图书,如有印装错误,我社负责退换。电话:010 - 83938349

编辑委员会

主　编：王雪峰

副主编：李为忠　高海平　李朝运

撰稿人：王雪峰　王　辉　刘　康

刘　燕　李为忠　李朝运

李朝霞　柯淑珍　高　畅

高海平　谢　薇

总　　序

如果从20世纪初国人翻译日本学者佐藤信安、小河滋次郎等人的监狱学著作算起,现代意义的监狱学在中国出现已有百余年。历经百年沧桑,监狱学已经发展成为涵盖数十门分支学科的学科群。从移译西学到自主创新,从依附西方到独立自主,中国监狱学的百年发展成为中国学术由弱到强发展历程的缩影。

2018年,为推进教材建设,中央司法警官学院启动了监狱学系列教材编写的计划,首批推出五本教材,分别是《犯罪心理学》《监狱学基础理论》《狱政管理学》《罪犯教育学》《法医学》。教材出版得到了兄弟院校的支持和肯定。三年来,高等教育形势发生了变化,监狱工作改革不断推进,司法警官教育取得了一系列成绩,现实对教材建设提出了新要求、新期待。

从全国高等教育形势来看,全国教育大会胜利召开,为加快推进教育现代化、建设教育强国、办好人民满意的教育指明了方向;教育部发布《关于加快建设高水平本科教育　全面提高人才培养能力的意见》(新时代高教40条),教育部会同14个中央部委和单位联合推出"六卓越一拔尖"计划2.0;教育部、财政部、国家发展改革委联合发布《关于高等学校加快"双一流"建设的指导意见》,明确"双一流"建设的核心是人才培养;《深化新时代教育评价改革总体方案》印发,对引导全党、全社会树立科学的教育发展观、人才成长观、选人用人观具有重大意义。

从监狱改革发展来看,2018年以来连续召开了两次全国监狱工作会议,要求提高政治站位,夯实监狱事业发展基石,狠抓内部管理,深化监狱改革,打造过硬队伍,不断开创监狱工作新局面。2019年4月,中共中央办公厅、国务院办公厅印发《关于加强和改进监狱工作的意见》,要求努力建设一支信念坚定、执法为民、敢于担当、清正廉洁的高素质监狱人民警察队伍。并强调,加强教学练战一体化培训,进一步加强司法行政系统所属院校警察类专业毕业生培养和入警工作。同时,《刑法修正案(十一)》施行,《社区矫正法》以及2020年修订后的《未成年人保护法》《预防未成年人犯罪法》正式实施,这些新法的出台,都要求监狱学专业教育教学内容作出及时调整。

作为监狱学研究和教学的重要机构,中央司法警官学院三年来取得了一系列成绩。2019年12月,经教育部高等学校教学指导委员会评议,中央司法警官学院监狱学专业、侦查学专业获批国家级一流本科专业建设点。这是全国首个监狱学一流本科专业建设点,标志着司法行政系统所属高等院校学科专业建设取得历史性突破,对提升人才培养质量、增强服务监管改造工作能力和水平具有重要意义。此后,狱内侦查学入选首批国家级一流本科课程,罪犯教育学课程和团队被评为国家级课程思政示范课程和团队,"新文科建设框架下的监狱学专业升级改造"成功获批教育部首批新文科研究与改革实践项目。

在上述背景下,监狱学专业人才培养目标、培养规格、课程体系乃至教学方式方法等都有必要作出相应调整。为此,我们组织校内外相关学者,同时吸收实务部门专家共同编写"国家级一流本科专业建设点监狱学系列教材"。

教材是教育理念的反映,同时也引领教育理念的变革。一些重要的教育理念,往往可以通过教材内容、形式的变化得到反映。教育需求决定教育创新,学习需要影响教学方式。诚如陶行知先生所说,教的法子必须根据学的法子,学习方式的变革正在悄悄影响着教学方法和教学理念。在教材编写过程中,我们充分考虑学习需求,努力贯彻"学生中心、产出导向、持续改进"理念。注重将价值塑造、知识传授和能力培养三者融为一体,力争体现高阶性、创新性和挑战度。同时,在教材体例上作出调整,在每章之前增加了重点提示,章末设置研究与思考题,在章节中增加图例、图表、专栏或案例,尽量方便学生自学。

期待这个系列教材能为监狱学专业的教育变革、为司法警官教育的高质量发展作出应有的贡献。

中央司法警官学院教材编审委员会

2021年7月

第二版前言

《罪犯教育学》（司法部部级重点学科监狱学、教育部财政部高等学校特色专业建设点监狱学系列教材）于2019年出版，已在中央司法警官学院监狱学专业2016级、2017级、2018级使用了三届，也被国内相关院校教师选用。在使用过程中，我们发现了一些表达不甚确切以及不方便学生自主学习之处。为了建设好国家级一流本科专业监狱学、侦查学建设点，我们组织力量开展修订工作。

此次修订，在每章之前增加"重点提示"，在每章之后设置"研究与思考"，在章节中增加专栏或案例，以便于学生自主学习、延伸阅读。

参加修订的人员以原书撰稿人为主，重点修订的两章（第十二章"劳动教育"、第二十章"中外监狱罪犯教育比较"）邀请福建警察学院刑罚执行系柯淑珍教授、山东政法学院警官学院李朝霞副教授参加。各章具体修订分工情况如下：

第一章　绪论（王雪峰）
第二章　罪犯教育目的（王雪峰）
第三章　罪犯教育规律（王雪峰）
第四章　罪犯教育功能（李为忠）
第五章　罪犯教育的指导思想与理念（王雪峰）
第六章　罪犯教育原则（王雪峰）
第七章　罪犯（王雪峰）
第八章　监狱人民警察（李朝运）
第九章　思想教育（高海平）
第十章　文化知识教育（李为忠）
第十一章　职业技术教育（李为忠）
第十二章　劳动教育（柯淑珍）

第十三章　集体教育(王雪峰)
第十四章　分类教育(刘燕)
第十五章　个别教育(谢薇)
第十六章　社会教育(高畅)
第十七章　监狱文化(高海平、王雪峰)
第十八章　入监教育和出监教育(刘康)
第十九章　罪犯教育改造质量评估(王辉)
第二十章　欧美国家的罪犯教育(李朝霞)

需要说明的是,此次修订,第四章更名为“罪犯教育功能”,第二十章更名为“欧美国家的罪犯教育”,其余各章一仍其旧。李为忠老师在修订过程中付出了大量辛勤劳动,高海平、李朝运老师协助主编做了部分修订工作,在此深表谢意。

2021 年 8 月 10 日

第一版前言

罪犯教育学是我校监狱学专业的核心课程,也是监狱学专业(心理矫治方向)和侦查学专业(狱内侦查方向)的专业选修课,多年来在中央司法警官学院课程体系建设当中占有重要位置。经过多位课程负责人辛勤努力,2009 年罪犯教育学教学团队被评为院级教学团队,2011 年罪犯教育学被评为河北省精品课程。

从教材建设来看,我校的罪犯教育学课程使用过中央劳改劳教管理干部学院时期的《罪犯教育学》暂编补充教材、《罪犯教育学》(《罪犯教育学》编写组编写,杜雨主编,陕西人民出版社 1989 年版)教材,中央司法警官教育学院时期的《监狱教育学》(杜雨主编,法律出版社 1996 年版)教材,以及中央司法警官学院时期的《罪犯教育学》(王秉中主编,群众出版社 2003 年版)教材。

自 2003 年版《罪犯教育学》(王秉中主编,群众出版社出版)问世以来,中国监狱改革和发展形势发生了很大变化,监狱体制改革在深化、监狱布局在调整、监狱工作“三化”在推进,三次全国监狱工作会议胜利召开(分别是 2007 年、2015 年和 2018 年),“5 +1 +1 模式”推出,循证矫正、治本安全观等理念渐次提出。为适应监狱改革发展的变化,罪犯教育学教材也应当与时俱进,作出必要的调整。在此背景下,经学校研究决定,我们组织校内外从事罪犯教育学教学的教师,并吸收了实务部门的民警,编写了这本教材。

本着继承和创新相结合的原则,本教材保留了 2003 年版教材的基本体例和少许内容,同时吸收了《罪犯教育理论专题研究》(王雪峰等著,法律出版社 2014 年版)以及近年发表的一些相关论文的观点。在此,一并向原作者表示诚挚感谢。

本教材聘请夏宗素教授和王秉中教授担任顾问,由王雪峰教授担任主编,李为忠、高海平、李朝运副教授担任副主编,参加编写的人员包括(按照教材章节次序):中央司法警官学院王雪峰(博士)教授,中央司法警官学院李为忠(博士)副教授,中央司法警官学院李朝运副教授,中央司法警官学院郭顺祥教授,河北司法警官职业学院刘燕讲师,湖南司法警官职业学院谢薇讲师,中央司法警官学院高畅教授,中央司法警官学院高海平副教授,北京市天河监狱教育科党支部书记刘康,北京工业大学王辉(博士)讲师,中央司法警官学院刘光国教授、陈恺林讲师。各章具体编写分工如下:

第一章　绪论(王雪峰)
第二章　罪犯教育目的(王雪峰)
第三章　罪犯教育规律(王雪峰)
第四章　罪犯教育的功能和价值(李为忠)
第五章　罪犯教育的指导思想与理念(王雪峰)
第六章　罪犯教育原则(王雪峰)
第七章　罪犯(王雪峰)
第八章　监狱人民警察(李朝运)
第九章　思想教育(李为忠)
第十章　文化知识教育(李为忠)
第十一章　罪犯职业技术教育(李为忠)
第十二章　劳动教育(郭顺祥)
第十三章　集体教育(王雪峰)
第十四章　分类教育(刘燕)
第十五章　个别教育(谢薇)
第十六章　社会教育(高畅)
第十七章　监狱文化(高海平、王雪峰)
第十八章　入监教育和出监教育(刘康)
第十九章　罪犯教育改造质量评估(王辉)
第二十章　中外监狱罪犯教育比较(刘光国、陈恺林)

教材作为教学活动的基本载体,既要采用学界通说、传递稳定的知识,又不能墨守成规、落后于时代。从某种意义上来说,教材编写较专著撰写更为困难,可谓戴着镣铐起舞。随着2018年人力资源社会保障部等六部门《关于进一步加强司法行政机关人民警察招录培养工作的意见》(人社部发〔2018〕20号)的出台，监狱学专业、监狱学专业（心理矫治方向）和侦查学专业（狱内侦查方向）的人才培养目标定位和课程体系建设、教材建设、教学方式方法都面临着变革。

在此人才培养体制交替之际，本教材只能算是一本过渡性的版本。因部分章节编写仓促，其中的错讹之处在所难免，希望使用者将使用中发现的问题告诉我们，以便在编写下一本教材时予以改正。

目录

Contents

第一章 绪　论

重点提示

1. 教育是人的发展的重要外部影响因素。凡是增进人们的知识和技能、影响人们的思想品德的活动，都是教育。罪犯教育是教育的一种特殊类型。

2. 罪犯教育是监狱机关对罪犯开展的，以改造人、教育人为目的，以文化知识、生产技能、思想道德、行为规范为内容，有组织、有计划、强制性的系统影响活动。

3. 罪犯教育与普通教育的不同首先取决于教育对象的不同，由于罪犯教育和普通教育对象不同，由此导致两者在教育目的、教育内容、教育方法等方面也出现不同之处。

4. 罪犯教育的基本问题和基本原理涉及罪犯教育目的、罪犯教育的原则、罪犯教育的规律、罪犯教育的实施者、罪犯教育的对象、罪犯教育的内容、罪犯教育的方法、罪犯教育的过程、各种类型罪犯的教育、欧美国家的罪犯教育等。

5. 学习罪犯教育学有利于了解教育改造工作的状况，有利于提高监狱民警的理论素养，也有利于提高改造质量。

监狱工作千头万绪，但是从“惩罚与改造相结合，以改造人为宗旨”这一监狱工作方针来看，监狱的根本任务是改造罪犯。在监狱工作实践当中，一般把劳动改造、监管改造和教育改造称为“三大改造手段”。罪犯教育学是研究监狱中教育改造罪犯现象和规律的学科，是监狱教育改造工作理论化的表现。罪犯教育实践有一个产生和发展的过程，罪犯教育学的学科发展也有一个不断成熟的过程。罪犯教育学是监狱学学科的主要分支，是监狱学专业的核心课程，其重要性毋庸置疑。罪犯教育学与法学、教育学等相关学科有着千丝万缕的联系，剖析罪犯教育学与相关学科的关系有利于更好地理解罪犯教育学的学科性质。学习罪犯教育学必须坚持理论联系实际的原则，必须有国际化视野。

第一节　教育与罪犯教育的基本概念

一、教育及其重要性

人通过教育而获得成长,甚至可以说,没有教育人就不能成为真正的人。在现代社会,教育更是受到人们的极大的重视,“知识改变命运”“教育:财富蕴藏其中”“再穷不能穷教育”“不要让孩子输在起跑线上”等说法耳熟能详。

虽然我们每个人都置身于教育环境当中,有些人还直接从事教育工作,但是关于什么是教育这个问题,大部分人并没有很好地思考过。

社会学者或者教育社会学者认为,“教育就是系统地将年轻一代社会化”。迪尔凯姆认为,教育是“把本是作为自然人而降生的儿童,培育成为社会一员的工作”。①“教育是年长的几代人对社会生活方面尚未成熟的几代人所施加的影响。其目的在于,使儿童的身体、智力和道德状况都得到某些激励与发展,以适应整个社会在总体上对儿童的要求,并适应儿童将来所处的特定环境的要求。”②

在教育学者看来,教育可以从广义和狭义两个方面来分析:“广义的教育是指,凡是有目的地增进人的知识技能,影响人的思想品德,增强人的体质的活动,不论有组织的或是无组织的,系统的或是零碎的,都是教育……狭义的教育是指专门组织的教育……它是根据一定社会的现实和未来需要,遵循年轻一代身心发展的规律,有目的、有计划、有组织地引导受教育者获得知识技能,陶冶思想品德、发展智力和体力的一种活动,以便把受教育者培养成为适应一定社会(或一定阶级)的需要和促进社会发展的人。”③

---

① [日]日本筑波大学教育学研究会编:《现代教育学基础》,钟启泉译,上海教育出版社1986年版,第3页。

② 张人杰主编:《国外教育社会学基本文选》,华东师范大学出版社1989年版,第9页。

③ 王道俊、王汉澜主编:《教育学》,人民教育出版社1989年版,第41页。

专栏 1-1 教育的概念

"从广义上说,凡是增进人们的知识和技能、影响人们的思想品德的活动,都是教育。狭义的教育,主要指学校教育,其涵义是教育者根据一定社会(或阶级)的要求,有目的、有计划、有组织地对受教育者的身心施加影响,把他们培养成为一定社会(或阶级)所需要的人的活动。"

资料来源:中国大百科全书总编辑委员会《教育》编辑委员会、中国大百科全书出版社编辑部编:《中国大百科全书》(教育卷),中国大百科全书出版社 1985 年版,第 1 页。

也有学者从一般哲学意义上来分析教育的内涵,给出了普适性的教育的解释。例如,德国学者沃尔夫冈·布列钦卡这样定义教育:"所谓教育,就是人们尝试持续在任何一方面改善他人心理素质结构,或者保留其心理素质结构中有价值的部分,或者避免不良心理素质形成的行动……该定义的最简洁表达方式就是:教育是人们尝试在任何一方面提升他人人格的行动。"①

教育就是提升他人的人格,但是这样的理解还仅仅是从"增加"人的某些素质的角度来看的。实际上,布列钦卡在给出"最简洁表达方式"之前的那句话更重要:"所谓教育,就是人们尝试持续在任何一方面改善他人心理素质结构,或者保留其心理素质结构中有价值的部分,或者避免不良心理素质形成的行动。"

也就是说,教育就是改变人的心理素质结构的一种努力,这种改变可能是"保留",可能是"避免",可能是"增加",也可能是"减少"。从这个意义上来理解教育,我们就能把握教育的多重特征,也就能更好地理解罪犯教育的内涵。

二、罪犯教育的概念及辨析

(一)罪犯教育的概念

教育实践活动分布的空间很广泛,一般把教育分为家庭教育、学校教育和社会教育,这多半是着眼于教育分布的空间不同。如果再进一步区分的话,根据学校的各种类型,可以把教育分为学前教育、初等教育、中等教育和高等教育等。在监狱,我们为服刑罪犯开设了特殊学校,在特殊学校开展的教育就是罪犯教育的一个重要方面。

当然,仅仅从空间视角来理解不同的教育显然是不够的。因为即使在学校教

---

① [德]沃尔夫冈·布列钦卡:《教育科学的基本概念:分析、批判和建议》,胡劲松译,华东师范大学出版社 2001 年版,第 75 页。

育领域,也有普通教育、职业教育、成人教育、高等教育等不同的类型,这些区分并不是以空间为标准划分的;而很可能是根据教育的对象不同,教育目的不同,教育方法和组织形式不同,教育的性质不同而作出的区分。重要的是,我们要知道,教育不仅仅存在于学校内部,家庭生活、社会生活中也广泛地存在教育实践活动。既然如此,在监狱这种特殊的社会机构当中发生的教育实践活动,我们就可以将其称为罪犯教育。

司法部监狱专业教材编辑部编审、王明迪主编的《罪犯教育概论》这样定义罪犯教育:"罪犯教育亦称对罪犯的教育改造,其概念有广义与狭义之分。广义的教育改造,是指监狱在执行刑罚过程中,所进行的一切凡能改造罪犯思想、品德,矫正犯罪恶习和增进罪犯知识、技能的所有活动,即人们常说的'大教育';狭义的教育改造仅指监狱为改造罪犯而进行的有目的、有计划、有组织的思想、文化、技术教育,即人们常说的'三课教育'以及经常进行的个别教育。"①

全国高职高专教育法律类专业教学指导委员会审定、赵卫宽主编的教材《罪犯教育》这样定义罪犯教育:"罪犯教育是指我国监狱在刑罚执行过程中对罪犯强制实施的以转变罪犯思想、矫正罪犯恶习为核心内容,结合文化、技术、心理健康教育进行的有目的、有计划、有组织的系统的影响活动。"②

全国司法警官院校"十二五"规划教材《罪犯教育学》对罪犯教育的定义是:"罪犯教育是我国监狱机关在依法对罪犯实施惩罚的前提下,从改造人、教育人的目标出发,结合生产劳动,有目的、有计划、有组织地强制实施的转变世界观、矫正恶习、灌输文化科学知识和培养生产技能的活动。"③

上海高校本科法学专业(刑事司法方向)教育高地建设系列教材《罪犯教育学》对罪犯教育的定义是:"罪犯教育是国家监狱依法对罪犯实施的有目的、有计划、有组织的系统教育改造影响,以促使罪犯个体的再社会化和社会的再个性化,使罪犯成为守法公民的实践活动。"④

通过对上述罪犯教育概念的比较,我们将罪犯教育概念的要点归纳为以下四个方面:

第一,罪犯教育的对象——监狱的服刑人员,按照《监狱法》的规定,称为罪犯;

第二,罪犯教育的目标——改造人、教育人;

---

① 王明迪主编:《罪犯教育概论》,法律出版社 2001 年版,第 1 页。

② 赵卫宽主编:《罪犯教育》,中国政法大学出版社 2010 年版,第 1 页。

③ 魏荣艳主编:《罪犯教育学》,中国检察出版社 2011 年版,第 3 页。

④ 贾洛川主编:《罪犯教育学》,广西师范大学出版社 2008 年版,第 10 页。

第三,罪犯教育的特征——有目的、有计划、有组织、强制性;

第四,罪犯教育的内容——文化知识、生产技能、思想道德、行为习惯。

综合以上要点,本书给出罪犯教育概念的如下定义:

罪犯教育是监狱机关对罪犯开展的,以改造人、教育人为目的,以文化知识、生产技能、思想道德、行为规范为内容,有组织、有计划、强制性的系统影响活动。

显然,这个定义兼顾了广义和狭义两种定义的内涵,但是更偏重于狭义方面。也就是说,本书所说的罪犯教育,主要涉及监狱中经常说的"三课教育"(思想课、文化课、技术课)和个别教育。但是,由于在监狱行刑中始终贯彻着"行刑教育化原则",也就是说,"监狱在刑罚执行中将教育活动贯彻刑罚执行始终,以促使罪犯改过自新",[①]监狱刑罚执行的其他各项活动无疑也具有了教育的色彩,这就是广义的罪犯教育。

(二)罪犯教育概念的辨析

上述罪犯教育定义强调了教育改造活动的目的性、计划性和组织性,这一特征与教育活动是相同的,是教育改造的教育性的体现。因为这三点是教育活动与环境的随机影响相区别的重要特征。同时,这一定义又强调了教育改造的强制性特征,这是教育改造活动不同于普通教育活动的重要一点,也是其法制性的体现。

1. 罪犯教育与教育改造、监狱教育

与罪犯教育同时存在、意义相近的概念还有两个,即教育改造、监狱教育。正如前文所说,教育改造是监狱的三大改造手段之一,是监狱中改造罪犯的一种实践活动,教育改造就因此种实践而得名。罪犯教育是在监狱当中发生的,监狱教育也就因此种特殊空间而得名。罪犯教育是以监狱中的服刑人员(罪犯)为对象的,罪犯教育也就因此种对象而得名。也就是说,教育改造、监狱教育、罪犯教育这三个概念分别是以实践、空间、对象为着眼点来命名的。

从以往的教材或者学科名称上看,有的称为教育改造学,有的称为监狱教育学,也有的称为罪犯教育学。但是,使用监狱教育学这个概念的学者很少,使用教育改造学和罪犯教育学的学者占绝大多数。虽然教育改造这一用法在监狱工作实践当中依然很普遍,但2000年以后出版的相关著作,基本上都以罪犯教育学命名,这可以说是学界的共识。因此,本书也以罪犯教育学命名,并将监狱教育改造罪犯的相关活动称为罪犯教育。但是,需要说明的是,监狱工作实践领域,罪犯教育一般称

---

① 夏宗素主编:《监狱学基础理论》,法律出版社1998年版,第42页。

为教育改造。两者是学术语言与工作语言的关系,某种程度上可以互换。从工作机构的设置上看,也存在这种情况。司法部监狱管理局是全国教育改造工作的组织管理机构,而所设的教育改造处则是具体办事机构。各省(自治区、直辖市)监狱管理局设置教育改造处,负责具体处理本省(自治区、直辖市)监狱系统的教育改造工作。监狱设置教育改造科,负责处理日常的教育改造工作。由此可见,在实践层面,与罪犯教育相对应的概念就是教育改造。因此,根据表述需要,本书有时候也会采用教育改造的说法。

2. 罪犯教育与罪犯矫正

自20世纪90年代以来,随着罪犯心理矫治工作的推进,同时随着监狱工作国际化程度的加强,“矫正”一词在监狱学领域使用的频率开始增加。2001年,全国高等教育自学考试指导委员会将“矫正教育学”列入“监所管理专业”独立本科段教学计划,并于2002年组织编写出版了《矫正教育学》教材。同年,经教育部批准,中央司法警官学院设置教育学专业(矫正教育方向)。2007年,“矫正教育学”经专家评审被列为部级重点建设学科。2003年,社区矫正试点工作正式推行,受其影响,监狱领域也逐渐接受并更多地使用“矫正”一词。从2012年开始,在司法部的大力推动下,循证矫正理念逐渐进入监狱学理论研究者和实际工作者的视野。① 在上述因素的共同影响下,“矫正”一词在监狱工作和监狱理论研究中频繁出现。

在学术研究层面,进入21世纪以来,出现了一批以“矫正”命名的著作,其中比较有代表性的有:夏宗素主编《矫正教育学》(法律出版社2002年版),夏宗素著《罪犯矫正与康复》(中国人民公安大学出版社2005年版),高莹主编《矫正教育学》(教育科学出版社2007年版),于爱荣等著《矫正技术原论》(法律出版社2007年版),张晶著《走向启蒙:基于监狱·矫正的视角》(法律出版社2008年版),于爱荣著《四维矫正激励——基于未成年犯的视角》(中国长安出版社2009年版),张婧著《监狱矫正机能之观察与省思》(中国人民公安大学出版社2010年版),翟中东著《矫正的变迁》(中国人民公安大学出版社2013年版),夏苏平、狄小华著《循证矫正中国化研究》(江苏人民出版社2013年版)等。

早在20世纪80年代末90年代初,“矫正”一词就已经进入我国监狱学界,《矫正导论》(克莱门斯·巴特勒斯著)、《美国监狱制度——刑罚与正义》(理查德·霍金斯等著)等就是当时的代表性著作。但是,那时候的“矫正”还是一个与“改造”有着明显差异的概念。在多数学者看来,“矫正”是西方的概念,而“改造”是有中国特

① 参见王雪峰:《从“改造”到“矫正”——基于循证矫正理念对罪犯改造问题的思考》,载《犯罪与改造研究》2013年第8期。

色的专有名词。1993 年出版的《中国劳改学大辞典》这样解释“改造”一词:“从根本上改变旧的创造新的活动。劳动改造学中的改造,特指我国劳动改造机关依法执行刑罚的过程中,为使罪犯成为拥护社会主义制度的守法公民和对社会主义建设的有用之材,对罪犯实施具有法定强制性的监管劳动、教育等全部活动。”①同时,该辞书对“矫正”的解释是:“纠正罪犯不良心理倾向和行为习惯的行刑制度。‘矫正’一词源于西方国家,主要指通过监禁隔离、教育感化、心理治疗和技术培训等措施,使罪犯逐步适应社会生活而进行的活动。”②

比较上述两个概念就可以发现,当时的学界一般认为,“矫正”主要针对的是罪犯的心理和行为,而“改造”则更加注重思想。然而,不可否认的是,“改造”和“矫正”实际上都在指向同一种制度(刑罚执行)、同一个目标(使罪犯回归社会、成为守法公民)。因此,进入 21 世纪以后,学者们一般都在求大同、存小异的原则下,将两者视为“基本一致”,并在学术表达中根据侧重点不同而灵活使用。③ 在本书中,罪犯教育与罪犯矫正这两个概念多数情况下是作为同义词使用的。

三、罪犯教育的特点

罪犯教育是一种特殊的教育活动,这主要是和普通教育相比较而言的。罪犯教育与普通教育的不同首先取决于教育对象的不同,由于罪犯教育和普通教育对象不同,由此导致两者在教育目的、教育内容、教育方法等方面也出现不同之处。

(一)罪犯教育的对象具有特殊性

普通教育的对象一般是学龄儿童、青少年以及一些接受继续教育的普通公民,这些人的人生观、世界观、价值观以及道德品质或者正在形成之中,或者已经形成且基本符合社会要求,他们在遵守社会规范方面没有重大偏差或过失。监狱中的罪犯则是社会上的越轨者、犯罪人,他们在人生观、世界观、价值观以及道德品质方面可能出现了这样或者那样的偏差,从而实施犯罪行为。由于罪犯教育对象具有的这种特殊性,所以会出现以下的五个特点。

(二)罪犯教育的目的具有特殊性

学校教育的方针是“培养德、智、体、美等方面全面发展的社会主义建设者和接班人”,而由于罪犯教育对象的特殊性,罪犯教育目的就更多考虑到可能性和现实

---

① 中国劳改学会编:《中国劳改学大辞典》,社会科学文献出版社 1993 年版,第 408 页。

② 中国劳改学会编:《中国劳改学大辞典》,社会科学文献出版社 1993 年版,第 621 页。

③ 参见夏宗素:《罪犯矫正与康复》,中国人民公安大学出版社 2005 年版,第 11 – 13 页;于爱荣:《四维矫正激励——基于未成年犯的视角》,中国长安出版社 2009 年版,第 19 页。

性,是为了把罪犯"改造成为守法公民"。确定了这样的罪犯教育目的,罪犯教育的内容、形式、方法等也会随之有所不同。

(三)罪犯教育活动发生的场所具有特殊性

由于罪犯是社会规范的破坏者,所以从社会学角度说他们的社会化过程就不是基本社会化或者继续社会化,而属于再社会化。基本社会化主要发生在家庭和学校当中,而再社会化则在特定的社会司法机构当中进行,具有一定的强制性,罪犯也由此完全或者部分地失去了人身自由,在监狱这种"全面控制机构"(total institutions)完成其再社会化过程。①

(四)罪犯教育的内容具有特殊性

普通教育是围绕着使受教育者适应社会生活展开的,所以在学校中教育是以文化知识的学习为主,以智力、道德品质、审美情趣、身体素质等方面水平的提升为目的设置相应的教育内容;而继续教育则主要是学习、补充所需的新知识技能。在罪犯教育当中,为了矫正罪犯有悖社会规范的行为习惯、思维方式、道德品质、审美取向,教育内容就应当以法律规范、道德规范教育为主,围绕回归社会开展文化知识、职业技术教育,必要时还应进行心理矫治。

(五)罪犯教育的组织形式和方法具有特殊性

班级授课是学校教育的基本组织形式,现场教学、个别教学则是必要的辅助形式。由于罪犯的年龄、知识水平参差不齐,并且知识传授并非教育的主要任务,所以在实践和交往当中教育人、面对面地加以指导(个别教育)则成为罪犯教育的主要组织形式,而集体教育反而成为一种辅助的组织形式。

从方法上看,学校教育比较多地使用适合班级授课的方法,如讲授法、讨论法、读书指导法等;而罪犯教育则比较多地使用适合现场教学的方法,如陶冶法、实习法、实验作业法等。

(六)罪犯教育过程的"权利—义务"关系具有特殊性

普通教育的对象是自由公民,他们接受教育的主要目的是更好地适应社会生活,提高生活质量。教育对普通公民个人的发展是有利的,因而他们接受教育的意愿更为主动,受教育的目的具有"内发性"。并且,在普通教育领域"受教育"主要表现为一种权利,受教育者是权利主体。在罪犯教育活动当中,罪犯接受教育是为了更好地遵守社会规范,回归社会,主要表现为一种"利他"的目的,受教育的目的具

① "全面控制机构"这一概念来自美国社会学家欧文·戈夫曼。参见[美]戴维·波普诺:《社会学》(第10版),李强等译,中国人民大学出版社1999年版,第166-167页。

有"外铄性"特征。因而,在罪犯教育领域,受教育首先是一种义务,其次才是一种权利。当罪犯不情愿接受教育的时候,刑罚执行机关将依法采取强制措施实施相应的处罚。

总的来看,普通教育所关注的主要是教育和发展问题,注重发挥教育的导向、引领和促进作用;罪犯教育则主要关注教育和改造、教育和挽救的问题,注重发挥教育的转化、矫正作用。

第二节 罪犯教育学及其发展

一、罪犯教育学

(一)罪犯教育学的概念

自从有了犯罪现象,人类便开始寻求对犯罪的社会治理,刑罚就是应对犯罪问题的策略之一。根据刑罚学的观点,人类社会的刑罚发展经历了四个阶段,即复仇时代、威吓时代、博爱时代和科学时代。奴隶制社会的刑罚脱胎于原始复仇习惯,带有浓厚的复仇色彩,这是所谓的复仇时代。封建社会的刑罚崇尚威吓性,在刑罚史上称为威吓时代,其刑罚以严酷为主要特征。进入自由资本主义时代,刑罚呈现出刑罚法定、刑罚等价、刑罚人道等特征,这就是所谓的博爱时代。19 世纪末 20 世纪初,刑罚走向目的化,进入了科学时代,行刑呈现个别化特点,并且注重对罪犯的教育和感化。[①] 虽然中国古代有所谓的"嘉石制",并提出过"明德慎罚""明刑弼教"之类的思想,但只有到了 19 世纪末 20 世纪初这个刑罚科学时代,教育才从制度上真正进入了统治者的视野。因此,我们认为,罪犯教育是刑罚发展到一定时代的产物。

有了罪犯教育实践,就会出现对这种实践的思考和理论总结,罪犯教育学就是这种思考和理论总结的结果。过去教科书在给学科概念下定义时,经常使用这样一个模式:某某学就是研究某某现象,揭示某某规律的学科。套用这个模式,我们可以对罪犯教育学作出这样的定义:罪犯教育学就是研究罪犯教育现象,揭示罪犯教育规律的学科。但是,这样的定义方式有模式化之嫌,也会让人感觉不知所云。读者学习完本书之后,可能会提出这样的疑问:罪犯教育学到底揭示出几条罪犯教育规律呢?所以,我们这里尝试给出另一种定义:

罪犯教育学是研究罪犯教育基本问题和基本原理的学科。

---

① 关于刑罚的发展历史,参见邱兴隆等:《刑罚学》,中国政法大学出版社 1999 年版,第 15 - 24 页。

罪犯教育现象纷繁复杂,可以说监狱各项活动当中始终贯穿着一个教育的宗旨在其中,因此监狱当中的教育现象无所不在。但是,罪犯教育学研究的是最基本和最一般的教育问题,并在这些教育问题基础上分析其中的基本原理,提供给监狱工作者作为参考。

(二)罪犯教育学的学科基本内容

根据学术界的一般认识,这些关于罪犯教育的基本问题和基本原理涉及以下几个方面:

1. 罪犯教育的目的

教育目的总是与教育对象有关,或者说与人有关。罪犯教育目的由此就与罪犯有着密切的关系,是罪犯教育实践活动要在罪犯身上形成的它所期望的结果。

2. 罪犯教育的原则

罪犯教育工作的开展应当遵循哪些基本准则,这就是所谓罪犯教育原则问题。由于罪犯教育原则是在罪犯教育实践经验基础上总结出来的,所以不同的主体总结出的原则会有所差异。不同的教材和文章的主张不尽相同。有的学者经过总结,发现各种提法有十五条之多。① 但是,一般的教材都涉及的原则有:因人施教、分类教育、以理服人、理论联系实际、言教与身教相结合、循序渐进等。根据《监狱法》第五章第六十一条关于"教育改造罪犯,实行因人施教、分类教育、以理服人的原则"的规定,前三条原则是罪犯教育的法定原则。

3. 罪犯教育的规律

本质、规律、真理等概念与科学之间有着密切的联系,探索规律一直被认为是科学研究应当努力追求的目的之一。科学是"关于自然、社会和思维的知识体系……科学的任务是揭示事物发展的客观规律,探求客观真理,作为人们改造世界的指南"②。因此,作为一门关于罪犯改造的应用性学科,罪犯教育学不能回避罪犯教育规律问题,必须就罪犯教育过程中不以人的意志为转移的"本质联系和必然趋势"作出回答。

4. 罪犯教育的实施者

有的教材将这部分内容称为罪犯教育的主导因素,有的称为罪犯教育者,更多的教材则直接将这部分表述为监狱人民警察。尽管本教材相关章节命名为"监狱人民警察",但是实际上罪犯教育的实施者不仅有监狱民警这一主体,社会力量参

---

① 参见力康泰主编:《劳动改造法学研究综述》,中国人民大学出版社 1993 年版,第 264 - 267 页。

② 辞海编辑委员会编:《辞海》,上海辞书出版社 1989 年版,第 1403、1626 页。

与罪犯教育的情况在中国监狱工作中越来越普遍。这一点是必须说明的。

5. 罪犯教育的对象

教育对象是教育活动作用的对象,在普通教育领域也就是学校中的学生,在教育学里一般称为受教育者。有的罪犯教育学教材把罪犯教育对象表述为"罪犯教育的客观对象",但这样的理解是有待商榷的。教育者无疑是教育活动的主体,但是教育对象是否就是教育活动的客体呢? 对此,不同学者有不同认识。① 在教育学领域,这个问题事实上就是教师和学生的关系问题,相关的观点包括主客体说、双主体说、教师主导学生主体说、交互主体说等。

6. 罪犯教育的内容

这一部分一般包括思想教育、文化知识教育、职业技术教育,这也就是业内常说的"三课教育"(有时候简称"思想课、文化课、技术课")。《监狱法》第四条明文规定:"监狱对罪犯应当依法监管,根据改造罪犯的需要,组织罪犯从事生产劳动,对罪犯进行思想教育、文化教育、技术教育。"2003 年出台的《监狱教育改造工作规定》(司法部令第 79 号)第四章"思想、文化、技术教育"也是将"三课教育"作为一个重要部分加以阐述的。有的论著将内容部分和前两部分放在一起,称为罪犯教育要素。②

7. 罪犯教育的方法

罪犯教育方法有多种分类方式,常见的分类是把罪犯教育方法分为集体教育、个别教育和分类教育这三种。《监狱法》第六十一条规定:"教育改造罪犯,实行因人施教、分类教育、以理服人的原则,采取集体教育与个别教育相结合、狱内教育与社会教育相结合的方法。"《监狱教育改造工作规定》第六条要求:"监狱教育改造工作,应当坚持集体教育与个别教育相结合,课堂教育与辅助教育相结合,常规教育与专题教育相结合,狱内教育与社会教育相结合。"

也有的论著在表述罪犯教育方法时,提出"常规教育和辅助教育相结合",其中所谓的常规教育就是一般理解的"三课教育"和个别谈话,而辅助教育则主要包括社会教育、感化教育和监狱文化建设(过去称为监区文化建设)三个方面内容。③

8. 罪犯教育的过程

从动态的角度来看,罪犯一般经历入监教育、常规教育(也有的称日常教育)和出监教育这样三个阶段。但是,过去的罪犯教育学仅仅将常规教育作为重点内容

---

① 参见王雪峰等:《罪犯教育理论专题研究》,法律出版社 2014 年版,第 238 页。

② 参见高莹主编:《矫正教育学》,教育科学出版社 2007 年版,第 187 页。

③ 参见王明迪主编:《罪犯教育概论》,法律出版社 2001 年版,第 210 页。

进行讲解,对于入监教育和出监教育的重视不够。进入21世纪之后,随着对罪犯分类和人身危险性评估的重视程度的加强,入监监狱(新收犯监狱)和出监监狱出现了,对于入监教育和出监教育也应当重视起来。

9. 各种类型罪犯的教育

当前,我国监狱的押犯结构和特征发生了重大变化,危安犯、暴力犯、职务犯、女性罪犯、老弱病残罪犯数量增加,监管改造难度增大。为此,我们应当对不同类型罪犯的教育改造问题分别进行研究。限于篇幅,本书重点分析了未成年犯、女犯、老病残犯、顽危犯这四类特殊罪犯的教育改造问题。

10. 欧美国家的罪犯教育

探寻罪犯教育规律应该有历史意识和国际视野,做到"不忘本来,吸收外来,面向未来"。为此,本书梳理了欧美国家监狱罪犯教育的发展历史,介绍了当代主要欧美国家监狱的罪犯教育的状况,希望能在此基础上比较中外监狱罪犯教育的差异,获得有益启示。

(三)罪犯教育学的学科性质

罪犯教育学是监狱学学科的重要组成部分之一,同时罪犯教育学又与教育学、管理学、心理学等学科有着密切联系。因此,要准确把握和定位罪犯教育学的学科性质,还要理解罪犯教育学与其他学科的关系。一般认为,罪犯教育学是一门边缘学科,带有交叉性、综合性和应用性的特点。

1. 罪犯教育学是交叉性学科

根据《普通高等学校本科专业目录(2012年)》,监狱学是法学(0301)学科大类下特设专业,其专业代码为030103T。而在教育学(0401)学科大类之下,则设有教育学、科学教育、人文教育、教育技术学、艺术教育、学前教育、小学教育、特殊教育等八个专业。罪犯教育学隶属于监狱学,同时又借鉴了教育学的原理和方法,是法学(监狱学)和教育学两个学科交叉、渗透,在学科的边缘地带形成的新学科。因此,可以说罪犯教育学具有交叉性的特点。

2. 罪犯教育学是综合性学科

虽然罪犯教育学是由法学和教育学学科交叉而形成的新的边缘学科,但是这门学科所运用的知识却不仅仅来自法学和教育学,这是由罪犯教育学研究对象的特殊性和场所的特殊性决定的。从研究对象来看,罪犯教育学关注罪犯的行为矫正、习惯养成、思想转化、心理矫治等方面的问题,因此,监狱民警在教育改造罪犯时必须运用心理学、教育学、管理学等多学科的知识技能。从罪犯的活动场所看,罪犯教育学与监狱这一专门的刑罚执行机关有着密切的联系。因此,对罪犯的教育改造活动与学校教育、家庭教育、社会教育有着显著的区别。对罪犯的教育改造活动必须依法进行，因此，罪犯教育学必须关注法学，从法学当中吸取“养分”。为了达到让罪犯顺利回归社会的目的，同时也为了能在监狱这种“特殊社会”当中达到一种理想的治理状态，罪犯教育学有必要借鉴社会学的理论。为了处理好与罪犯的教育关系和管理关系，罪犯教育学不能不求助于伦理学。这里，我们只是列举了几个和罪犯教育学相关的学科，但是已经很能说明学科的综合性特点了。

3. 罪犯教育学是应用性学科

在《监狱学基础理论》中，夏宗素教授将监狱学的学科体系分为基础理论和应用理论两部分。其中，基础理论包括监狱学基础理论、监狱法学、监狱史学、罪犯改造心理学、比较监狱学；应用理论包括狱政管理学、狱内侦查学、罪犯教育学、罪犯劳动改造学、罪犯行为学、监狱经济管理学等。①

罪犯教育学的应用性体现在两个方面：一方面，罪犯教育学要对罪犯教育的基本问题和基本原理作出回答，而这些关于罪犯教育的基本问题和原理最终要在罪犯教育实践当中发挥作用。另一方面，罪犯教育学除了关注基本原理，还要关注一些实践中的罪犯教育的现实问题。例如，罪犯教育学要探讨如何实施思想教育、文化教育、职业技术教育问题；如何进行个别谈话、感化教育问题；如何在分类关押、分类管理、分级处遇的基础上实施分类教育问题；乃至于如何对罪犯进行分类、如何实施个案矫正、如何开放和实施矫正项目、如何对教育改造罪犯的质量进行评估等。对这些现实问题的关注和探讨正是罪犯教育学的应用性的体现。

二、罪犯教育学的发展

罪犯教育学是监狱学的一个分支，所以要回答罪犯教育学的出现和发展问题，首先要回顾监狱学的出现和发展。

一般认为，监狱学诞生于18世纪。监狱学产生的过程中，有三位代表性的关键人物，他们是贝卡里亚、约翰·霍华德和边沁。意大利的贝卡里亚（1738～1794年）于1764年撰写了《论犯罪与刑罚》一书，提出“刑罚要对人们产生教育的效用”，②该书的出版被认为是刑法与刑事司法领域近代改革的开端。英国慈善家、监狱改良运动始祖约翰·霍华德（1726～1790年）于1777年出版了《英格兰和威尔士的监狱

① 参见夏宗素主编：《监狱学基础理论》，法律出版社1998年版，第10－11页。

② 中国劳改学会编：《中国劳改学大辞典》，社会科学文献出版社1993年版，第75页。

状况》(*The State of the Prisons in England and Wales*),[①]该书的问世被认为是监狱学诞生的标志。在这本书里,约翰·霍华德提出了这样一种理念:“对于罪囚不仅以驱逐、监禁,而且必须以劳役、教诲、善导而感化之。”[②]在18世纪英国监狱改革过程中,功利主义哲学家边沁(1748~1832年)强调了教育的重要性,他认为消除文盲将获得巨大利益。[③]

清末监狱改良的重要人物修律大臣沈家本曾有如下论断:“欧洲各国监狱为专门之学,设立万国协会,穷年研究,精益求精,方进未已……中国从未有人讲求此学。”[④]也就是说,清末之前,中国有监狱之事,无专门的监狱之学。西方的监狱理念以及西学模式的监狱学在中国出现,乃是西学东渐的结果。中国的罪犯教育学的发展,大致经历了以下三个阶段。

(一)萌芽阶段

这一阶段,独立形态的罪犯教育学著作尚不多见,但是罪犯教育的思想已经在监狱学相关著作当中体现出来了。这一阶段具有代表性的监狱学著作有日本学者小河滋次郎的《监狱学》、王元增著《监狱学》、孙雄编著的《监狱学》、芮佳瑞编著的《监狱法论》以及李剑华著《监狱学》。

区枢翻译的日本学者小河滋次郎的《监狱学》三卷本于1906~1907年问世,该书的第十四章为“教诲”、第十五章为“教育”。民国时期曾任京师第一监狱典狱长的王元增所著《监狱学》(1924年版)一书第十三章为“感化教育”。李剑华著《监狱学》(中华书局1936年版)第十三章为“教诲与教育”。

民国时期著名的监狱学者孙雄的《监狱学》(商务印书馆1936年版)第三编为“感化教育”,其中第一章“概论”、第二章“感化教育史”、第三章“感化教育之实施制度及处遇规程”、第四章“感化教育之各国最新立法”。孙雄在书中指出,“广义的感化教育不唯针对监狱关押的对象。除了成年犯罪者,它还包括不良或堕落及犯

---

① 该书的书名还有一种说法,即也有的介绍为“State of the Prisons in England and Wales, with Preliminary Observations, and an Account of some Foreign Prisons”,关于其中文译名以及出版时间不同文献多有差异,本书参考 Bosworth & Mary, *Encyclopedia of prisons and correctional facilities*, Sage Publications, Inc., 2005, p. 451。

② 夏宗素:《现代监狱制度催生现代监狱学》,载《中国监狱学刊》2013年第1期。

③ See Robert Alan Cooper, *Jeremy Bentham, Elizabeth Fry, and English Prison Reform*, Journal of the History of Ideas, Vol. 42, No. 4 (Oct. - Dec., 1981), p. 677.

④ 中华人民共和国司法部编:《中国监狱史料汇编》(上册),群众出版社1988年版,第409-410页。

罪危险之幼年人、幼年犯罪者、娼妓、游民流氓、政治思想谬误者”①。芮佳瑞编著的《监狱法论》(上海商务印书馆 1934 年版)的第五章为“教诲及教育”,内容共十一节,涉及教诲与教育之区别、教诲与教育之关系、教诲与教育之必要、教诲之方法与种类等。②

独立形态的罪犯教育著作在清末已有雏形,例如,邵韵笙编《教诲浅说》(司法行政部印行,1931 年版)、陆人骥著《感化教育》(商务印书馆 1931 年版)。

(二)独立阶段

以罪犯的教育改造为专门的研究对象,并在此基础上出版著作,这成为罪犯教育学独立的标志。

1983 年 1 月,公安部党组批准成立了劳改专业教材编辑部,由原劳改局局长李石生担任总编,编辑部计划编写 12 部教材或专著,《改造教育学》为其中之一。1985 年,由力康泰担任主编、徐觉非和兰洁担任副主编的《改造教育学》一书由群众出版社出版。该书是中华人民共和国成立后正式出版的第一部罪犯教育学著作,该书的出版可以视为罪犯教育学独立的标志。

在此之后,各种版本的罪犯教育学著作相继问世,在名称上大致分为罪犯教育学、教育改造学和监狱教育学三大类。具有代表性的著作见表 1－1。

表 1－1　相关著作一览表

序号	作者与著作方式	书名	出版社	出版年份	备注
1	李俊杰编著	罪犯教育学	群众出版社	1986	
2	夏宗素主编	教育改造学	西南师范大学出版社	1987	
3	杜雨主编	监狱教育学	法律出版社	1996	
4	兰洁主编	教育改造学	法律出版社	1999	全国高等教育自学考试指定教材

① 郭明:《中国监狱学史纲——清末以来的中国监狱学术述论》,中国方正出版社 2005 年版,第 148 页。

② 参见郭明:《中国监狱学史纲——清末以来的中国监狱学术述论》,中国方正出版社 2005 年版,第 350 页。

续表

序号	作者与著作方式	书名	出版社	出版年份	备注
5	王明迪主编	罪犯教育概论	法律出版社	2001	司法部监狱专业教材编辑部编审,收入“监狱学知识丛书”
6	王祖清、赵卫宽主编	罪犯教育学	金城出版社	2003	司法部监狱专业教材编辑部编审,高等法律职业教育监狱专业统编教材
7	王秉中主编	罪犯教育学	群众出版社	2003	
8	贾洛川主编	罪犯教育学	广西师范大学出版社	2008	上海高校本科法学专业(刑事司法方向)教育高地建设系列教材
9	魏荣艳主编	罪犯教育学	中国检察出版社	2011	全国司法警官院校“十二五”规划教材
10	夏宗素著	罪犯矫正与康复	中国人民公安大学出版社	2005	中央司法警官学院 2003 年度重点科研项目
11	周雨臣著	罪犯教育专论	群众出版社	2010	浙江省哲学社会科学规划课题研究成果
12	王雪峰等著	罪犯教育理论专题研究	法律出版社	2014	教育部、财政部第二批高等学校特色专业建设点项目成果

(三)发展阶段

进入 20 世纪 90 年代,一些学者将监狱、劳动教养管理所等机构对违法犯罪人员的矫正进行综合考察,提出了“矫正教育学”这一概念,使罪犯教育学的发展进入了新阶段。

我国出现以“矫正教育学”为题的著作是在 1998 年,该年 7 月司法部劳教局编(党国卿撰稿)的《矫正教育学》一书由群众出版社出版。该书将矫正教育对象界定为有违法犯罪行为的人员,并认为劳动教养场所、监狱、看守所、收容教育所、工读学校等都是矫正教育场所。该书共计 18 章,前 3 章将监狱和劳动教养工作结合讨论,后 15 章内容则主要是“以对劳动教养人员的矫正教育的实践经验为典型”进行分析。[①] 在此之后,陆续又出版了三部以“矫正教育”命名的著作,至今共有四部著

① 参见司法部劳教局编:《矫正教育学》,群众出版社 1998 年版,第 1 - 2 页。

作：[①](1)司法部劳教局编：《矫正教育学》，群众出版社 1998 年版。(2)夏宗素主编：《矫正教育学》，法律出版社 2002 年版。(3)崔玉平主编：《矫正教育概论》，黑龙江教育出版社 2005 年版。(4)高莹主编(中央司法警官学院组织编写)：《矫正教育学》，教育科学出版社 2007 年版。

矫正教育学将监狱、社区矫正和劳动教养(强制隔离戒毒)工作中具有共性的要素提炼出来，重新命名，其初衷是好的。在矫正教育这一新的话语体系下，监狱学中的罪犯改造问题、社区矫正工作中的矫正问题似乎找到了暂时的栖身之所。但是，在学科建设过程中，矫正教育学的弊端也逐渐显露，仍有许多问题有待解答。

第三节　学习罪犯教育学的意义和方法

一、学习罪犯教育学的意义

(一)有利于了解教育改造工作的状况

教育改造作为监狱改造罪犯的重要手段之一，历来受到理论界和实践部门的重视。作为未来监狱人民警察，监狱学专业的学生有必要通过学习罪犯教育学这门课程了解教育改造的基本原理和一般情况。

如上文所述，罪犯教育学一般就罪犯教育目的、原则、规律，罪犯教育实施者(主要是监狱人民警察)，罪犯教育对象(罪犯)，罪犯教育内容、方法、过程等进行讲解。既分析一般的原理，也会涉及监狱实践当中的一般做法。通过学习罪犯教育学这门课程，广大学生可以对监狱教育改造工作的实践和原理形成初步认识，为未来参加监狱工作打下基础。

(二)有利于提高监狱民警的理论素养

从某种意义上说，罪犯改造工作是一项教育工作。这项工作的价值毋庸赘言，而且这项工作的难度也是人所共知的。有人说，对普通人的教育是从零开始的，而教育改造罪犯是从负数开始的。也有人说，普通教育是"锦上添花"，改造罪犯则是"先破后立"。这些说法都试图说明一个道理，罪犯因为沾染种种恶习、消极意识，对他们的教育、转化、改造要比教育普通学生难度更大。

近年来，随着中国社会各种复杂矛盾凸显，社会冲突加剧，刑事犯罪数量增长，

① 参见夏宗素主编的《矫正教育学》已经经过两次修订，最新版为 2014 年版。

犯罪形势进一步严峻。[1] 监狱押犯构成日益复杂,罪犯改造遇到了许多新问题。为应对这一现实挑战,广大监狱人民警察不但要熟悉改造的方法、手段,积累教育改造罪犯的经验,还要不断提升理论修养。知其然,又要知其所以然,这样才能提升教育改造罪犯的有效性。可以说,学习罪犯教育学可以帮助广大未来的监狱人民警察奠定理论基础,提升理论素养,赋予他们在未来监狱工作实践中无限的发展潜力。

(三)有利于提高改造质量

"离开革命实践的理论是空洞的理论,而不以革命理论为指导的实践是盲目的实践。"[2]罪犯教育学作为教育改造罪犯实践的理论总结,是无数监狱工作者和理论研究者努力的智慧结晶。通过学习罪犯教育学,能使监狱人民警察从总体上把握教育改造的原理,既有助于熟练运用个人熟悉的改造方法,也能了解其他的改造方法,可以从理论上提升对教育改造罪犯规律、原则和目的的把握,也可以开阔视野,借鉴不同国家和地区的罪犯教育经验。既能把握改造罪犯的现状,也能预见改造罪犯的发展趋势。既有助于提高改造罪犯的技能,也有助于提升理论水平。最终,这些影响都会在改造罪犯质量提升上得以体现。

二、学习罪犯教育学的方法

为了有效学习罪犯教育学,广大学生要处理好三个方面的关系。

(一)处理好理论和实践的关系

对于这个问题,较为稳妥的处理方式是,既要重视实践的操作,又要有理论的提升能力。前者是"上手快"的保证,后者是"潜力足"的保障。

(二)处理好一般原理和具体情境的关系

罪犯教育学是关于罪犯教育的一般原理和问题的学问,主要介绍的是一般的问题,而实践当中改造罪犯的工作是复杂多样的。正如列宁在《论策略书》中所说的,"现在必须弄清一个不容置辩的真理,这就是马克思主义者必须考虑生动的实际生活,必须考虑现实的确切事实,而不应当抱住昨天的理论不放,因为这种理论和任何理论一样,最多只能指出基本的、一般的东西,只能大体上概括实际生活中

---

① 参见张婧:《转型深化期我国刑事犯罪情况的整体分析——以〈中国法律年鉴〉2000 ~ 2009 年的统计数据为例》,载《中国监狱学刊》2013 年第 5 期。

② 中共中央马克思恩格斯列宁斯大林著作编译局编:《斯大林选集》(上卷),人民出版社 1979 年版,第 199 – 200 页。

的复杂情况。‘我的朋友，理论是灰色的，而生活之树是常青的’”[①]。学习罪犯教育学也是一样的，要把一般原理灵活运用到具体情境当中。较为有效的处理方式就是，要结合老师的讲解，以及自己的努力，联系罪犯教育的具体案例，并学会思考。

（三）处理好知识和能力的关系

按照美国学者布鲁纳的教学目标分类学，教学的目标有知识、情感和技能多个方面，学习的最终结果是提升能力，但是能力的提升要以知识为前提。从这个意义上说，学习罪犯教育学，知识是前提，同时，还要学会把所学的知识迁移到具体工作情境当中。也就是说，要学会运用知识处理实际工作中的问题。

研究与思考

1. 你对教育的内涵如何理解？为什么说罪犯教育是一种特殊的教育？
2. 罪犯教育学的发展经历了哪几个阶段？通过学习，你认为罪犯教育学的未来发展前景如何？
3. 通过本章学习，你计划如何学好罪犯教育学这门课程？

① 《论策略书》，载《列宁全集》（第29卷），人民出版社1985年版，第139页。

第二章　罪犯教育目的

重点提示

1. 罪犯教育目的就是监狱机关代表着一定的阶级和社会的利益，对罪犯教育活动的结果的预先设计。罪犯教育目的具有社会制约性和理想性特点。

2. 罪犯教育目的具有导向性作用、动力性作用、评价性作用、理论性作用。

3. 罪犯教育目的可以分为“成文—应然”的罪犯教育目的、“隐性—实然”的罪犯教育目的、学理的罪犯教育目的。

4. 罪犯教育目的的价值取向有社会本位、个人本位、集体本位、文化本位的差别。

5. 罪犯教育任务是为实现罪犯教育目的而确定的教育改造的步骤、手段和措施的总和。罪犯教育任务是监狱的核心工作任务，是罪犯教育目的的具体化。

自觉的目的性是人类实践区别于动物本能活动的重要特征。正如马克思所说：“蜘蛛的活动与织工的活动相似，蜜蜂建筑蜂房的本领使人间的许多建筑师感到惭愧。但是，最蹩脚的建筑师从一开始就有比最灵巧的蜜蜂高明的地方，是他在用蜂蜡建筑蜂房以前，已经在自己的头脑中把它建成了。劳动过程结束时得到了的结果，在这个过程开始时就已经在劳动者的表象中存在着，即已经观念地存在着。”①在罪犯教育领域，罪犯教育目的是人类的自觉目的性的表现。

第一节　罪犯教育目的概述

一、教育目的与罪犯教育目的

（一）教育目的

在讨论罪犯教育目的之前，首先回顾一下教育学界对教育目的的理解。《辞

① 《马克思恩格斯全集》（第23卷），人民出版社1974年版，第202页。

海》对教育目的的解释是:"一定社会、一定阶级培养人的总要求。"①《中国大百科全书》的解释是:"把受教育者培养成为一定社会需要的人的总的要求。"②中国教育学会发起编纂的《教育大辞典》把教育目的解释为:"培养人的总目标。它规定着把受教育者培养成为什么样人的根本性质问题。"③在国内产生过广泛影响的一部《教育学》著作认为,"所谓教育目的,是指社会对教育所要造就的社会个体的质量和规格的总的设想或规定"。④

以上解释有一个共同点,都把教育目的看成"培养什么人"的问题。由此可见,教育目的也就可以理解为通过教育所要培养的人的总要求。

(二)罪犯教育目的

依照上述对教育目的的理解,我们可以把罪犯教育目的解释为:监狱通过教育改造工作要把罪犯改造成什么样的人的问题。具体来说,罪犯教育目的就是监狱机关代表着一定的阶级和社会的利益,对罪犯教育活动的结果的预先设计。

与教育目的一样,罪犯教育目的也是关于教育对象的未来发展的一种设想。可是,这样的理解并不全面。教育的效果当然要通过受教育者表现出来,当然要依托最终的"产品"来展现。可是除了"人"之外,可能还有其他的效果。或者说在对人的"设计"之外,教育者(代表着一定的阶级和社会的利益)还有其他的构想、意图和期待。就罪犯教育改造而言,有和普通教育相似的"三课教育",以及与普通教育不甚相似的个别教育、分类教育、亲情帮教等,监狱部门和监狱人民警察在预先设计时,可能并不是一直都在考虑"把罪犯改造成什么人"这一问题。此外,除了监狱人民警察,罪犯教育还有另一个重要主体——罪犯,罪犯还存在一个自我教育的问题,罪犯自我教育的目的也并不一定符合将自己"改造成什么人"这个总的"要求"。

可以说,罪犯教育目的主要是将罪犯改造成什么样的人的问题,或者说,主要是通过"改造成什么人"的形式体现出来的。在"主要"之外,罪犯教育目的还应当有一些未尽之意。对此,可以通过以下对罪犯教育目的的特点、作用、类型及价值取向等问题的讨论来进一步说明。

二、罪犯教育目的的特点

从国家层面来看,罪犯教育目的无疑与监狱工作任务具有一致性,旨在将罪犯

---

① 《辞海》编辑委员会编:《辞海》(缩印本),上海辞书出版社 1990 年版,第 1658 页。

② 中国大百科全书总编辑委员会《教育》编辑委员会、中国大百科全书出版社编辑部编:《中国大百科全书》(教育卷),中国大百科全书出版社 1985 年版,第 173 页。

③ 教育大辞典编纂委员会编:《教育大辞典》(第 1 卷),上海教育出版社 1990 年版,第 59 页。

④ 王道俊、王汉澜主编:《教育学》,人民教育出版社 1989 年版,第 93 页。

改造成为“守法公民”。从个体层面来看,实践中的罪犯教育目的则并不一定完全统一到“守法公民”这个定位上来。无论从哪个层面来讨论,罪犯教育目的都具有社会制约性和理想性两个特点。

(一)社会制约性

“人们是自己的观念、思想等等的生产者,但这里所说的人们是现实的、从事活动的人们,他们受自己的生产力和与之相适应的交往的一定发展——直到交往的最遥远的形态——所制约。”①罪犯教育目的虽然是人为设置的,看上去是主观的东西,但是制定罪犯教育目的的人受到社会发展程度的制约,某种程度上反映了当时社会的共同要求,而不是个别人主观意思的表示。

有的著作在分析矫正教育目的的特点时认为:“虽然矫正教育目的有国家的矫正教育目的和个人的矫正教育目的之分,但是不论哪种类型,都是社会意志而非个人意志的反映。国家的矫正教育目的的这一特征毋庸置疑。个人的矫正教育目的虽然是个别矫正教育者或矫正教育理论研究者所提出的,但矫正教育者和矫正教育理论研究者仍然代表着一定的集团或群体的利益,他们总是从他们所处的社会地位出发来看矫正教育问题。”②现在看来,将矫正教育目的看成社会意志的反映,是带有机械唯物论色彩的观点。诚然,人的思想观念潜移默化地受到社会意志的左右,但是不承认人的主体性和能动性,一味强调决定性一面,也不是客观的态度。因此,比较妥当的说法是:罪犯教育目的反映着一定社会的价值观念。

(二)理想性

罪犯教育目的是对未来的预想,是对罪犯教育对象发展的预期。因此,罪犯教育目的并非对罪犯现实状态的描述,它的要求总是高于罪犯的现实状态,这就是我们所说的理想性。

教育之所以吸引人,是因为教育可以将人导向未来,可以促进人的发展,罪犯教育改造也不例外。罪犯教育过程实际上就是促进罪犯身心“各方面的潜在力量不断转化为现实个性的过程,也是充满着量变、质变、内容及结构变化的过程”③,是一个从“实然”状态向着“应然”状态不断发展的过程。当然,理想是建立在现实基础上的,不切实际的理想不啻空想。考虑到罪犯群体的文化素质、认识能力、法治意识、道德水平,厘定罪犯教育目的应当以可实现性为前提,这正是其理想性的限度。

罪犯教育过程是一个充满矛盾的过程,监狱人民警察代表社会向罪犯提出的

---

① 《马克思恩格斯选集》(第1卷),人民出版社1995年版,第72页。

② 夏宗素主编:《矫正教育学》,法律出版社2002年版,第110页。

③ 叶澜主编:《新编教育学教程》,华东师范大学出版社1991年版,第79页。

要求与罪犯现有水平之间存在差距，这种差距就是我们所说的矛盾。但是，有差距才有发展的可能性，差距也就是罪犯发展的提升空间，所以从一定意义上说，矛盾也是动力。问题在于，如果提出的要求过高，超过了罪犯发展的可能性，他们经过努力无法达到要求，那么此时的“矛盾”就无法转化为发展的“动力”。这种情况下，从罪犯教育目的的角度来检讨，可能就意味着理想性过高了。

在这一问题上，苏联心理学家维果茨基（1896～1934年）提出的“最近发展区”（proximal zone）理论能给我们很好的启迪。“最近发展区”是指“儿童在有指导、有成人帮助的情况下所能达到的解决问题水平和在独立活动中所能达到的解决问题水平之间的差异”[①]。在罪犯教育过程中，罪犯在监狱民警帮助下能达到的发展水平，应当包括在其现实发展区之内，教育要求应当以这个发展目标为限度。一方面，“好的教育，不是追随在发展过程之后，而是在确立最近发展区，超越现有发展水平，引导发展”[②]。另一方面，教育目的的理想性还要以教育对象的发展的可能性为前提。

第二节　罪犯教育目的的作用与分类

一、罪犯教育目的的作用

罪犯教育目的的作用体现在实践和理论两个方面。其实践方面的作用，可以概括为导向性作用、动力性作用和评价性作用三个方面；其理论方面的作用，主要表现在它具有总结罪犯教育理论的意义，可以概括为理论性作用。

（一）导向性作用

罪犯教育目的是罪犯教育实践的出发点，对罪犯开展的各项教育活动，从教育改造内容的选择以及手段、方法的使用到教育管理制度和教学模式都受到罪犯教育目的的指导。

指导作用并非只表现在罪犯教育的初始阶段，而是体现在罪犯教育整个过程中。罪犯教育目的仿佛一根无形的准绳，当罪犯教育活动偏离了预定的轨道时，将罪犯教育活动效果与目的进行对比，从而确定罪犯教育工作是否按部就班进行。历史上，“改造第一，生产第二”监狱工作方针的出台，实际上就体现了这种调节作

① 教育大辞典编纂委员会编：《教育大辞典》（第5卷），上海教育出版社1990年版，第345页。

② 孙喜亭：《教育原理》，北京师范大学出版社1993年版，第122页。

用。当监狱部门把主要注意力放在了经济生产上,它实际上就偏离了正确的方向,是与塑造“守法公民”这一罪犯教育目的相悖的。许多国家监狱都实行罪犯劳动,但是只有当它作为一种改造手段或者管理措施时,才符合罪犯教育目的的要求,否则将南辕北辙。

(二)动力性作用

目标的存在,不仅提供方向,并且还能推动罪犯教育工作朝着这个方向前行。目标就意味着价值,因为有价值,所以可以使罪犯教育活动的参与者愿意朝着这个方向努力。

中华人民共和国成立初期,监狱工作初建,依靠广大监狱人民警察大无畏的气概,中国监狱“白手起家”,成功改造了包括日本战犯、国民党战犯和反革命犯在内的大批犯罪分子。其中,政策的感召和罪犯教育目的的动力作用是不可忽视的。将罪犯改造成“新人”“自食其力的公民”,成为社会主义事业的建设者,这一方向对于监狱人民警察和罪犯来说都是具有激励作用的目标。

(三)评价性作用

罪犯教育目的既是选择、调控罪犯教育方法、内容、手段的依据,也是评价罪犯教育工作质量的依据。我们说罪犯教育目的是出发点和归宿,这个归宿就体现在对罪犯教育工作效果的评价方面。罪犯教育工作做得好不好,首先要看是否达到了预先设定的罪犯教育目的。

罪犯教育目的和监狱工作方针具有一致性,前者要依照后者的精神来制定,所以罪犯教育目的也是评价监狱工作成效的重要标准。1994 年 1 月,司法部提出创建现代化文明监狱的宏伟奋斗目标,围绕这一目标全国监狱系统开展了轰轰烈烈的创建现代化文明监狱的活动。关于现代化文明监狱的内涵和标准,学者和监狱管理部门的表述不尽一致,但是罪犯教育无一例外都是其中的重要方面。1995 年 2 月 14 日,在司法部监狱管理局发布的《关于贯彻实施监狱法,创建现代化文明监狱的标准和实施意见》(讨论稿)中提出,现代化文明监狱“以现代化的监管设施和健全的狱政制度为基础,依法对罪犯实施科学、文明管理和教育改造,具有较高的监管改造质量”①。显然,此处对“较高的监管改造质量”的评价必须以罪犯教育目的为衡量标准。

(四)理论性作用

罪犯教育目的具有相对的稳定性,但并非一成不变。当前我国还未以法律形

---

① 吴宗宪主编:《中国现代化文明监狱研究》,警官教育出版社 1996 年版,第 1 页。

式明确表述罪犯教育目的，只是在《监狱法》第三条规定“监狱对罪犯实行惩罚和改造相结合、教育和劳动相结合的原则，将罪犯改造成为守法公民”。对于“守法公民”的目的，我们只能将其视为《监狱法》第一条规定的“正确执行刑罚，惩罚和改造罪犯，预防和减少犯罪”这一行刑目的的子目的，还不是罪犯教育目的。罪犯教育目的应当为行刑目的服务，但作为具有理想性特征的特殊的教育目的，它理应有更高的追求。这方面认识的提出，必然反映出罪犯教育目的理论研究的深入。从这个意义上说，我们认为，任何一个罪犯教育目的背后都以提出者的罪犯教育理论思考为依托，可以说罪犯教育目的是罪犯教育理论研究的总结。

二、罪犯教育目的的分类

通常意义上说的罪犯教育目的，一般是指国家通过法律法规或者文件颁布的目的，具有统一性和权威性。但是，具体到监狱工作实际中，各个监狱、不同的监狱人民警察是否能将各自的教育改造行为统一到这个目的上来，这却是一个疑问。监狱管理者理解和执行法令、政策的水平不一，监狱人民警察的素质参差不齐，这是导致具有统一性的罪犯教育目的经常不能实现的众多原因之一。据此，我们可以把罪犯教育目的分为两类，即“成文—应然”的和“隐性—实然”的罪犯教育目的。除此之外，学者关于罪犯教育目的的论述自成一类，可称为学理的罪犯教育目的，这三种罪犯教育目的的主体实际上代表的是监狱学界的三种不同势力。①

（一）“成文—应然”和“隐性—实然”的罪犯教育目的

罪犯教育目的存在成文的和不成文的两种类型。成文的罪犯教育目的是国家通过法律法规或者文件等形式颁布的，《监狱法》中“将罪犯改造成为守法公民”的规定就可以视为成文的罪犯教育目的。从理论上讲，通过法律法规或者文件明确规定罪犯教育目的，是为了统一思想，避免从业者在监狱工作中各行其是。但是，成文的罪犯教育目的只是一种“应然”目的，是理想状态。在罪犯教育改造现实中，实际发生作用的可能是另一种罪犯教育目的，也就是所谓的“实然”的目的。由于这种“实然”的罪犯教育目的经常体现在监狱人民警察个体身上，并且不是以文字形式表现的，所以也可以称为隐性的罪犯教育目的。

区分两种不同的罪犯教育目的，意义在于说明罪犯教育理想和现实的差异，也可以促使大家思考造成两种罪犯教育目的紧张感的成因，以便提出更切合实际、更

---

① 关于监狱学界的三种势力，参见王雪峰：《解读中国泛监狱学界的三种势力——兼及监狱学专业人才培养的二元模式》，载《河南司法警官职业学院学报》2016 年第 1 期。

具导向意义的目标。

英国哲学家波兰尼(Polanyi,1891 ~ 1976 年)提出的“隐性知识”理论是“隐性—实然”罪犯教育目的的理论基础。波兰尼有一个著名的命题,即“我们知晓的比我们能够说出的多”(We know more than we can tell)。他的意思是说,有一类知识是“难以用语言来表达的”,这就是与“显性知识”(explicit knowledge)相对应的“隐性知识”(implicit knowledge)。所谓“显性知识”是指用“书面文字、图表和数学公式表述了的知识”,这种知识是可以“言传”的知识。而“隐性知识”则是指尚未被言语或者其他形式表述的知识,譬如“我们在做某事的行动中拥有的知识”。因为这类知识是“尚未言明的”“难以言传的”,所以是一种“意会”的知识。“显性知识”因为可以言传,是一种“公共”知识,相比之下,“隐性知识”则是一种“个人知识”。[①]

在监狱工作实践中,“隐性知识”大量存在,监狱人民警察知道或者能感受到,却不能明确表达的观点、信念都属于此类。就罪犯教育目的而言,在监狱实践中起作用的,可能并不是“成文—应然”的罪犯教育目的,而是“隐性—实然”的罪犯教育目的。以监狱人民警察的罪犯观为例,一般在罪犯改造实践中存在三种比较典型的错误的罪犯观,即“天生犯罪人”式的罪犯观、形而上学的罪犯观和不讲特殊矛盾的罪犯观。[②] 此处监狱人民警察错误的罪犯观就是一种“隐性知识”,而这种罪犯观与罪犯教育目的又有密切的联系,两者作为监狱人民警察的“个体知识”共同影响着罪犯改造实践。理论工作者的作用在于提出这个问题,引起管理者的注意,并着力增强监狱人民警察对“个体知识”的自我反思和批判能力,积极推进“隐性知识”的显性化。

(二)学理的罪犯教育目的

除以上对罪犯教育目的“成文—应然”和“隐性—实然”的两分法外,值得注意的还有一种学理意义上的罪犯教育目的。学者在著书立说中涉及罪犯教育目的,有时会提出个人对罪犯教育目的的定位,这种定位实际上就是学理意义上的罪犯教育目的。学理意义上的罪犯教育目的与政府颁布的“成文—应然”的罪犯教育目的不同,也有别于监狱人民警察的“隐性—实然”的罪犯教育目的,监狱管理部门、监狱人民警察和监狱学者这三个主体实际上构成了影响罪犯教育改造的三种力量。

值得注意的是,学理意义上的罪犯教育目的有时候会陈义过高,过于理想化,

---

① 张民选:《隐性知识与隐性知识的显现可能》,载《全球教育展望》2003 年第 8 期。

② 本书将在后面详细讲解这三种罪犯观。

容易给人一种脱离实际的感觉。例如，一部著作在谈及罪犯教育任务时这样写道："使罪犯认识劳动创造世界，劳动创造物质文明和精神文明的真理，自觉地用共产主义道德规范约束自己，划清文明与野蛮、英雄行为与亡命之徒、同志情谊与哥们义气、高尚情操与享乐腐化的界限，逐步培养和建立新的道德情操，讲文明、讲礼貌、爱劳动、爱科学，遵守宪法和法律，尊重社会公德，树立正确的人生观。"[①]这是一种典型的学理性罪犯教育目的，由于提出了"高标准""严要求"，在实践中往往难以考核和兑现。教育改造罪犯应当以"守法公民"为目的，不能附加额外的规格和质量要求。

第三节　罪犯教育目的的价值取向

教育是有关价值判断的实践活动。从罪犯教育目的的确定上看，无论是"成文—应然"还是"隐性—实然"的罪犯教育目的，都反映着主体的价值判断。按照马克思的说法，"'价值'这个普遍的概念是从人们对待满足他们需要的外界物的关系中产生的"[②]。换言之，价值总与人的需要相联系。罪犯教育目的的价值取向，实际上就是不同主体从不同的需要出发对罪犯教育价值的选择。此处，我们将罪犯教育目的的价值取向分为四类。

一、社会本位的罪犯教育目的

教育在于促进人的发展，但是这种促进可以区分为"站在个人的立场上"和"站在社会的立场上"，前者是个人本位的立场，后者则是社会本位的立场。

在教育思想史上，社会学家或教育社会学家（如迪尔凯姆、斯宾塞等）多从社会本位取向提出其教育目的论。他们主张教育的一切都应当服从于和服务于社会需要。社会本位的教育目的观主要有以下三个主张：（1）个人的一切发展都有赖于社会；（2）教育除了社会目的以外，并无其他目的；（3）教育的结果只能以社会的功能来衡量。[③]

法国社会学家迪尔凯姆的观点颇能代表社会本位论的主张。他认为，"教育是

---

① 力康泰主编：《改造教育学》，群众出版社 1985 年版，第 64－65 页。罪犯教育任务不同于罪犯教育目的，但前者是后者的反映，关于两者的关系，本书将在后面详述。

② 《马克思恩格斯全集》（第 19 卷），人民出版社 1963 年版，第 406 页。

③ 参见南京师范大学教育系编：《教育学》，人民教育出版社 1984 年版，第 160－161 页。

年长的几代人对社会生活方面尚未成熟的几代人所施加的影响。其目的在于,使儿童的身体、智力和道德状况都得到某些激励和发展,以适应整个社会在总体上对儿童的要求,并适应儿童将来所处的特定环境的要求”。他在这个定义的基础上得出了“教育的社会性”的推论,认为“教育在于使年轻一代系统地社会化”,并断言,“塑造社会我,这就是教育的目的”①。

我国的罪犯教育目的带有鲜明的社会本位色彩。考察历史上出现种种关于罪犯改造目的的说法,无论是早期提出的“新人”“自食其力的公民”,还是今天倡导的培养“守法公民”,无一例外首先考虑的都是社会利益。理论界多数人承认,犯罪是一种严重的违反社会规范的越轨行为,罪犯改造是一种强制性的再社会化的过程。从维护社会整体利益出发,罪犯教育目的就是“重塑”遵纪守法的“社会成员”。罪犯教育目的应根据社会的要求而确定,教育改造应当着眼于使罪犯重新回归社会,并不再重新犯罪。应当说,这既是中国监狱工作者的愿望,也是世界所有监狱从业者的共同追求。从这个意义上说,社会本位的罪犯教育目的具有普遍的合理性。

二、个人本位的罪犯教育目的

个人本位论的教育目的,“大体上说,是主张教育目的应以个人为本位,强调根据个人自身完善和发展的需要来制定教育目的和建构教育活动的一种教育目的论”②。如果说社会本位论强调的是培养“社会我”,那么个人本位论则重视“个体我”的培养,主要关心的是“人性化”和“个性化”。18 世纪法国启蒙思想家卢梭是个人本位论的杰出代表,他主张以儿童的本性自然发展为教育目的,提倡教育“遵循自然”,“把人看作人、把孩子看作孩子”,让孩子“自己实现自己的意志”,最终由他自己把自己造就成“人”。③ 他曾指出,如果要让他在培养“人”和培养“公民”之间作出选择的话,他会选择前者。④ 教育目的的个人本位论者的主要观点有三个方面:(1)教育目的是根据个人的发展需要而制定的;(2)个人价值高于社会价值;(3)人生来就有健全的本能,教育的职能就在于使这种本能不受影响地得到发展。⑤

与罪犯教育目的的社会本位取向不同,个人本位取向并未表现为一种“成文—应然”的形态,即不是通过政府法令的形式颁布的,而是主要体现在学理层面。中

---

① [法]埃米尔·涂尔干:《教育及其性质与作用》,载张人杰主编:《国外教育社会学基本文选》,华东师范大学出版社 1989 年版,第 9 页。

② 教育大辞典编纂委员会编:《教育大辞典》(第 6 卷),上海教育出版社 1992 年版,第 46 页。

③ [法]卢梭:《爱弥儿》(上卷),李平沤译,人民教育出版社 1985 年版,第 4 页。

④ 参见陈桂生:《教育原理》(第 2 版),华东师范大学出版社 2000 年版,第 207 页。

⑤ 参见南京师范大学教育系编:《教育学》,人民教育出版社 1984 年版,第 158 – 159 页。

国监狱学界蕴含着个人本位的罪犯教育目的取向的观点，主要体现在人格改造方面。陈士涵倡导“罪犯的人格是改造的客体”，“改造罪犯是为了使其人格得到改善”。① 他“尝试构建一种新的罪犯改造的理论体系：它不以监狱为主体，而以罪犯为主体，确切地说，是以罪犯的人格为主体。这一体系是围绕‘罪犯的人格如何得到改造’这一主题而展开的”②。从罪犯教育目的取向上看，这是典型的个人本位论。

与陈士涵的观点相比，高畅提出的“罪犯健全人格培养”，其个人本位价值取向更为鲜明。她认为，“罪犯教育目标既要考虑社会的要求，还应考虑罪犯个人发展的需要。罪犯人格的培养符合罪犯个人发展的需要。在罪犯教育过程中，要注意从罪犯的本性出发，充分发展罪犯的个性，增进罪犯的个人价值，帮助罪犯改掉犯罪恶习，消除犯罪心理，培养健康人格，增强其人际交往能力和社会适应能力”③。

三、集体本位的罪犯教育目的

集体本位取向与社会本位取向有一定联系，但两者又有所不同。社会本位强调罪犯教育要从社会需要和利益出发，而集体本位更重视罪犯所在集体的需要和利益。在教育史上，苏联教育家安东·谢苗诺维奇·马卡连柯（1888～1939年）是罪犯教育目的集体本位论的代表人物。

马卡连柯因教育改造违法犯罪儿童而名垂教育史，在他的众多教育主张中，集体教育是一个重要方面。有学者断言：“马卡连柯的生活和教育工作中的关键性概念是集体。”④马卡连柯在谈及教育目的时指出：“应当成为我们教育的第一个目的的集体必须具有完全确定的性质，这种性质显然是由集体的社会主义性质而产生的。”他认为，“在苏联不可能有置身集体以外的个人，因此就不会有与集体的命运和幸福相对立的孤独的个人命运、个人道路和个人幸福”⑤。

马卡连柯的集体教育思想可以从如下事例中展现出来。苏联一份教育杂志在“问答”栏目中刊登了对学生偷窃行为的处理意见：发现一名学生偷了同学三个卢布，教师没有把他的发现告诉任何人，只是单独和偷钱的学生谈话。马卡连柯就此

---

① 参见陈士涵：《人格改造论》（上卷），学林出版社2001年版，第4、46页。

② 陈士涵：《人格改造论》（上卷），学林出版社2001年版，序言，第13页。

③ 王秉中主编：《罪犯教育学》，群众出版社2003年版，第185页。

④ ［澳］W. F. 康内尔：《二十世纪世界教育史》，张法琨等译，人民教育出版社1990年版，第500页。

⑤ ［苏］安·谢·马卡连柯：《论共产主义教育》，刘长松、杨慕之译，人民教育出版社1981年版，第39页。

写道:“这不只是一个儿童的问题。还有全班,也就是说,还有一个集体,犯了偷窃行为的人是这集体中的一分子……集体中发生了偷窃,而教师认为对这样的事不动员舆论也行。他叫全班去随便猜想,随便怀疑某个人偷窃,归根结底,教师是在班里培养学生对于这类事件完全漠不关心的态度。”马卡连柯主张,“如果教师把这个偷窃的事件交给集体去审查,我甚至建议交给集体去解决,那时候每一个学生必定积极地参加集体的斗争,那时教师就有可能在全班学生面前展开一幅富有道德意义的图画,使儿童认识正当行为的优良榜样”①。

在马卡连柯看来,“集体”并不是“一些个人的简单聚集”,而是“具有一定目的的个人集合体,参加这一集体的每一个人是被组织起来的,同时也拥有集体的机构”。② 他的全部集体教育思想可以概括为一句话:“在集体中,通过集体和为了集体进行的教育。”③

四、文化本位的罪犯教育目的

人生活在文化之中,教育与文化息息相关。在教育史上,有一批从文化本位出发建构教育目的的学者,他们主张教育是一种文化活动,教育是一种为培养个人人格精神而进行的文化活动,其目的在于使客观文化内化为人的主观精神。④ 教育目的的文化本位论以 20 世纪 20 年代产生于德国的文化教育学派为基础,其代表人物为狄尔泰和斯普朗格。在文化本位论者看来,教育目的“与其说是培养善于处理当前问题务实的人,不如说是培养有丰富教养、能在大变革时代中不失本质因素和永恒因素的有教的人”。⑤

罪犯教育领域的文化本位观点以陈士涵和王雪峰为代表。陈士涵曾经提出“知识为改造本体”的主张,他认为“只有当罪犯的人格发生了变化,由低下变成良好,真正意义上的改造才能得到实现。而改造能够存在、能够进行并能够实现,其本体是什么呢? 就是知识及其蕴含的人类精神(以下简称知识)”。⑥ 他主张人格改造的同时又赋予知识改造本体的地位,其文化本位色彩很明显。王雪峰曾经提出罪

---

① [苏]安·谢·马卡连柯:《论共产主义教育》,刘长松、杨慕之译,人民教育出版社 1981 年版,第 36-38 页。

② 参见[苏]安·谢·马卡连柯:《论共产主义教育》,刘长松、杨慕之译,人民教育出版社 1981 年版,第 337 页。

③ 戴本博主编:《外国教育史》(下),人民教育出版社 1990 年版,第 235 页。

④ 参见郑金洲:《教育通论》,华东师范大学出版社 2000 年版,第 193 页。

⑤ 参见孙喜亭:《教育原理》,北京师范大学出版社 1993 年版,第 156 页。

⑥ 参见陈士涵:《改造本体论》,载《中国监狱学刊》2001 年第 1 期。

犯“受教育权是发展权”的观点,认为“教育是人之所以为人的必要条件,受教育权的保障是对人的发展的前提保障。对于罪犯来说,他们正处在强制再社会化的过程中,所以教育对使其成为合格的社会人来说也是必要的”。[①] 这种主张把接受教育的重要性提升到“发展前提”的高度,也具有文化本位的倾向。另外,从实践层面看,监狱文化乃至文化监狱建设也倾向于文化本位论。

第四节 罪犯教育目的的历史与罪犯教育任务

一、我国罪犯教育目的的历史

在罪犯教育学(矫正教育学)领域,我们一般从法律法规、文件对将“罪犯改造成什么人”的定位把握罪犯教育目的。我国对改造罪犯的定位有一个历史发展过程,不同时期表述不尽一致,从中我们可以看到罪犯教育目的的发展脉络。

(一)“八劳”会议之前

民主革命时期的监所工作经验,是中华人民共和国成立后监狱事业发展的宝贵精神财富。1932 年颁布的《中华苏维埃共和国劳动感化院暂行章程》第一条规定:“使犯人在监禁期满以后,不再违犯苏维埃的法令。”“不再违犯”法令,是一个朴素的改造目标定位,但是与我们今天所说的“守法公民”有着相近的价值追求。

1949 年,具有临时宪法作用的《中国人民政治协商会议共同纲领》第七条规定,“依法在必要时期内剥夺他们的政治权利,但同时给以生活出路,并强迫他们在劳动中改造自己,成为新人”。“成为新人”针对的是“反革命战争罪犯”“反革命首要分子”之外的“一般反动分子、封建地主、官僚资本家”,但是从这种定位中能看到对普通罪犯的改造目标。监狱学界一般也将这个定位看成是《劳动改造条例》(已失效)出台之前改造罪犯的要求。

1954 年 9 月 7 日,政务院发布的《劳动改造条例》延续了《中国人民政治协商会议共同纲领》的定位,《劳动改造条例》第一条规定:“……为了惩罚一切反革命犯和其他刑事犯,并且强迫他们在劳动中改造自己,成为新人,特制定本条例。”第二十五条规定:“劳动改造必须同政治思想教育相结合,使强迫劳动逐渐接近于自愿劳动,从而达到改造犯人成为新人的目的。”第二十六条第一款规定:“对犯人应当经常地有计划地采用集体上课、个别谈话、指定学习文件、组织讨论等方式,进行认罪

① 参见王雪峰:《论保护和增进罪犯受教育权》,载《人权》2006 年第 3 期。

守法教育、政治时事教育、劳动生产教育和文化教育,以揭发犯罪本质,消灭犯罪思想,树立新的道德观念。”

1954 年 9 月 20 日第一届全国人民代表大会第一次会议通过的《宪法》第十九条规定:“中华人民共和国保卫人民民主制度,镇压一切叛国的和反革命的活动,惩办一切卖国贼和反革命分子。国家依照法律在一定时期内剥夺封建地主和官僚资本家的政治权利,同时给以生活出路,使他们在劳动中改造成为自食其力的公民。”与《中国人民政治协商会议共同纲领》一样,1954 年《宪法》也未对普通刑事犯进行单独的改造目标定位,因此理论界一般认同“在劳动中改造成为自食其力的公民”适用于罪犯改造。

1956 年,周恩来在一次会议上提出,对罪犯必须实施政治教育。他明确指出,劳改的目的,是要将犯人改造成为新人。① 这是笔者所见到最早关于劳动改造目的的直接提法。

1962 年,公安部制定的《劳动改造管教队工作细则》(试行草案)对反革命犯和重大刑事犯的改恶从善标准是:(1)认罪服法;(2)拥护共产党和人民政府的领导,拥护社会主义制度;(3)树立劳动观点,养成劳动习惯。人民内部犯法分子悔过自新的标准是:悔过自新,遵纪守法,成为具有社会主义道德品质的劳动者。从这个细则可以看出,当时已经对罪犯教育目的进行了细化,出现了比较具有可操作性的衡量标准。

1964 年《第六次全国劳动改造工作会议报告》的表述是,要把罪犯中的绝大多数改造成为自食其力的“新人”。

(二)“八劳”会议以来

1981 年 8 月召开的第八次全国劳改工作会议是新中国监狱发展史上具有划时代意义的会议,简称“八劳”会议。《第八次全国劳改工作会议纪要》提出:“把罪犯改造成为拥护社会主义制度的守法公民和社会主义建设的有用之材。”“守法公民”和“有用之材”的定位开始出现,并对此后厘定罪犯教育目的产生了深刻影响。

1982 年出台的《监狱、劳改队管教工作细则(试行)》谈及教育改造的任务时,在第九十六条规定:“监狱、劳改队应当结合劳动生产,对犯人实施政治思想教育和文化技术教育,把犯人改造成为拥护社会主义制度的守法公民和对社会主义建设的有用之材。”可以说,这是对《第八次全国劳改工作会议纪要》定位的进一步细化。

1992 年 8 月,我国政府以国务院新闻办公室的名义推出了《中国改造罪犯的状

① 参见力康泰主编:《改造教育学》,群众出版社 1985 年版,第 5 页。

况》白皮书。白皮书开宗明义提出:“把罪犯改造成能够遵守法律、自食其力的新人,并让他们回归社会成为自由公民,是中国改造罪犯的基本目标。”①

1994年12月29日公布实施的《监狱法》同样使用了“守法公民”一词,值得注意的是“有用之材”并未出现。《监狱法》第三条规定:“监狱对罪犯实行惩罚和改造相结合、教育和劳动相结合的原则,将罪犯改造成为守法公民。”但是,“有用之材”的提法实际上并未退出历史舞台,因为在1995年《国务院关于进一步加强监狱管理和劳动教养工作的通知》中仍然强调:“要利用各种有效形式,大力开展法制、道德、文化、技术教育,组织罪犯参加生产劳动,把他们改造成为自食其力的守法公民和社会主义建设的有用之材。”并且,现行的监狱工作方针——“惩罚与改造相结合、以改造人为宗旨”,就是在这个国发〔1995〕4号文件中明确提出的,足以看出该文件的重要性。

2003年出台的《监狱教育改造工作规定》第三条明确规定:“监狱教育改造工作的任务,是通过各种有效的途径和方法,教育罪犯认罪悔罪,自觉接受改造,增强法律意识和道德素养,掌握一定的文化知识和劳动技能,将其改造成为守法公民。”

2007年推出的《教育改造罪犯纲要》在提及“教育改造罪犯的主要目标”时规定:在罪犯服刑期间,通过各种教育改造手段和方法,使其成为守法守规的服刑人员。

二、罪犯教育任务

(一)罪犯教育任务的内涵

回顾罪犯教育目的的演化历史,我们发现,对罪犯教育目的的认识不断深入,越来越细化,已经从原来的宏观层面进入了微观操作层面。1954年之前,关于罪犯教育目的的定位都比较简单,仅仅规定把罪犯“改造成什么人”(不再违犯苏维埃的法令、新人、自食其力的公民),而对于“人”的素质要求并无规定。1962年公安部制定的《劳动改造管教队工作细则》(试行草案)则是十一届三中全会前最为具体的一个罪犯教育目的定位,其中对反革命犯和重大刑事犯提出了三项具体标准,对人民内部犯法分子则要求“悔过自新”“遵纪守法”。

在12个罪犯教育目的定位中,2007年7月印发的《教育改造罪犯纲要》(司发通〔2007〕46号)是最为具体的一个。其中提出的“守法守规服刑人员”的基本条件是:认罪悔罪、遵守规范、认真学习、积极劳动,并就每一项要求给出了解释:

---

① 《中国改造罪犯的状况》,法律出版社1992年版,前言。

1. 认罪悔罪:承认犯罪事实,认清犯罪危害,对自己的犯罪行为表示悔恨,服从法院判决,不无理缠诉。

2. 遵守规范:遵守法律、法规,遵守服刑人员基本规范、生活规范、学习规范、劳动规范、文明礼貌规范。

3. 认真学习:积极接受思想、文化、职业技术等教育,遵守学习纪律,学习成绩达到要求。

4. 积极劳动:积极参加劳动,遵守劳动纪律,服从生产管理和技术指导,掌握基本劳动技能,严格遵守操作规程,保证劳动质量,完成劳动任务。

并且《教育改造罪犯纲要》要求:罪犯刑满释放时,符合守法守规服刑人员条件的,要逐步达到当年释放人数的90%以上。还有一点需要注意,就是《教育改造罪犯纲要》将以往的"社会定位"变成了"狱内定位"。以往的表述——不管"新人"、"自食其力的公民"还是"守法公民"——都是罪犯回归社会后的预期,而"守法守规服刑人员"则是监狱内部的预期,两者有本质上的不同。

德国教育家赫尔巴特曾说,"从教育的本质来看,统一的教育目的是不可能产生的"。"因为人的追求是多方面的,所以教育者所关心的也应该是多方面的。"[①]对于罪犯教育来说,虽然我们已经认同了"守法公民"这样的统一的"成文—应然"的教育目的,但是将教育活动付诸实施时,却不能仅仅从"守法"这一个方面考虑。对此,学术界一般从与罪犯教育目的相区别的罪犯教育任务方面进行阐述。

所谓罪犯教育任务,是为实现罪犯教育目的而确定的教育改造的步骤、手段和措施的总和。罪犯教育任务是监狱的核心工作任务,是罪犯教育目的的具体化。[②]

(二)关于罪犯教育任务的不同认识

力康泰主编的《改造教育学》一书中提出,改造教育"着重完成以下两项具体任务":一是矫正恶习,转变思想;二是增长知识,培养技能。[③]

夏宗素主编的《教育改造学》这样表述教育改造的任务:"结合劳动生产,对罪犯实施政治思想教育和文化技术教育,通过转化思想、矫正恶习、增长知识和培养生产技能,把绝大多数罪犯改造成为拥护社会主义制度的守法公民和社会主义建设的有用之材。"[④]

---

① [德]赫尔巴特:《普通教育学》,载《赫尔巴特文集》(第3册),浙江教育出版社2002年版,第36、37页。

② 参见夏宗素主编:《矫正教育学》,法律出版社2002年版,第119-120页。

③ 参见力康泰主编:《改造教育学》,群众出版社1985年版,第62、65页。

④ 夏宗素主编:《教育改造学》,西南师范大学出版社1987年版,第69页。

杜雨主编的《罪犯教育学》一书对罪犯教育任务的定位是:转化世界观,铲除犯罪根源;教导社会规范,矫正恶劣习惯;提高文化素质,改善智力结构;培养生产技能,造就有用人才。①

兰洁主编的《教育改造学》认为教育改造任务有三项:转变罪犯思想,矫正犯罪恶习;提高罪犯文化知识水平;进行职业技术教育。②

王明迪主编的《罪犯教育概论》将"守法公民"和"有用之材"明确称为"改造目标",并认为"在实现这个改造目标过程中,教育改造处于关键地位,起着重要的、具有主导性的作用"。教育改造的任务包括:转化思想、稳定秩序、传授知识、培养技能。③

贾洛川主编的《罪犯教育学》认为,罪犯教育主要担负六个方面的任务,即转化思想、增长知识、培训技能、矫治心理、增强体质和以美育人。④

力康泰主编的《劳动改造法学研究综述》一书综合了教材和文章对罪犯教育任务的论述,总结出九个方面的任务:

1. 转化罪犯思想,或称改造犯罪思想,矫正罪犯的品德。

2. 矫正恶习,或称矫正罪犯的不良品德。

3. 增长知识,培养技能。或称增长科学文化知识,提高罪犯的科学文化水平,让罪犯掌握一定的生产技术知识和生产技能(劳动技能)。

4. 深化刑罚的警戒作用。

5. 为劳改场所各项活动的开展打通思想障碍。

6. 转化世界观,铲除犯罪根源。

7. 教导社会规范,矫正恶劣习惯。

8. 提高文化素质,改善智力结构。

9. 培养生产技能,造就有用人才。

学者认为,以上九个方面中,第 1 项至第 3 项是基本任务,余下的是具体任务。⑤

我们认为,罪犯教育任务可以从四个层面来理解,分别是文化—知识层面、能力层面、法律—道德层面、人格层面。⑥ 以上学者对罪犯教育任务的看法,基本可以

---

① 参见杜雨主编:《罪犯教育学》,陕西人民出版社 1989 年版,第 44 – 46 页。

② 参见兰洁主编:《教育改造学》,法律出版社 1999 年版,第 36 – 37 页。

③ 参见王明迪主编:《罪犯教育概论》,法律出版社 2001 年版,第 8 – 10 页。

④ 参见贾洛川主编:《罪犯教育学》,广西师范大学出版社 2008 年版,第 30 – 33 页。

⑤ 参见力康泰主编:《劳动改造法学研究综述》,中国人民大学出版社 1993 年版,第 267 – 268 页。

⑥ 参见夏宗素主编:《矫正教育学》,法律出版社 2002 年版,第 121 – 124 页。

涵盖在这四个层面当中。可以说,罪犯教育目的与罪犯教育任务是目标和手段的关系,目标是手段的必要非充分条件。

研究与思考

1. 如何理解罪犯教育目的的社会制约性和理想性?
2. 如何解释“成文—应然”的罪犯教育目的、“隐性—实然”的罪犯教育目的?
3. 罪犯教育目的的价值取向有哪几种?你认同其中的哪一种?
4. 罪犯教育目的表述的历史变迁,对你有何启示?

第三章　罪犯教育规律

重点提示

1. 规律是事物发展过程中的本质联系和必然趋势。规律具有客观性、重复性和普遍性的特点。罪犯教育规律，是指在罪犯教育改造的过程中，改造系统内部的诸要素、诸活动以及改造系统与社会系统中的其他子系统之间的内在的、本质的、必然的联系。

2. 罪犯教育规律可以分为一般规律和特殊规律两大类，一般规律又分为内部关系规律和外部关系规律两种。

3. 罪犯教育的外部关系规律表明，罪犯教育事业的发展必然要受到生产力发展水平、政治经济制度和文化的制约，而罪犯教育工作做得好反过来又对社会具有一定的积极作用。

4. 罪犯教育的内部关系规律表明，罪犯教育要受罪犯身心发展的特点和需要的制约，并对罪犯的发展起作用。

5. 罪犯教育的特殊规律很多，本书主要介绍其中三个：罪犯教育的反复性规律、监狱人民警察在罪犯改造过程中起主导作用的规律以及以改造思想为主的规律。

科学研究的目的是透过现象揭示规律，进而指导实践。从这个意义上说，罪犯教育学就是探寻罪犯教育规律的学科。一旦我们掌握了罪犯教育的规律，在实践中就可以依据规律确立教育改造的原则，也就可以依据规律制订教育改造方案，进而减少改造工作的盲目性，提高罪犯改造的质量。

第一节　罪犯教育规律概述

一、规律及其特点

(一)规律的含义

规律(law),又称法则,是"事物发展过程中的本质联系和必然趋势"[①]。《中国大百科全书》(哲学卷)对规律的解释是:"指同一类现象的本质关系或本质之间的稳定联系,它是千变万化的现象世界的相对静止的内容。"[②]

列宁的《黑格尔〈逻辑学〉一书摘要》中有这样一段话:"规律就是关系……本质的关系或本质之间的关系。"[③]理论界一般根据列宁对规律问题的这种认识,把规律视作事物发展过程中的本质联系。并认为,这种联系一方面表现为事物内在的必然联系,另一方面又表现为该事物与其他事物之间的必然联系。前一种联系即列宁所指出的"本质的关系",后一种联系则对应"本质之间的关系"。这种联系导致事物的发展要遵循一定的逻辑必然性,形成一定的趋势。[④] 例如,恩格斯评价马克思"发现了人类历史的发展规律":人们首先必须吃、喝、住、穿,然后才能从事政治、科学、艺术、宗教等。所以,先是直接的物质的生活资料的生产,从而是一个民族或一个时代的一定的经济发展阶段,便构成基础,人们的国家设施、法的观点、艺术以至宗教观念,就是从这个基础上发展起来的。恩格斯认为,马克思还发现了现代资本主义生产方式和它所产生的资产阶级社会的特殊的运动规律。[⑤]马克思主义经典著作当中关于规律的理解,与我们通过列宁的解释所得到的认识具有一致性。

(二)规律的特点

1. 客观性

规律具有不以人的意志为转移的客观性。规律"既不能创造,也不能消灭;不

---

① 辞海编辑委员会编:《辞海》,上海辞书出版社1989年版,第1626页。

② 《中国大百科全书》(哲学卷),中国大百科全书出版社1987年版,第269页。

③ 列宁:《黑格尔〈逻辑学〉一书摘要》,载列宁:《哲学笔记》,人民出版社1974年版。

④ 参见潘懋元:《教育基本规律及其在高等教育研究与实践中的运用》,载《上海高教研究》1997年第2期。

⑤ 参见恩格斯:《在马克思墓前的讲话》,载《马克思恩格斯全集》(第3卷),人民出版社1972年版,第574页。

管人们承认不承认,规律总是以其铁的必然性起着作用"[①]。规律是事物本身固有的东西,是不依赖于人的意志的客观存在,所以人只能发现规律、认识规律、掌握规律,并利用规律为自己服务,却不能人为地创造或者消灭规律。[②]

2. 重复性

由于规律反映的是"千变万化的现象世界的相对静止的内容",所以"只要具备必要的条件,合乎规律的现象就必然重复出现"[③]。然而,需要指出的是,重复性不意味着"因果必然性",这一点我们将在接下来的规律类型中进一步说明。

3. 普遍性

这一特点与前面两点有着必然的联系。正因为规律是客观的、是不以人的意志为转移的,而且它具有重复性,所以当符合要求的"必要条件"存在的前提下,规律是普遍适用的。有学者从两个方面来分析规律的"普遍性""稳定性"和"重复有效性":首先,规律是大量同类个别现象中那种共同的、构成个别现象的差别中的同一性的东西;其次,规律是把事物或现象的循序渐进的各个阶段联系起来,成为统一的发展过程的东西。[④] 规律具有普遍性,这也正是规律可以为人所认识、揭示和把握的原因。

二、罪犯教育规律

(一)罪犯教育规律的内涵

罪犯教育改造工作是监狱工作的核心,监狱的全部工作都是围绕着罪犯教育改造而展开的。从这个意义上讲,罪犯教育规律问题是监狱工作规律的核心问题。根据系统论观点,我们可以把罪犯的改造问题看成是社会大系统的一个子系统。在这个子系统的内部,有着众多的要素,如罪犯、监狱人民警察、罪犯教育手段、教育内容、教育方法等,在这些要素之间存在各种各样的矛盾。同时,罪犯教育子系统的特点是开放而不是封闭的,它与社会大系统中的其他子系统如政治、经济、文化等有着各种形式的联系,并不断进行着物质、能量和信息的交换,以使该系统由无序走向有序。研究罪犯教育规律必须注意分析罪犯教育系统内部要素之间的必然联系以及系统内部要素与系统外部要素之间的必然联系。

通过上述分析,我们可以对罪犯教育规律的内涵作出以下概括:所谓罪犯教育

---

① 《中国大百科全书》(哲学卷),中国大百科全书出版社 1987 年版,第 269 页。

② 参见洪宝书:《教育本质与规律》,成都科技大学出版社 1992 年版,第 188 页。

③ 《中国大百科全书》(哲学卷),中国大百科全书出版社 1987 年版,第 269 页。

④ 参见洪宝书:《教育本质与规律》,成都科技大学出版社 1992 年版,第 189 页。

规律,是指在罪犯教育改造的过程中,改造系统内部的诸要素、诸活动以及改造系统与社会系统中的其他子系统之间的内在的、本质的、必然的联系。

(二)罪犯教育规律与罪犯教育经验、罪犯教育原则

讨论罪犯教育规律问题不能不涉及罪犯教育经验和教育原则这两个概念。罪犯教育规律和教育经验、教育原则既有联系又有区别,但在实践和理论研究中常常发生混淆,因而有必要加以区分。

经验是认识事物和从事理论研究的起点,罪犯教育经验是监狱人民警察通过感官对教育改造工作形成的非全面、非本质的认识。罪犯教育规律与罪犯教育经验有一定的联系,罪犯教育规律是在大量的罪犯教育经验的基础上进行抽象之后得到的理性认识。它剔除了经验当中片面、非本质的认识,是对隐藏在现象背后的内在的、本质的、稳定的联系的反映。可见,罪犯教育经验与罪犯教育规律之间的区别在于:是否能够揭示出事物本质的联系。罪犯教育经验之中既有客观成分,又有主观成分,是客观见之于主观的产物。从这个意义上说,罪犯教育经验有可能包含丰富的规律性认识,它是我们揭示规律的宝贵财富。

罪犯教育规律与罪犯教育原则之间的关系,不同于罪犯教育规律与罪犯教育经验之间的关系。罪犯教育经验是主观对客观的反映,是揭示罪犯教育规律的前提和基础。罪犯教育原则是人们在罪犯教育实际工作中必须遵循的规则和总的要求,它总是力图反映罪犯教育的规律。因此,三者之间理想的逻辑次序是:经验→规律→原则。虽然罪犯教育原则应当反映罪犯教育规律,但在实践当中它往往是一定时期,人们根据当时对规律的认识水平从特定的目的、要求出发制定的。所以,罪犯教育原则可能是正确的,也可能是不正确的,这取决于原则对规律反映的程度。当然,在人们没有彻底揭示出罪犯教育规律的条件下,所提出的罪犯教育原则也有可能符合罪犯教育规律,这是人们制定罪犯教育原则时所依据的罪犯教育经验自发而非自觉地符合了罪犯教育规律。

(三)罪犯教育规律的分类

根据不同的标准可以把规律分为不同类型。根据规律的性质,可以分为确定性规律和统计性规律;根据规律作用的领域,可以分为自然规律和社会规律;根据规律作用的层次,可以分为一般规律和特殊规律。

1. 确定性规律和统计性规律

(1)确定性规律

这是一种建立在牛顿力学思维方式基础上的规律类型,又称为"动力学规律"。这是一种必然性规律,其特点是只要具备了前提条件,就会必然重复出现某种结

果。因此,只要知道了初始条件,就可以精确地预见未来的状态。

(2)统计性规律

统计性规律是一种建立在量子力学思维方式基础上的规律类型,这种规律所揭示的是一种弹性的必然性。弹性的必然性是由大量偶然性事件体现出的一种必然性,是偶然性与必然性的统一。统计性规律的特点是,它不直接地表现在某一总体的每个个别现象当中,只是表现在这个总体的运动中。[①] 规律的可重复性在这种规律中也表现为一种统计性的重复,即使我们掌握了规律也只能预测事件发生的概率的大小。[②]

历史上由于受到机械的历史决定论的影响,人们对规律的认识大多停留在确定性规律的层面。如果你询问某个人,"什么是规律?"他可能会回答你:"只要知道了初始条件,就可以精确地预见未来的状态。"即使他不这么回答,他也可能抱着这样的"信念"。在教育学者中,也有一些人持这样的观点。例如,一名学者称自己"心目中的教育规律的表述结构"是:对一种教育现象 A,在条件 B 之下,必出现 C 的结果。[③] 然而,事实是,社会现象往往处于复杂的多因素影响之中,完全排除了偶然性的确定性规律是不存在的,或者说只是一种理想状态。所以,人文社会科学领域所指称的规律,多是一种统计性规律。就好比我们对天气状况的预测,电视上预报降水概率是多少,只表示在多大的概率下会有降水,这就是依据统计性规律作出的预测。

人文社会领域的规律多半是这种统计性规律。所以,研究社会问题,必须坚持辩证唯物主义的历史决定论观点,从统计性规律的角度认识规律问题。就罪犯教育来讲,我们认为,罪犯教育规律在其特点上是一种统计性规律,它所揭示的必然性是一种弹性的必然性。换言之,我们只能在罪犯改造实践中发生的大量偶然性事件基础上揭示改造规律,而现有的罪犯教育规律所体现的只能是一种宏观趋势。

2. 一般规律和特殊规律

从作用层次上看,罪犯教育规律可以分为两类:第一类是存在于一切罪犯教育现象之中,并贯穿于罪犯教育过程始终的规律;第二类则属于在罪犯教育不同时段、不同工作领域起作用的规律。第一类规律反映的是罪犯教育一切领域、一切时期、一切阶段的总的本质联系的规律,我们称为一般规律或者基本规律。第二类规律由于反映了个别时期、个别领域或者个别阶段的本质联系,我们称为特殊规律。

---

① 参见洪宝书:《教育本质与规律》,成都科技大学出版社 1992 年版,第 191 页。

② 参见王伟廉:《教育规律问题读书札记》,载《中国高教研究》2000 年第 4 期。

③ 参见杜作润:《关于研究教育规律的附议》,载《现代大学教育》2003 年第 6 期。

教育理论界普遍承认的教育一般规律主要有两条:一是教育与社会的关系的规律,称为外部关系规律;二是教育和人的关系的规律,称为内部关系规律。[①] 这两条规律在教育领域普遍存在,罪犯教育必然要受到这两大规律的制约。通过考察罪犯教育现象,我们发现在罪犯教育过程中教育的一般规律的确无时无处不在发生作用,可以说,教育的这两条一般规律也是罪犯教育的基本规律。

基于上述认识,本书在罪犯教育规律的分类上,采用教育规律的分类模式,将罪犯教育规律中的一般规律分为内部关系规律和外部关系规律两类。其中,外部关系规律所揭示的是罪犯教育作为社会大系统的子系统与经济、政治、文化等其他子系统之间的本质的、必然的联系。内部关系规律所揭示的则是罪犯教育子系统内部诸要素之间的本质关系,主要是指罪犯教育活动与罪犯教育对象(作为人的罪犯)之间的关系。

关于罪犯教育的特殊规律,由于存在不同的改造手段、不同的改造对象、改造的不同阶段,所以相对比较复杂。不同的学者,对此问题见仁见智。本书将通过分析罪犯改造过程的基本要素(监狱人民警察、罪犯、改造手段、改造方法、教育内容等)之间的矛盾,选择一些具有代表性的特殊规律进行重点介绍。

第二节　罪犯教育的外部关系规律

教育的外部关系规律,即教育与社会的关系的规律,是指"教育必须受一定社会的经济、政治、文化所制约,并为一定社会的经济、政治、文化的发展服务"。[②] 它揭示的是教育作为社会大系统的子系统与经济、政治、文化等其他子系统之间的本质的、必然的联系。它表明教育功能的发挥必须以其他子系统功能的发挥为条件,而教育功能一旦得以发挥,则它对其他子系统又具有巨大的反作用。从监狱系统看,罪犯教育事业的发展必然要受到生产力发展水平、政治经济制度和文化的制约,而罪犯教育工作做得好反过来又对社会具有一定的积极作用。

---

① 这两条教育的基本规律是厦门大学潘懋元教授于1980年应原第一机械工业部教育局之邀,在湖南大学为当时该部所属高等院校领导干部教育科学研究班讲课时正式提出的。参见潘懋元:《教育外部关系规律辨析》,载《厦门大学学报》(哲学社会科学版)1990年第2期。

② 参见潘懋元:《教育的基本规律及其相互关系》,载《高等教育研究》1988年第3期。

一、生产力、政治经济制度和文化对罪犯教育的制约性

(一)生产力对罪犯教育的制约性

罪犯教育首先受到生产力发展水平的制约,不同的社会发展阶段生产力发展水平不同,与之相适应的罪犯教育工作也受到影响。生产力推动着整个社会的发展,罪犯教育事业的发展主要是在罪犯教育目的、内容、手段(技术)等方面受到生产力发展水平的制约。

罪犯教育目的问题主要是一个把罪犯改造(矫正)成什么样的人的问题,它与行刑目的有着内在关联。根据刑罚学的观点,刑罚的进化过程经历了四个阶段,分别是复仇时代、威吓时代、博爱时代和科学时代。[①] 这四个阶段有不同的行刑目的和特点,罪犯教育的状况也有所不同。罪犯教育目的与政治经济制度有关,同时也受到生产力发展水平的影响。在古代社会(奴隶社会、封建社会),由于生产力发展水平较低,社会对公民的文化知识、生产技能的要求不高。因此,即便当时的学校教育、社会教育领域,教育活动对生产力的反映也是不够的。例如,中国的奴隶制时代,教育的主要目的是"明人伦",重在教人遵循"五伦"规范。封建时代教育目的带有"学而优则仕"的色彩,重在选拔统治人才。那时候教育的内容和目的都偏向"形而上"者,"形而下"的东西都不被看重。在行刑的复仇时代和威吓时代,行刑目的仅在于同态复仇或者酷刑威慑,罪犯教育根本无从谈起。因此,这一时期的罪犯教育目的基本上是由政治经济制度决定的,因而并不突出地反映生产力的要求。

进入现代社会,生产力发展对劳动者的文化技术要求越来越突出,社会公众的文化程度普遍提高。受博爱时代、科学时代行刑目的的影响,文化科学教育和技能培训也悄然成为各国监狱教育的重要内容。与此相应,西方国家在自由刑影响下,罪犯教育目的呈现出促进犯人的再社会化的特征。在行刑的科学时代,刑罚走向目的化,"行刑已不仅仅是甚至于不是惩罚犯人而是改造犯人的手段"。[②] 从我国监狱实践来看,罪犯教育目的从早期的"新人"到"自食其力的公民"再到"守法公民"和"有用之材",其演变也逐步体现出重视社会生产、培养社会劳动者的色彩。通过以上的论述可以看出,罪犯教育目的的确定和教育内容的选择无不受到生产力发展水平的影响。

生产力发展水平还制约着罪犯教育的手段和规模。从罪犯教育手段上看,随

---

① 参见邱兴隆等:《刑罚学》,中国政法大学出版社 1999 年版,第 15－22 页。

② 邱兴隆等:《刑罚学》,中国政法大学出版社 1999 年版,第 24 页。

着现代科技的发展,传统的授课方式和文化、技术教育传播手段已经不能适应罪犯教育发展的客观需求。网络授课、多媒体教学、计算机辅助教学等手段已逐步在各国监狱出现。从罪犯教育的教育层次和规模上看,随着社会对公众文化程度要求的普遍提高,监狱中的教育层次也有不断提升的趋势。根据《监狱教育改造工作规定》的要求,我国监狱对罪犯开展的文化教育主要是扫盲、小学、初中文化教育,但是有条件的监狱可以开展高中(中专)教育,并且监狱还鼓励罪犯参加电大、函大、高等教育自学考试,并为他们参加学习和考试提供必要的条件。根据《中国改造罪犯的状况》白皮书的数据,截至1991年底,全国监狱、劳改场所共开办各种文化学习班1.2万余个,参加文化学习的罪犯达51.8万余人,入学率占应参加学习的92.35%,其中参加刊授大学、函授大学、业余大学、电视大学学习的有5300余名,参加高等教育自学考试的有4000余名。[①]

(二)政治经济制度对罪犯教育的制约性

在不同的社会制度下,教育的性质、地位、发展规模都有所不同。更重要的是,社会制度不同,教育目的、出发点(决定着"为谁培养人"的问题)会有显著的差别。这种制约性在罪犯教育领域同样适用。

在报复主义和威吓主义刑罚观盛行的时代,对罪犯的教育改造根本无从谈起。进入现代社会,随着刑事古典学派和刑事社会学派的出现,刑事矫正思想才逐步显露,教育刑才逐步取代了报复刑,教育作为现代监狱的重要理念的地位才逐步确立。

在我国,人民政权建立之后,在总结解放区监所工作经验的基础上,经过半个多世纪的实践形成了监狱工作的"中国特色"。这些"特色"包括:(1)把监狱工作纳入无产阶级改造社会、改造人的伟大事业中;(2)把惩罚罪犯作为基础和前提,把改造罪犯作为根本目的;(3)我们相信,在一定条件下人是可以改造的;(4)形成了教育、劳动、管理三大改造手段;(5)我国监狱注重全面地、富有实质性地保障罪犯的权利,使罪犯刑满回归社会后能自立于社会。[②] 从上述这些"特色"可以看出,我国监狱始终将"改造人"放在核心位置,强调行刑的教育原则,推行"三个像""六个字",重视"挽救人、改造人、造就人",充分体现了政治经济制度的优越性对罪犯教育工作的巨大影响。

(三)文化对罪犯教育的制约性

监狱是一种文化现象,从某种意义上说,罪犯教育活动是一种文化活动,因此

---

① 参见《中国改造罪犯的状况》,法律出版社1992年版,第14页。

② 参见王明迪:《论我国监狱工作的"中国特色"》,载《中国监狱学刊》1998年第3期。

文化也成为影响乃至制约罪犯教育的重要因素。在西方各国，由于监狱服刑人员中宗教信徒人数众多，所以“几乎所有的西方国家的所有监狱中”都有宗教计划（religious program）。[①] 普遍采用宗教教诲这一教育内容，成为外国罪犯教育方面的一个重要特点。[②] 中国监狱行刑尤其重视教育改造工作，这也可以从文化层面找到渊源。一方面，注重教化是传统治道的特色，强调“导之以德，齐之以礼”，不动一兵一卒使百姓“有耻且格”；另一方面，知行合一的教育哲学“使得‘教化’是在个体日常对于道德的自我体悟和践履中来实现的”。在这两者的作用下，中国形成了劳动改造和教育改造相结合、寓教育改造于劳动实践之中的行刑格局。

二、罪犯教育对生产力、政治经济制度和文化的反作用

监狱是阶级矛盾不可调和的产物，它作为刑罚执行机关，体现着统治阶级的意志。统治阶级希望通过监狱对罪犯的行刑，达到预防和减少犯罪的目的，进而维护和巩固其统治。这一点，古今中外概莫能外。在西方，罪犯教育制度是在20世纪前半叶随着教育刑思想占据行刑思想的主导地位而形成的。新中国监狱从创立伊始就明确了行刑的教育化原则，并通过一系列法律法规和文件使之得到了法律上的确立和保障。

罪犯教育对政治经济制度的反作用表现为：向罪犯灌输一定的阶级意识，进行文化知识和道德教育，将其改造（矫正）成为具有“一定阶级意识的人”，完成其再社会化的过程。为达到这样的目标，中外监狱无不重视对罪犯的文化、技术、思想教育（西方的思想教育往往以宗教教诲、生活指导、社会教育的形式出现）。例如，西方一些国家（如德国）的监狱部门认为，社会责任感的缺乏是导致犯罪的重要原因，因而十分重视对罪犯的社会责任感教育。[③] 在行刑中，各国都注意贯彻社会化原则，以便为罪犯顺利回归社会做准备。我国很重视罪犯教育中的“三个延伸”工作，着重将狱内教育和社会教育结合起来，这正是该原则的具体化。

罪犯教育对生产力的反作用主要体现在以下两方面：

首先，罪犯教育为潜在的生产力向现实的生产力的转化提供了可能性。生产力是人与生产资料相结合而构成的征服自然、改造自然的能力，而人是生产力当中具有决定性的因素。当人没有掌握文化知识和生产技能之前，它只是可能的生产力。同样，当科学知识作为知识形态的生产力没有为人掌握之前，也只是一种生产

---

① 参见吴宗宪：《当代西方监狱学》，法律出版社2005年版，第722页。

② 参见陈士涵：《中外监狱罪犯教育比较》，载《犯罪与改造研究》1996年第12期。

③ 参见王泰主编：《现代世界监狱》，中国人民公安大学出版社1998年版，第290页。

的精神潜力。只有通过教育活动,使这两种可能的、潜在的生产力相结合,才能将潜在的生产力转化为现实的生产力。在监狱系统中,罪犯教育的这一作用体现在两个方面:其一,监狱对罪犯的文化、技术等方面的教育培训使罪犯迅速适应了监狱的生产劳动,由一个潜在的劳动者变成了现实的劳动者;其二,监狱对罪犯的文化、技术等方面的教育培训,尤其是职业训练使其具备了一技之长和谋生手段,为罪犯从一种水平的生产力发展成为另一种水平的生产力打下了基础。

其次,罪犯教育是实现科学知识的再生产的途径。作为生产力的科学知识的再生产主要是通过教育活动实现的,而监狱内部对罪犯实施的教育活动无疑也承担着传承文化科学知识的重任。联合国《囚犯待遇最低限度标准规则》中规定,“应该设法对所有可从中受益的囚犯继续进行教育,包括在可以进行的国家进行宗教教育。文盲囚犯及青少年囚犯应接受强迫教育,监狱管理部门应予特别注意”。“在可行范围内,囚犯教育应同本国教育制度结合,以便囚犯出狱后得以继续接受教育而无困难。”当前许多国家的刑法或监狱法中都以法律的形式确立了罪犯教育的地位,罪犯教育事实上已经成为社会教育大系统的组成部分之一。

罪犯教育(尤其是文化教育)可以提升服刑人员的素质,进而对社会文化产生积极作用。自20世纪90年代以来,素质教育成为我国教育领域的热门词汇。素质教育思想最初是为“纠偏”而提出的,即以素质教育来纠正基础教育过度强调“应试”的倾向。从社会意义上来理解,素质教育是提升民族素质的教育。罪犯作为一个特殊的群体,其文化水平相对较低,这无疑影响着民族的整体素质。20世纪80年代,学者研究表明,50%以上的罪犯只有初中以下文化程度。而且,初中(含初中)以下文化程度的罪犯占押犯比例有攀升的趋势:1987年为88.40%,1989年为91.05%,1991年为90.42%,1995年为90.49%。[①] 根据管理学中的“木桶理论”,某群体的整体水平的高低是由该群体当中水平最低的那部分成员决定的,正如木桶的容积是由最短的一根木条决定的一样。在当前条件下,物质文明和精神文明建设对罪犯的素质提出了更高的要求,而罪犯素质的提高反过来又必然推动两个文明的建设。由此看来,罪犯的素质问题的确应成为素质教育关注的重要领域。

① 参见王明迪主编:《罪犯教育概论》,法律出版社2001年版,第43页。

第三节 罪犯教育的内部关系规律

教育的内部关系规律，即教育与人的身心发展之间关系的规律，是指“教育要受教育对象的身心发展特点和需要的制约，并对教育对象的身心发展起作用”。[①]教育是一种培养人的活动，其种种功能——无论社会发展功能还是个体发展功能、显性功能还是隐性功能——都是通过培养人来实现的。唯其如此，任何一种类型的教育（包括罪犯教育）在实施教育行为时，都应尊重受教育者的身心特点和需要，否则便难以收到良好的教育效果。罪犯是一群特殊的教育对象，对罪犯的行刑过程从矫正和再社会化的角度看也是一种促进其身心“各方面的潜在力量不断转化为现实个性的过程，也是充满着量变、质变、内容及结构变化的过程”[②]，换言之，这是一种发展过程。罪犯在监狱当中的身心发展过程与普通个体的身心发展具有类似之处，同样具备一定的特点，因此罪犯教育活动必须注意对这些特点的研究。

一、罪犯个体的身心发展特点

（一）顺序性

人的身心发展是一个由低级到高级、由量变到质变的连续不断的发展过程，具有一定的顺序性。这种顺序性首先突出表现在身体的发展上，如身体的发展是按照从上到下、从中间到四肢、从骨骼到肌肉的顺序发展。就身高和体重来说，身高增长在先，体重增长在后。人的心理发展的影响因素较多，但也有一定的顺序性。例如，皮亚杰指出，人的智力发展按照感知运动水平、前运算水平、具体运算水平和形式运算水平的顺序发展。人的情感、意志等心理过程的发展也有一定的顺序性。[③]人的身心发展的顺序性特点告诉我们，在罪犯教育的过程中，一定要循序渐进，不能急于求成。

（二）不平衡性

人的身心发展是按一定的顺序进行的，但这种发展不是匀速的，它具有不平衡性。从身心两大系统来看，人的生理成熟与心理成熟在发展过程中并非齐头并进。一般来说，生理上的成熟（以性机能的成熟为标志）往往早于心理、社会性的成熟。

---

① 参见王伟廉：《教育规律问题读书札记》，载《中国高教研究》2000 年第 4 期。

② 叶澜主编：《新编教育学教程》，华东师范大学出版社 1991 年版，第 79 页。

③ 参见叶澜主编：《新编教育学教程》，华东师范大学出版社 1991 年版，第 87 页。

而从身心两个系统各自的内部来看,则每个系统内部各方面发展过程也是非同步的。心理学中的“关键期”问题就表明了这种发展的不平衡性。所谓关键期是指身心的某方面机能和能力最适宜形成的时期。发展的关键期也是教育的关键期,例如在智力发展的关键期,环境和教育对智力发展一年的影响效果要超过其他时期八到十年的效果。① 在罪犯教育方面,我们可以将关键期概念做进一步引申理解,罪犯接受教育的适宜时机也可以称为罪犯教育的关键期。例如,在入监教育阶段,我们要求罪犯“上好服刑改造第一课,度过思想改造第一关,过好监狱生活第一站,迈出走向新生第一步”。② 这四个“第一”很好地说明了入监教育的重要性,入监阶段可以视为罪犯教育的关键期。

(三)互补性

互补性反映的是身心发展各组成部分的相互关系。一方面,在机体的机能之间存在互补性,某一机能受损或缺失可以通过其他方面的机能的超常发挥得到补偿。例如,失明者的听觉、触觉等往往比较敏感,这就是一种机能互补的表现。另一方面,身心两大系统的机能之间也存在互补性,人的精神、意志、情绪对人的身体机能的调节作用就是证明。个体的身心发展的互补性提示我们:罪犯可能存在某方面的缺陷或弱点,但监狱人民警察可以通过发扬其他方面的优点来教育和鼓励他们,使之获得某种发展上的补偿。

(四)个别差异性

人的身心发展有共性,同时由于遗传、环境和教育等因素的影响,使人的身心发展又呈现出差异性。一是生理上的,如身高、体重等,我们称之为外部差异;二是心理上的,如认识能力、情感、意志等,称为内部差异。人的发展的共性是针对总体和一般发展而言的,而差异性则是就个体而言的。在监狱中,虽然罪犯在总体上具有共性,但不同类型的罪犯之间乃至同一类型的罪犯之间又具有差异性。当我们面对一群外部生理特征相似的罪犯时,我们实际上面对的是一群心理特点和发展水平各不相同的人。因此,对罪犯的教育改造策略也应有所不同,据此我们提出“因人施教”“分类教育”这样的教育改造原则,并积极推行个别化矫正策略。

上述四个方面的特点是客观存在的,我们在进行罪犯教育时必须依据规律办事,这正是人的身心发展特点对罪犯教育的制约性的表现。

---

① 参见南京师范大学《教育学》编写组编:《教育学》,人民教育出版社1984年版,第95页。

② 这四个“第一”是北京监狱管理部门对入监教育特点和要求的概括。

二、身心发展的影响因素及其作用

(一)身心发展的各种影响因素

在理论界,关于影响人的身心发展的因素的认识有多种观点。笔者认为,众多的影响因素可以分为两个层次五种因素:第一个层次是生物因素,包括遗传素质和非遗传的生理因素两个子因素,它们是人的发展的物质前提和基础;第二个层次是社会因素,包括环境、教育和个体的实践活动三个子因素,它们是人的发展的决定性因素。第二个层次中的三个子因素是相互联系、密不可分的。人的个体实践活动是在一定环境中的实践,而教育可以看作是一种特殊的环境,同时又是一种实践活动。在所有这些影响因素当中,我们要特别强调的是教育和个体的实践活动这两个因素。

(二)教育与实践的作用

教育是有意识地影响人的一种活动,它可以被视作一种环境,但又不同于一般的环境,它是经过教育者(在监狱中主要是监狱人民警察)精心组织和安排的环境,因而教育对人的发展的影响是有目的、有计划、有组织的。自发的环境因素对人的发展的影响是随机和不确定的。因而理论界认为,教育对人的发展的影响具有主导性。

在罪犯教育过程中,罪犯处于一种有目的、有计划、有组织安排的特殊环境之中,监狱部门有意识地排除和控制一些不良因素的影响,给犯人以更多的正面教育,并由监狱人民警察制订教育计划,选择教育内容、方法和手段,确定教育时机对其进行教育。因此,在这一过程中,以监狱人民警察为代表的教育者处于主导地位。但罪犯作为受教育者也具有一定的主动性,这就是罪犯作为个体的实践活动的问题。也就是说,罪犯教育活动的成效如何要受到监狱人民警察这一外因的影响,更重要的是要受罪犯这一内因的影响。罪犯在教育过程中的实践活动具有鲜明的目的性、指向性和参与性,体现了罪犯的主动选择的特征。教育活动如果不能调动罪犯的主动性和参与性,不能变“要我改造”为“我要改造”,最终的效果只能是事倍功半。

对教育内部关系规律的分析表明,罪犯教育活动必须依据罪犯身心发展的特点进行,同时要充分发挥罪犯的主动性,进而通过教育改造来促进其身心发展。

第四节　罪犯教育的特殊规律

罪犯教育的一般规律在涉及罪犯的任何有计划、有组织、有目的的教育活动中都是普遍适用的,而且它在不同时期、不同阶段支配着罪犯教育实践工作。但是,罪犯教育作为一种特殊的社会实践活动,与普通教育又有所不同。如果我们把教育活动看成是一种意向性的活动,那么普通教育领域当中一般说来教育的意向与教育者、教育对象的意向具有一致性。在罪犯改造活动中,教育者(监狱人民警察)与教育对象(罪犯)的意向经常是不同的,因而就导致了改造活动必须先“破”(挽救)后“立”(造就),这也正是改造活动比一般教育活动更困难、更复杂的原因。而且,即使在罪犯教育活动的范围之内,由于教育改造工作涉及的因素的多样性,教育改造活动又可以分解为更为具体的活动单元,在这些单元内部都有其独特的规律。

通过上述分析我们得知,罪犯教育的特殊规律一方面是指与其他社会实践活动(主要是与普通教育)相比较而言的特殊规律,另一方面是指罪犯教育活动内部各项具体工作或者各个不同阶段的特殊规律。例如,思想道德教育的规律、文化教育的规律、技术教育的规律、入监教育的规律、出监教育的规律、个别教育规律、集体教育规律等。由于罪犯教育活动内部的各种具体工作十分复杂,限于篇幅无法一一讨论其特殊规律,因而此处我们仅就前一种规律当中之主要者进行阐述。

事物的发展变化过程是一种矛盾的运动变化过程,事物的特殊性也决定于事物的矛盾的特殊性。“在复杂的事物发展过程中,有许多的矛盾存在,其中必有一种是主要矛盾,由于它的存在和发展,规定或影响着其他矛盾的存在和发展。”①罪犯教育活动与普通教育活动的区别也就在于两者所包含的主要矛盾不同。在普通教育活动当中,主要矛盾是教育者与教育对象的矛盾,两者是同一方向上程度高低的矛盾。罪犯教育活动中,主要矛盾则是监狱人民警察与罪犯的矛盾,这种矛盾既包含程度(即教育者的要求与教育对象的现有水平)的差异,也包含方向上的不一致性。因此,存在以下几条罪犯教育的特殊规律。

一、罪犯教育的反复性规律

由于罪犯教育对象的特殊性,所以导致罪犯教育的发出者监狱人民警察与罪犯的意向性关系也存在特殊性。在普通教育领域,师生双方的意向性绝大多数情况下都是一致的,即都是朝着教育目标所规定的方向努力的;但是,在罪犯教育活动中,监狱人民警察的意向与罪犯的意向很少具有一致性。罪犯与监狱人民警察这两个改造活动的基本要素之间的关系由此也就具有一定的特殊性,即罪犯改造

---

① 毛泽东:《矛盾论》,载《毛泽东选集》(合订一卷本),人民出版社 1964 年版,第 295 页。

活动的难度要比普通教育活动大。教育活动是在受教育者原有的品质之上进行深化的过程,换言之,是在方向一致的情况下在程度上的提高的过程。罪犯教育重在一个“改”字,是在改造者与被改造者意向不一致的情况下,改变其原有的发展方向并在此基础上提高其水平的过程。我们经常说的“挽救人、改造人、造就人”体现的正是这种在“破”的基础上再“立”的过程。正因如此,罪犯的教育改造过程就会出现反复性的规律。其表现就是在教育改造过程中罪犯出现向着改造要求进步的行为表现,但不久又会出现违反改造要求的表现,两种倾向交替、反复出现。

罪犯改造过程的反复性规律体现着监狱人民警察与罪犯之间(改造要求与罪犯身心发展水平之间)的联系性与矛盾性,监狱人民警察代表着社会向罪犯提出的改造要求与罪犯现有水平之间始终是有差距的。罪犯的改造过程也就是罪犯不断向这种要求靠近,但又不能完全达到要求的过程。这种动态过程的外部特征和规律即是反复性,同时两者之间的矛盾性也是罪犯发展的动力。

二、监狱人民警察在罪犯改造过程中起主导作用的规律

监狱人民警察与罪犯之间的矛盾是罪犯改造过程各种矛盾中的主要矛盾,在矛盾的对立双方当中,监狱人民警察与罪犯的作用又是不平等的。正如毛泽东所说,“无论什么矛盾,矛盾的诸方面,其发展是不平衡的。有时候似乎势均力敌,然而这只是暂时的和相对的情形,基本的形态则是不平衡。矛盾着的两方面中,必有一方面是主要的,他方面是次要的。其主要的方面,即所谓矛盾起主导作用的方面。事物的性质,主要的是由取得支配地位的矛盾的主要方面所规定的。”[①]监狱人民警察是占据主导作用的方面,也就是矛盾的主要方面。监狱人民警察担负着重塑罪犯心灵的任务,在改造活动中以组织者和计划者、帮助者、引路者的身份出现,要把罪犯从一条与改造目标、教育目的相反的发展道路上引领回来,起着规定、引导、计划、组织、实施的作用。

罪犯改造活动的属性即其改造性,其向着改造方向运动的属性是监狱人民警察发出的改造活动决定的。与普通教育相比,监狱人民警察在改造过程当中的主导性显得更为突出,原因在于上面所讨论的意向的不一致所致,而改造的方向则主要是由监狱人民警察决定的。

监狱人民警察在罪犯改造过程中起主导作用的规律所体现的,也正是改造过

① 毛泽东:《矛盾论》,载《毛泽东选集》(合订一卷本),人民出版社 1964 年版,第 297 页。

程中监狱人民警察与罪犯矛盾双方的必然联系性。但这一规律与上一规律相比,更多体现的是监狱人民警察一方的特殊性。

三、以改造思想为主的规律

普通教育的内容与罪犯改造的内容相比更为广泛,涉及知识、思想道德、审美、身体素质等几方面,一般我们将其称为全面发展教育、素质教育、通才教育或“和谐教育”。罪犯的改造工作也应当以普通教育涉及的诸多方面为追求的理想,但从根本上说,罪犯的教育改造还是以思想的改造为主要方面,其他的各方面都围绕着思想改造这一核心开展。

按照社会学的理论,人的发展过程就是社会化的过程,社会化又分为基本社会化、继续社会化和再社会化等三种类型。普通教育过程更多地体现为一种基本社会化过程,是形成社会角色、规范意识的过程。而罪犯改造的过程则更多地体现为一种再社会化的过程。再社会化的任务在于重建社会规范,因而罪犯的改造更多地诉诸思想改造、行为矫治。从本质上讲,人是“一切社会关系的总和”,社会得以存在和发展,有赖于各种社会规范(如风俗、习惯、道德、法律、各种规章制度等)对人们的行为的制约和协调。在国家出现之前,社会规范一般是以舆论、内心信念、族规等形式对风俗或道德予以维护。在国家出现之后,法律成为限制和规范人们行为的统一准则。任何社会都不允许有破坏其法律的行为发生,并采取各种手段对破坏法律的人实行惩处。罪犯是对社会规范造成了破坏、对社会造成了负面的影响的人。另外,罪犯同普通教育对象的一个重要的区别在于,他们都具有一定程度的消极意识(主观恶性)。他们对自己的社会角色、所应遵循的社会规范都存有一定程度的模糊认识,往往从负面来看待一些社会现象,或只选择社会的阴暗面看问题。这就决定了罪犯改造的重点应放在思想改造上。

与前面两个规律相比,该规律所体现的也是监狱人民警察作为改造者与罪犯这一改造对象的联系性,区别在于该条规律更侧重于改造内容方面。

研究与思考

1. 统计性规律的思想对理解罪犯教育规律的特点有什么帮助?
2. 请根据自己的理解解释罪犯教育的外部关系规律和内部关系规律。
3. 罪犯个体的身心发展特点对教育改造工作有什么启示?

第四章　罪犯教育功能

重点提示

1. 罪犯教育功能就是指罪犯教育本身所具有的，对罪犯个体、社会等所能产生作用和影响的能力。它回答的是“罪犯教育能够干什么”的问题，即罪犯教育的效用问题。

2. 罪犯教育功能具有客观性、潜在性与可能性、稳定性与发展性、过程性等特征。

3. 罪犯教育功能包括罪犯教育的个体功能和社会功能。罪犯教育的个体功能具体包括两个方面：一是罪犯个体再社会化功能；二是罪犯个体再个性化功能。罪犯教育的社会功能可划分为罪犯教育的社会政治功能、社会经济功能和社会文化功能等。

4. 充分发挥罪犯教育功能的措施包括：(1) 罪犯教育必须适应社会发展规律，保持与社会协调一致；(2) 罪犯教育必须遵循罪犯个体身心发展的规律，针对罪犯的个体、群体特点进行教育；(3) 加强和推进监狱人民警察队伍建设，充分发挥监狱人民警察在实现罪犯教育功能中的主体地位和主导作用；(4) 增强罪犯教育活动过程各构成要素，统筹协调各构成要素的关系，保障罪犯教育系统整体功能的充分发挥。

罪犯教育功能，回答的是“罪犯教育能够干什么”的问题，即罪犯教育的效用问题。正如法国著名社会学家迪尔凯姆所言：“要想完整地解释社会现象，必须解释清楚它的功能。一般来说，事物要能够生存，必须有存在的效用。因为一种绝对无效用而存在的事物意味着对社会来说它是无用的、多余的。”罪犯教育之所以产生、存在并发展，就是因为罪犯教育有存在的效用，即罪犯教育具有某种功能。因而，我们要完整地解释罪犯教育，必须解释清楚罪犯教育的功能。

罪犯教育功能问题是罪犯教育理论的一个基本问题，也是罪犯教育实践的出发点。对罪犯教育功能的认识和把握,直接影响着罪犯教育目的的确立、罪犯教育政策的制定和罪犯教育活动的组织与实施。因此,我们需要认识罪犯教育有哪些功能,怎样才能有效地发挥罪犯教育的功能。

专栏4-1 监禁矫正效能的矫正措施差异

维度	极小值	极大值	均值	标准差
教育矫正效能	1.50	4.00	3.0009	.59675
管理矫正效能	1.25	4.00	2.6031	.53233
心理矫正效能	1.50	4.00	2.9677	.69104
劳动矫正效能	1.50	4.00	2.9009	.47390

总体来看,教育矫正效能处于一般偏上的层次,我国的教育矫正发挥了较好的矫正效能,其远比管理矫正、心理矫正、劳动矫正的效能分值要高、效能要好。

资料来源:王超:《监禁矫正效能实证研究》,吉林大学2015年博士学位论文。

第一节 罪犯教育功能概述

一、罪犯教育功能的概念

研究罪犯教育功能问题的学术原点在于对功能概念的分析,这是由功能与罪犯教育功能的关系所决定的。从功能与罪犯教育功能的关系来看,罪犯教育功能是一般意义功能的具体化和特殊表现形式。因此,对罪犯教育功能概念的认识和界定还得从对功能概念的分析入手。

从字面上看,"功能"就是指事功和能力,即一个事物系统所具有的对周围其他事物发生作用、影响的能力或根本属性,是事物存在的一个最重要特性。《现代汉语词典》对功能的解释为"事物或方法所发挥的有利的作用"①,这是从"作用"的角度来理解"功能"。《辞海》对功能的解释为"功能与结构相对,指有特定结构的事物或系统在内部和外部的联系和关系中表现出来的特性和能力"②,这是从"能力"的

① 《现代汉语词典》,商务印书馆1999年版,第438页。

② 辞海编辑委员会编:《辞海》(缩印本),上海辞书出版社1989年版,第1317页。

角度来理解“功能”。

功能概念作为一个学术语言，源于西方著作，相当于英语中的function。在不同的学科中有着不同的用法，这些用法在某种意义上又有会通之处。在数学领域，“功能”一词最早为莱布尼茨所用，它具有精确的含义，是指一个变量与其他某个或多个变量之间的关系。在生物领域，功能就是生物机体的某个组成要素所做的贡献，由此可以说繁殖功能、调节功能、消化功能、呼吸功能、光合功能等。在社会学领域，运用功能概念起了决定性作用的是赫伯特·斯宾塞，他提出，社会科学试图提供“一些资料和结论，人们使有关各种动物结构和功能的研究报告和生物学家的结论得到支持”。在社会人类学中，功能是相对于整个社会体系的有用性而言。正如社会人类学家布朗所言：“对任何一种活动来说，它的功能就是指在整个社会生活中它应承担的角色，因而也是它对维持结构的连续性上所起的作用。”①在系统科学中，功能是指系统与外部环境相互联系和作用过程的秩序和能力。

根据上述关于功能概念的理解，我们可以整理出功能概念的基本要点：第一，功能概念不仅仅是内涵界定问题，实际上，功能概念具有一种方法论的思想。第二，功能概念反映了一种关系，即一事物现象和与其相联系的整体之间的关系。正是通过事物现象与其整体的关系，体现出该事物现象的功能、作用。第三，功能概念是客观事物作用的潜在反映，具有客观可能性。

综上对功能概念的阐释，根据罪犯教育功能与功能“具有贯通性”的逻辑推演，罪犯教育功能的概念可以界定为：罪犯教育本身所具有的，对罪犯个体、社会等所能产生作用和影响的能力。

二、罪犯教育功能与其他相关概念的辨析

在研究罪犯教育功能概念时，我们还需要对与罪犯教育功能相关的几个概念进行辨析，以加深对罪犯教育功能概念的理解。

（一）罪犯教育功能与罪犯教育目的

罪犯教育的功能不同于罪犯教育的目的。罪犯教育是客观社会基础性和主观阶级意志性的统一，蕴涵着一定的宗旨，体现着统治阶级或立法者的某种动机。研究罪犯教育功能问题，尤其是衡量罪犯教育功能实现效果时，必然离不开罪犯教育的目的。法国社会学家迪尔凯姆说：“一种社会事实的功能应该永远到它与某一社

---

① ［法］莫里斯·迪韦尔热：《政治社会学——政治学要素》，杨祖功、王大东译，华夏出版社1987年版，第186页。

会目的的关系之中去寻找。"[①]因此,罪犯教育功能的实现也应包括罪犯教育目的的实现。

然而,功能与目的毕竟是两个不同的范畴。罪犯教育的目的即从事罪犯教育者的主观意向,罪犯教育功能并非指这些主观的意向,而是指可见的客观后果。这种可见的客观后果可能同罪犯教育的目的相合,也可能并不一致。正因为有的罪犯教育后果是罪犯教育目的的直接体现,有的则与罪犯教育的目的相去甚远,所以罪犯教育功能是有层次区分的。

(二)罪犯教育功能与罪犯教育价值

罪犯教育功能指向于罪犯教育价值,但同罪犯教育价值终究是程度不等的两个范畴。从理论上讲,罪犯教育价值体现为一定程度上主体的需要,罪犯教育功能正是要满足这种需要。但是,严格来说,罪犯教育功能体现了罪犯教育通过其运行而对罪犯个体、社会发生影响的客观能力,是中性的,即其本身无所谓价值。只是在罪犯教育功能发挥的过程中,才从主体人的角度观察分出积极影响和消极影响,即产生价值。

(三)罪犯教育功能与罪犯教育结构

所谓功能,是从系统的外部描述系统的整体性质。所谓结构,是从系统的内部描述系统的整体性质。罪犯教育存在于社会大结构中,罪犯教育本身又是有结构的,罪犯教育内在结构直接决定或影响它在社会结构中所处的地位即其功能状况。罪犯教育功能是基于罪犯教育结构属性而与社会发生关系的状态,表明了罪犯教育对社会的一种适应性。

罪犯教育功能的概念表明,罪犯教育在社会中具有不可替代的地位,它对于社会有存在的效用。罪犯教育对社会存在的发展有所贡献,并且在这种贡献中使罪犯教育自身获得存在和发展的根据。迪尔凯姆强调:"应当从社会现象对社会环境的关系来评价社会现象的有用价值,即我们所说的社会现象的功能。在社会环境引起的变化中,只有适合社会环境所处的状况的变化才是有用的,因为社会环境是集体生存的根本条件。"[②]罪犯教育作为一种社会现象与社会有机体之间客观地存在相适应的地方,这种相适应的地方就是罪犯教育的功能。所以,没有罪犯教育与社会单位的关系,就无所谓罪犯教育功能的概念。

---

① [法]E.迪尔凯姆:《社会学方法的准则》,狄玉明译,商务印书馆1995年版,第125页。

② [法]E.迪尔凯姆:《社会学方法的准则》,狄玉明译,商务印书馆1995年版,第133页。

三、罪犯教育功能的特征

我们还需要结合罪犯教育功能的特点，来加深对罪犯教育功能的理解。罪犯教育功能具有以下几个特征：

（一）罪犯教育功能的客观性

事物的功能是由事物的本质属性决定的，不以人的意志为转移。罪犯教育自身内在规律的特殊性，决定了罪犯教育功能的客观性，罪犯教育功能的存在与置换不以人的主观意志为转移，而是以罪犯教育功能的性质和发展动因为契机，根植于社会生产力的发展态势和生产关系变革的要求。人们只能通过不同的方式和途径影响其功能发挥的水平和程度，或者说只是由于条件和环境的不同，其他影响因素的存在，导致罪犯教育功能的发挥和表现有所不同而已，但其客观性毋庸置疑。所以，对罪犯教育功能的界定决不允许主观臆测，而应立足于社会现实，实事求是地加以分析。

（二）罪犯教育功能的潜在性与可能性

功能是事物潜在的一种属性，它还没有表现出来，属于可能性的范畴。罪犯教育的功能取决于罪犯教育制度本身。在人类不同的历史时期，不同的社会，罪犯教育制度是存在差别的，因而罪犯教育所体现出来的社会作用也并不相同。也就是说，罪犯教育功能的发挥依赖于既定的社会形态并且具备相应的社会条件。进一步来讲，罪犯教育只是具有产生相应社会作用的现实可能性，而非必然性。所以说，罪犯教育的功能并不等于已经现实化的刑罚作用。

所谓可能性，是相对于现实性而言。罪犯教育功能的可能性既不同于罪犯教育作用的效果性，又不同于罪犯教育作用的现实性，因为刑罚功能是刑罚属性的发挥过程的表现，对应于属性而言，刑罚功能有其内在的根据。只要刑罚具有这种属性，罪犯教育就有这种功能的基础。从这一点来看，罪犯教育功能是可能的，不是不可能的；同时，罪犯教育功能只是处于一种可能的潜在状态之中，还不是客观现实的存在，从这种可能状态转化为现实状态，必须具备足够的必要条件。

（三）罪犯教育功能的稳定性与发展性

罪犯教育功能的稳定性体现在某些功能是客观存在的，不会随着意识形态的不同或者社会经济发展程度的高低而变化，正是这种功能存在决定了罪犯教育存在和发展的现实依据。

发展性是罪犯教育功能的一个重要特点。罪犯教育功能的发展性特点是指罪犯教育功能不仅仅处在一个对传统罪犯教育功能的传承和延续的过程之中，更重要的是,罪犯教育功能还处在一个不断创新和完善、深化的过程之中。在这两个过程中,罪犯教育的某些功能在某个时期或得到强化,或遭到抑制,分化、整合或创造出新的功能。罪犯教育功能的发展性特点是由社会的发展性和人的发展性决定的。罪犯教育功能主要体现在为社会的发展和人的发展服务两个方面。

(四)罪犯教育功能的过程性

功能是事物所能够发挥的作用,那么它的发挥就是一个从内到外的过程,需要很多因素的配合,具有过程性。罪犯教育的功能是以过程的形式而存在的属性,是多重因素共同生成罪犯教育所具有的一种内在属性。罪犯教育功能取决于罪犯教育内部各因素之间的结构与相互关系,以及该系统与环境的联系与关系。因此,在对罪犯教育功能考察时,我们不仅要对它进行静态考察,而且要对它进行动态考察;不仅要考察罪犯教育功能发挥的客观环境,而且要考察影响罪犯教育功能发挥的内外部多种因素;既要考察罪犯教育功能的实现形式与机制,也要关注功能发挥的过程与效果。

四、罪犯教育的具体功能

罪犯教育与教育有着紧密的联系。教育是培养人的活动,而罪犯教育是对判处徒刑和死缓的罪犯所进行的教育改造活动。从根本意义上讲,罪犯教育也是教育人的活动,是教育的纵深发展,是教育的一种特殊领域。可以说,罪犯教育功能是教育功能的下位概念。我们可以在教育功能范围内寻找得出罪犯教育的功能。

探讨教育的功能,人们一般首先以教育作用的对象为分析维度,将教育功能分为个体功能和社会功能。教育的个体功能是指教育对人的发展的功能,也就是对个体身心发展所产生作用和影响的能力;教育的社会功能是指教育对社会发展的功能,特别是指对于社会政治、经济、文化等方面产生作用和影响的能力。

同理,我们将罪犯教育功能区分为罪犯教育的个体功能和社会功能。罪犯教育的个体功能是指罪犯教育对罪犯个体的功能,也就是罪犯教育对罪犯个体身心发展所产生作用和影响的能力;罪犯教育的社会功能是指罪犯教育对社会发展的功能,特别是指对于社会政治、经济、文化等方面产生作用和影响的能力。

第二节　罪犯教育的社会功能

教育的社会功能是指教育对社会的影响,特别是指对于社会政治、经济、文化等方面产生作用和影响的能力。因此,我们按照社会最重要的领域来划分,将罪犯教育的社会功能划分为罪犯教育的社会政治功能、社会经济功能和社会文化功能等。

一、罪犯教育的社会政治功能

教育既受制约于政治,同时又反作用于政治,教育对政治的反作用即是教育的政治功能。教育的政治功能主要表现在三个方面:一是为社会培养政治人才;二是促进社会政治民主化;三是为社会政治制造舆论、营造思想环境。

在上述教育的政治功能的三种表现中,由于罪犯教育不同于教育的特性(即罪犯教育的对象是罪犯,罪犯教育的场所是监狱),为社会培养政治人才以及为社会政治制造舆论、营造思想环境,并不是罪犯教育的主要功能。但是,罪犯教育同样具有促进社会政治民主化的功能。这表现在提高罪犯的文化水平,提升社会整体教育程度方面。

正如列宁所说,“文盲是处在政治之外的,必须先教他们识字。不识字就不可能有政治,不识字只能有流言蜚语、谎话偏见,而没有政治”①。要实现建设富强、民主、文明、和谐、美丽的社会主义现代化强国的奋斗目标,离不开社会整体文化教育素质的提升。开展针对罪犯的文化知识教育,在监狱办特殊学校,正是完成这一目标的组成部分。

二、罪犯教育的社会经济功能

教育的社会经济功能可分为间接的和直接的两方面。间接的经济功能是培养“经济人”,直接的经济功能是参与“经济事”。② 其具体体现就是劳动力再生产功能、科学知识再生产功能和教育的产业功能。

在上述教育的社会经济功能的三种体现里,通过分析我们发现,罪犯教育除了不具备产业的功能外,其他两种功能在罪犯教育中都有体现。

(一)罪犯教育具有劳动力再生产的功能

罪犯教育,特别是罪犯科学文化知识教育、职业技术教育以及劳动教育,使罪犯掌握一定的科学知识、生产经验和劳动技能,提高了劳动能力,提高了劳动生产效率,从而促进社会生产的发展。这具体表现在:提高了罪犯对生产要求过程的理

---

① 《列宁全集》(第42卷),人民出版社1987年版,第200页。

② 参见冯建军主编:《现代教育学基础》,南京师范大学出版社2007年版,第222页。

解和劳动技能、技巧的熟练程度,从而提高工作效率;使罪犯能合理操作、使用工具和机器,注意对工具、机器的保养和维修,减少工具损坏率;提高了罪犯学习知识和技术的能力,缩短了他们学习新技术或掌握新工种所需的时间;提高了罪犯的创新意识和创造能力。

(二)罪犯教育具有科学知识再生产的功能

罪犯教育对科学知识进行再生产,使科学知识转化为直接的生产力,通常有以下三种途径:一是通过传递的手段有计划地实施培训,使罪犯掌握科学知识,从而通过罪犯这一载体发挥科学知识在生产中的功效;二是通过科学知识的宣传与普及,使原来为少数罪犯掌握的科学知识在较短的时间里为更多的罪犯掌握,高效能地扩大科学知识的再生产,从而推广生产经验,提高劳动生产率;三是利用罪犯教育的资源,创新科学知识,并将科学知识转化为直接的生产技术和生产知识,从而大力促进生产力的发展。

三、罪犯教育的社会文化功能

人类的文化与人类教育是同生共存的,即人类的生存和发展不可能没有文化,而文化的传递和发展又依赖于教育。我们常以教育发展状况来衡量一个国家或地方的文化水平,这不仅说明了教育与文化的密切关系,更证明了教育所具有的文化功能。教育的文化功能主要包括三个子功能:传递与传播文化的功能;创造、更新文化的功能;普及文化、提高人的文化水平的功能。

教育具有社会文化的功能,那么,作为教育的一种特殊形式的罪犯教育是否也有文化功能呢?这就需要我们比照教育文化功能的三个子功能,结合罪犯教育进行具体分析。

(一)罪犯教育同样具有传递与传播文化的功能

罪犯教育传递与传播文化的功能体现在两个方面:一种是通过教育,向罪犯个体传承文化,使罪犯个体对文化进行内化,从而使文化得到发展;另一种是向社会传播文化,这主要是通过教育改造的罪犯将文化观念带到社会。

(二)罪犯教育也具有创造、更新文化的功能

罪犯教育向罪犯传递知识、经验、技术、思想、理论、方法等文化,接受这种文化的罪犯,在原有文化的基础上又通过自己的实践不断补充、发展、丰富原有的知识、经验、技术、思想、理论、方法等,从而进行新的文化的创造。因此,我们说罪犯教育也具有创造、更新文化的功能。当然,与教育的这一功能相比,罪犯教育在这方面的功能要弱得多。

(三)罪犯教育也具有普及文化、提高人的文化水平的功能

罪犯教育的对象有很多是文盲、半文盲,罪犯教育的一个很重要的方面,就是在罪犯中大力开展扫盲、脱盲教育;通过开展罪犯教育,使原来少数罪犯所掌握的知识、技能,被更多的罪犯所掌握,使处于不同文化水平的罪犯都具备进行新的学习、不断提高自己的能力。罪犯教育的普及文化的功能还表现在改变罪犯的生活方式等方面。

第三节 罪犯教育的个体功能

教育的个体功能是指教育对人的发展的功能,也就是对个体身心发展所产生作用和影响的能力。教育的个体功能在于促进人的发展。人的发展概括来讲就意味着要使人真正成为一个人,具体来讲,应该包括两个方面:一是使人由自然人成为社会的人,即人的社会化;二是使人更成为他自己,使自我的人格和才能得到充分的施展,即人的个性化。①

作为教育的一种特殊形式的罪犯教育,同样具有个体功能。罪犯教育的个体功能是指罪犯教育对罪犯个体的功能,也就是罪犯教育对罪犯个体身心发展所产生作用和影响的能力。具体来讲,包括两个方面:一是罪犯个体再社会化功能;二是罪犯个体再个性化功能。

一、罪犯教育的个体再社会化功能

教育的个体功能首先表现在教育促进个体的社会化。教育促进个体的社会化的功能主要表现在:一是促进人的观念社会化;二是促进人的能力社会化;三是促进人的职业社会化。通过教育的这种促进个体的社会化的功能,把社会成员培养和塑造成符合社会发展要求的、在生活中能够担当一定任务的社会角色。

但是,由于种种原因,一些社会个体从年龄上讲虽然已进入了少年、青年、中年或老年时期,但是他的社会化程度却没有获得同步的发展,出现了危害多数社会成员利益和违反社会规范的行为,这是社会化过程中的病态现象。克服这种社会病态现象,就要在强力管制条件下和特别环境中进行再社会化。

我国监狱机关在押的罪犯,说到底也就是在社会化过程中违反了社会的法律

① 参见冯建军:《现代教育原理》,南京师范大学出版社2001年版,第133-143页。

规范和道德规范的社会个体,多数是已经社会教育机关和其他组织的教育培养,已进入或将要进入社会而又不符合社会化要求的人。由于社会化过程说到底是一个塑造社会角色的过程,因此,罪犯教育实际上是受教育者在一定时间的社会塑造教育失败后,按照社会的意志和要求,对他们重新进行塑造的活动。也就是说,罪犯教育实际上是一种再社会化教育,罪犯教育对罪犯个体具有再社会化功能。

罪犯教育对罪犯个体的再社会化体现在以下三个方面:

第一,罪犯教育促进罪犯个体观念的再社会化。在罪犯观念再社会化的过程中,罪犯教育起着导向作用,即罪犯教育有计划、有意识地按照一定社会的要求帮助罪犯个体放弃社会所批评或反对的观念,形成社会所需要或提倡的观念。

第二,罪犯教育促进罪犯个体能力的再社会化。罪犯教育按照社会的要求,指导或规范罪犯个体的能力的再社会化。罪犯教育向罪犯传授的知识同样具有简约性、浓缩化的特点,它对罪犯个体的能力发展起着催化剂与加速器的作用,加速罪犯个体的能力的社会化。

第三,罪犯教育促进罪犯个体职业的再社会化。在现代社会中,个体谋求某种社会职业通常是以接受相关的教育和训练为前提的。通过对罪犯开展职业教育和职业培训,能促进罪犯个体的职业再社会化。

二、罪犯教育的个体再个性化功能

教育作为系统地对人产生影响的社会活动,对人的个性化起着重要的作用,这种作用也是其他社会活动所不能替代的。它对个体个性化的作用具体体现在:提出个性发展目标,为个体个性化提出要求;营造整体文化环境,为个体个性化提供保障;提高个体基本素质,为个体个性化打下基础;充分挖掘个体潜能,为个体个性化创造条件。

从个体个性化的内涵来看,在教育学(包括罪犯教育学)、心理学领域,个性是和人格等同的,指人的心理面貌、个人心理特征的总和。个体在其内在的生理素质的基础上,在一定的社会环境中,通过社会实践活动,形成了自己的观念、态度和习惯等稳定的心理特征。同时,个体也具有个人的兴趣、爱好、能力、特长、个性特点等。唯一不同的是,罪犯在个性化过程中,可能存在个性化不足或个性化缺陷。研究显示,在罪犯群体中存在大量不良人格、严重不良人格和犯罪人格。研究还显示,罪犯在自我意识、个性倾向性和个性心理特征等方面,也普遍存在个性化不足或个性化缺陷。因此,需要通过罪犯教育,对罪犯进行再个性化,以培养罪犯的健全人格。

从个性化的要求来看,个体的个性化是个人发展的客观要求,更是社会发展水平的一个重要标志。人的个性化程度的高低,不仅是衡量社会发展水平的标准之一,而且是社会发展所追求的目标。罪犯也是人,个性化是罪犯个体发展的客观要求。罪犯作为整体社会的一员,其个性化既是社会发展所追求的目标,也是社会发展水平的一个重要标志。

罪犯教育,特别是我国罪犯教育,对罪犯的个体再个性化起着重要的作用,这种作用具体体现在:

第一,提出罪犯个性发展目标,对罪犯个体再个性化提出了要求。罪犯教育在个体发展目标上就有个人本位的目的观,该目的观认为,罪犯教育目的的确定应该以罪犯个体发展为依据,罪犯教育活动的目的就是要矫正罪犯错误的思想意识,提高其道德水平,培养其健全人格,从而把罪犯塑造成合格的、健康的社会人。我国罪犯教育的目的在强调罪犯社会回归的同时,也要求监狱机关对罪犯进行文化知识、法治、道德教育以及心理矫治,其中体现了罪犯教育对罪犯个体发展的关注,体现了对罪犯再个性化的要求。

第二,提高罪犯基本素质,为罪犯再个性化打下基础。个性的发展取决于个体的知识、能力和基本素质。监狱通过系统的教育活动,培养、提高了罪犯的基本素质,这就为其自主发展和再个性化打下了基础。

第三,罪犯教育充分挖掘罪犯个体潜能,为罪犯个体再个性化创造了条件。罪犯教育通过贯彻因材施教的原则、实施个别教育的方法与手段,注重个体差异,能为每个罪犯潜能的充分施展提供广阔的空间,充分挖掘他们的潜能,使罪犯个体的个性得到不断发展和完善。

第四节 罪犯教育功能的发挥

罪犯教育功能只是罪犯教育做功之能力,是一种可能性。要把这种可能性变为现实性,即要将罪犯教育的这些功能充分发挥出来,就需要采取切实的措施,最终使之成为现实。

一、适应社会发展规律

社会是一个大系统,由政治、经济、文化等子系统构成。罪犯教育是社会大系统中的一个子系统,罪犯教育功能的发挥,必然会受到社会政治、经济、文化的制约,这就是罪犯教育的社会制约性。社会的发展制约着罪犯教育的发展,罪犯教育必须适应社会发展规律;同时,罪犯教育具有相对的独立性,它并不是被动地适应社会,而是通过其社会功能的发挥对社会具有一定的反作用。

(一)罪犯教育必须适应社会政治发展规律,保持与社会政治协调一致

在阶级社会中,罪犯教育总是与一定阶级的利益相关,而政治是阶级利益的集中反映,因此,政治必然对罪犯教育具有一定的制约作用。政治对罪犯教育的制约涉及罪犯教育的方方面面:其一,罪犯教育性质直接受到政治的制约,形成了所谓的"政治"属性。其二,政治通过一定的组织手段控制罪犯教育,制约着罪犯教育的领导权、管理权和实施权。我国的罪犯教育是由党和政府领导,司法部管理,监狱机关具体实施。其三,政治通过政府、政党制定一系列方针、政策和法律来作用于罪犯教育,制约罪犯教育的社会政治方向,规范协调罪犯教育的发展,因而也制约着罪犯教育目的、罪犯教育制度的相应方面。其四,政治影响罪犯教育还有一个很常用的手段,就是通过对罪犯进行思想政治教育,以塑造或改变他们的政治立场、思想观念及处世态度,形成社会所需要的公民意识和行为。直接对罪犯进行思想政治教育,是我国罪犯教育的最主要的内容。其五,政治还通过直接作用于监狱机关、监狱人民警察,形成监狱内部微观的政治环境,进而对罪犯教育及其功能产生影响。

(二)罪犯教育必须适应社会经济发展规律,保持与社会经济协调一致

经济是人类社会生存和发展的基础,是人类社会生活发展变化的决定因素,也是影响罪犯教育发展变革的决定因素。经济对罪犯教育、罪犯教育功能的影响主要表现在以下几个方面:其一,经济发展是罪犯教育发展的物质基础;其二,经济发展状况的不同决定了社会对劳动者的规格的要求也必然不同,社会对劳动者的规格要求改变了,罪犯教育内容也必须改变;其三,由于经济的发展促进着科学技术的发展与更新,而新的科学技术进入罪犯教育领域中,便推动着罪犯教育的设备、罪犯教育方法、罪犯教育手段和罪犯教育组织形式的不断改进和更新;其四,经济发展还通过加大对监狱的投入,改善监狱状况,使监狱能将更多资源分配到罪犯教育领域。

(三)罪犯教育必须适应社会文化发展规律,保持与社会文化协调一致

文化对罪犯教育功能的影响,可以大致分为两个层次:一个层次是处于监狱外部,以文化背景的方式影响罪犯教育活动。作为背景因素的文化,处于监狱外部,对罪犯教育的影响虽然比较间接,但极其多样。另一个层次是"监狱文化",即因为文化具有的影响的广泛性、渗透深刻性的特性,使其深入监狱内部,成为监狱内部的

文化。两个层次的文化交互作用，共同对罪犯教育的功能产生影响。其表现在于：罪犯教育的目的、内容、制度等方面无不打上文化的烙印。

一方面，罪犯教育必须与社会文化发展相适应，满足社会文化的发展要求，从而为自身的发展赢得基本的文化条件。首先，罪犯教育的目的、内容、制度等方面，必须反映和体现文化环境和监狱内部微观的文化及其要求；其次，应根据文化系统的"一般组织性原理"，来建立罪犯教育制度；最后，利用文化在监狱与社会的联系，改进罪犯教育，以满足社会对罪犯教育更高的要求。

另一方面，罪犯教育还必须充分发挥自身的文化功能，促进文化的发展。第一，通过向罪犯个体传承文化，使罪犯个体将文化内化，从而使文化得到发展。第二，通过向罪犯传递知识、经验、技术、思想、理论等文化，接受这种文化的罪犯，在原有文化的基础上又通过自己的实践不断补充、发展、丰富原有的经验、知识、技术、思想、理论等，进行新的文化的创造，从而发挥罪犯教育创造、更新文化的功能。第三，发挥罪犯教育普及文化、提高人的文化水平的功能。第四，在监狱内部文化环境构建上，做到以下四点：一是加强监狱文化建设的整体设计、优化改造环境；二是建立和完善监狱文化导向机制，引导监狱文化健康地发展；三是活化集体活动环境，增强监狱文化的吸引力、凝聚力；四是树立监狱精神，形成良好的心理环境。

二、遵循罪犯身心发展的规律与特点

罪犯教育的功能的发挥，必然受罪犯个体身心发展特点与罪犯个体、群体特点的制约。因此，要发挥罪犯教育的功能，罪犯教育必须遵循罪犯身心发展的特点和罪犯个体、群体特点。

（一）依据罪犯身心发展的特点进行教育

个体身心发展的基本特点主要有个体身心发展顺序性、不均衡性、互补性以及个别差异性等。罪犯教育工作必须按照罪犯个体身心发展的特点进行。

其一，应适应罪犯身心发展的顺序性。对罪犯进行教育时，必须遵循由具体到抽象、由浅入深、由简到繁、由低级到高级等顺序，向罪犯传授知识、技能和进行思想品德教育，既不能"拔苗助长""陵节而施"，也不能倒退。

其二，适应罪犯身心发展的不均衡性。根据罪犯身心发展的不均衡性，在注意经常性教育的同时，密切注意罪犯特别是青少年罪犯身心发展关键期的生理和心理变化，抓住关键期进行教育。同时，还要注意罪犯特别是青少年罪犯身心发展不同方面的成熟期教育，以达到在最短的时期内取得最好的效果。

其三，适应罪犯身心发展的互补性。充分发挥每一个人的潜力和积极因素，弥补各人的短处和不足,“长善救失”,选择最有效的教育途径,从而提高教育改造质量。

其四,适应罪犯身心发展的个别差异性。充分重视每个罪犯的个别差异,针对个别差异,采取有效措施,有的放矢,“因材施教”,加以个别引导。

(二)针对罪犯的个体、群体特点进行教育

罪犯教育的客观对象既有个体,也有群体。罪犯个体、群体既有与普通个体、群体相类似的特点,也有不同于普通个体、群体的特点。罪犯这些不同于普通个体、群体的特点,必然对罪犯教育功能的发挥产生影响。

1. 针对罪犯的个体特点进行教育①

针对罪犯需要的特点进行教育。需要是人的身心发展的基本动力。在罪犯教育活动中,要不断诱导和影响,逐步转化罪犯低下的需要,建立起健康的需要结构。尤其是激发罪犯自我改造需要,树立正确的改造动机。

针对罪犯动机的特点进行教育。罪犯动机的繁杂性和浅近性,不利于教育活动的开展。通过启发思想,唤起紧迫感,诱发求知欲,开展各种竞赛,实施考核奖惩,促进动机转移,以使罪犯形成自我改造的需要,激发思想改造的动机。

针对罪犯兴趣的特点进行教育。主要方法如下:加强教育内容的科学性、知识性、系统性和趣味性,提高教学水平,启发罪犯认识学习的重大意义,诱发兴趣迁移,开展奖优和竞赛活动等。

针对罪犯感知的特点进行教育。在罪犯教育实践中,在给予知识传授,不断提高其认识能力的同时,还要加强思想疏导,特别要注意把摆事实与讲道理结合起来,把理论灌输与直观教育结合起来。

针对罪犯思维特点进行教育。人的思维模式都不是天生的,具有可塑性。对罪犯加强科学知识的传授,正确提供多种直观材料,注意创设问题情境,把启发思维和解决实际问题结合起来,罪犯扭曲了的思维模式就可以得到矫正。

2. 针对罪犯的群体特点进行教育②

注意利用罪犯群体组合的非亲合性。由于罪犯群体组合的非亲合性,缺乏个人自愿的心理基础,难以产生心理顺应和自我改造动机,对罪犯教育工作者容易产生对立情绪,这又会给教育活动带来困难。这是罪犯教育不能不予以注意的。

考虑罪犯群体结构的多层次性。在罪犯教育活动中要考虑到群体的不同层

---

① 参见杜雨主编:《罪犯教育学》,陕西人民出版社 1989 年版,第 103 – 110 页。

② 参见杜雨主编:《罪犯教育学》,陕西人民出版社 1989 年版,第 110 – 115 页。

次,层次差异意味着客观对象的差异。对不同的教育对象,就需要有不同的教育内容、方式和策略。

尽量减少罪犯群体成员的流动性。罪犯群体的流动性,不利于教育活动的开展。除依照法律的要求必须进行变动外,一般应尽量保持罪犯群体的相对稳定性。

强化罪犯群体内部的交互感染性的积极的影响,弱化其消极影响。罪犯群体中的交互感染是一种渗透力很强的力量,罪犯教育工作者要时刻掌握这种力量的指向,并善于引导,使之为罪犯思想改造服务。

三、确保监狱人民警察的主体地位与主导作用

监狱人民警察是罪犯教育的主体,在罪犯教育活动中,发挥主导作用,占支配地位。监狱人民警察队伍建设是罪犯教育的组织保证和人力基础。加强监狱人民警察队伍建设,努力提高监狱人民警察队伍的整体素质,是实现罪犯教育功能的必由之路。

(一)提高监狱人民警察队伍整体素质

第一,提高理论素质,建设一支有高度理论素养的监狱人民警察队伍。监狱人民警察队伍建设必须把理论学习放在突出位置,通过开展理论学习和培训,提高监狱人民警察的理论素质。

第二,提高科学素养,建设一支专家型监狱人民警察队伍。组织监狱民警承担和参加课题研究,思考罪犯教育问题,将直接的经验和感受加以分析并综合上升为理性认识,才能真正把握罪犯教育活动规律,更好地指导罪犯教育的实践活动。

第三,提高思想素质,建设一支忠诚可靠的监狱人民警察队伍。思想政治工作是队伍建设的一大法宝,通过思想教育,提高队伍的凝聚力、向心力、战斗力,以实现共同理想和奋斗目标。

第四,提高业务素质,打造一支业务精通的监狱人民警察队伍。业务精通就是要求监狱人民警察有一定的改造罪犯的能力,具备掌控、教育、管理、组织、协调与矫治等方面的综合素质,以适应教育改造罪犯的需要。

第五,加强勤政和廉政教育,建立一支勤政、廉政的监狱人民警察队伍。既要毫不放松地抓好勤政建设,又要持之以恒地抓好廉政教育。要教育和引导广大监狱人民警察老老实实做人,踏踏实实做事,兢兢业业工作,不断提高自身素质和工作效率。

(二)完善监狱人民警察队伍建设各项管理机制

要优化选拔机制,强化竞争机制,建立流动机制,完善考核机制。通过选拔机

制,把学历层次高,综合素质好,有一定的思想政治工作能力,有奉献精神,热爱罪犯教育工作的同志选拔到队伍中来。强化竞争机制,就是要对用人制度和分配制度进行改革。在用人制度方面,要营造有利于破除领导职务终身制和优秀人才脱颖而出的环境,使思想政治队伍具有正常的新陈代谢的机制、吸引有能力、有热情的干部加入监狱人民警察队伍中来,以加强监狱人民警察队伍的活力。分配制度改革要把考核情况和利益挂钩,分配向优秀人员倾斜,向贡献大的人员倾斜,充分调动监狱人民警察队伍的积极性。监狱人民警察队伍要相对稳定,合理流动,稳中求动,动中保稳,在流动中保持队伍建设的稳定。监狱人民警察队伍的考核内容主要包括德、能、勤、绩、廉等五方面,考核结果要与职务聘任、奖惩、晋级挂钩。

(三)充分调动监狱人民警察的积极性

教育和引导人们正确认识专职监狱人民警察的作用和地位,正确认识监狱人民警察的劳动性质和工作特点,尊重他们的辛勤劳动及其成果,客观、科学和公正评价他们的社会价值,提升监狱人民警察自我认同感;改善监狱人民警察的工作环境,为其提供有效开展罪犯教育工作所必需的场所与设备,不断改善条件,优化手段;改善监狱人民警察的生活条件,提高物质待遇,真正落实相关政策,保证他们的薪酬、津贴、福利等实际收入,切实解决他们的实际困难和后顾之忧;注意发现和树立本部门和单位优秀监狱人民警察典型,宣传他们的先进事迹,增强监狱人民警察队伍的光荣感和自信心;改善文化体育设施、美化人文景观,为监狱人民警察锻炼健康的体魄提供条件,使他们身心愉悦,激发审美情趣和情感体验,形成良好的精神面貌。

四、保障系统整体功能的发挥

罪犯教育是在罪犯教育活动过程中实现的,统筹协调各构成要素的关系,才能保障罪犯教育系统整体功能的充分发挥。

(一)依据罪犯教育功能的阈限,合理确定罪犯教育目的

在确定罪犯教育目的时,要建立在对罪犯教育客观功能的认识基础之上,以罪犯教育的功能为依据,根据罪犯教育功能所要达到的阈限,合理确定罪犯教育目的。

(二)坚持正确的罪犯教育指导思想

罪犯教育指导思想,处于宏观层面的是马列主义毛泽东思想,处于中观层面的是以改造人为宗旨,直接的指导思想是挽救人、改造人、造就人。我们必须坚定不移地坚持这一指导思想,使我国的罪犯教育在其指引下发挥功能。

（三）切实综合贯彻罪犯教育原则

《监狱法》规定“教育改造罪犯，实行因人施教、分类教育、以理服人的原则”，这是罪犯教育的法定原则。除此之外，实践中还总结出理论联系实际、循序渐进以及注重实效等原则。这些原则是根据罪犯教育的目的、实践和基本规律总结出来的，是罪犯教育必须遵循的基本要求。因此，在罪犯教育活动中，必须认真理解和切实贯彻执行这些原则。要综合贯彻这些原则，方能收到好的教育效果。

（四）精心选择和设计罪犯教育内容

在罪犯教育目的确定以后，精心选择和设计罪犯教育内容是罪犯教育活动取得成效的重要保证。

罪犯教育内容的选择，首先，应服从罪犯教育目的。从把罪犯改造成适应社会的守法公民的目的出发，精心选择罪犯教育内容。其次，罪犯教育不仅具有一般的认识价值，而且具有形成人的价值。因此，在选择教育内容时必然要考虑到两种价值标准。最后，罪犯教育内容的组成与结构必须顾及教与学两方面的可能与需要。

（五）继承、创新罪犯教育的科学方法体系

实践证明，罪犯教育的成败在很大程度上取决于监狱人民警察是否能妥善地选择、运用教育方法。正确理解、选择和运用罪犯教育方法，对于更多、更好地改造罪犯具有重要意义。

在我国长期的罪犯教育实践中，我们积累了多种罪犯教育方法。例如，集体教育、分类教育、个别教育、社会教育等方法。这些方法是根据罪犯教育改造的基本原则和罪犯的实际情况，在长期的罪犯教育实践经验的基础上总结出来的，被实践证明是行之有效的。因此，我们必须要加以继承。另外，罪犯教育是一种创造性活动，这要求我们在继承传统罪犯教育方法的基础上，要不断创新。

研究与思考

1. 什么是罪犯教育功能？它与罪犯教育目的、罪犯教育价值以及罪犯教育结构是什么关系？它有哪些特征？
2. 罪犯教育功能具体有哪些功能？
3. 如何理解罪犯教育的三大社会功能？
4. 如何理解罪犯教育的两个个体功能？
5. 充分发挥罪犯教育功能的措施有哪些？
6. 如何保障罪犯教育系统整体功能的充分发挥？

第五章　罪犯教育的指导思想与理念

重点提示

1. 罪犯教育的指导思想具有一定的层次性，由宏观到微观。罪犯教育的指导思想可以分别表述为：马克思列宁主义、毛泽东思想；以改造人为宗旨；挽救人、改造人、造就人。

2. 理念是具有统领作用的“观念”。在罪犯教育领域，具有统领作用的“观念”有四个：“人是可以改造的”理念，“我们的监狱其实是学校”的理念，教育改造是监狱的中心任务的理念，系统、综合的教育改造理念。

第一节　罪犯教育的指导思想

理性的实践活动都是在一定指导思想的指引下进行的，只不过有些指导思想是经过深思熟虑之后选择的，而有些指导思想则是实践者本人并未清晰意识到的，但无论哪种指导思想都在实际地发挥影响作用。

实践活动的效益取决于两个因素：一是活动的效率，即单位时间内做了多少工作；二是活动的方向是否正确，即所做的工作是否符合预定的目标。在罪犯教育实践中，指导思想就发挥着方向定位的作用。如果能够按照罪犯教育的指导思想教育改造罪犯，那么就有可能获得罪犯教育的高效益。反之，教育改造活动偏离了罪犯教育的指导思想，那么，无论我们在教育改造上投入多少时间和精力都不可能取得预期的效果。

关于罪犯教育的指导思想，理论界的认识并不一致。有的文章提出“教育改造的总的指导思想是马列主义、毛泽东思想，具体的指导思想是‘挽救人、改造人、造就人'"。有的教材认为,罪犯教育的指导思想只有一条,即"挽救人、改造人、造就人"。[①] 有的教材则提出多个指导思想,包括"挽救人、改造人、造就人的指导思想","以思想政治教育为主,多种教育相结合的指导思想","按教育规律办事的指导思想"。[②]

我们认为,罪犯教育的指导思想具有一定的层次性,由宏观到微观。罪犯教育的指导思想可以分别表述为:(1)马克思列宁主义、毛泽东思想;(2)以改造人为宗旨;(3)挽救人、改造人、造就人。"坚持马克思列宁主义、毛泽东思想","坚持以改造人为宗旨"和"坚持挽救人、改造人、造就人"可以分别理解为宏观、中观和具体的指导思想,三者在精神实质上和方向上具有一致性。从作为指导思想所统摄的范围来看,三者却有所不同。

一、坚持马克思列宁主义、毛泽东思想

处于宏观层面的马克思列宁主义、毛泽东思想是中国共产党的行动指南,也是作为立国、治国、强国之本的四项基本原则之一。我国的各项社会事务都应当自觉地以马克思列宁主义、毛泽东思想为指导。回顾新中国监狱改造罪犯的历史,乃至于上溯到解放区监所工作的历史,我们会发现,中国监狱事业所取得的成绩、监狱工作"中国特色"的形成,无不与自觉地接受马克思列宁主义、毛泽东思想的指导密切相关。可以说,正是自觉地接受马克思主义认识论和唯物辩证法,以及马克思列宁主义的基本原理同中国革命的具体实践相结合的产物——毛泽东思想的指导,我国政治、经济、文化、法制等各项事业才得以不断地发展。

根据马克思主义的认识论原理,人的思想认识是一定的客观存在的反映,在一定的条件下,可以通过实践、认识、再实践、再认识的多次反复改变人的思想认识。而且,我们现在所总结出来的一整套有中国特色的罪犯改造理论体系,实际上是根据唯物辩证法的对立统一、质量互变、否定之否定这三大规律,运用辩证的、矛盾的、发展的和普遍联系的观点来审视监狱工作中的各项活动的产物。

关于罪犯改造,马克思主义经典作家曾经作出过许多光辉论断。马克思在《哥达纲领批评》中指出:"工人们完全不愿意由于担心竞争而让一般犯人受到牲畜一样的待遇,特别是不愿意使他们失掉改过自新的唯一手段即生产劳动。"[③]早在1919

① 参见力康泰主编:《劳动改造法学研究综述》,中国人民大学出版社1993年版,第263-264页。

② 参见杜雨主编:《监狱教育学》,法律出版社1996年版,第78-83页。

③ [德]马克思:《哥达纲领批评》,中共中央马克思恩格斯列宁斯大林著作编译局译,人民出版社1965年版,第27页。

年,列宁在准备制定第二个党纲草案时,就提出用教育机关代替监狱的原理。① 毛泽东多次就罪犯改造作出过批示和指示,1960 年 10 月 22 日,毛泽东在会见美国记者斯诺时就指出,“许多犯罪分子是可以改造好的,是能够教育好的”②。1963 年 11 月 15 日,毛泽东在接见阿尔巴尼亚总检察长阿拉尼特·切拉的谈话中指出:“我们相信人是可以改造过来的,在一定的条件下,在无产阶级专政的条件下,一般说是可以把人改造过来的。”③

依照马克思列宁主义、毛泽东思想的指导,我们不但坚信罪犯在一定条件下是可以改造的,而且还从一开始就将监狱执行刑罚的工作纳入了无产阶级改造社会、改造人的伟大事业当中。正如毛泽东所指出的,“所谓被改造的客观世界,其中包括了一切反对改造的人们,他们的被改造,须要通过强迫的阶段,然后才能进入自觉的阶段。世界到了全人类都自觉地改造自己和改造世界的时候,那就到了世界的共产主义时代”④。

相应地,在监狱工作方针上,我们一向把“改造人”当作宗旨和精神内核。我国监狱工作重视走群众路线,强调通过“三个延伸”、综合治理达到预防和减少犯罪的目的。在教育改造罪犯过程中,重视发挥罪犯自身的主观能动性,注意发挥教育、劳动、管理三大改造手段以及心理矫治等辅助手段的作用。中国监狱工作的这些具体措施与马克思列宁主义、毛泽东思想所阐释的立场、观点、方法具有一致性。

二、坚持以“改造人”为宗旨

以“改造人”为宗旨是我国监狱工作的总的方向,也是具有中观意义的罪犯教育的指导思想,它所体现的是罪犯教育与整个监狱工作的一致性。以“改造人”为宗旨,把罪犯改造成为守法公民是我国监狱一切工作的出发点,也是我国监狱行刑的基本指导思想和监狱工作中国特色的突出体现。⑤ 作为整个监狱工作的指导思想,以“改造人”为宗旨也必然成为罪犯教育的指导思想。

我国监狱工作方针的演变最能体现以“改造人”为宗旨的指导思想,为此我们有必要简要回顾一下新中国监狱方针的四种提法。

1951 年 5 月 15 日,第三次全国公安会议决议提出,“为了改造这些犯人,为了

① 参见[苏]Б. С. 乌捷夫斯基主编:《苏联劳动改造教育学》,沈齐等译,群众出版社 1989 年版,第 16 页。

② 司法部劳改局编:《毛泽东等老一代革命家论改造罪犯工作》,法律出版社 1993 年版,第 3 页。

③ 司法部劳改局编:《毛泽东等老一代革命家论改造罪犯工作》,法律出版社 1993 年版,第 4 页。

④ 《毛泽东选集》(合订一卷本),人民出版社 1964 年版,第 273 页。

⑤ 参见杨殿升、张金桑主编:《中国特色监狱制度研究》,法律出版社 1999 年版,第 5 页。

解决监狱的困难,为了不让判处徒刑的犯人坐吃闲饭,必须根据惩办与宽大相结合的原则,并适应全国各项建设的需要,着手制定通盘计划,组织劳动改造工作。”这就是所谓的“三个为了”的方针,这一方针是在当时特定的政治经济形势下提出的,但其首要的目的则是改造罪犯。

1954 年 9 月 7 日中央人民政府政务院颁布的《劳动改造条例》第四条规定:“劳动改造机关对于一切反革命犯和其他刑事犯,所施行的劳动改造,应当贯彻惩罚管制与思想改造相结合、劳动生产与政治教育相结合的方针。”此即“两个结合”的方针。

1964 年 8 月 11 日党中央在批转公安部党组《关于第六次全国劳改工作会议情况的报告》中明确指出:“要做好这项工作,必须坚决执行中央的既定的方针,即改造与生产相结合,改造第一,生产第二的方针。”这就是“改造第一,生产第二”的方针。

1995 年 2 月 8 日发布的国务院《关于进一步加强监狱管理和劳动教养工作的通知》明确指出:“监狱是国家的刑罚执行机关,要坚持惩罚与改造相结合、以改造人为宗旨的方针。”这是目前我们关于监狱工作方针的最新提法。

以上关于监狱工作方针的四种表述虽有差异,但其精神实质却具有一致性,都是围绕实现将罪犯改造成为“守法公民”这一基本目标而展开的,所体现的都是以“改造人”为宗旨这一核心精神。从这个意义上说,以“改造人”为宗旨是我国监狱工作的总的指导思想,而作为监狱工作重要组成部分的罪犯教育工作则必然自觉地接受这一方针的指导。

三、坚持挽救人、改造人、造就人

“挽救人、改造人、造就人”是罪犯教育的最直接和最具体的指导思想。这一思想是马克思列宁主义、毛泽东思想与罪犯教育这一特殊工作领域相结合的产物。马克思主义理论认为,“要改变一般人的本性,使他获得一定的劳动部门的技能、技巧,成为发达的和专门的劳动力,就要一定的教育和训练”。马克思进一步指出,“生产劳动同智育和体育相结合,它不仅是提高社会生产的一种方法,而且是造就全面发展的人的唯一方法”①。可见马克思主义者向来重视对客观和主观世界的改造,而且从来都非常强调教育的重要作用。“挽救人、改造人、造就人”同时也是以“改造人”为宗旨的具体化。应当说在监狱当中,各种活动都是围绕着“改造人”这

---

① 《马克思恩格斯全集》(第 23 卷),人民出版社 1972 年版,第 530 页。

一根本活动而展开,教育、劳动和管理从某种意义上说都是一种教育,这些活动都要受以"改造人"为宗旨的这一指导思想的制约。但是,根据矛盾的普遍性与特殊性的理论,在罪犯教育这一特殊的活动领域当中,就必须对宏观和中观的指导思想进行具体化和细化,其结果就是"挽救人、改造人、造就人"这一指导思想的形成。

"挽救人、改造人、造就人"这一指导思想体现了刑罚思想的先进性。监狱是国家的刑罚执行机关,监狱对罪犯的改造是刑罚的执行过程,这一点古今中外概莫能外,但中国的监狱并不是单纯地执行刑罚,而是将惩罚与改造相结合,并突出强调了改造的地位。"挽救人、改造人、造就人"这一指导思想的确立是经过了长期的历史发展形成的。在人类文明的早期,监狱作为国家的暴力机关,仅起到犯罪人的囚禁场、威吓场、人身保管场的作用,在刑罚思想当中强调报复刑和威吓主义。虽然在西周时期,我国也出现了"明德慎罚""勿庸杀之,姑惟教之""德主刑辅"的思想,但从总体上说,由于受到生产力发展水平和政治经济制度的制约,古代监狱的功能比较单一,当时的刑罚思想主要是生命刑和身体刑,尚未形成系统的教育改造思想。进入现代社会以后,在政治、经济、文化,尤其是公平、正义、博爱等社会思潮的影响下,资本主义国家开始重视刑罚的预防作用,出现了自由刑和教育刑的观念。在这一阶段,教育理念在罪犯改造中逐步确立起来。中国共产党一贯重视监狱的教育感化作用,早在1934年,毛泽东在全国第二次工农代表大会报告中便提出,"苏维埃的监狱对于死刑以外的罪犯是采取感化主义,即用共产主义精神与劳动纪律去教育犯人,改变犯人的犯罪本质。在抗日战争时期,中国共产党领导下的监狱创立了自新人习艺所这种组织形式,并提出对罪犯要实行理论联系实际、以理服人、因人施教等教育原则。解放战争时期,在监所工作当中,提出教育为主的方针,并强调惩罚管制与教育改造相结合。回顾历史可以看出,我国罪犯教育的指导思想代表着先进的刑罚观念,是在批判继承监狱历史经验的基础上,尤其是在总结解放区监所工作历史经验基础上形成的。

"挽救人、改造人、造就人"这一指导思想体现着我国刑罚制度中的教育特征和人性化特征。教育是以培养人为目的的社会活动,罪犯教育作为一种特殊的教育类别,有其法定性,同时它也具有一般教育的共同特征——教育对象(人)的制约性。也就是说,从教育的角度来看,罪犯教育活动也是一种培养人的活动,虽然罪犯教育的对象不同于普通的教育对象,但是,罪犯作为人,其人格应当受到充分的尊重。"挽救人、改造人、造就人"这一指导思想突出了一个"人"字,它以挽救人为出发点,通过转变思想、培养技能、矫正行为、形成习惯,最终达到造就新人的目的。这一过程体现着对罪犯的深切的人性关怀,因为这一指导思想不是在肉体上消灭罪犯,或者简单地监禁罪犯,而是兼顾公正和功利两重价值取向,把人的发展同社会发展统一起来。通过教育这一手段,使罪犯从消极社会个体转变为积极的社会个体,从而实现个人价值的回归。

第二节 罪犯教育的理念

理念是具有统领作用的"观念"。在罪犯教育领域,具有统领作用的"观念"有四个,即"人是可以改造的"理念,"我们的监狱其实是学校"的理念,教育改造是监狱的中心任务的理念,系统、综合的教育改造理念。

一、"人是可以改造的"理念

罪犯是否可以改造?对这个问题的回答是区分学者不同立场和信仰的重要标准。

(一)悲观论

意大利的著名精神病学家、犯罪学家切萨雷·龙勃罗梭的"天生犯罪人论"是悲观论的代表。[①] 这种观点认为犯罪是一种返祖现象,是退化的结果。龙勃罗梭把犯罪人分为四类,其中天生犯罪人和精神病犯罪人,也就是真正的犯罪人是不可改造的。"二战"后,有学者根据自然科学研究成果提出了"内分泌失调论"和"染色体异常论",也说明罪犯不能改造。有的人甚至认为,监狱不但不能改造罪犯,并且还有反作用。例如,龙勃罗梭说,"我们所更接近的现实告诉我们:不管采用怎样的监狱制度,累犯现象都是恒常不变的;更重要的是,所有的监狱制度都在为新的犯罪提供窝点"[②]。

(二)二元论

持这种观点的学者把罪犯分为能够改造和不能改造两类,代表性学者是德国的刑法学家弗兰茨·冯·李斯特。李斯特把那些因为心理变态而犯罪的人称作"状态犯",而"状态犯的行为人中又可分为可以矫正的和不可矫正的两种"。李斯

---

① "天生犯罪人"的英文为 born criminal,也有的学者翻译成"生来犯罪人"。参见吴宗宪:《西方犯罪学》,法律出版社 1999 年版,第 134 页;[意]切萨雷·龙勃罗梭:《犯罪人论》,黄风译,中国法制出版社 2005 年版,第 12 页。

② [意]切萨雷·龙勃罗梭:《犯罪人论》,黄风译,中国法制出版社 2005 年版,第 333 页。

特主张,"能矫正的罪犯应当予以矫正;不能矫正的罪犯应使其不致再危害社会"①。这句话后来演绎成一句广为人知的名言:"矫正可以矫正的罪犯,不能矫正的不使为害。"

(三)乐观论

这种观点对改造的可能性持一种乐观态度,但是承认改造是有条件的。列宁曾经指出,"理论上没有不能改造的罪犯"。毛泽东在中华人民共和国成立之后多次就罪犯改造的可能性问题发表观点,他作出的"人是可以改造的"论断成为中国监管改造工作的理论基础。② 1964 年 4 月 24 日,毛泽东在公安部党组《关于调查处理胡芷芸案件的情况报告》上批示:"人是可以改造的,就是政策和方法要正确才行。"③1965 年 6 月 11 日,毛泽东在华东局会议上的讲话中指出:"95% 以上的人是可以改造的,宣统皇帝、日本战犯都可以改造,日本战犯大多数改造好了,回国以后只有一个反对我们的。"④

尽管 20 世纪以来,学界关于罪犯是否可以改造存在不同看法,但是中国监狱人在实践中一直贯彻"人是可以改造的"理念,并取得了令世人信服的效果。

二、"我们的监狱其实是学校"的理念

1960 年 10 月 22 日,毛泽东在会见美国记者斯诺时说:"我们的监狱不是过去的监狱,我们的监狱其实是学校,也是工厂,或者是农场。"这是"我们的监狱其实是学校"这一论断的来源,它也是中国监狱创建特殊学校实践的指导思想。

"我们的监狱其实是学校"这一理念的渊源却可以上溯至共产党领导下的革命根据地监所时期。1931 年 5 月 10 日,《陕甘宁边区高等法院对各县司法工作的指示》中明确规定,"犯人每天必须认字、读报及听课","有专门学识的,也准许专门研究或写作"。当时的边区监所还制定了《课堂规则》,以落实这一指示精神。⑤ 1945 年 1 月 6 日,延安《解放日报》在对《高等法院监狱犯人生活》报道中写道:"犯人进监狱,虽然被限制了自由,但就他们所过的教育生活来说,入监狱就是入学。"犯人在狱中主要学习三个方面课程,即生活教育、政治教育、文化教育。其中,文化教育的主要内容是教识字、讲卫生、学算术、阅书报,写墙报和社会常识等,其目的是增强

① [德]弗兰茨·冯·李斯特:《德国刑法教科书》,徐久生译,法律出版社 2000 年版,第 10、13 页。
② 参见辛国恩等:《毛泽东改造罪犯理论研究》,人民出版社 2006 年版,第 135 页。
③ 司法部劳改局编:《毛泽东等老一代革命家论改造罪犯工作》,法律出版社 1993 年版,第 5 页。
④ 司法部劳改局编:《毛泽东等老一代革命家论改造罪犯工作》,法律出版社 1993 年版,第 6 页。
⑤ 参见杨殿升、张金桑主编:《中国特色监狱制度研究》,法律出版社 1999 年版,第 170 页。

犯人的文化知识。[①]

新中国监狱实践“我们的监狱其实是学校”的理念大致经历了三个时期，即自然发展阶段、规范发展阶段和巩固提高阶段。[②]

（一）自然发展阶段

在自然发展阶段，一些监狱从改造罪犯的需要出发，开始自发尝试课堂教学方式。此后一些条件较好的监狱逐渐将罪犯组织起来，编成教学班进行规范化课堂教学。

（二）规范发展阶段

规范发展阶段始于20世纪70年代。当时“三课教育”在监狱中成为一种客观要求并逐渐为人们所接受，监狱中相继出现了特殊学校。[③] 例如，1974年浙江乔司、蒋堂等劳改支队的一些大队、中队逐步在罪犯中开设扫盲、高小、初中、高中等文化班，十里丰支队四大队又在罪犯中开设了农机维修等技术班。1979年，辽宁凌源一支队在罪犯中较为系统地开展了文化、技术教育，到1987年年初，全支队已经办文化班13个、技术班31个，入学人数达1217名，配有教员68名。[④] 在此阶段，中央对开办特殊学校提出了明确要求。

1981年，第八次全国劳动改造罪犯会议在北京召开，同年12月经党中央、国务院批准的《会议纪要》提出：“要加强对罪犯的教育改造工作，把劳改场所办成改造罪犯的学校。”1982年10月，公安部在山东潍坊召开全国重点劳改单位现场会，正式提出监狱办特殊学校的历史任务。会议交流了各地办学的经验，参观了潍坊劳改支队（现为山东省第三监狱）的办学现场，提出了争取用三五年内把全国劳改单位分期分批办成改造罪犯的学校的五条标准。在这次会议上，山东潍坊劳改支队被命名为山东潍坊育新学校，这是全国监狱系统办的第一家特殊学校。

1985年，司法部在京召开全国劳改场所办特殊学校经验交流会，提出争取用五年左右时间把全国大多数劳改场所基本上办成改造人、造就人的特殊学校的目标。[⑤] 在这一阶段，全国各地监狱管理机关和监狱积极创办特殊学校，特殊学校建设进入了快速、规范发展期。[⑥]

---

① 参见中华人民共和国司法部编：《中国监狱史资料汇编》（下），群众出版社1988年版，第303页。

② 参见王明迪主编：《罪犯教育概论》，法律出版社2001年版，第164－165页。

③ 参见王明迪主编：《罪犯教育概论》，法律出版社2001年版，第164－166页。

④ 参见杨殿升、张金桑主编：《中国特色监狱制度研究》，法律出版社1999年版，第176－177页。

⑤ 参见杨殿升、张金桑主编：《中国特色监狱制度研究》，法律出版社1999年版，第177－178页；王明迪、郭建安主编：《岁月铭记——新中国监狱工作50年》，法律出版社2000年版，第46页。

⑥ 参见王明迪主编：《罪犯教育概论》，法律出版社2001年版，第165页。

(三)巩固提高阶段

巩固提高阶段起始于20世纪90年代。经过20世纪80年代的发展,特殊学校在规模和效果上都提升了层次。随后,司法部提出了特殊学校上等级的工作思路和工作要求,提出创办部级和省级优秀特殊学校,制定下发了《特殊学校上等级检查验收细则(试行)》,以办特殊学校带动整个监狱工作发展的活动在全国范围展开。这一时期,部分省(自治区、直辖市)在条件较好的监狱率先创办了省级优秀特殊学校。1992年,全国监狱系统优秀特殊学校开始出现,辽宁省瓦房店劳改支队、山东省第三监狱和河南省第一监狱成为首批获此殊荣的单位。①

三、教育改造是监狱的中心任务的理念

在监狱的各项工作当中,改造是最重要的工作;在各种改造手段当中,教育改造又是最核心的手段。

(一)这一理念在监狱工作方针中的体现

早在革命根据地时期,民主政府已经认识到,生产、管理和教育这三大监所工作不是"平行的",是以教育为主的,生产和管理都是"为了教育",形成了"三大教育"机制的教育改造体系。②

如上文所述,中华人民共和国成立以来,我国的监狱工作方针经历了四次变化。从1951年的"三个为了"的方针,到1954年的"两个结合"的方针,再到1964年的"改造第一,生产第二"的方针,乃至1995年提出的"惩罚与改造相结合、以改造人为宗旨"的方针。这四种表述的基本精神是一致的,都体现了以"改造人"为宗旨这一精神,而教育改造是实现这个精神最直接的手段。

(二)学界对这一理念的阐述

在《监狱法》颁布之前,就有学者指出,"教育为改造罪犯基本手段",并认为,"以中国共产党人的社会革命与改造之基本思想与实际背景,及其中华文化传统的精神作观照,在劳动改造罪犯的活动中,始终有一个以教育为本的精神存在着"③。也有学者认为,"把教育作为改造罪犯的基本手段,实行罪犯教育社会化,是我国罪

---

① 参见王明迪主编:《罪犯教育概论》,法律出版社2001年版,第165-166页。

② 参见王明迪、郭建安主编:《岁月铭记——新中国监狱工作50年》,法律出版社2000年版,第246页。

③ 孙晓雳:《中国劳动改造制度的理论与实践——历史与现实》,中国政法大学出版社1994年版,第95、97页。

犯改造工作的又一特色。"[①]有学者在论及"行刑教育化原则"时指出,"新中国的监狱从创立伊始就明确了行刑教育化原则"。[②]

(三)这一理念在监狱管理层的体现

早在2002年,司法部就正式提出,"把提高教育改造质量作为监狱工作的中心任务"。2012年,在全国新任监狱局长、监狱长培训班上,司法部监狱管理局局长邵雷作了重要讲话。他要求新任监狱局长和监狱长"坚持以改造人为宗旨,坚持监管工作首要标准不动摇,旗帜鲜明地把提高罪犯改造质量作为监狱工作的根本任务"。他还要求确立"监狱各项工作为教育改造服务的理念"[③]。

四、系统、综合的教育改造理念

这一理念的内涵是,在教育改造罪犯的过程中,始终用系统、综合的观点看问题,注重监狱系统与社会系统、监狱内部各子系统之间的联系,综合运用狱内外诸种手段,形成合力,以取得教育改造罪犯的最佳效果。

教育本身就是一项"系统工程",就教育改造来说,系统、综合的教育改造理念可以从两个层面来分析,即监狱内部和监狱外部。从监狱内部来看,我们把劳动、监管都看成是一种教育过程,也就是人们经常说的"大教育观"。并且,正规教育和辅助教育相结合其实所体现的也是系统、综合的教育改造理念。从监狱外部来看,罪犯改造工作实际是社会治安综合治理的组成部分,我们长期倡导的"三个延伸"正是这种理念的反映。

(一)从监狱内部分析

在涉及监狱改造罪犯工作时,有一种观念被称作"大教育观"。这种观点最初是在普通教育领域出现的,认为进入现代社会之后,教育已经打破了传统的"上学—就业"目的性模式,是一种时间长、范围广、效果好的教育。

在罪犯改造领域,"大教育观"所表达的是这样一种观念:监狱的全部工作都围绕着改造人这一中心展开,都是为了更好地实现把罪犯改造成"守法公民"这个目的服务的。用一句实践中流传甚广的话来说,就是"一切为了改造犯人"[④]。从这个

---

① 王平:《论行刑社会化》,载邵名正主编:《〈监狱学概论〉参考资料》,中国政法大学出版社1995年版,第184-185页。

② 夏宗素主编:《监狱学基础理论》,法律出版社1998年版,第42-43页。

③ 邵雷:《进一步推进教育改造工作坚持和完善中国特色教育改造罪犯制度》,载《中国监狱》2012年第3期。

④ 《劳改工作文件汇编》(第2册),第466页。转引自孙晓雳:《中国劳动改造制度的理论与实践——历史与现实》,中国政法大学出版社1994年版,第99页。

意义上来看,监狱的一切工作都是“教育”。具体来说,“大教育观”就是教育改造与狱政管理、罪犯劳动、心理矫治等手段密切配合,发挥罪犯改造的最大合力。有学者指出:“如果以大教育观念来看劳动改造,则会得出这么一种印象,劳动改造工作在以组织犯人从事劳动生产为背景条件下,其实是将劳动、管理都纳入了教育(影响)犯人、转化思想的活动范畴内,实践着改造犯罪人的目标。”①彭真在谈及罪犯改造时曾经指出:“管理方法,教育改造工作要抓紧改善……当然,劳动生产对他们也是一种教育改造方法。”②将劳动生产视为教育改造正是系统、综合的教育改造理念的体现。

(二)从监狱外部分析

监狱并非封闭的系统,罪犯虽然在监狱服刑,但是他们与外部社会有着千丝万缕的联系。监狱人民警察虽然在监狱工作,但是他们的思想观念、行为方式无不受到社会的熏染。所以,要提高罪犯改造质量,最大限度地发挥积极影响,抵御消极影响,就要监狱内外通盘考虑。监狱对罪犯的改造向来不是单打独斗,一直注重调动各方力量,实现教育改造的合力。2003 年通过的《监狱教育改造工作规定》(司法部令第 79 号)要求:监狱教育改造工作,应当坚持集体教育与个别教育相结合,课堂教育与辅助教育相结合,常规教育与专题教育相结合,狱内教育与社会教育相结合。这里提到的四个“结合”体现的正是系统、综合的教育改造理念,其中最后一个“结合”重点强调监狱外部因素的影响。

从大墙内外“结合”来看,“三个延伸”是最为典型的体现。所谓“三个延伸”,即改造工作要向前延伸、向外延伸、向后延伸。其中,向前延伸的含义是,在预审、起诉、审判过程中,公安、检察、法院等各个部门要加强对罪犯的认罪服法教育;向监狱移送罪犯的时候,有关部门要及时送交案件副本,并切实负责介绍案情、犯罪原因和罪犯的思想状态。向外延伸,是指监狱在教育改造罪犯的时候,要发动罪犯的亲属、罪犯原所在单位和全社会都来关心他们,发动政法院校和科研单位加强预防犯罪和改造罪犯方面理论和实务的研究,配合做好对罪犯的教育转化工作。向后延伸,则是指在罪犯刑满释放出狱之后,监狱要向当地公安机关和有关单位介绍出狱人在监狱的改造表现,落实接茬帮教工作,并协助当地有关部门认真做好出狱人员的安置工作,以巩固改造成果,最大限度地减少重新犯罪的可能性。③ 1987 年,在中

---

① 孙晓雳:《中国劳动改造制度的理论与实践——历史与现实》,中国政法大学出版社 1994 年版,第 96 – 97 页。该书出版于《监狱法》颁布之前,所以此处所说的“劳动改造”“劳动改造工作”其实是指监狱工作。

② 力康泰主编:《改造教育学》,群众出版社 1985 年版,第 6 页。

③ 参见王明迪、兰洁、王平:《监狱工作与监狱理论研究改革述评》,载王明迪、郭建安主编:《岁月铭记——新中国监狱工作 50 年》,法律出版社 2000 年版,第 49 – 50 页。

共中央批准的全国政法工作座谈会上提出了“三个延伸”的要求，在中央批转的《全国政法工作座谈会纪要》中第一次系统、明确地提出了“三个延伸”。在“三个延伸”中，向外延伸是核心部分，监狱运用社会力量来帮助教育改造罪犯主要是指这一部分。“三个延伸”工作是社会治安综合治理的重要组成部分，是广大监狱人民警察在长期工作实践中摸索和总结出的行之有效的经验。它把教育改造工作的空间从狱内扩展到社会，将时间从罪犯服刑这一特定时期延伸到刑事前和刑后。“三个延伸”是系统观念在教育改造工作中的生动体现，它有利于发动社会各界力量、调动一切可能的因素教育和转化罪犯，最终达到预防和减少犯罪的目的。①

社会力量参与罪犯教育改造工作主要通过以下形式来实现：②

一是地方党政机关（尤其是公检法机关）、社会各界人士、英模人物、社会企事业单位、学校通过各种形式参与帮教工作；

二是签订帮教协议，建立帮教组织，设立“改造基金”；

三是组织罪犯出狱参观社会建设成就，参加社会服务或其他有益活动；

四是组织试工、试农、试读活动，激励罪犯改造；

五是与社会企事业单位挂钩，改进监狱劳动项目；

六是组织文艺团体到监狱演出，利用文艺手段教育罪犯；

七是教育部门和劳动部门分别给达到等级标准的罪犯颁发文化或技术等级证书。

研究与思考

1. 如何理解罪犯教育指导思想的层次性？

2. 关于“罪犯是否可以改造”的三种不同认识，你支持哪一种？理由是什么？

3. 你认为当前中国监狱如何落实“我们的监狱其实是学校”的理念？

4. 为什么说教育改造是监狱的中心任务？

5. 如何从监狱内外两个方面分析系统、综合的教育改造理念？

---

① 参见王雪峰：《新中国监狱教育改造的历史发展与观念更新》，载夏宗素、朱济民主编：《中外监狱制度比较研究文集》，法律出版社2001年版，第76－77页。

② 参见杨殿升、张金桑主编：《中国特色监狱制度研究》，法律出版社1999年版，第256－258页；苗京平：《试论狱内教育和社会教育》，载邵名正主编：《〈监狱学概论〉参考资料》，中国政法大学出版社1995年版，第231页。

第六章　罪犯教育原则

重点提示

1. 罪犯教育原则是指在罪犯教育的实践经验基础上，根据罪犯教育的目的和对罪犯教育规律的认识提出的指导罪犯教育活动的基本准则。

2. 不同论著对于罪犯教育原则的认识不尽相同，法律法规和规范性文件对于罪犯教育原则的表述也存在一定的差异。

3.《监狱法》规定的罪犯教育原则为因人施教、分类教育、以理服人，《监狱教育改造工作规定》《教育改造罪犯纲要》共同提及的罪犯教育原则之一为注重实效。因此，本书将围绕这四个原则作重点分析。

第一节　罪犯教育原则概述

一、罪犯教育原则的概念

《辞海》将原则解释为“观察问题、处理问题的准绳”，并认为，人在这个社会中做什么事情都要讲究原则，“原则是从自然界和历史规律中抽象出来的，只有正确反映事物的客观规律的原则才是正确的原则”。[①] 在教育学界，与教育原则相关的概念是教学原则，对此，一般解释为“教学工作遵循的基本要求”[②]或者“指导教学工作的基本准则”[③]。根据以上的理解，我们将罪犯教育原则定义为：

所谓罪犯教育原则，是指在罪犯教育的实践经验基础上，根据罪犯教育的目的和对罪犯教育规律的认识提出的指导罪犯教育活动的基本准则。

---

① 参见辞海编辑委员会编：《辞海》（上册），上海辞书出版社 1989 年版，第 391 页。

② 中国大百科全书总编辑委员会《教育》编辑委员会、中国大百科全书出版社编辑部编：《中国大百科全书》（教育卷），中国大百科全书出版社 1985 年版，第 156 页。

③ 教育大辞典编纂委员会编：《教育大辞典》（第 1 卷），上海教育出版社 1990 年版，第 194 页。

由于罪犯教育既包括文化课、技术课、思想政治课等三课教育，又包括在劳动和管理过程中的行为矫正和思想影响，所以罪犯教育的原则既是指导学科课程传授的原则，又是指导监狱人民警察在实践活动中对罪犯进行陶冶和熏陶的原则。

二、罪犯教育原则的依据

对于罪犯教育的原则，不同的教材和文章的主张不尽相同。有的学者经过总结，发现各种提法有十五条之多。① 但是，一般的教材都涉及的罪犯教育原则有：因人施教、分类教育、以理服人、理论联系实际、言教与身教相结合、循序渐进等。

1954 年颁布实施的《劳动改造条例》(已失效)并未明确提出教育改造罪犯的原则，但是在第三章"劳动改造和教育改造"中有这样的表述，劳动改造必须同政治思想教育相结合，使强迫劳动逐渐接近于自愿劳动，从而达到改造犯人成为新人的目的。这样的表述可以视为改造罪犯的原则。

查阅《中国劳改学大辞典》，其中关于教育改造原则，列举了五条，即理论联系实际的原则、因人施教的原则、以理服人的原则、协调一致的原则、循序渐进的原则。②

1982 年 2 月 18 日颁布的《监狱、劳改队管教工作细则》第一百零一条规定："对犯人的教育改造工作，应当贯彻执行理论联系实际，因人施教和以理服人的原则。"

根据《监狱法》第五章第六十一条关于"教育改造罪犯，实行因人施教、分类教育、以理服人的原则"的规定，此三条原则是罪犯教育的法定原则。

2003 年司法部以部长令的形式推出了《监狱教育改造工作规定》，其中第四条规定，监狱教育改造工作，应当根据罪犯的犯罪类型、犯罪原因、恶性程度及其思想、行为、心理特征，坚持因人施教、以理服人、循序渐进、注重实效的原则。

《教育改造罪犯纲要》中教育改造罪犯的基本原则包括：

1. 以人为本，重在改造。教育改造罪犯，要充分了解和掌握罪犯的思想动态，充分考虑罪犯的自身情况，着眼于罪犯顺利回归社会，采取有针对性的改造措施。

2. 标本兼治，注重实效。教育改造罪犯，要把规范罪犯行为与矫正罪犯犯罪意识有机地结合起来，增强各种改造手段和措施的实际效果。

3. 因人施教，突出重点。教育改造罪犯，要根据不同类型、不同罪犯的实际情况，实施分类教育和个别教育，尤其对重点类型、重点罪犯，要重点采取教育改造措施，实现教育改造效果的最大化。

---

① 参见力康泰主编：《劳动改造法学研究综述》，中国人民大学出版社 1993 年版，第 264 – 267 页。

② 参见中国劳改学会编：《中国劳改学大辞典》，社会科学文献出版社 1993 年版，第 613 页。

4. 循序渐进,以理服人。教育改造罪犯,应当按照罪犯的思想转化规律,制订工作计划,分阶段、有步骤地实施;要坚持摆事实、讲道理,对罪犯开展耐心细致的说服教育工作。

从法律法规和规范性文件的表述来看,对于罪犯教育原则的表述有一定的差异,并且随着时代的发展,认识也在不断深化。虽然对罪犯教育原则有不同的表述,但是《监狱法》中的三条法定原则是比较一致的看法。本书以《监狱法》中的三条原则为主,同时将《监狱教育改造工作规定》《教育改造罪犯纲要》中都提及的注重实效原则纳入分析对象。

第二节　因人施教原则

一、因人施教原则的含义

在普通教育学当中,因材施教是一条重要的教育教学原则,此处的因人施教与因材施教在基本思想上是一致的。这一原则的基本内涵在于,监狱人民警察在教育改造罪犯过程中,应当注重罪犯的个别差异,从罪犯的实际情况出发,有的放矢地进行教育。因人施教原则是处理罪犯教育过程中统一要求和个别指导矛盾的重要原则。

在教育过程中,根据不同受教育者的情况,采取不同的教育方法和措施,这在我国有悠久的历史传统。孔子在教育当中就十分注意学生的个别差异,他根据学生的能力、特长、性格、志向的不同因材施教。孔子对学生的性格特点十分了解,《论语》中记载孔子对学生的分析有:“由也果”“赐也达”“求也艺”(《论语·雍也》),“柴也愚”“参也鲁”“师也辟”“由也喭”(《论语·先进》)。正因为孔子对学生的特点谙熟,所以当不同的学生问同样的问题时,他的回答往往是不同的。例如,冉有和子路都问“闻斯行诸”,孔子根据他们各自的特点,为达到“进之”和“退之”的目的,而作出了不同的回答。(《论语·先进》)后来,宋儒朱熹称“夫子教人,各因其材”,因材施教这一说法也就从此形成。

二、贯彻因人施教原则的要求

(一)注意研究罪犯,掌握罪犯的基本情况和特点

掌握有关罪犯的信息是因人施教的前提。罪犯虽然都被关押在监狱当中,但是他们的年龄、家庭背景、知识状况、犯罪原因、刑期、刑种、主观恶性、改造表现、性

格等情况各不相同。监狱人民警察如果在实施教育行为之前不能充分掌握这些情况,那么就会在教育当中无的放矢,从而降低了教育效果,甚至会丧失教育时机,造成不可挽回的损失。

监狱当中一般会要求人民警察掌握罪犯四个方面的基本情况,即"四知道",其具体内容包括:(1)罪犯的姓名、年龄、籍贯、文化程度、体貌体征;(2)罪犯的简历、罪名、主要犯罪事实和所判刑期;(3)罪犯的家庭情况和主要社会关系;(4)罪犯入狱后的思想状况和改造表现。[①]

(二)针对罪犯的不同情况,制订详尽的教育计划

了解罪犯的情况,还只是做到了"知彼",要想打赢教育改造的每一仗,还要做到"知己"。具体来说,就是在掌握了罪犯的基本情况之后,要作出有针对性的教育改造计划,拿出教育改造的方法和手段。由于罪犯在主观恶性、改造表现、性格、觉悟等各方面的情况不同,所以监狱人民警察在教育过程中就不能搞"一刀切""一锅煮",用同一个模子来套不同的罪犯,这样的做法往往会失败。科学的方法就是在掌握了有关罪犯的有效信息之后,制订个别教育计划,对症下药。

(三)善于发现罪犯的特点,长善救失

中国古代教育名著《学记》(《礼记》中的一篇)中有这样一段话:"知其心,然后能救其失也。教也者,长善而救其失者也。"意思是说,帮助一个人改正缺点的前提是了解他的"心",教育就是促使一个人发扬优点、克服缺点的过程。这句话对教育改造罪犯具有重要的启示。罪犯教育活动与普通教育活动的一个不同之处就在于它是一种"救失"的教育,也就是要在"破"中求"立",要剔除罪犯思想当中的消极因素,然后再注入积极的因素。要做到这一点,就要求监狱人民警察善于发现罪犯的优点和缺点,帮助罪犯发挥其积极因素,克服其消极因素,为罪犯提供一种自我教育的有效方法。

第三节　分类教育原则

一、分类教育原则的含义

分类教育原则是指监狱机关在分类关押、分类管理、分级处遇的基础上,针对某种犯罪类型罪犯的特殊群体,为达到深挖犯罪根源、剖析犯罪危害、矫正行为陋

---

① 参见兰洁主编:《教育改造学》,法律出版社 1999 年版,第 61-62 页。

习、矫治犯罪思想的目的,而采用不同的内容和方法进行教育的原则。分类教育是罪犯教育所特有的一种教育原则,这一原则体现了矛盾的普遍性和特殊性的有机统一。与集体教育相比,分类教育重在解决特殊问题;而与个别教育相比,分类教育则重在解决一般问题。

从我国的监狱历史上看,奴隶制社会在囚禁罪犯时一般是不分类的,往往男女老幼共处一室。进入封建社会后,才出现了罪犯分类的现象。新中国监狱在继承和总结解放区监所工作的经验基础上,逐步完善了罪犯分类制度,并提出了分类教育的重要原则。20 世纪 80 年代,个别监狱开始进行"三分"试点工作,在取得了初步成效的基础上,司法部劳改局于 1991 年下达了《对罪犯实行分押、分管、分教的试行意见(修改稿)》,文件中指出,"对罪犯实行分押、分管、分教,是刑事执行制度发展的必然趋势,是提高改造质量的必由之路"①。其还对"三分"工作提出了具体的实施意见,从此分类教育也作为一种制度化的原则推广开来。

二、贯彻分类教育原则的要求

(一)分类教育的目的是提高教育改造质量

讨论分类教育原则不能不涉及罪犯分类问题。关于罪犯分类的标准,理论界有不同的看法,但现在的"三分"工作主要是依据犯罪性质将罪犯进行分类。我们认为,分类教育与"三分"工作有一定的联系,但又不完全相同,分类教育的灵活性相比之下更大一些。在罪犯教育的实践当中,可以依照犯罪性质分类,在此基础上实施教育活动,也可以根据主观恶性的深浅、文化程度等不同的标准来分类。与依照犯罪性质开展的"三分"工作相比,以上所说的其他的分类标准更多的是一种"虚拟"的分类。也就是说,在依照犯罪性质分类的前提下,教育者还可以根据其他标准对罪犯进行"虚拟"的归类,只要分类有利于提高罪犯教育质量,那么各种分类都是值得探索的。

(二)应注意处理好分类教育和分押、分管的关系,并处理好分类教育与集体教育、个别教育的关系

分类教育与分押(分类关押)、分管(分类管理、分级处遇)有着密切的联系,分押是分管和分类教育的前提,分管和分类教育则相互支撑。因此,要在罪犯教育实践当中取得满意的效果,一定要重视罪犯分类关押和分类管理、分级处遇。另外,由于分类教育类似于集体教育和个别教育之间的一种过渡类型,在普通教育当中又

① 司法部劳改局编:《劳改工作手册(1987.3-1993.3)》,法律出版社 1993 年版,第 82 页。

没有这种教育原则和形式,对此许多监狱人民警察缺乏足够的认识。所以,在罪犯教育实践中容易出现重视集体教育和个别教育而忽视分类教育的现象。为了能切实贯彻这一原则,要求广大监狱人民警察应把握住一个"类"字,始终保持对罪犯"类型化"特征的敏感性,从个别教育的"集体化"和对集体教育的"个别化"的角度来把握这一原则。

(三)应加强对分类教育问题的理论探讨

按照司法部劳改局在《对罪犯实行分押、分管、分教的试行意见(修改稿)》中的规定,我国对罪犯一般分为以下几种类别:财产型犯罪(又可分为盗窃罪和其他财产型犯罪)、性犯罪、采取暴力手段的犯罪、其他类型犯罪。但《对罪犯实行分押、分管、分教的试行意见(修改稿)》同时也指出,"要积极创造条件,按罪犯恶习程度作第二次分类,把同一犯罪类型的初偶犯和累惯犯分开,以避免深度感染"①。理论界对于罪犯分类的标准也进行了有益的探讨。实践表明,罪犯的分类教育问题是一个值得进行深入思考和研究的问题。在罪犯教育过程中,监狱人民警察应本着提高教育改造质量为本的思路,对罪犯分类教育问题作进一步的探索。广大监狱理论研究者也应关注实践,对此问题作出深入的理论研究。

第四节　以理服人原则

一、以理服人原则的含义

以理服人原则,是指监狱人民警察在罪犯教育过程中,应注意用事实的力量教育罪犯,对罪犯晓之以理,以帮助罪犯增强理性。

一般来说,罪犯的违法犯罪行为同时也为一定社会的道德准则所不容,法律和道德本质都是一种维护社会稳定的规范。依照理性行动的人即使不了解有关的法律法规也不会触犯它,而罪犯之所以犯罪一定意义上就是因为他们缺乏理性。在正常人看来是理所应当的事情往往被一些罪犯认为是不公正的,他们对许多社会问题怀有偏见,从消极的方面看问题是罪犯中的普遍现象,因此我们说罪犯具有消极的思想意识和不健康心理,在一定意义上是社会化有缺陷的人。这些思想观念和心理问题的解决是罪犯教育中的重要任务,而要完成该任务的一个很重要的方面就是要在罪犯教育过程中贯彻以理服人的原则。

---

① 司法部劳改局编:《劳改工作手册(1987.3－1993.3)》,法律出版社1993年版,第83－84页。

二、贯彻以理服人原则的要求

(一)充分理解以理服人的内涵

以理服人既不仅仅是摆事实、讲道理,也不仅仅是说理、谈话,而是要通过榜样、实践等形式说服罪犯。在一些监狱人民警察看来,教育罪犯的手段主要是靠一张嘴,教育就等于下号、谈话,其实这种理解是极其片面的。根据现代教育教学理论,影响受教育者的教育教学内容可以分为两类:学科课程和活动课程。前者是以知识为中心展开的,后者则是以经验为中心展开的。监狱中的"三课"教育主要是一种学科课程,主要是依靠课堂教学来进行。更为主要的影响实际上来自活动课程,也就是罪犯所参加的生产、生活实践,以及监狱人民警察和罪犯之间的交往。以理服人就是要让事实说话,也就是主要通过监狱人民警察有意识地设置的交往和实践情景,使罪犯在事实面前转变思想。

(二)不要以力服人,不怕罪犯申辩

以理服人原则背后的教育理念是要促使罪犯学会和养成理性思维的习惯,因此在实践当中贯彻这一原则的时候就不应以力服人,在罪犯还未达到心服口服的程度时,应允许罪犯申辩。社会心理学研究表明,人的态度转变一般会经历服从—同化—内化三个阶段。在服从阶段(又称模仿或顺从阶段),罪犯在法制力量的压力下,从表面上转变自己的态度,表现为对强制性教育的服从。在同化阶段(又称认同阶段),罪犯是在思想、情感上主动地接受他人的观点和信念,而不是被迫服从。在内化阶段,罪犯真正从内心深处相信并接受监狱人民警察提倡的观点和思想,并把这些新观点与新思想纳入自己的价值体系之内,成为自己新的态度体系中的一个有机组成部分,从而彻底转变自己的态度。[①] 在罪犯的态度从服从到内化的转变的过程中,监狱人民警察能做到以理服人和允许罪犯申辩是十分必要的,否则非但不能培养罪犯的理性思维,反而强化了其抵触情绪,从而削减了教育的效果。

(三)监狱人民警察应注意提高自身素质

教育者应当先受教育。要想以理服人,使罪犯学会理性地看待社会问题,监狱人民警察应当首先自己学会理性地思考问题,在罪犯教育的实践当中注意提高自身的素质。具体来说,监狱人民警察应当不断地加强学习各种文化知识,树立实事求是、勇于独立思考、不唯书、不唯上的科学精神,养成在工作当中不断提高的自我

---

① 参见夏宗素主编:《矫正教育学》,法律出版社2002年版,第176-177页。

教育习惯，并掌握一定的教育技能和技巧。这样才能适应罪犯构成随着社会的进步而不断发生变化的形势，才能在改造各种不同类型罪犯时得心应手。

第五节　注重实效原则

一、注重实效原则的含义

注重实效原则，是指在改造罪犯过程中，灵活或综合运用各种方法、手段，以矫正恶习、转化思想，最终达到将罪犯改造成守法公民的目的。

如果说前三个原则是从方法、手段方面着眼的，那么注重实效原则是从目的方面着眼的。因人施教的重点在于根据个体罪犯的特点采取相应方法、手段实施改造，分类教育的重点在于根据不同类型的罪犯特点采用相应方法、手段实施改造，以理服人的重点在于通过摆事实、讲道理的方法、手段实施改造。注重实效的重点是从总体改造实际效果方面着眼，强调灵活运用各种方法、手段，或者综合各种方法、手段的优点，最终完成改造任务，达到改造目标。

罪犯改造过程中，有规律可循，也有共性的东西可以参考，甚至改造工作的经验也会发挥很好的作用。但是，教育改造对象——人——是复杂的，时间、情境等因素也是不断变化的，因此没有固定的教育改造模式可以照搬照抄。在抓住规律、把握共性、总结经验的基础上，要灵活使用各种方法、手段，转变罪犯的思想认识，矫正罪犯的不良习惯，使其一言一行符合监规纪律的要求，最终达到刑满释放后不再重新犯罪的目的。在这个过程中，无论使用什么手段，运用什么方法，目的只有一个，就是把罪犯改造成为守法公民，达到这个实际效果就是我们所追求的，这里所遵循的原则就是注重实效的原则。

二、贯彻注重实效原则的要求

（一）始终围绕罪犯改造的目标开展工作

改造罪犯的总的目的是把罪犯改造成为守法公民，在这一总目的之下，又可以分解成若干的具体目标。例如，从时间顺序看，可以把罪犯改造分为入监教育阶段、常规教育阶段和出监教育阶段。相应地，罪犯教育的目标就可以分为入监教育目标、常规教育目标和出监教育目标。入监教育一般以规范意识教育、适应监狱生活、认罪悔罪教育为主要目标，出监教育一般以巩固改造成果、弥补常规教育不足、提升社会适应能力为目标，常规教育则根据不同的教育内容又可以分为思想教育、文化教育、职业技术教育等方面的目标。如果进一步分析,思想教育内部又可以因人、因事、因阶段分为不同的目标。这些目标虽有所不同,但是最终的指向都是统一的。教育改造罪犯,就是要瞄准这些目标,围绕目标灵活选择方法、综合运用各种手段,以收取最终的实际效果。

(二)使用教育改造方法、手段应当注重灵活性和综合性

教育改造罪犯的方法和手段很多,但都是为实际效果服务的,这正是注重实效原则的核心。从教育改造方法来看,一般可以分为集体教育、分类教育和个别教育三种,也有的表述方式是:集体教育与个别教育相结合、狱内教育与社会教育相结合、常规教育与辅助教育相结合、灌输式教育与启发式教育相结合。[①] 甚至有的一线民警提出了 36 法或者 75 法等。[②] 改造罪犯的手段,过去一般的表述方式是"三大改造手段",即劳动改造、教育改造和监管改造。进入 21 世纪,随着心理矫治在监狱工作中日益受到重视,也有人认为心理矫治已经成为第四大改造手段。[③] 正如毛泽东所说,"我们不但要提出任务,而且要解决完成任务的方法问题。我们的任务是过河,但是没有桥或没有船就不能过。不解决桥或船的问题,过河就是一句空话。不解决方法问题,任务也只是瞎说一顿"[④]。尽管改造方法和手段各有侧重点,但是使用方法、手段的目的(任务)是相同的,都是为了实现改造罪犯成为守法公民的目的。为贯彻注重实效的原则,我们在工作实践中要注意使用教育改造方法、手段的灵活性和综合性,以收到实际效果为目的,不拘一格使用方法、手段。

(三)重视教育改造效果的评估

注重实效的原则贯彻到改造实践中,就是要重视教育改造罪犯的科学化,其中重要的一个手段就是推进教育改造罪犯效果的评估。评估的英文是 evaluation,也翻译成评价或者评鉴,"是一种价值判断活动,是对客体满足主体需要程度的判断"[⑤]。由于缺乏科学的方法,某种程度上也受到文化传统的影响,在以往的教育改造罪犯实践中,我们往往不太重视对效果的评估。只关心开展了什么活动,推行了哪些新方法,采取了哪些新举措,但这些活动、方法和举措究竟产生了什么效果,往

---

① 参见王增铎等主编:《中加矫正制度比较研究》,法律出版社 2001 年版,第 56-58 页。

② 参见李恒先、陶立坤:《监管改造工作 36 法》,中国检察出版社 1999 年版;杨鸿杰:《杨鸿杰改造罪犯 75 法》,中国广播电视出版社 2010 年版。

③ 参见彭春芳、辛国恩、吴新中:《罪犯改造新方法、新途径调查研究》,载《中国监狱学刊》2005 年第 5 期。

④ 《毛泽东选集》(第 2 版第 1 卷),人民出版社 1991 年版,第 139 页。

⑤ 陈玉琨:《教育评价学》,人民教育出版社 1999 年版,第 7 页。

往语焉不详。贯彻注重实效原则,就要求我们在教育改造实践中重视科学方法的使用,重视对改造效果和改造质量的评估或评价。

研究与思考

1. 法律法规和规范性文件关于罪犯教育原则的不同表述,应当如何认识?
2. 如何理解因人施教和分类教育两个原则的联系和区别?
3. 你认为以理服人原则的核心和重点在哪里?
4. 应当如何贯彻落实注重实效原则?

第七章　罪　　犯

重点提示

1. 罪犯教育学所讨论的罪犯概念与犯罪学的犯罪人概念、法学的罪犯概念不同，其是指被人民法院判处死刑缓期二年执行、无期徒刑、有期徒刑在监狱接受改造的押犯。

2. 罪犯具有法制规范意识薄弱、道德水平低下、需要的失控性、可改造性四个方面的一般特征。罪犯作为教育对象的属性也有四个方面：罪犯是人、罪犯是存在缺陷的人、罪犯是需要矫正的人、罪犯是发展中的人。

3. 罪犯教育活动是一种双主体活动，罪犯是教育改造的对象，处于客体地位。罪犯同时又是实践和认识的主体，只有充分发挥罪犯的主体性，才能收到良好的改造效果。

4. 错误的罪犯观会影响改造质量。建构正确的罪犯观，需要坚持实事求是、发展变化、具体问题具体分析、把罪犯当人看等原则。

第一节　罪 犯 概 述

一、罪犯的概念

与犯罪学中的犯罪人概念和法学中的罪犯概念不同，罪犯教育学所研究的罪犯的概念是指被依法关押在监狱这种特殊的场所中的受刑人。

（一）犯罪学意义上的犯罪人

在犯罪学中，犯罪人是指“实施了违法犯罪行为以及其他严重社会越轨行为，应受法律和道德责罚的自然人和法人”①。犯罪学中的犯罪人不仅包括触犯刑律应

---

① 魏平雄等主编：《犯罪学教程》，中国政法大学出版社 1998 年版，第 170 页。

受到刑罚处罚的刑事法律意义上的犯罪人，而且包括一定范围内的实施违法或越轨行为应受法律和道德责罚的人；不仅包括具备刑事责任能力和达到刑事责任年龄的犯罪人，而且包括不具备上述条件但实施了违法犯罪或者越轨行为的未成年人、变态人格者以及精神病人；不仅包括已经经过正当审判或行政程序而受到一定处罚的"已决犯"，而且包括尚未受到追究的"未决犯"。①

（二）法学意义上的罪犯

从法学的角度来看，犯罪是指一种危害社会的、违反刑法的、应受到刑罚处罚的行为。同时，罪犯的身份要经由人民法院依法判决或裁定。这样，法学中所说的罪犯就是指"实施了我国法律明文规定的犯罪行为，并被人民法院依法判处一定刑罚的受刑人。包括被判处管制、拘役、有期徒刑、无期徒刑、死刑和附加刑中的罚金、没收财产、附加剥夺政治权利等刑罚的受刑人"②。

法学意义上的罪犯是广义的罪犯，是指实施了我国法律明文规定的犯罪行为，被人民法院判决和裁定为犯罪的自然人和单位。其中，自然人既包括我国公民，也包括其他国家公民和无国籍人；单位既包括法人，也包括非法人单位。显然，我们说对罪犯进行罪犯教育，不可能是对单位罪犯进行罪犯教育，能成为罪犯教育对象的只能是自然人。所以，罪犯教育学研究的罪犯不是广义的罪犯。

（三）罪犯教育学意义上的罪犯

罪犯教育学中所探讨的罪犯概念外延要比犯罪学中的犯罪人概念、法学中的罪犯概念的外延小。罪犯教育学中的罪犯是指一种特定的受刑人，即被人民法院判处死刑缓期二年执行、无期徒刑、有期徒刑，在监狱这种特殊的场所中接受改造的押犯。

从罪犯教育学角度来分析，罪犯是教育改造的对象，与监狱人民警察构成了罪犯教育过程中的一对基本矛盾。在罪犯教育的各种基本要素（教育对象——罪犯，教育者——监狱人民警察，教育内容，教育方法、手段等）当中，罪犯的存在是构成罪犯教育活动的重要前提，也就是说，如果没有罪犯的存在也就不出现罪犯教育这种特殊的教育形式。这正如马克思所说，"罪犯产生全体警察和刑事司法……"③这一点提示我们，为了做好教育改造工作必须加强对教育改造工作的对象——罪犯——的理论研究。

---

① 参见魏平雄等主编：《犯罪学教程》，中国政法大学出版社 1998 年版，第 171 页。

② 夏宗素主编：《监狱学基础理论》，法律出版社 1998 年版，第 134 页。

③ 《马克思恩格斯全集》（第 26 卷第 1 册），人民出版社 1972 年版，第 415 页。

二、罪犯的一般特征

(一)法制规范意识薄弱

作为社会成员的组成部分,每个公民都应当遵守国家法律所确定的规范并使之成为不容推卸的义务。由于法治社会的规范体现了社会主流文化的要求和利益,因而绝大多数社会成员都能够比较主动地依照法律所确定的规范行事。罪犯与一般的守法公民不同,其遵规守纪的规范意识较为薄弱。

罪犯的法制规范意识薄弱表现为以下三种不同的心态:

一是目无法纪。明知某些行为为法律禁止而有意识和有目的地主动实施,这种心态有意对抗国家和法律,是威胁社会秩序的最危险因素。

二是过失和激情犯罪。其主观心态并不希望发生自己明知的法律后果,但其行为却造成了危害社会的结果,这主要指表现为疏忽大意和过于自信的过失犯罪以及在特定情景下所激发的激情犯罪。

三是不知法、不懂法。不了解法律规定,但其行为却违反了法律所确定的规范,即将法律规定所禁止的行为理解为合法行为而为之。按照我国刑事法律的规定,不能认为自己认识错误就可免除刑事责任。

以上三种心态只存在量上的区别,其本质都是法制规范意识薄弱,也是罪犯反社会性的具体表现。

(二)道德水平低下

道德观念是由一定的社会物质生活水平所决定,以善恶、是非等标准评价人们思想和行为的观点、原则和规范的总称,不同的社会成员因其受制于政治、经济、文化、社会环境等因素而具有不同层次的道德观念。作为社会主流文化的主要载体,公共道德对其社会成员具有极强的导向和调节作用,对违反社会公德的行为,社会舆论将给予强烈的谴责。

国家法律所确定的规范在某种程度上是社会公德的最低标准和基本要求,因而也可以称为"底线伦理"。罪犯实施了法律所禁止的危害社会的犯罪行为,不仅要受到国家刑事法律的制裁,而且还要受到社会公德的否定评价和伦理责难。而绝大多数罪犯道德水平低下,其是非观念和价值评判与社会公德格格不入。道德水平低下和法制规范意识薄弱互为表里,罪犯的道德水平低下必然导致法制规范意识薄弱,两者可以说是从量变到质变的渐进过程。

(三)需要的失控性

需要是人类行为的心理基础和动力,是人的生理和社会的客观需求在人脑中的反映。根据美国著名人本主义心理学家马斯洛的观点,人的需要可以分为由低到高的五个层次,即生理需要、安全需要、归属和爱的需要、自尊需要和自我实现需要。① 罪犯作为具有七情六欲的自然个体,对物质和精神有一定需要本无可厚非,但是必须通过合法渠道来满足需要,将需要的满足控制在自己所能调节范围之内,并应当考虑与其他社会成员和国家利益相协调。否则,为满足需求而不择手段,甚至铤而走险,以身试法,就必然走向违法犯罪末路。

罪犯群体的一个重要特征就是个人需要的失控性,刑事犯罪几乎都可以从犯罪者需要失控方面得到解释。财产型罪犯信奉"人为财死,鸟为食亡"的人生哲学;职务犯罪者则信奉"有权不使,过期作废"的处世准则;淫欲型罪犯感慨于"人生苦短",想要"及时行乐",宁可"牡丹花下死,做鬼也风流"。当然,罪犯实施犯罪行为并不单纯是满足某一层次的需要,有时是两种或多种需要交互作用的结果。

(四)可改造性

根据辩证唯物主义哲学的基本理论,不可改造的罪犯是不存在的,罪犯在一定的条件下是可以改造的。

马克思主义认为,"辩证法不是把自然界看作静止不动,停滞不变的状态,而是看作不断运动和变化,不断更新和发展的状态,其中始终有某种东西在产生,在变化,有某种东西在破坏,在衰退"。因而罪犯也不是静止不动和停滞不变的,不存在不能改造的罪犯。马克思早在 1875 年的《哥达纲领批判》中就指出:生产劳动是犯人"改造自新的惟一手段"。1951 年,经毛泽东批示的《第三次全国公安会议决议》进一步指出,大批应判处徒刑的犯人,是一个很大的劳动力,为了改造他们,为了解决监狱的困难,为了不让判处徒刑的反革命分子坐吃闲饭,必须立即着手组织劳动改造工作。

基于罪犯是可以改造的理念,我国采取了惩罚与改造相结合的刑事政策。1954 年制定的《劳动改造条例》规定,中华人民共和国的劳动改造机关是对一切反革命犯和其他刑事犯实施惩罚和改造的机关。1982 年制定的《宪法》第二十八条明确规定:"国家维护社会秩序,镇压叛国和其他反革命的活动,制裁危害社会治安、破坏社会主义经济和其他犯罪的活动,惩办和改造犯罪分子。"1994 年颁布的《监狱法》第三条规定:"监狱对罪犯实行惩罚和改造相结合、教育和劳动相结合的原则,将罪

① 参见[美]马斯洛:《动机与人格》,许金声、程朝翔译,华夏出版社 1987 年版,第 40 – 53 页。这一五层次的概括方式见于马斯洛早期的作品,后期他又增加了两个需要,形成了一种七层次的概括方式,分别是:生理需要、安全需要、归属和爱的需要、自尊需要、认识的需要、美的需要和自我实现需要。See Neil J. Salkind, *Encyclopedia of Educational Psychology*, SAGE Publications, Inc., 2008, p. 633.

犯改造成为守法公民。"1995 年《国务院关于进一步加强监狱管理和劳动教养工作的通知》(国发〔1995〕4 号)更进一步确定了"惩罚与改造相结合,以改造人为宗旨"的工作方针,从而使监狱的工作重心和任务更加明晰和固定。

三、罪犯作为教育对象的属性

上文对于罪犯的特点的分析使我们了解了罪犯与普通教育对象之间的差别,但是这些差别仍然是对其外在特征的描述。为了做好罪犯教育工作,我们必须对罪犯的内在属性有一个清楚的认识。只有对罪犯的属性成竹在胸,才能够在罪犯教育活动中随机应变,灵活采用各种手段以达到最佳的教育效果。

(一)罪犯是人

罪犯是人,这似乎是一个没有价值的命题。然而,在罪犯教育实践中出现的一些现象使我们认识到,许多监狱人民警察并没有真正理解"人"这一概念的内涵,并没有把罪犯真正当成一个活生生的"人"来看待,而只是把罪犯看作一个可以任意改变的"物"。或者并没有把罪犯看成是有血、有肉、有感情的人,而只是看成一种容器或者没有社会属性的动物。人既是一种生物的存在,又是一种社会的存在,这里提出的"罪犯是人"这一命题,主要是从社会意义上考虑的。正因为罪犯是人,所以罪犯具有以下特性:

1. 罪犯具有能动性。罪犯与其他正常的人一样具有能动性,具体来说,就是具有选择性、主动性、积极性。因此,在教育改造过程中罪犯就不是在被动接受教育影响,他们会对罪犯教育影响进行主动的选择,并对其进行基于自我经验的理解,对于那些符合其需要的影响,他们会乐于接受,而对于与其需要相悖的影响,他们就会采取消极应付的态度。罪犯的这一特征提醒广大的监狱人民警察,一方面要努力使罪犯教育活动适应罪犯特点,使之乐于接受;另一方面也要发挥罪犯在罪犯教育过程中的能动性,使之变被动接受为主动接受,最终达到自我教育和自我矫正;同时,要注意识破那些恶习难改的罪犯的各种伪装和惯用伎俩。

2. 罪犯具有情感性。人是理智的动物,又是情感的动物,罪犯也不例外。虽然许多罪犯给人的印象是情感冷漠、麻木不仁,但是实践表明,只要监狱人民警察能够将心比心、以心换心,设身处地为其着想,绝大多数罪犯都能够为情所动,主动配合罪犯教育工作。所以,在罪犯教育工作中我们要以情感人,注重亲情、友情的教育作用,可以发动罪犯的亲人、朋友、原单位同事和领导参与罪犯的教育、感化和挽救工作,情感上的紧密联系使亲人、朋友、原单位同事和领导的帮教工作更易收到较好的效果。

3. 罪犯具有社会性。人在其本质上是社会的人,人不能遵守社会规范、不能成功地融入社会群体当中去,我们将其称为社会化的缺陷或者社会化失败。罪犯就是社会化失败者,罪犯教育工作就是帮助罪犯进行重新社会化的过程。正因为人具有社会性,所以罪犯教育必须要坚持从社会角度入手,在实践中改造罪犯,在活动中改造罪犯,在交往中教育罪犯,绝不能把罪犯教育工作仅仅限定在课堂教学或谈话中。

(二)罪犯是存在缺陷的人

罪犯都存在某方面的缺陷,这里所说的缺陷不是通常意义上所说的生理缺陷,而是指思想上、心理上、行为上的缺陷。例如,消极的思想意识;主观恶性;错误的人生观、世界观、价值观;不良的个性等。罪犯身心方面表现出来的种种缺陷是相对于社会的常态而言的,对于常态的偏离导致罪犯出现违法犯罪行为。罪犯教育所作的目标也就是要纠正偏态,弥补罪犯的缺陷,使之思想、行为能够遵从社会规范的要求。

因为罪犯是有缺陷的人,所以监狱人民警察要在罪犯教育工作中提高辨别正误、是非的警惕性和能力,这也决定了罪犯教育工作应具有批判意识和进攻性。只有剔除了罪犯心理、思想和行为上的种种消极、偏态的方面,正确的、高尚的、常态的因素才能够占据主导地位。罪犯的这一属性也是导致罪犯教育工作比一般教育工作更为复杂和艰巨的原因之一。

(三)罪犯是需要矫正的人

罪犯是在心理、思想、行为上有缺陷的人,所以罪犯教育工作才将罪犯作为发挥作用的对象。罪犯教育工作必须突出矫正的重要性。罪犯因为存在种种缺陷,所以需要监狱人民警察去帮助、引导、教育、启发,给罪犯提供常态模式,以使罪犯能够对照其不足改正缺点。在罪犯教育实践中出现的“以管代教”“以罚代教”“以生产冲击改造”的现象,都是没有认识到矫正的重要性,没有把罪犯看作一个需要矫正的人的必然结果。

(四)罪犯是发展中的人

人总是处在不断的发展中,罪犯的各种特点既有稳定性的一面,又有可变性的一面,如果只注意到罪犯的各种特点的稳定性,而忽视了可变性,就犯了形而上学的错误。只有把稳定性和可变性综合起来考虑,才能正确评价一个人的发展。罪犯身心方面所表现出来的缺陷代表的只是其稳定性的一面,而从未来着眼,罪犯又具有可变性,是具有无限发展可能性的个体。“罪犯是发展中的人”这一命题,为罪犯教育工作的开展提供了理论的前提,也是我们看待罪犯的基本立场之一。

第二节　罪犯在教育改造中的地位

研究罪犯在教育改造活动中的地位,与对罪犯和监狱人民警察在教育改造中的关系的认识是一个问题的两个方面。此处,我们需要明确的是,罪犯和监狱人民警察到底谁是教育改造活动的主体;如果一方是主体,另一方是否就是客体;主客体之间的地位在教育改造的过程中是不是一成不变的。关于教育者、受教育者在教育活动中的地位问题,教育学理论界有不同的认识。由于罪犯教育的特殊性,讨论罪犯与监狱人民警察在教育改造中的地位问题就更加复杂。我们认为,在与监狱人民警察的交互作用中,罪犯是教育改造的对象;而如果进一步分析,考虑到罪犯对学习内容的认知以及对自我的改造,我们有理由认为罪犯是实践和认识的主体。

一、罪犯是教育改造工作的对象,处于客体地位

在罪犯教育工作中,有两种既相互联系又有一定区别的活动,即监狱人民警察传递教育影响和罪犯接受教育影响(我们也可以将其称为监狱人民警察的改造和罪犯接受改造,或者简单称为监狱人民警察的"教"和罪犯的"学",当然这里的"教"和"学"都是从更加广泛的意义上讲的)。从监狱人民警察传递教育影响这个角度看,监狱人民警察是罪犯教育改造工作的主体,是罪犯教育活动的发出者、控制者、规范者,是主动进攻的一方。罪犯则是罪犯教育影响作用的客体,是罪犯教育活动的接受者、受控制者、被规范者,是相对被动承受罪犯教育影响的一方,可以称为教育改造的客体。

罪犯之所以是教育改造工作的客体,是相对于监狱人民警察这一主体来说的。具体来说,罪犯在教育改造中的客体性表现在以下几个方面:

(一)罪犯的不完善性是其成为客体的前提和基础

罪犯的不完善性表现在身心等各方面,其核心是社会化的不完善性。由于罪犯在社会化过程中,没有很好地完成社会角色的确立,对社会现象持一种消极的看法,不能客观地认识现实当中存在的各种矛盾和问题,导致了他们处于各种冲突之中(如角色冲突、文化冲突、社会表层和社会深层冲突),最终导致违反了社会规范。罪犯的不完善性体现了罪犯在社会性上的不成熟一面,因而需要由监狱人民警察来担当起矫正、引导的角色。

（二）罪犯在知识技能等方面属于“闻道”在后者

罪犯教育过程不但有社会性上的养成和完善，而且包括对罪犯知识技能方面的培养和教育。在这些方面，与监狱人民警察相比，罪犯无疑知之甚少。作为“闻道”在先者，监狱人民警察必然在罪犯教育过程中占据主导者的地位。由他们去选择、安排学习的内容、深度和进度，制定考核验收的标准。相应地，罪犯也就成了罪犯教育改造工作的客体和接受影响的一方。

（三）法律地位决定了罪犯的客体性

罪犯是被判处刑罚，在监狱内服刑的公民，其权利和义务与社会上的自由公民具有一定的区别。罪犯的一些权利被依法剥夺，而罪犯在履行义务方面则具有刑事强制性。从罪犯教育来看，监狱人民警察是依法对罪犯进行教育，罪犯则必须接受监狱实施的文化、思想道德、技术教育，接受教育是罪犯必须履行的义务之一。罪犯的这一法律地位决定了他们在教育改造过程中处于被改造、接受教育影响的客体地位。

二、罪犯是实践和认识的主体

（一）罪犯的主体性解析

罪犯的客体性，是相对于监狱人民警察的施教活动来说的。但是，罪犯教育过程还有很重要的另外一方面，即罪犯接受教育影响、罪犯的“学”、罪犯的自我改造。在监狱人民警察的施教活动中，监狱人民警察是主体，罪犯是客体。在罪犯的学习、自我改造活动中，罪犯是主体，学习、改造的内容则成了客体。从这个意义上来说，可以认为，罪犯教育活动是一种双主体的活动，只不过这两个主体并不在同一个层次上。

罪犯教育与其他的任何一种教育活动一样，都是教育者与教育对象的对立统一的实践活动。这种实践活动与其他活动的重要区别在于，其实践的对象不是物，而是具有主观能动性的人。罪犯虽然具有不完善性并且“闻道”在后，需要监狱人民警察的引导和制约，但罪犯教育活动要想取得理想的效果，一定还要争取到罪犯的积极参与、配合才行。因为无论是思想转化、道德水平的提升、行为的养成还是文化知识、技能的掌握，最终都只能由罪犯自己去实践和认识，监狱人民警察是无法代替的。监狱人民警察所发出的施教行为，只是对罪犯学习行为的一种引领和督促。《学记》中有“道而弗牵，强而弗抑，开而弗达”之说，所阐明的正是教育者对受教育者的引导、开导和教导，而不是越俎代庖。德国教育家第斯多惠说过，“不好的教师是奉送真理，好的教师是教学生去发现真理”①。他所表达的也是教育对象作

① 张天宝：《主体性教育》，教育科学出版社 2001 年版，第 32 页。

为认识活动主体的这一事实。我国著名文学家、教育家叶圣陶先生的一句话说得更是一针见血,他说“凡为教,目的是达到不需教”①。也就是说,教育活动的最终目的是帮助教育对象增强学习能力、养成学习习惯、掌握学习方法,相比之下,知识的传授倒显得并不那么重要了。

罪犯是实践和认识的主体,这是一个非常重要的命题。监狱人民警察只有深刻理解这一命题所包含的教育理念,才能够真正做好罪犯教育工作。只有认识到这一点,才能在思想品德课、文化课、技术课教学中废止注入式教学方法,采用启发式教学方法,才能在思想政治课教育中避免形式主义和“一言堂”,才能真正走实事求是的路线。

(二)提升罪犯主体性的措施

那么,在改造实践中如何提升罪犯的主体性呢?我们认为,可以从以下三个方面加以注意:

第一,应在认识上打破条条框框,解放思想,敢于承认和发挥罪犯在教育改造过程中的主观能动性。在中华人民共和国成立以后的相当长的一段时间里,罪犯的构成主体是反革命(现在称为“危害国家安全”)犯,当时在改造罪犯的过程中强调阶级斗争、敌我矛盾;20 世纪 70 年代末期以后,反革命犯在押犯当中的比重逐步下降,而普通刑事犯所占比例则不断上升,人民群众与罪犯之间的矛盾主要是人民内部矛盾。在这样一种条件下,我们在改造罪犯过程中应淡化阶级斗争观念,敢于放手加强罪犯的自我管理和教育,这是突出罪犯主体性地位的基础。

第二,在“三课”教育过程中,积极采用问题教学、发现教学、活动教学、非指导性教学等教学方法和模式,培养罪犯积极探索、勇于思考的精神。问题教学、发现教学、活动教学、非指导性教学等教学方法和模式虽然在具体的操作程序上有所不同,但是这些教学方法和模式的共同特点在于重视受教育者的主动性、参与性、积极性和创造性发挥。“三课”教育作为一种认识领域的教育活动,应当借鉴学校教学活动中的这些理论和经验。

第三,采用参与式管理和自我管理形式,发挥罪犯参与管理的积极性。由于目前我国监狱警力不足,监狱人民警察事必躬亲式的管理在客观上说是不现实的。为了收到良好监管改造的效果,在改造中应大力加强罪犯“积委会”的作用,提高罪犯的主人翁意识,发挥相互监督、自我教育、自我管理的优势,以此帮助培养罪犯的主体意识和责任感。

---

① 张天宝:《主体性教育》,教育科学出版社 2001 年版,第 31 页。

当然，强调罪犯的主体地位，并不是否定监狱人民警察的主体地位。罪犯的主体地位是有条件的，它是在监狱人民警察的管理和激励下发展的，而且只有在监狱人民警察的主体意识提高了的情况下，罪犯的主体性才有可能得到重视和落实。

第三节 罪 犯 观

监狱人民警察和罪犯是改造活动中的两个重要因素，其中罪犯是改造活动作用的对象，监狱人民警察是罪犯改造的执行者和组织者。在罪犯改造过程中，监狱人民警察一方起着主导性的作用，罪犯改造的计划要由他们来制订，改造任务要由他们来完成。所以，监狱人民警察对于罪犯的态度和采取什么样的方法就会直接影响到罪犯改造的效果。但监狱人民警察对待罪犯的态度和采取的方法只是表面问题，从根本上来说态度和方法都是由监狱人民警察对罪犯的总的看法决定的。这种警察对罪犯的总的看法我们可以称为监狱人民警察的罪犯观。罪犯观不同就会引发不同的改造行为，对罪犯改造功能、作用、意义的认识也会有所不同。

一、错误的罪犯观

根据知识理论，“人们所有有目的的实践行为都是受知识支配的，或者说，是由知识所建构的。一种有目的的实践行为背后就有一套系统的知识基础的存在。不存在没有任何知识基础的有目的的行为”①。在监狱中工作的人民警察每天与罪犯接触，总会形成对罪犯的一些看法（某种意义上是关于罪犯的知识），在这些看法当中有些是浅层次的、零散的，持续时间也许不长，而有些则是深层次的、根本的和持久的，后者就是我们所说的罪犯观。罪犯观一旦形成就会体现到监狱人民警察对待罪犯和改造工作的态度和方法上，进而对罪犯改造工作的效果产生重要的影响（甚至可以说是根本性影响）。有些监狱人民警察理论水平较高，对于改造工作做过认真思考和研究，有可能形成比较明确和系统的罪犯观，因而对于罪犯有自己明晰而全面的认识，这种认识我们可以称为显性知识（explicit knowledge）。而有些监狱人民警察对罪犯的认识则可能因各种原因并不十分明确和系统化，他们自己也说不清自己的罪犯观是属于哪种类型，甚至没有明确意识到自己的罪犯观的存在，这种情况下他们对罪犯的认识我们可以称为缄默知识（tacit knowledge）②。但是，

---

① 石中英：《知识转型与教育改革》，教育科学出版社2001年版，第221页。

② 参见石中英：《知识转型与教育改革》，教育科学出版社2001年版，第222－233页。

不管监狱人民警察本人对罪犯的这一根本性认识是属于显性知识还是属于缄默知识,他们的罪犯观都会对其改造行为产生积极或消极的影响。因此,如何帮助监狱人民警察树立正确的罪犯观,如何对其不甚正确的缄默知识进行反思和批判,是一个关系到罪犯改造质量的重要问题。作为理论研究者必须对此问题加以重视并进行研究。

在提出建构我们认为正确的罪犯观的一些原则之前,首先来分析一下在罪犯改造实践中存在的种种错误的罪犯观,这些罪犯观在改造实践中普遍存在,对于罪犯改造工作产生了极大的消极影响。应该说明的是,这些罪犯观是经过理论抽象概括之后得出的典型例证。现实中的情况可能与此不尽相同,但或多或少都能找到这些罪犯观的影子。

其一,"天生犯罪人"式的罪犯观。"天生犯罪人"是19世纪意大利精神病学教授、犯罪学家龙勃罗梭提出的思想,他认为"天生犯罪人"具有犯罪的必然性,同犯罪人的"自由意志"无关。[①] 虽然龙勃罗梭的这一过分强调生物因素的前期观点与马克思主义犯罪观相悖,并受到了西方犯罪学家的广泛批判,但在当今的罪犯改造实践中仍然有一定影响。持这种罪犯观的监狱人民警察错误地认为,罪犯之所以会触犯刑律实施犯罪,原因是他们先天就具备了犯罪的素质,即使现在不实施犯罪,将来也会实施犯罪。这种罪犯观是以一种唯心主义的人性论为基础的,如柏拉图所说的奴隶、董仲舒所说的"斗筲之性"等。它抹杀了人的主观能动性,把犯罪看成是命中注定的事。因而也就否认罪犯改造具有将罪犯改造成为"守法公民"的可能。

其二,形而上学罪犯观。形而上学是与辩证法相对立的一种用孤立、静止、片面的观点看问题的思维方式。这种思维方式在罪犯观方面的表现是持此观点的人把罪犯看成"一次偷窃,终身是贼",持这种罪犯观的监狱人民警察既看不到人的犯罪是一个由量变到质变的发展过程,也看不到罪犯的未来前途。由于这类监狱人民警察不能将罪犯改造放在一个发展的角度看待,因而也就丧失了主动改造罪犯的信心。

其三,不讲特殊矛盾的罪犯观。不同的罪犯有不同的犯罪原因,也有不同程度的主观恶性,在改造中的表现也各不相同。这就要求监狱人民警察在改造中具体问题具体分析,采用分类教育与集体教育相结合的方法,重视个别教育。持这种罪犯观的监狱人民警察恰恰相反,他们不讲特殊矛盾,在他们眼里,罪犯没有一个好

---

① 参见康树华:《犯罪学——历史·现状·未来》,群众出版社1998年版,第231页。

人,“天下乌鸦一般黑”。在改造实践中,持此观点的监狱人民警察意识不到或者不顾罪犯年龄、经历、文化程度、个性特点、主观恶性、改造表现等情况,试图用“一刀切”“一锅煮”“模式化”的办法来改造罪犯,这必然对改造质量造成消极影响。

二、确立正确罪犯观的原则

既然我们对以上三种罪犯观持否定态度,那么正确的罪犯观应当是怎样的呢?这里首先要明确的问题是,满足何种标准的罪犯观才算是正确的。我们认为,正确的罪犯观应当是对罪犯改造工作有积极作用的观念。监狱人民警察树立了正确的罪犯观可以提高其改造罪犯的积极性,增强其改造罪犯的信心,提高其改造的质量。以上所列举的三种罪犯观之所以说是错误的,也正是由于不能满足这一要求。对于正确的罪犯观我们无法进行分类说明,因为所谓正确与否是一种相对的概念,正确的罪犯观是与我们理想中的罪犯观较接近的对罪犯的一般的看法,它应该满足多重标准,是许多正确原则的综合体。既然罪犯观是监狱人民警察对罪犯的总的看法和根本认识,那么它应当属于人们的世界观和方法论的一个组成部分,也就是属于我们所持有的哲学观点的组成部分。从形而上学、唯心主义观点出发就会形成错误的罪犯观,从辩证唯物主义和历史唯物主义观点出发就会形成正确的罪犯观。基于这样的认识,我们依据马克思主义哲学的基本原理,认为正确的罪犯观的确定应坚持实事求是(客观)、发展变化、具体问题具体分析(矛盾的普遍性与特殊性)这三个原则。同时,作为我国监狱事业的一个基本理念,“把罪犯当人看”符合马克思主义人道主义的要求,因而也应当是我们确立罪犯观的指导思想和原则之一。

第一,实事求是原则。树立正确的罪犯观的目的是对罪犯有一个客观、公正的认识和评价,而不是要美化罪犯或替他们文过饰非。因此,第一条原则应当是实事求是。毛泽东在《改造我们的学习》一文中对实事求是的解释是:“‘实事’就是客观存在着的一切事物,‘是’就是客观事物的内部联系,即规律性,‘求’就是我们去研究。”[①]实事求是是马列主义、毛泽东思想的灵魂,也是中国共产党的基本路线。在树立罪犯观的问题上讲求实事求是原则,就是要以事实为依据,客观地认识罪犯的过去和现在,有的错误的罪犯观便是因为不能客观地认识罪犯的犯罪原因,或者不能客观地评价其改造表现而形成的。遵循这一原则,要求监狱人民警察首先要对罪犯的犯罪事实有个客观的认识,详细了解罪犯的犯罪事实,可以对罪犯的主观恶

---

① 《毛泽东选集》(合订一卷本),人民出版社1964年版,第759页。

性有一个比较客观的评价,这是树立正确罪犯观的前提和基础。

第二,发展变化原则。实事求是地评价罪犯的过去和现在,只是确立正确罪犯观的基础,在有了这个基础之后,要采用发展变化的观点来看待罪犯。发展是辩证唯物主义的世界观的重要组成部分。正如恩格斯所指出的,“世界不是既成事物的集合体,而是过程的集合体。其中各个似乎稳定的事物同它们在我们头脑的思想映象即概念一样都处在生成和灭亡的不断变化中,在这种变化中,尽管有种种表面的偶然性,尽管有种种暂时的倒退,前进的发展终究会实现”①。

这一原则包括两层含义:其一,罪犯的犯罪过程是一个逐步发展的过程。在没有实施犯罪行为之前,罪犯是一名普通的社会成员,其犯罪心理是在社会因素及个体因素共同作用下形成并发展的。我们不能因为罪犯实施了犯罪行为就否定他过去所做的对社会、对他人有益的工作。其二,收押入监的罪犯是可改变的(可改造的)。罪犯的犯罪心理是在社会实践中逐步形成的,他们是社会化的失败者。我国监狱机关中开展各种改造工作是一种特殊的社会实践活动,通过参与这种实践活动,会使罪犯心理、行为方式发生改变,从而达到改造思想、矫正行为的目的。

第三,具体问题具体分析的原则。以上两条原则适用于各种类型的罪犯,体现的是矛盾的普遍性,但在改造罪犯过程中,我们还应根据不同类型的罪犯以及罪犯的不同特点采用不同的改造策略。也就是说,我们既要重视矛盾的普遍性,也要重视和强调矛盾的特殊性,即“不同事物矛盾自身以及矛盾着的各个方面所固有的特点”②。坚持这一原则就是要具体地分析具体情况,列宁指出,具体地分析具体情况,是马克思主义最本质的东西,是马克思主义活的灵魂。③ 在罪犯改造的实践当中,我们历来重视“三分”工作以及个别教育,这里面所体现的正是马克思主义关于矛盾的普遍性和特殊性的关系的原则。对于监狱人民警察来说,在看待和评价罪犯的过程中必须树立这样一种具体问题具体分析的意识,这样才能够树立正确的罪犯观,解决好罪犯改造当中的特殊矛盾。

第四,把罪犯当人看的原则。这是我国监狱工作的“中国特色”的重要体现之一,也体现着马克思主义的人道主义的精神。坚持这样一个原则应当主要注意两点:第一点,罪犯是有情感和良知的人。虽然罪犯有一定的主观恶性,但本质上他们

---

① 《马克思恩格斯选集》(第2版第4卷),人民出版社1995年版,第244页。

② 北京大学马克思主义学院哲学教研室编著:《辩证唯物主义和历史唯物主义纲要》,北京大学出版社1996年版,第202页。

③ 参见北京大学马克思主义学院哲学教研室编著:《辩证唯物主义和历史唯物主义纲要》,北京大学出版社1996年版,第202页。

仍然是与我们一样体现着“一切社会关系的总和”的人。他们有着各种社会关系，因而也就存在各种情感反应，而且改造实践证明，罪犯都是有一定良知的。这两个方面是对我们改造工作十分有利的，作为监狱人民警察对此应当予以注意。第二点，罪犯的主体性问题。20 世纪 80 年代以来，随着我国的社会变革的加快，主体性成为哲学界、教育界的热门话题。文化哲学认为，确立人的主体地位，培养人的主体性是社会现代化转型当中的关键问题。这里的问题是，在监狱这样一种特殊的环境当中，对于罪犯这样一个特殊群体来讲，主体性的提法是否合适。我们的观点是肯定的。关于主体性的表现，不同的学者有不同的看法。但一般认为，能动性、自主性、创造性是其重要的表现形式，从这个意义上来说，这一点与我们所强调的要调动罪犯的改造积极性，变“要我改造”为“我要改造”是一致的。而且从发展的眼光来看，当罪犯回归社会之后，主体性作为现代人的一种重要的素质必然对其重新开始生活产生积极影响。既然我们在改造工作中所面对的罪犯是有感情、有良知、有主体性的人，那么就涉及第三个问题，监狱人民警察对自己与罪犯的关系的认识问题。是把罪犯看成任自己改变的对象（客体），还是把罪犯看成是与自己一样的主体，这是两种不同的罪犯观，其背后体现着两种不同的人生态度。奥地利哲学家马丁・布伯（Martin Buber）提出，世界可以分两类：一类是“被使用的世界”（the world to be used）；另一类是“与之相遇的世界”（the world to be met），①相应地，人与外界的关系也可以分为两类——“我—它”关系和“我—你”关系。“我—它”关系是一种主人与物品的关系，“我—你”关系则是一种对话关系和包容性的人际关系，教育中的师生关系的本真就应是一种“我—你”关系。既然无生命的事物都可以用“民胞物与”的态度来对待，为什么对于犯了罪的人不可以呢？（其实我们所说的“三个象”“六个字”也体现着这样一种精神）当然马丁本人是一个唯心主义的哲学家，对于他的这一思想我们必须批判性地借鉴。

研究与思考

1. 对于罪犯作为教育对象的属性，你有何理解？
2. 如何全面理解罪犯在改造中的客体性和主体性？
3. 关于提升罪犯的主体性，你有什么好的建议？
4. 确立正确罪犯观的原则，在实践中如何体现？

---

① 参见张世英：《人类中心论与民胞物与说》，载《江海学刊》2001 年第 4 期。

第八章　监狱人民警察

重点提示

1. 监狱人民警察有转化思想、传授文化知识、培养职业技能等三个方面的工作任务。

2. 监狱人民警察的工作具有法制性、复杂性、示范性、创造性的特点。

3. 监狱人民警察在罪犯教育中处于主体地位,发挥着主导作用。

4. 监狱人民警察应具备思想道德素质、业务素质、身心素质。

《监狱法》第五条规定:“监狱的人民警察依法管理监狱、执行刑罚、对罪犯进行教育改造等活动,受法律保护。”由此可见,监狱人民警察不仅是管理者、执法者,还是依法对罪犯进行教育改造的专职人员。在罪犯教育活动中,监狱人民警察居于主体地位,发挥着主导作用。罪犯教育改造的质量关键在于监狱人民警察。

第一节　监狱人民警察的工作任务和工作特点

一、监狱人民警察的工作任务

在刑罚执行初期,监狱工作人员的主要职责是执行刑罚、管理罪犯;随着刑罚理念和行刑方式的变化,他们又增加了教育改造罪犯的职责。在当今的我国监狱中,教育改造罪犯是监狱人民警察的一项重要工作。这一工作包含多方面的内容,具体来说有以下三个方面。

(一)转化思想

思想是行为的先导。在实践活动中,人们都是先有思想,才有具体的行动。只有在正确思想的引领下,人们才会作出正确的行为;反之,在错误思想的支配下,人们就会作出错误的行为,甚至误入歧途。罪犯之所以走上犯罪的道路,其根本原因就在于其思想上存在偏差。因此,监狱人民警察教育改造罪犯,首先是要转化他们的思想。

在罪犯教育实践活动中,监狱人民警察应通过开展多种形式的思想道德教育帮助罪犯摒弃消极、落后的思想,树立正确的世界观、人生观、价值观,提高其思想觉悟。具体来说,就是通过法律教育,改变罪犯法律意识淡薄、不懂法的情况,使其了解法律的边界,明确法律允许什么、禁止什么,增强其法律意识;通过认罪悔罪教育,破除罪犯不认罪的思想根源,从思想上承认犯罪事实、认罪服判;通过道德教育,使罪犯认识到违法犯罪行为的丑恶性,从而确立正确的善恶观,摒弃旧的道德观念,建立社会主义道德观;通过形势、政策和前途教育,使罪犯消除教育改造中的悲观、失望、侥幸的思想,认清祖国发展的大好形势,了解国家的方针和政策,增强罪犯教育改造的信心。

(二)传授文化知识

文化是人类在社会历史发展的过程中所创造的物质财富和精神财富的总和。它对一个人的成长和发展具有巨大的影响。中国历来主张"以文化人",即通过文化知识的学习、熏陶变化人的气质、提升人的道德水平和精神境界。

然而,罪犯群体文化程度普遍较低。由于缺乏必要的文化知识,有相当一部分罪犯是因为无法对事物作出正确的判断,从而走上犯罪道路的。因此,在罪犯教育活动中,监狱人民警察向罪犯传授文化知识,有助于提升他们认识问题的能力,从而使其在遇到事情时明辨是非,作出正确抉择。此外,文化程度低,还导致罪犯难以正确理解思想教育、职业教育的内容,影响教育效果。因此,进行文化知识教育,有助于完善罪犯的知识结构,提升他们的文化水平,为思想教育和职业教育奠定文化基础。故而,传授文化知识是监狱人民警察罪犯教育工作中的一项重要任务。

(三)培养职业技能

在现实生活中,大多数罪犯好逸恶劳,缺乏正确的劳动观念,不具备必要的职业技能,难以找到正当的谋生手段,无法在社会上立足。这不仅是相当一部分罪犯走上犯罪道路的原因,而且是部分刑满释放人员再次走上犯罪道路的重要原因之一。因此,监狱人民警察教育改造罪犯必须使罪犯树立正确的劳动观念,具备必要的职业技能。

在罪犯教育活动中,监狱人民警察要根据罪犯的具体情况,有计划地组织罪犯参加劳动,使其懂得自食其力才是唯一的出路,从而矫正其好逸恶劳的恶习,树立起正确的劳动观念。同时,监狱人民警察要对罪犯进行职业技能培训,使其具备一技之长。这样,他们才能在刑满释放之后,凭借自己的劳动技能找到合适的工作,真正成为自食其力的守法公民。

二、监狱人民警察的工作特点

(一)法制性

监狱人民警察的教育对象是罪犯。他们违反了国家法律,对社会造成了一定的危害性。因此,为了使罪犯成为守法公民和维护社会的稳定,罪犯必须在监狱接受教育改造。《监狱法》第七条第二款规定:“罪犯必须严格遵守法律、法规和监规纪律,服从管理,接受教育,参加劳动。”也就是说,罪犯无论年龄大小、文化水平高低、是否处于义务教育阶段,都必须依法在监狱接受教育。从这个角度而言,监狱人民警察实施的罪犯教育工作具有法制性的特点。

罪犯教育工作法制化经历了一个长期的历程。1954 年颁布的《劳动改造条例》,初步明确了罪犯教育的目的、原则、内容等。1982 年,公安部颁布的《监狱、劳改队管教工作细则》进一步明确和细化了罪犯教育的任务、内容、原则和方法、入监和出监教育、组织领导等。1994 年颁布的《监狱法》,为监狱人民警察的罪犯教育工作提供了法律依据。其中,第一章第三条、第四条规定了罪犯教育的原则和内容;第五章重申了罪犯教育的原则、方法,并规范思想教育、文化教育、职业技术教育、劳动改造的内容及要求;第六章对未成年犯的教育改造问题提出了具体要求。

此外,司法部根据《监狱法》的规定,结合罪犯教育改造中的实际情况,专门出台了《监狱教育改造工作规定》《教育改造罪犯纲要》,使罪犯教育工作进一步法制化、规范化。其中,《监狱教育改造工作规定》对入监教育、个别教育、思想文化和技术教育、监区文化建设、社会帮教、心理矫治、评选罪犯改造积极分子、出监教育等方面进行了详细的规定。《教育改造罪犯纲要》从重要意义,指导思想、主要目标和基本原则,主要内容和要求,实施,保障措施等五大方面对罪犯教育工作进行了全面说明。

(二)复杂性

与一般的工作相比,监狱人民警察从事的工作呈现出复杂性的特点,其主要表现有以下三个方面:

1. 工作对象具有复杂性

在学校教育工作中,教育对象是年龄相近、文化水平相似、经历简单的学生。监狱人民警察的教育对象是罪犯。他们年龄跨度非常大,既有稚气未脱的未成年犯,又有古稀之年的老年犯;文化水平参差不齐,既有文盲,又有受过高等教育的知识分子;主观恶性不一,既有恶性暴力犯,又有主观恶性不深的过失犯;犯罪类型多样,有淫欲型、财产型、职务犯等多种类型。此外，罪犯还具有一般教育对象所具有的性别、个性、成长环境等方面的差异。监狱人民警察要对这一群体进行教育改造，工作复杂程度之高超乎想象。

2. 工作内容具有复杂性

一方面，监狱人民警察有多重工作任务。他们既要向罪犯传授科学文化知识，又要对罪犯进行职业技术教育，还要针对罪犯思想、心理、行为中存在的问题进行矫正。另一方面，学校教育面对的是思想、心理健康的学生，主要是正面塑造，也就是说，其主要任务是“立”。然而，监狱人民警察面对的是思想、心理、行为等方面存在一定程度缺陷的罪犯，主要任务为矫正罪犯、再塑罪犯灵魂。也就是说，监狱人民警察的工作是双重的，既要“破”，又要“立”。而且，罪犯思想、心理、行为的矫正，不是一蹴而就的，需要监狱人民警察有持续不断的长期努力，才能取得成效。因此，与一般教育相比，监狱人民警察的工作任务要更加复杂和艰巨。

3. 工作环境具有复杂性

一般学校教育活动是在教室、运动场、实习基地等安全、简单的场景下进行的。监狱人民警察的工作场所是监狱。罪犯是触犯刑律的人，因此他们可能会利用监狱中的工具、设施实施自杀、自残、脱逃、行凶、暴狱、劫持人质等危险性行为。这就使监狱人民警察工作的场所存在许多未知的风险，从而变得异常复杂。这就要求监狱人民警察对复杂的工作环境提前作出预判，避免恶性事件的发生。

（三）示范性

所谓示范性，是指呈现给他人可供学习的某种典范性的特征。《说文解字》对“教”的解释是：“教，上所施，下所效也。”从这里可以看出，教育活动是一项由教育者示范、受教育者模仿的活动，教育者的教育行为具有很强的示范性。监狱人民警察作为特殊的教育者，其罪犯教育改造工作同样也具有示范性。在罪犯教育的过程中，监狱人民警察经常需要通过亲身示范的方式给罪犯呈现可供需要学习的内容、养成的习惯、培养的品质等。这种示范性不仅贯穿于罪犯教育活动始终，而且表现在罪犯教育的各个环节。因此，监狱人民警察不管开展何种活动，设计何种教育环节，都应当思考其是否具有教育性，是否有助于罪犯思想、心理、行为的教育改造。

《法言·学行》说：“师者，人之模范也。”在学校里，教师是学生学习的模范；在监狱中，监狱人民警察也应以身示范，为罪犯树立言行的榜样。在日常生活中，罪犯所能接触的人员不外乎监狱人民警察、工作人员以及罪犯。在这些群体中，监狱人民警察不仅是监狱的权威，而且拥有较为高尚的品德、渊博的学识、丰富的处事经验。这就使罪犯会在不知不觉中模仿监狱人民警察的一言一行。因此，监狱人民警察的思想道德、态度仪表以及言行等都对罪犯产生潜移默化的影响。这就要求监狱人民警察在日常生活中也要以身示范,注意自己的一言一行,做好罪犯的表率。

(四)创造性

在罪犯教育活动中,不仅监狱人民警察教育改造的对象即罪犯是千差万别,而且具体的教育情境也处于动态变动之中。此外,随着时代的变迁、社会的发展,罪犯教育形势会不断出现新情况、新问题。因此,在罪犯教育实践活动中,监狱人民警察不能采用一成不变的教育模式,要根据不同情况,因时、因地、因人创造性地选择恰当的教育方案、采取合适的教育方法,才能达到最佳的教育效果。具体来说,其创造性表现在以下两个方面:

第一,监狱人民警察要根据不同罪犯的特点因人施教,创造性地制订不同的教育方案、采取不同的教育方法。不同的罪犯存在差异性,这就需要监狱人民警察根据每位罪犯的具体情况和现实水平确定适当的罪犯教育目标,制订不同的教育方案,采取恰当的教育方法。如果不考虑罪犯的个体差别性,采取"一刀切"式的教育模式,势必会影响罪犯教育的效果。

第二,监狱人民警察的创造性还体现在教育机智上。所谓教育机智,是指教育者在发生突发情况的情形下,能够作出迅速、正确的判断,随机应变地采取恰当的措施解决问题的特有能力。[①] 在罪犯教育实践活动中,监狱人民警察经常会遇到难以预料的突发事件发生。在这种情况下,监狱人民警察如果不能及时改变罪犯教育方案、采取有效的措施解决突发性问题,不仅会影响罪犯教育改造的效果,还可能会陷入僵局。富有创造性的监狱人民警察,能巧妙地利用突然发生的情况,创设新的情景,化消极因素为积极因素,使教育改造活动取得预期的效果。

第二节　监狱人民警察的地位和作用

一、监狱人民警察在罪犯教育中处于主体地位

在"罪犯"一章,我们已经对监狱人民警察和罪犯在罪犯教育改造中的地位予以说明。在罪犯自我学习、自我改造过程中,罪犯是认识和实践的主体,学习和改造的内容是客体。在施教过程中,监狱人民警察是罪犯教育改造工作的主体,是罪犯教育活动的发出者、控制者和规范者,是主动进攻的一方;罪犯是罪犯教育影响作

---

① 参见王秉中主编:《罪犯教育学》,法律出版社2003年版,第83页。

用的对象，处于客体地位，是罪犯教育活动的接受者、受控制者和被规范者。[①] 具体来说，监狱人民警察的主体地位主要是由以下因素决定的：

第一，罪犯教育活动的社会制约性决定了监狱人民警察在罪犯教育过程中的主体地位。罪犯教育活动是在一定社会条件下进行的教育活动，它体现着一定社会或阶级的要求。罪犯是社会化的失败者，其行为危害了社会和其他人的利益，法律规定他们必须进入监狱接受强制性的再社会化教育。在罪犯教育实践活动中，监狱人民警察需要依据社会或国家的要求，有计划、有组织地矫正罪犯不良的思想、心理、行为，使罪犯完成再社会化教育。在这一过程中，如果缺少了监狱人民警察的引导、制约，罪犯教育活动就难以达成预定目标。

第二，罪犯教育活动的法制性决定了监狱人民警察在罪犯教育过程中的主体地位。与普通教育活动相比，罪犯教育活动具有鲜明的法制性。在罪犯教育活动中，监狱人民警察不仅是教育者，而且是执法者。他们代表国家和政府依法对罪犯进行教育改造。罪犯作为服刑人员，必须服从监狱人民警察的教育、管理。对于不服从教育的罪犯，监狱人民警察可以依法对其加以惩戒；对于触犯刑法的，还可以依法追究其刑事责任。从这一点来看，监狱人民警察的主导作用也是毋庸置疑的。

第三，罪犯教育活动的特点决定了监狱人民警察在罪犯教育过程中的主体地位。罪犯教育作为一种特殊的教育活动，也是由教育者的“教”与受教育者的“学”两方面构成的一对矛盾关系。监狱人民警察是罪犯教育活动中的教育者的“教”的因素。他们经过专门的教育、教学训练，熟悉罪犯教育的流程、内容和方法，对相关的教育理念、教育思想有所思考。然而，罪犯缺乏对罪犯教育活动的深入认识和了解。因此，从罪犯教育活动来讲，监狱人民警察是设计者、组织者、实施者和评价者。他们决定了教育的内容、形式、进程和方法等。此外，监狱人民警察作为特殊的教育者，担负着教育改造罪犯心灵的职责，这是要把罪犯从一条与罪犯教育目的相反的道路上拉回来，这一点也决定了监狱人民警察的主体地位。

第四，监狱人民警察在道德和知识、能力上的优势决定了监狱人民警察在罪犯教育过程中的主体地位。首先，在思想道德上，大多数监狱人民警察拥有较高的道德水平。然而，罪犯是具有消极意识的越轨者，绝大多数罪犯的世界观、人生观、价值观出现了不同程度的扭曲，在人生道路上迷失了方向，需要监狱人民警察的引领、矫正。其次，与罪犯相比，监狱人民警察属于“闻道”先者。监狱人民警察都经

---

① 参见王雪峰主编：《罪犯教育学》，法律出版社 2019 年版，第 93 页。

过系统的学校教育,达到了国家规定的学历要求。而且,进入岗位之后,还会定期或不定期进行知识、技能培训。然而,大多数罪犯文化水平较低,缺乏一技之长。罪犯知识的缺乏、技能上的不足,需要监狱人民警察传授和培养。因此,监狱人民警察在道德和知识、能力上的优势使其在罪犯教育中处于主体地位。

二、监狱人民警察

监狱人民警察在罪犯教育中处于主体地位,起主导作用。监狱人民警察的主导作用是指监狱人民警察在整个罪犯教育活动中发挥着组织和引导作用。监狱人民警察作为施教者,他们不仅拥有专门的罪犯教育学知识和丰富的教学经验,而且在罪犯教育活动中处于支配地位,决定着罪犯教育的目标、内容和方法,掌控着教育活动的节奏和进度等。监狱人民警察主导作用发挥的优劣直接关系到罪犯教育的成败。在罪犯教育实践活动中,监狱人民警察要发挥主导作用需做到以下几点:

(一)建立积极的警囚关系

监狱人民警察的教育对象是罪犯。因此,监狱人民警察要想发挥主导作用,首先要处理好与罪犯之间的关系。有些监狱人民警察经常以拯救者和管理者自居,居高临下地对罪犯进行教育和管理。这种教育方式不仅会造成监狱人民警察与罪犯的心理隔阂,还容易引起罪犯的对立情绪。在这种情况下,罪犯只是被动地接受教育,罪犯教育难以深入其内心,也不可能取得良好的教育效果。监狱人民警察要想改变这种情况,必须建立积极的关系。虽然罪犯违法犯罪,但是他们仍然是有需求、有情感、能动性的个体。因而,监狱人民警察作为教育者,应该尊重罪犯的人格,以发展的眼光来看待罪犯,拉近与罪犯的距离,经常与他们交流、互动,帮助他们解决生活中的困难。只有这样,罪犯才能敞开心扉,消除与监狱人民警察的心理距离和对立情绪,建立起积极的关系,真心接受、配合罪犯教育活动,接受监狱人民警察的指导。

(二)精心组织罪犯教育活动

在罪犯教育活动实施前,监狱人民警察首先要明确罪犯教育活动的目标,即通过活动解决什么问题,达到什么样的程度;针对罪犯的特点精心设计不同的教育方案,选取合适的教育内容和教学方法,做好活动前的准备工作。在罪犯教育活动进行中,监狱人民警察要根据罪犯的现场反应,适时对教育方法以及教育内容进行调整,并控制好活动的时间、进度等。在活动结束之后,监狱人民警察要根据罪犯教育活动的效果,作出整体性的评价,总结经验、教训,找出存在的不足和缺陷,为以后的活动提供借鉴。

(三)激发罪犯教育改造的积极性和主动性

罪犯教育目标的实现有赖于监狱人民警察和罪犯的共同努力。因此,只有罪犯积极地参与到罪犯教育中,监狱人民警察的主导作用才能发挥出来,罪犯教育工作才能取得良好的效果。然而,在现实情况中,罪犯教育改造活动不是罪犯主动要求的,而是强制执行的。刚进入监狱的大多数罪犯既没有进行教育改造的愿望,也缺乏教育改造的动力。因此,监狱人民警察要发挥主导性,必须激发罪犯教育改造的积极性和主动性。在罪犯教育实践活动中,监狱人民警察要善于创设教育情境,选取新颖多样的教育内容,运用问题教学法、发现教学法、活动教学法等多种方法,激发罪犯教育改造的热情和动力。反之,如果监狱人民警察在罪犯教育活动中,依然采用一成不变的教学模式、陈旧的教育内容、“注入式”的教育方法,就会引起罪犯的反感,最终影响活动的效果。

(四)引导罪犯形成自我改造的能力

教育家叶圣陶提出,“凡为教,目的是达到不需教”①。他认为,教师的主导作用,更重在启发和引导,使学生具备自我学习、自我求知的能力。监狱人民警察作为特殊园丁,其主导作用同样也不是代替、主宰罪犯进行教育改造,而是要激发、引导、指导罪犯,使之具备自我教育改造的能力。因此,在罪犯教育实践活动中,监狱人民警察应引导罪犯主动思考,说出、写出学习的心得体会,思考自己的缺陷和不足,鼓励他们进行自我教育改造。但是,需要注意的是,让罪犯自我改造不是让罪犯放任自流。监狱人民警察在罪犯自我改造中,要加强指导和监督,针对罪犯自我改造中存在的问题,给予及时的指导。

第三节　监狱人民警察应具备的素质

监狱人民警察的素质的高低,直接关系到监狱人民警察在罪犯教育中主导作用的发挥,决定了罪犯教育的改造质量。从教育学上来讲,素质是指人在先天生理条件的基础上,通过环境和教育训练获得的内在的、稳定的基本品质。人的素质是一个多层次、多结构的综合体。习近平总书记在全国政法队伍建设工作会议上对于政法队伍的素质提出了具体的要求:“要坚持把思想政治建设摆在第一位,按照政治过硬、业务过硬、责任过硬、纪律过硬、作风过硬的要求,锐意改革创新,加强正

---

① 张天宝:《主体性教育》,教育科学出版社 2001 年版,第 31 页。

规化、专业化、职业化建设,努力建设一支信念坚定、执法为民、敢于担当、清正廉洁的政法队伍。”[①]依据习近平总书记对政法队伍提出的素质要求和罪犯教育工作的实际,可将监狱人民警察素质分为思想道德素质、业务素质、身心素质三个方面。

一、思想道德素质

(一)政治素质

政治素质是人的各种素质的核心,它包含政治方向、政治立场、政治观点、政治纪律、政治觉悟与政治信念等。习近平总书记指出,“思想政治建设是政法队伍的源头活水,是保障政法队伍创造力、凝聚力、战斗力、执行力的法宝。在当前复杂的社会环境下,没有思想政治建设随时导航定位,一些政法干警在思想认识上就会出现偏差,甚至是非不辨、迷失方向,滑向违法犯罪的深渊”[②]。监狱人民警察作为政法队伍中的一员,也应该具备良好的政治素质。

在罪犯教育活动中,监狱人民警察要坚持正确的政治方向、政治立场、政治观点,遵守政治纪律,具有较高的政治觉悟和坚定的政治信念。尤其是要在事关罪犯教育的方针、政策问题上保持立场坚定、是非分明。当前国际形势风云变幻,只有具有敏锐的政治洞察力,才能在斗争中把握全局,自觉维护监狱机关以及监狱人民警察的形象,在罪犯教育工作中坚持正确的方向。

(二)道德素养

1. 爱岗乐业

罪犯思想、行为的改造过程不是一蹴而就的,具有较强的反复性,罪犯暂时的优异表现,不意味着教育的成功。这就需要监狱人民警察具有耐心、恒心,需要其不断对罪犯实施影响,直到罪犯养成良好的行为习惯。如果监狱人民警察不热爱罪犯教育工作,那么他很有可能在艰巨而复杂的罪犯教育工作中失去工作的热情。因此,爱岗乐业是监狱人民警察做好罪犯教育工作的前提。

2. 尊重罪犯

罪犯教育的目标,必须在监狱人民警察和罪犯双方共同努力下才能实现。虽然罪犯对社会造成了危害、存在一定的缺陷,但是其也是具有主观能动性的个体。

---

① 程宏毅、杨丽娜:《学习贯彻习近平总书记重要指示精神 锻造一支过硬政法队伍》,载《法制日报》2016 年 4 月 26 日,第 1 版。

② 程宏毅、杨丽娜:《学习贯彻习近平总书记重要指示精神 锻造一支过硬政法队伍》,载《法制日报》2016 年 4 月 26 日,第 1 版。

如果监狱人民警察总是以管理者、教导者的身份自居,居高临下地对待罪犯,甚至随意践踏他们的人格、尊严,就会引起罪犯的反感,使之对罪犯教育产生抵触,影响罪犯教育的成效。《监狱法》第七条第一款规定:"罪犯的人格不受侮辱,其人身安全、合法财产和辩护、申诉、控告、检举以及其他未被依法剥夺或者限制的权利不受侵犯。"在罪犯教育活动中,只有监狱人民警察尊重罪犯、把罪犯当人看,才能激发其积极性、主动性,从而使罪犯教育活动取得良好的效果。

3. 为人师表

教师的工作具有示范性,其言行会对学生的思想、行为、品德产生潜移默化的影响。教师只有为人师表、以身立教,才能确立自己的威信,取得良好的教育效果。监狱人民警察作为"罪犯灵魂再塑的工程师""特殊园丁",也必须按照教师的道德标准要求自己,事事做罪犯的表率,处处为罪犯做榜样,严于律己、以身作则,才能使罪犯认同其行为、理念。否则,监狱人民警察不仅会丧失威信,甚至会使罪犯对罪犯教育产生怀疑。

4. 秉公执法

罪犯教育活动,既是教育活动,又是执法活动。因此,监狱人民警察不仅应具备教育者的道德素质,也应具备执法者的道德素质。监狱人民警察作为执法者,应树立社会主义法治观念,严格依法办事、秉公执法,做到有法必依、执法必严、违法必究;严格遵守人民警察的廉政规定,坚决拒绝收受罪犯及其家属的馈赠和贿赂,不侵占挪用公款,不利用罪犯干私活。《监狱法》第十三条明确规定,监狱人民警察"应当严格遵守宪法和法律,忠于职守,秉公执法,严守纪律,清正廉洁"。在罪犯教育活动中,监狱人民警察只有具备了良好的执法者的道德素质,才能在罪犯教育过程中明辨是非、秉公执法,让每一个罪犯感受到公平正义。

专栏 8-1 监狱人民警察的禁止行为

监狱的人民警察不得有下列行为:

(一)索要、收受、侵占罪犯及其亲属的财物;

(二)私放罪犯或者玩忽职守造成罪犯脱逃;

(三)刑讯逼供或者体罚、虐待罪犯;

(四)侮辱罪犯的人格;

(五)殴打或者纵容他人殴打罪犯;

(六)为谋取私利,利用罪犯提供劳务;

(七)违反规定,私自为罪犯传递信件或者物品;

(八)非法将监管罪犯的职权交予他人行使;

(九)其他违法行为。

监狱的人民警察有前款所列行为,构成犯罪的,依法追究刑事责任;尚未构成犯罪的,应当予以行政处分。

资料来源:《监狱法》第十四条。

二、业务素质

监狱人民警察的业务素质就是指监狱人民警察从事本职工作所必须具有的知识结构和能力结构。

(一)知识结构

监狱人民警察理想的知识结构应是“金字塔”形的,既要具备广博的文化基础知识,又要具备精深的专业知识;既要有广度,又得有深度。

1. 广博的文化知识

罪犯教育工作是一项复杂的工作,需要监狱人民警察掌握多方面的知识。管理学有助于提高监狱人民警察的教育管理水平;语言学、文学、逻辑学等有助于提高监狱人民警察的表达能力和逻辑性;伦理学有助于其引导罪犯形成正确的世界观、人生观、价值观;社会学有助于其使罪犯形成对社会正确的认知。因此,只有监狱人民警察掌握广博的知识,才能做好罪犯教育工作。而且,随着社会的发展、罪犯文化水平的显著提高,监狱人民警察如果没有广博的知识,就会被罪犯看不起,降低监狱人民警察的威信,削弱罪犯教育的效果。

2. 精深的专业知识

监狱人民警察作为一名教育者、执法者,还应具有教育学、心理学、监狱学等相关方面的专业知识。监狱人民警察只有掌握教育学、心理学尤其是罪犯教育学、罪犯教育改造心理学知识,才能把握罪犯教育规律,了解罪犯心理特点,运用科学的罪犯教育方法取得良好的罪犯教育效果。此外,罪犯教育还涉及刑罚执行、管理等多个方面的业务,所以监狱人民警察还必须懂得法学,尤其是监狱法学、狱政管理学、中国监狱史、外国监狱制度等方面的专业知识。司法部印发的《2003—2005年监狱劳教人民警察队伍建设规划纲要》指出,“监狱、劳教所要努力达到具有大专以上学历的人民警察占人民警察总数的70%以上,法律、教育和监所专业的占40%以上”①。

(二)能力结构

能力以知识为前提和基础,但是掌握了知识不等于就有了能力。习近平总书记指出,要“把能力建设作为一项重要任务,全面提高政法干警职业素养和专业水平”②。因此,监狱人民警察在掌握专业知识的基础上,还需提升职业素养和专业能力。具体来说,其主要体现在以下几个方面:

1. 了解罪犯的能力

了解罪犯是做好罪犯教育工作的第一步。由于每个罪犯的个性特点、成长经历、生活环境、犯罪原因等存在差异,监狱人民警察只有在了解罪犯的基础上才能真正做到因人施教。因此,一个合格的监狱人民警察,要对每个罪犯的个性特征、心理素质、学习能力、身体状况等有整体把握。

2. 表达能力

表达能力可以分为语言表达能力和非语言表达能力。语言是监狱人民警察传递信息、施加教育影响、表达情感的工具。在与罪犯谈话、向罪犯授课和心理咨询过程中,监狱人民警察都需要借助语言来传递信息。因此,监狱人民警察的语言应该清晰、规范、简练,使罪犯清楚明白其思想;应生动、形象、风趣、幽默使罪犯乐于与之交流。同时,监狱人民警察还要善于运用姿态、表情、手势等非言语手段,增强语言的表现力。

3. 组织管理能力

所谓组织管理能力,是指为了实现组织目标,运用各种方法,把各种力量有效地组织、协调起来的能力。监狱人民警察面对的不是单个罪犯,而是一个群体。因此,对罪犯进行教育,首先,要把罪犯组织起来,使其遵守监狱的规章制度、认同监狱的价值理念,形成一个有共同目标的集体。其次,监狱人民警察作为罪犯教育活动的组织者,还须确定活动目标、制订计划、选择合适的方法,使罪犯积极参与到罪犯教育活动中来。这些都需要监狱人民警察有很强的组织管理能力。

三、身心素质

面对封闭的监狱环境、艰巨而复杂的工作任务,监狱人民警察必须具备良好的

---

① 司法部监狱管理局编:《监狱工作手册》(第4辑),法律出版社2003年版,第477页。

② 程宏毅、杨丽娜:《学习贯彻习近平总书记重要指示精神　锻造一支过硬政法队伍》,载《法制日报》2016年4月26日,第1版。

身心素质,才能承受住各种压力圆满地完成罪犯教育工作。

(一)身体素质

身体素质是指人在活动中所表现出来的力量、速度、耐力、灵敏、柔韧等身体状态和功能。身体素质直接反映了人们在日常生活、工作中的承受能力。罪犯教育工作是一项繁重、艰巨的工作。如果监狱人民警察没有强健的体魄、良好的体质,是无法良好地完成繁重的罪犯教育工作的。

(二)心理素质

心理素质是人的整体素质的一个重要组成部分,它是在先天素质的基础上经过后天的环境与教育的影响而形成的,包含认知品质、个性品质、适应能力三个维度。

我国监狱人民警察不仅要承担罪犯教育工作,而且要负责监管、卫生等其他监狱事务,工作相当烦琐、复杂。再加上,目前基层人员不足,监狱人民警察工作时间长,压力大。这些使监狱人民警察极易出现心理问题。在罪犯教育中,那些存在心理问题的监狱人民警察,很难营造轻松、愉快的氛围,常表现为情绪不稳定、烦躁易怒,不仅会极大地影响警囚关系,还会导致罪犯教育效果不佳。实践证明,只有心理健康的监狱人民警察,才能营造良好的警囚关系和教育改造氛围,极大地激发罪犯的改造热情,促进罪犯健康心理的形成,圆满地完成罪犯教育工作。

研究与思考

1. 监狱人民警察的工作任务有哪些?
2. 监狱人民警察的工作特点有哪些?
3. 简述监狱人民警察在罪犯教育改造中的地位。
4. 如何发挥监狱人民警察的主导作用?
5. 监狱人民警察应具备哪些素质?

第九章 思想教育

重点提示

1. 思想教育是监狱对罪犯开展的，以一定的社会思想观念、政治观点、法律道德规范等为内容，将其转化为罪犯个体的思想、政治、法律意识和道德品行的有组织、有计划、系统的教育影响活动。

2. 罪犯思想教育的作用表现为：可以从根本上改变诱发犯罪的主观恶性，有助于端正罪犯接受教育的态度，能够保证罪犯教育工作的顺利开展，为罪犯教育其他工作提供保障。

3. 法制教育的作用包括：是促使罪犯认罪悔罪、接受教育的重要前提；是维护教育秩序的有效措施；是把罪犯转变成为守法守规公民的必要手段。

4. 认罪悔罪教育内容包括承认犯罪事实、分析犯罪原因、认识犯罪危害、正确看待法律裁判。

5. 道德教育的作用体现为：是阻断犯罪的根本手段，是罪犯回归社会、适应社会的重要素质保障，为法制教育提供思想基础。

6. 道德教育的内容包括道德基础知识的教育、集体主义教育、爱国主义教育、中华传统美德教育、社会公德教育。

7. 时事政治教育的作用体现为：为罪犯思想教育提供方向指引，有助于罪犯思想改造成果的巩固，是培养罪犯社会适应能力的重要途径。时事政治教育的主要内容包括思想政治教育、形势教育、时事教育。

罪犯走上犯罪的道路很大程度上取决于其错误的思想意识。因而，对其开展的教育工作就必须从思想这一根源入手，强化对罪犯的思想教育，才能从根本上完成教育任务。《监狱法》第五章第六十二条规定："监狱应当对罪犯进行法制、道德、形势、政策、前途等内容的思想教育。"《监狱教育改造工作规定》第四章第二十五条规定，"罪犯必须接受监狱组织的思想教育。思想教育包括以下内容：(一)认罪悔罪教育;(二)法律常识教育;(三)公民道德教育;(四)劳动常识教育;(五)时事政治教育”。

思想教育是监狱对罪犯开展的,以一定的社会思想观念、政治观点、法律道德规范等为内容,将其转化为罪犯个体的思想、政治、法律意识和道德品行的有组织、有计划、系统的教育影响活动。

第一节　思想教育的地位和作用

一、思想教育的地位

思想教育在罪犯教育工作中居于核心地位,发挥着至关重要的作用。思想教育成功与否、有效与否,直接关系到教育工作的成败,关系到教育目的能否实现。因此,必须将思想教育作为罪犯教育的首要内容贯彻落实。

(一)思想教育是实现教育目的的根本手段

罪犯教育工作的目的是使罪犯成为适应社会、融入社会的守法守规公民。这一目标是对教育效果的一种综合评判,既包括罪犯的生活技能等社会适应层面的能力,也包括法律道德意识等社会认知层面的能力。罪犯任何一方面能力的缺失都可能导致其无法回归社会、适应社会甚至再犯罪,但社会认知层面的能力在这一方面往往起着决定作用。强化主观认知能力的关键在于培养正确的、积极的、健康的思想意识。罪犯是因为形成了错误的、消极的、腐朽的思想意识,才会缺失科学的社会认知能力,对主流思想不认同,进而导致缺乏适应社会的动力,最终导致犯罪。实现罪犯教育目的,最根本、最直接的教育内容当然是思想意识方面的教育。

改造错误的思想意识,也是思想教育的目标。思想教育的目标和教育目的具有一致性,这种一致性也从一个侧面印证了思想教育是实现教育目的的最基本的手段。

(二)思想教育贯穿于罪犯教育过程始终

将罪犯教育成为守法守规公民,实现教育的目的,需要驰而不息、久久为功的教育影响。只有通过长期的、不间断的思想教育,才有可能逐渐去除罪犯业已形成的不良思想意识。因此,思想教育必须贯穿于刑罚执行以及罪犯教育的始终。只有这样,才有可能将正确的思想意识逐步内化为罪犯个体的思想意识,使其思想意识符合社会的要求,使其回归社会成为守法守规公民。这一贯穿始终的影响过程也决定了思想教育的核心地位。

(三)思想教育渗透于罪犯教育全程和方方面面

罪犯教育活动,主要是由思想教育、职业技能培训、文化知识教育等内容构成。在这一教育内容体系中,思想教育无疑居于核心地位。无论是文化知识教育还是职业技能培训,其最终都是为教育其思想服务的,都要把思想教育作为其主导,贯穿在文化和技术教育过程之中进行,以突出思想教育的核心地位。在对罪犯开展罪犯教育的同时,还要着力于其他教育工作。监狱在对罪犯开展教育改造工作的同时,还要开展狱政管理、生产劳动等其他工作,而这些工作的开展,也必须将思想教育贯穿其中,为罪犯的思想教育服务。在狱政管理工作中要坚持寓教于管,管中有教;生产劳动工作中要坚持寓教于劳,劳中有教。这些都体现了思想教育在其他教育工作中的主导作用,反映了思想教育的核心地位。

专栏9-1 山东省德州监狱积极打造"德"文化罪犯教育体系

充分利用山东本地传统文化优势,弘扬儒家文化思想精髓,提炼总结,建立"守法尚德、扬善弃恶、自赎求新、明礼乐学"文化教育罪犯理念,选取具有代表性的十四个品牌字"仁、义、礼、智、信、恭、俭、让、诚、孝、志、和、律、善"赋予每个监区,确立"仁爱弘德、重义尚德、修心重德、汇智育德、恒信厚德、悌爱树德、洁身浴德、静颐养德、志诚明德、孝行惠德、固本立德、励志修德、自省正德、从善建德"为主题思想教育内容,宣扬推崇高尚道德情操,教育罪犯人格品质重塑。

资料来源:中华人民共和国司法部网站。

二、思想教育的作用

(一)思想教育可以从根本上改变诱发犯罪的主观恶性

事物的内部矛盾(即内因)是事物自身运动的源泉和动力,是事物发展的根本原因。外部矛盾(即外因)是事物发展、变化的第二位的原因。内因是变化的根据,外因是变化的条件,外因通过内因而起作用。罪犯犯罪的主客观原因是多方面的,但从根本上说是由于其头脑中形成了消极的思想意识,即犯罪的主观恶性,并在此影响下支配自己行为的结果。对罪犯开展思想教育,就是要将健康的思想政治观念、法律道德规范等灌输到罪犯的头脑中去,从根本上改变其消极的思想意识,并使其变被动教育为主动教育,逐渐形成积极稳固的思想意识,自觉抵制外部犯罪诱因。

(二)思想教育有助于端正罪犯接受教育的态度

罪犯的态度是否端正,直接影响到教育工作的效果。通过思想教育,使罪犯能够认清自身行为的危害,正确认识法律的目的,了解相关的法律规定,培养正确的道德观念和道德评判标准,从而能够端正教育态度,树立正确的教育观念。只有端正了教育态度,罪犯才能自觉主动参加各项教育活动,遵守监规监纪,服从监督管理。而端正罪犯接受教育的态度,必须建立在思想教育的基础上。

(三)思想教育能够保证罪犯教育工作的顺利开展

思想教育是罪犯教育工作的核心,是主导各项教育工作的根本性教育活动。罪犯的思想教育为罪犯的文化教育、技术教育提供理论和原则指导,使各项罪犯教育活动能够始终围绕思想教育这一核心进行。思想教育始终贯穿于各项具体的教育活动过程中,要求在组织罪犯文化教育和职业技术教育的同时,注重将思想教育结合到上述教育内容之中,以思想教育引领罪犯教育的各项内容,保证思想教育在罪犯教育工作中的主导作用。正是思想教育的这种主导作用,端正了罪犯接受改造的态度,才能保证罪犯的文化教育、职业技术教育得以顺利开展。

(四)思想教育为罪犯教育其他工作提供保障

思想教育不仅在罪犯教育中发挥作用,在监狱日常管理工作中,也可以促使罪犯遵守监规监纪,服从管理,自觉维护监管秩序,以思想教育的内容去引导罪犯服从管理,约束自己的行为。在罪犯生产劳动的过程中,思想教育有助于端正罪犯的劳动态度,保证生产劳动的顺利进行。正是因为思想教育在罪犯教育中居于核心地位,发挥着至关重要的作用,因此,我国罪犯教育相关法律法规都对罪犯的思想教育进行了规定,使其成为一项重要的执法活动。

第二节 法制教育

法制教育,是监狱对罪犯开展的,以认罪悔罪教育、法律常识教育为基本内容的思想教育活动。《教育改造罪犯纲要》规定,入监教育"重点是开展法律常识教育和认罪悔罪教育,使罪犯了解在服刑期间享有的权利和应当履行的义务,了解和掌握服刑人员的行为规范。要教育引导罪犯认罪悔罪,明确改造目标,适应服刑生活"。

通过对罪犯开展法制教育,使其了解相应的法律规定,对比自身的行为,挖掘犯罪根源,认清犯罪的危害,从而逐步树立和加强法制观念并能够以此自觉控制和约束自己的行为,矫正恶习,为回归社会成为守法公民奠定基础。

一、法制教育的作用

在对罪犯开展的思想教育中，法制教育具有极为重要的作用。具体而言，其作用体现在以下几个方面：

（一）法制教育是促使罪犯认罪悔罪、接受教育的重要前提

法制教育是开展思想教育的一项基础课。要保证罪犯能够真正地接受教育，就必须使其了解法律常识，增强法制观念，进而认识到自身犯罪行为的危害，对自己所实施的犯罪行为有所悔悟，服从法律判决。要达到这些要求，法制教育是必要保障。通过法制教育，罪犯可以掌握有关犯罪与刑罚的相关内容，了解犯罪行为相对应的法律规定，了解法院判决的认定依据，认清犯罪行为的危害，从内心产生认罪悔罪的思想意识。只有这样，才能使其端正态度，提高思想认识，从内心真正接受教育工作。

（二）法制教育是维护教育秩序的有效措施

罪犯教育工作必须在安全稳定的秩序中展开，这就需要有严明的法规、纪律作为制度保障。而犯群原本就缺乏规则意识，法律观念淡薄，因此，要维护罪犯教育秩序，必须对其进行法制教育。通过法制教育，使罪犯能够了解相应法律法规的内容，了解到遵规守纪、积极接受教育与破坏教育工作秩序、消极应对教育甚至对抗教育的不同法律后果，有利于消除不良动机，营造安全稳定的教育工作秩序。

（三）法制教育是把罪犯转变成为守法守规公民的必要手段

我国罪犯教育工作的目标，是通过各种有效的途径和方法，教育罪犯认罪悔罪，自觉接受教育，增强法律意识和道德素养，掌握一定的文化知识和劳动技能，使其成为适应社会的守法守规公民。法律对人的行为有规范作用，守法即意味着按照法律的要求规范自己的行为，遵守法律的规定。守法的前提是懂法，只有了解相应的法律规范，掌握一定的法律知识，法律才能对人的思想和行为产生规范作用。罪犯之所以犯罪，绝大多数是由于法制意识淡薄，法制观念缺乏。因此，必须对其加强法制教育，使其能够知法懂法，用法律来引导自己的思想，规范自己的行为，正确行使公民的基本权利和履行公民应尽的义务，为成为一个知法、懂法、守法的合格公民打好基础。

二、法制教育的基本内容

法律制度几乎涵盖了人类社会生活的一切领域，其内容涉及方方面面。对罪犯开展法制教育应当根据其实际情况，有针对性地选择一些最基本的内容开展相

关的罪犯教育活动。当前,法制教育主要围绕以下一些基本内容展开:

(一)法律常识教育

《教育改造罪犯纲要》规定,“针对罪犯不懂法、不守法、法律意识淡薄等情况,开展法律常识教育,使罪犯了解基本的法律知识,树立尊重和遵守法律的意识和观念”。同时要求“罪犯刑满释放时,法律常识教育合格率应当达到95%以上”。法律常识教育是开展其他法制内容教育的基础性工作。

1. 法的基本知识教育

法的基本知识教育,主要是向罪犯阐明法的起源、本质、特征、功能和人类社会发展过程中法的历史类型及其各自的特征,特别是我国社会主义法的本质、作用、现行法律部门以及我国社会主义法制的基本要求。通过上述内容的教育,使罪犯对法有比较全面而深刻的了解,为树立法制观念打下基础。

在法的基本知识教育中,要重点突出法的基本特征教育:一是法的阶级性。通过讲解法的产生和历史上各类型法的本质,阐明社会主义法的合理性、正义性和进步性。二是法的强制性。法的实施是由国家强制力予以保障的,法律秩序是由国家机器来维护的,法律一经制定,任何人必须遵守,任何触犯法律的行为都将受到国家专政工具的制裁,这就体现了法的强制性。通过强调法的强制性,可以使罪犯了解法的强制性的具体表现形式以及犯罪行为的法律后果。三是法的权威性。犯罪行为是破坏法律秩序,挑战法律权威的行为,必须要对罪犯进行法律权威性教育,使罪犯了解法律是神圣不可侵犯的,从而产生对法律的敬畏,甚至信仰,从而自觉约束自己的行为。

2. 现行主要法律教育

《教育改造罪犯纲要》规定,“要组织罪犯学习宪法、刑法、刑事诉讼法、监狱法等法律知识,使罪犯掌握基本法律常识,了解公民所享有的权利和应当履行的义务,理解违法犯罪的含义及其法律责任,认识自己的犯罪行为给社会带来的危害,增强他们的法律意识,引导他们自觉守法”。这部分法律常识教育包括:

(1)宪法教育

宪法是国家根本大法,具有最高法律效力,是制定其他法律的依据,是国家机关、社会组织和每个公民的根本行动准则。特别要使罪犯明确,我国《宪法》既规定了全体公民享有民主、自由和人身安全等方面的政治、经济、文化权利,也规定了公民有维护国家统一,必须遵守《宪法》和法律等义务。权利和义务有不可分割的一致性,公民享受权利是履行义务的前提,履行义务是享受权利的基础,所有公民都必须履行义务才能享受权利。使他们认识到,任何只享受权利而不尽义务的结果必然是要失掉其作为公民应享有的某些重要权利。通过宪法学习还要使罪犯弄清自由与纪律、民主与集中、民主与专政、民主与法治的关系，从而认真学好法，自觉以法来支配自己的行为。

(2)刑法和刑事诉讼法教育

罪犯为触犯刑法规范的人。因此，刑法教育是法制教育的重要内容之一。在罪犯的教育活动中，刑法教育可以通过分析犯罪构成诸要素，运用刑罚诸原则，启发罪犯自我剖析，提高对犯罪性质及其对社会危害的认识；通过关于减刑、假释以及有关保障罪犯法定权利的规定，鼓励和调动罪犯改造积极性。在教育过程中，还要紧密结合罪犯犯罪实际和思想认识实际，指导他们正确认识和划清罪与非罪，寻找和清除犯罪根源；指导他们正确认识和划清既遂与未遂的界限，纠正一些罪犯自以为犯罪未达到目的或牟利不多因而产生罪轻罚重的错误认识；指导他们划清适用刑罚和各刑种中不同的界限，并且联系总则和分则中有关的具体规定，具体分析从重、从轻、加重、减轻和免除的条件，纠正某些罪犯自认为量刑不当、量刑不准、刑罚过重的错误认识。

通过刑事诉讼法教育，使罪犯了解对其犯罪行为追究相应责任的法律程序，使罪犯清楚每一个判决和决定，都是在一套严密、系统的法律程序下运行的结果，树立法律的权威性，从而认可并积极主动地接受教育。

(3)其他常用法律法规教育

《教育改造罪犯纲要》规定，要组织罪犯学习《民法典》《劳动法》等法律知识，使罪犯了解与社会生活息息相关的法律知识，懂得利用法律维护合法权益，逐步树立法制观念，在社会生活中形成自觉遵纪守法的意识。

3. 罪犯教育相关法律法规教育

罪犯教育相关法律法规也是法制教育的重要内容之一。通过对《监狱法》《监狱教育改造工作规定》《教育改造罪犯纲要》《监狱服刑人员行为规范》等有关执行刑罚和改造罪犯的法律法规、规章和规范性文件的学习，使罪犯对罪犯教育工作的性质、目的、内容、法律效力以及接受教育期间的权利、义务有一个科学、全面的认识，使罪犯掌握在接受教育期间应当遵守的行为规范并促使其自觉按照规范的要求严格贯彻落实。

(二)认罪悔罪教育

认罪悔罪教育是法制教育的着力点，也是一切教育活动的出发点。罪犯只有在认罪悔罪的基础上，才能够服从管理、接受教育，才能实现教育的目的。认罪是悔罪的前提和基础，悔罪是认罪的进一步深化。2007 年司法部《教育改造罪犯纲要》

规定,“要在法律常识教育的基础上,深入开展对罪犯的认罪悔罪教育。要教育罪犯运用所学法律知识,联系自己犯罪实际,明白什么是犯罪,认清罪与非罪的界限,承认犯罪事实;要指导罪犯正确对待法院判决,正确处理申诉与服刑改造的关系,使罪犯认罪服判”。根据《教育改造罪犯纲要》规定精神,应当从以下几个方面入手:

1. 承认犯罪事实

所谓承认犯罪事实,就是承认有关国家机关依法认定的犯罪事实。实践中,不少罪犯在此问题上认识模糊。有的罪犯把自己的罪行仅仅看成是违法行为,甚至是违纪行为;有的罪犯认为自己所犯的未遂罪行不是犯罪;有的罪犯对罪行承认部分、否认部分,有的罪犯根本否认犯罪事实。要针对每个罪犯的犯罪情况和思想情况,结合刑事法律和行政法规的相关规定讲解清楚,促使罪犯承认有关国家机关认定的犯罪事实,为接受教育奠定基础。

2. 分析犯罪原因

在认罪悔罪的基础上,还要帮助其认识导致犯罪的原因,分析其犯罪的思想根源。在实践中,有些罪犯能够承认犯罪事实,接受有关国家机关作出的判决和决定。然而,在分析导致犯罪原因时,相当多的罪犯会将自己的犯罪原因归结为各种外界因素,认为自己之所以犯罪,并非主观原因,而是受到外部环境的影响,不能从自己主观因素方面正确地分析犯罪原因。罪犯无法认识到自己犯罪的思想根源,是对自己的主观恶性、不良思想缺乏正确的认识,单纯强调客观因素,忽视自身思想这一犯罪的主导因素。如果罪犯不能正确认识犯罪的原因,无疑是不可能预防其再次犯罪的。因此,要使罪犯不再重新犯罪,就必须帮助其正确分析犯罪的原因,使其认识到主观方面的因素才是导致犯罪的决定性因素。只有这样,才可能破除其头脑中的种种错误观念,帮助其认清犯罪的真正原因。

3. 认识犯罪危害

相当数量的罪犯,特别是青少年罪犯,往往对自己的犯罪行为造成的危害认识不足。有的罪犯虽然有些认识,但也只局限于以个人犯罪行为所造成的直接后果或经济损失方面。因此,应运用查找、对比和算细账的办法,从政治上、思想上和经济上,使其认识犯罪给国家、给人民、给家庭、给自己所造成的有形的和无形的危害与后果。例如,有学者提出对罪犯开展“三算、三诉、三呼唤”①,引导罪犯认识犯罪

① 周雨臣教授提出对罪犯开展“三算、三诉、三呼唤”。“三算”是算青春损失账、经济损失账和事业损失账;“三诉”是诉对自己的身心健康影响、诉对家庭、婚姻、子女影响和诉对自己名誉、自尊影响;“三呼唤”是父母子女之间的呼唤,丈夫妻子之间的呼唤,兄弟姐妹之间的呼唤。

行为给自己、家人、社会带来的危害。同时，为了强化罪犯的认识，还可以把各种犯罪危害的事实编成材料，从现实和历史的角度，充分揭示犯罪行为在政治、经济和意识形态各方面所造成的严重危害，揭示犯罪行为对国家和人民的利益、自身和他人所造成的严重危害。只有罪犯感到触目惊心，才能提高认罪悔罪的程度，心悦诚服地接受教育。

4. 正确看待法律裁判

认罪悔罪教育，不仅仅是要求做到“口服”，更重要的是要保证“心服”，要让罪犯从行为认定和刑罚处罚两个方面都有正确认识，真正接受法律裁判。同时，通过法制教育，使罪犯了解到其依法享有的申诉权利，并且切实保障其申诉权利的行使。同时，也应当通过认罪悔罪教育，使罪犯认识到申诉权的行使与接受教育之间并不是矛盾对立关系，其依法提起申诉，并不能停止刑罚的执行，更不是逃避学习与劳动的借口。

同时，要正确对待罪犯的申诉，不能将其行使申诉的权利当成是不认罪悔罪的表现，更不能将不认罪、不服从判决简单地视为抗拒改造。对那些与事实确有出入，可能存在适用法律错误的案件，监狱应当主动与相关部门联系，依法帮助罪犯行使合法权利。这样，不仅能够维护法律的尊严和公正，还能够维护刑罚的权威性与严肃性。

第三节　道 德 教 育

道德教育，是监狱对罪犯开展的道德影响活动。通过道德教育，使罪犯树立正确的道德意识和道德观念，能够运用正确的道德标准对照、调整自己的行为，以适应社会的要求。因此，《教育改造罪犯纲要》明确指出：“开展公民道德教育，使罪犯明确社会主义道德的基本原则和要求，认识正确处理个人、集体、他人的关系在社会生活中的重要意义，提高道德认识水平，培养遵守社会主义道德的自觉性……罪犯刑满释放时，道德常识教育合格率应当达到95%以上。”罪犯的道德教育要把社会主义核心价值观和《公民道德建设实施纲要》教育贯穿始终，强化社会公德、职业道德和家庭美德教育，弘扬民族精神和时代精神，帮助罪犯确立正确的世界观、人生观和价值观，引导他们自觉抵制拜金主义、享乐主义和极端个人主义，提倡文明礼貌、助人为乐、诚实守信、尊老爱幼、艰苦奋斗的社会主义风尚。

道德教育对于促进罪犯转化思想、矫正行为具有重要作用。道德对人的思想具有支配作用,对人的行为具有导向作用。人的内心的道德观念,深深地影响着人的思想和行为。因此,道德教育对于罪犯转化思想、矫正行为具有重要的作用。

一、道德教育的作用

俄罗斯教育家乌申斯基在《人是教育的对象》中指出:“良好的习惯乃是人在神经系统中存放的道德资本,这个资本不断增殖,而人的整个一生中都享受着它们的利息。”对罪犯的教育,即是矫正其恶习,培植其善良品性,积累道德资本,使他们身上的美德不断“增殖”,这便是罪犯教育工作的目标和方向。对罪犯进行公民道德教育,是瓦解其旧道德,树立新道德的重要一课。道德教育对罪犯教育具有特殊作用,其作用具体体现在以下几个方面:

(一)道德教育是阻断犯罪的根本手段

从现实情况来看,多数罪犯的犯罪思想的形成,追本溯源都是由于受到不良道德的影响和毒害,不注意自己的道德修养,而逐步走上犯罪道路的。我们经常用“罪大恶极”从法律和道德两个层面来评价罪犯,就是因为他们的行为,既违反了法律规范,也违反了道德规范。因此,罪犯的教育过程,必然也要有道德观的教育过程。要矫正其犯罪思想,必须从公民道德教育入手,循循善诱地启发他们改过自新、改恶从善,划清是非、善恶、荣辱的界限,把握主观上的犯罪根源,明确方向,看清前途。

(二)道德教育是罪犯回归社会、适应社会的重要素质保障

“道之以政,齐之以刑,民免而无耻;道之以德,齐之以礼,有耻且格。”(《论语·为政》)也就是说,用行政命令、用刑法强制,虽然暂时避免了犯罪,但人仍还不知道犯罪是可耻的,只有用德来加以治理,用礼来约束,才会使人感到犯罪的羞耻,进而达到教化人们去守法的目的。因此,罪犯教育机关要加强对罪犯的公民道德教育,使他们摒弃旧道德的影响,认识到犯罪行为的丑恶性、可耻性,使他们能够“有耻且格”,自觉地遵守法律规范,从而顺利回归社会。

罪犯最终要回归社会成为普通公民。而公民就要受社会道德规范的引导和约束,社会生活中的道德规范包括基本道德规范和社会公德规范、职业道德规范、家庭美德规范等,是公民得以适应社会生活的自身素质保障。只有将道德规范真正的内化于心,外化于行,达到道德认识和道德实践相统一,才能达到稳定适应社会、融入社会的目的。

(三)道德教育为法制教育提供思想基础

道德和法同属于行为规范的范畴,二者有着紧密的联系。道德是法的根源,法

是道德的强制化和制度化表现形式,是底线的道德。法要得到人民的认可甚至信仰,必须要符合社会现有道德文化,与道德的价值指向趋同。可以说,法是道德的权力支柱,道德是法的精神支柱,在社会生活中二者是须臾不可分开的。罪犯的犯罪行为往往与其道德缺失紧密相关。鉴于法与道德的社会本质和服务方向的一致性,从实质上看,凡是违法的行为,通常也是违反道德的行为;凡是违反道德的行为,也是或可能是违反法的要求的行为。就服刑罪犯而言,他们以往违反法律规范的行为,同时也是违反社会道德规范的行为。它们之间这种紧密关系,决定了罪犯的法制教育内容需要与道德教育内容趋同,道德教育为法制教育提供了思想基础。

二、道德教育的内容

道德在本质上和法律一样同属于社会规范的表现形式,都是用来规范社会关系的。社会生活的一切领域,都是在道德规范的调整范围之内,道德所涉及的内容是极为广泛的。根据《新时代公民道德建设实施纲要》《教育改造罪犯纲要》的相关精神,结合道德教育工作的实践经验,对罪犯开展的道德教育,主要从以下几方面入手:

(一)道德基础知识的教育

通过向罪犯讲授道德的产生、发展和变化,使罪犯对道德有个比较全面的了解,明确什么是道德及其本质特征,社会主义道德的本质、特点和作用。让罪犯知道,道德是必须遵守的共同生活准则,是立身、处世和做人的最基本行为规范。从而为教育恶习,树立社会主义道德观念打下基础。

(二)集体主义教育

新时代公民道德建设以为人民服务为核心,以集体主义为原则。多数罪犯有着较强的极端利己主义价值观,因此,对罪犯进行价值观教育的重点是集体主义教育。要让罪犯明确进入中国特色社会主义新时代仍需大力提倡集体主义,要正确处理个人与集体、社会、国家的关系,要下功夫转变头脑中存在的各种与集体主义相悖的价值取向。罪犯之所以走上犯罪道路,往往是只顾自己、不顾别人,甚至把自己的幸福建立在别人的痛苦之上;只愿享受而不愿为社会尽职尽责,甚至为贪图享受而采用犯罪手段攫取不正当利益。因此,要帮助罪犯树立集体主义价值观,使其学会把个人价值和社会价值结合起来考虑、处理问题,在为他人、为集体、为社会、为国家的奉献中实现自身的价值。

(三)爱国主义教育

爱国主义是中华民族的民族心、民族魂,是中华民族最重要的精神财富,是维护民族独立和民族尊严的强大精神动力。在我国,爱国主义历来是一面具有最大号召力的旗帜,是中华民族的优良传统。爱国主义教育是培养受教育者爱国精神的思想教育,是道德教育的重要内容。中共中央、国务院印发的《新时代爱国主义教育实施纲要》指出,"加强爱国主义教育,对于振奋民族精神、凝聚全民族力量,决胜全面建成小康社会,夺取新时代中国特色社会主义伟大胜利,实现中华民族伟大复兴的中国梦,具有重大而深远的意义"。罪犯作为中华人民共和国的公民,作为终将回归社会、融入社会的公民,自然也应当接受这一基本的道德教育。通过爱国主义教育,使罪犯了解我国的悠久历史文化,了解中华民族对世界所作出的不朽贡献,了解社会主义建设的光辉历程和伟大成就,培养其民族自尊心、自豪感,激发其积极改造的热情,强化其接受教育的自觉性。

(四)中华传统美德教育

中华传统美德是中华文化精髓,是道德建设的不竭源泉。中华优秀传统文化蕴含"讲仁爱、重民本、守诚信、崇正义、尚和合、求大同"等思想理念,弘扬"自强不息、敬业乐群、扶正扬善、扶危济困、见义勇为、孝老爱亲"等传统美德,是全体人民精神生活、道德实践的鲜明标识。在罪犯中开展中华传统美德教育,对培养其爱国主义情怀,强化自身道德修养具有重要意义。中华传统美德内容丰富,博大精深,对罪犯所开展的教育,可以从以下几个方面入手:

1. 感恩教育

在中华优秀传统文化中,感恩思想一直占据重要地位。儒家讲求的"忠、孝、节、义"等思想引发出来感恩意识,并以此作为"人性"的根本、秩序的来源和社会的基础。古人有云,"投之以桃,报之以李","滴水之恩,当涌泉相报",其很好地阐述了感恩教育的内涵。感恩是中华民族的传统美德,能够感恩的人,首先是一个能够正确认识自己与他人以及社会之间关系的人,同时,也必定是一个具有责任意识的人。而罪犯恰恰就是不能正确地认识自己与他人以及社会之间的关系的人,是缺乏社会责任感的人。因此,感恩教育具有很强的针对性。培养罪犯的感恩意识,要从对父母感恩做起,做到对父母的养育感恩、对家人的关爱感恩、对师长的培养感恩、对别人的帮助感恩,并以此为基础,唤起罪犯内心的良知,逐步培养其社会责任感,以促进其思想的转变。

2. 诚信教育

诚信实际上是一个人对自己言行负责任的伦理规范。为人讲诚信,是人的基本道德要求,也是中国传统的美德。北宋哲学家周敦颐说:"诚,五常之本,百行之源也。"(《周子全书·通书·诚下》)可见,诚信是做人的首要品德,是为人处世的基础。“童叟无欺”“民无信不立”为中华民族世代口碑相传，诚信是中国传统伦理道德思想的基石，诚信是天地之道，为人之本。而犯罪行为，则在很大程度上破坏了人与人之间的相互信任，毁坏了社会诚信体系。因此，必须对罪犯开展诚信教育。

3. 礼仪教育

礼仪能够充分反映一个人的思想修养和文明水准，在社会生活和社会交往中发挥着重要的作用。礼仪教育不是一般的礼貌教育，而是一种道德修养，健全人格的教育。早在几千年前，孔子就说过：“不学礼，无以立。”礼仪教育对人的行为的影响是巨大的，是社会主义道德建设的重要组成部分和基础。礼仪教育的内容涵盖了社会生活的各个方面。从内容上看，有仪容、举止、表情、服饰、谈吐、待人接物等；从场合上看，有个人生活礼仪、公共场所礼仪等。通过礼仪教育，可以培养罪犯尊重他人、自律的健康思想素质，养成良好的行为习惯。[①]

（五）社会公德教育

《新时代爱国主义教育实施纲要》强调，要把社会公德建设作为着力点之一。社会公德主要包括文明礼貌、助人为乐、爱护公物、保护环境、遵纪守法等。公德是指与国家、组织、集体、民族、社会等有关的道德。社会公德是社会道德体系的社会层面，是维护社会公共生活正常进行的最基本的道德要求。遵守社会公德，是对社会生活中每个人的最基本的道德要求。

社会公德作为调节社会公共生活中所发生的人与人、人与社会、人与企业、人与自然之间的关系的最基本的行为准则总和，其出发点和归宿是维护社会公共利益。维护社会公共利益是全社会成员的需要，社会公德正是为了维护人类社会的共同生存和发展，维护人类社会的公共利益，调整社会和企业、成员之间的关系，调整人们共同生活的内容而逐渐形成的。犯罪行为是反社会的行为，犯罪行为的实施者大多社会公德意识淡漠，为人自私狭隘，缺乏对他人的尊重，行事多从一己私利出发，很少顾及他人。社会公德观念的缺失，在很大程度上会使人的自我约束、自我控制能力下降，漠视社会规则，无视社会秩序，久而久之会形成不良的行为习惯，从而引发犯罪。因此，必须大力加强对罪犯的社会公德教育，使罪犯形成公德意识，学会尊重他人，遵守社会生活所必须遵守的秩序，自觉维护社会共同生活的规范。

---

① 参见贾洛川主编：《罪犯教育学》（第2版），北京大学出版社2016年版，第143页。

第四节 时事政治教育

时事政治教育是以国内外的时事,党的基本理论、基本路线、基本方略为主要内容的思想教育活动。思想教育在罪犯教育活动中具有核心地位,时事政治教育是罪犯思想教育的核心内容。《教育改造罪犯纲要》中提到,要对罪犯进行时事政治教育,深入开展思想政治教育、形势教育、时事教育,“教育引导罪犯充分认识国家经济社会发展、社会和谐稳定的大好形势,消除思想疑虑,增强改造的信心”。

一、时事政治教育的作用

(一)时事政治教育为罪犯思想教育提供方向指引

思想教育是我国罪犯教育工作的最大的特色。思想教育的特色就主要体现在时事政治教育方面。社会大事中蕴含有丰富、深刻的思想内容,以及党的路线、方针、政策具有鲜明的导向性,是广大人民思想和行为的指南。没有了政治引领,思想教育必然偏离正确方向。在罪犯的改造过程中,首要问题是确保改造的方向性,开展时事政治教育是确保改造方向性的重要措施。对罪犯开展的法制教育和道德教育内容,都是中国特色社会主义理论体系中的法治体系和道德体系的内容。对罪犯进行时事政治教育,不仅要让其了解社会时政新闻,更重要的是结合党的路线、方针、政策的宣传,从中领会正确的思想观念和理论内容,可以强化思想教育的政治色彩,突出政治特色,强化政治方向,为思想教育的科学、规范开展提供方向性指引。

(二)时事政治教育有助于罪犯思想改造成果的巩固

任何脱离了社会实际的教育都是空洞的说教,很难取得实效。在对罪犯进行思想教育时,如果不能结合社会的发展,不能结合具体的事例,就无法使罪犯产生共鸣,也就无法使其认同。因此,思想教育必须要和社会实践联系起来,而时事政治教育恰好为罪犯的思想教育提供了众多的素材。同时,时事政治教育能促使罪犯改变对社会漠不关心的态度,关心社会,关心国家发展,培养其社会责任感,巩固思想改造的成果。①

(三)时事政治教育是培养罪犯社会适应能力的重要途径

当前,社会的发展日新月异,罪犯回归社会之后,能否适应社会,成为其是否会

① 参见贾洛川主编:《罪犯教育学》(第2版),北京大学出版社2016年版,第147页。

再次犯罪的关键因素。要努力实现罪犯“软着陆”,可以采用多种举措,而开展时事政治教育,让其了解国内外的时事以及党的基本理论、基本路线、基本方略是十分必要的。传统的罪犯教育模式面临着“行刑悖论”的尴尬处境,将罪犯置于与社会隔离的环境之中,虽然有助于狱内秩序的稳定,能够保证教育工作的进行,但也阻碍了罪犯与社会之间的联系,不利于罪犯适应能力的养成进而回归社会。通过时事政治教育,可以使罪犯经常、及时地了解社会发展形势,掌握社会发展动态,在其回归社会时,就能尽早地适应社会,融入社会生活。

二、时事政治教育的主要内容

(一)思想政治教育

对罪犯开展的思想政治教育必须着力于党的基本理论、基本路线、基本方略的把握。习近平总书记指出,全党同志必须全面贯彻党的基本理论、基本路线、基本方略,更好引领党和人民事业发展。改革开放以来,围绕建设、巩固、坚持和发展中国特色社会主义的主题,我们党相继提出了一系列基本理论、基本路线、基本纲领、基本经验、基本要求和基本方略。从马克思列宁主义、毛泽东思想、邓小平理论、“三个代表”重要思想、科学发展观,到习近平新时代中国特色社会主义思想,全部具有丰富的思想内涵。习近平新时代中国特色社会主义思想形成了一个系统完备、相互贯通的思想体系。党的十九大报告用“八个明确”“十四个坚持”概括了这一思想体系的主要内容。

“八个明确”“十四个坚持”,集中体现了中国共产党从理论自觉到实践自觉的全方位思考。“八个明确”是习近平新时代中国特色社会主义思想最重要最核心的内容,主要从理论层面回答了建设和发展什么样的中国特色社会主义问题。“十四个坚持”作为新时代坚持和发展中国特色社会主义的基本方略,是习近平新时代中国特色社会主义思想的重要内容,主要从实践层面回答了怎样坚持和发展中国特色社会主义问题。①

对罪犯的教育要以思想政治教育为统领,使罪犯了解、把握党的基本理论、基本路线、基本方略的深刻内涵,将个人的发展放到党和国家发展中去,融入时代发展的潮流中去,为回归社会、融入社会做好思想政治上的根本保障。

---

① 中共中央党校(国家行政学院)编 :《习近平新时代中国特色社会主义思想基本问题》,人民出版社、中共中央党校出版社出版 2020 年版,第 16 - 17 页。

专栏9-2　山东省德州监狱积极打造“德”文化罪犯教育体系

山东省德州监狱大胆探索，融合中华优秀传统文化、社会主义先进文化，结合新时代社会主义核心价值观，打造以培养罪犯人性“美德”、人生“理想”、人格“健康”为目标的“德”文化教育体系。其强化罪犯人生“理想”教育的主要措施包括：

(1)开展视频教学活动。组织罪犯观看《中国出了个毛泽东》《辉煌中国》《必由之路》《我们走在大路上》等政治专题纪录片及红色革命影片，激发爱党爱国热情。

(2)开展红色革命歌曲歌咏比赛。每年定期组织开展“歌唱党、歌唱祖国、歌唱新时代”歌咏比赛，表达罪犯对党、对祖国、对新时代的质朴情怀。

(3)开展重要节日主题教育活动。根据司法部要求，结合国家发展形势、党的中心任务，有针对性地开展元旦、国庆节升国旗仪式、清明节缅怀烈士等形式多样的主题教育活动，营造良好改造氛围。

(4)开展“拥抱新时代，唱响主旋律”教育改造活动。早晨，通过广播循环播放《我和我的祖国》等爱国歌曲，作为罪犯的起床号；精选《我爱你中国》等20首爱国歌曲编辑成册统一配发，组织罪犯利用出工、收工、工间操等环节进行歌曲传唱。

(5)开展文艺汇演活动。每年开展育新文化节开幕式、闭幕式文艺节目演出、春节文艺晚会等丰富多彩的文艺汇演活动。

资料来源：中华人民共和国司法部网站。

（二）形势教育

形势教育，是指对罪犯进行的以我国社会发展状况及发展趋势为内容的教育影响活动。开展形势教育的目的是让罪犯了解我国经济建设取得的伟大成就以及在政治、社会、文化方面取得的丰硕成果；了解我国发展历史方位、社会主要矛盾的变化，引导其深刻认识到并准确把握我国的基本国情，帮助其树立正确的历史观、大局观、角色观，适应形势的发展变化。

党的十八大报告对我国所处的时代作了判断，“当前，世情、国情、党情继续发生深刻变化，我们面临的发展机遇和风险挑战前所未有”。当今世界面临百年未有之大变局，中国与世界的关系无疑在发生变化，中国自身也处在历史发展的关键时期。根据邓小平的“三步走”战略以及十五大提出的“两个百年”战略、十六大提出的第一个百年目标，2021年我们实现了第一个百年奋斗目标，在中华大地上全面建成了小康社会。中国的改革进入了深水区，到了要“啃硬骨头”的时期。党和国家机构的全面改革、司法改革、财税体制改革、中央环保督察改革、监察体制改革等举措都在逐步推进，建设雄安新区、粤港澳大湾区等改革举措一一启动。与百姓生活息息相关的放管服、户籍制度改革、放开三孩、推进教育公平、医药改革等举措，也正在推行。我国开始摆脱单纯依靠投资和出口驱动的经济发展模式，提出了“高质量发展”的经济发展理念，给老百姓带来了获得感，大多数中国人的生活水平得到了显著提高。十九大报告制定的是“两步走”，即从 2020 年至 2035 年，在全面建成小康社会的基础上，再奋斗十五年，基本实现社会主义现代化。从 2035 年至 21 世纪中叶，在基本实现现代化的基础上，再奋斗十五年，把我国建成富强民主文明和谐美丽的社会主义现代化强国。

通过形势教育，可以让罪犯深刻地体会到国家发展日新月异的大好形势，强化民族的自豪感和自尊心，认识到国家的发展对其回归社会带来的机遇和挑战，提高对国家教育工作相关政策的认同度，激发其参与教育活动的积极性。

（三）时事教育

时事是近期发生的国内外大事，对罪犯开展的国内外时事教育应以国内时事教育为主，主要结合国内近期发生的重大事件进行。在改革开放日益扩大、信息化程度加速提高的今天，每一件大事的发生，都会很快对社会生活产生多方面的不同程度的影响。狱内在押的罪犯虽然处在一个相对隔离的环境之中，但他们对生活的追求与对时事的关心紧密联系在一起。那种对外部形势漠不关心、封闭改造的模式对当前罪犯的改造显然是不适宜的。相反，一旦他们有了关心和了解时事的主观愿望，一旦他们获得了针对性和时效性较强的时事教育，他们的改造态度和对生活的追求也往往表现出极大的主动性和积极性。监狱可以通过报纸、广播、电视以及网络等各种形式，让罪犯了解时事，掌握外面世界的发展动态，为思想教育创造积极条件，为罪犯顺利融入社会打下坚实的基础。

研究与思考

1. 为什么对罪犯开展法制教育？
2. 为什么对罪犯开展道德教育？
3. 为什么对罪犯开展时事政治教育？

第十章　文化知识教育

重点提示

1. 文化知识教育，是指监狱通过一定的教学组织形式，向罪犯传授文化知识、提高罪犯文化水平的教育活动。文化知识教育在《监狱法》中有明确规定。

2. 文化知识教育有助于开展罪犯思想教育、职业技术教育，有助于提高罪犯精神文明水平。

3. 文化知识教育的组织工作主要包括：分类编班、课程设置、内容选择、学籍管理、考核与奖惩等。

4. 文化知识教育包括备课、上课、课外作业的布置和批改、课外辅导、学业成绩评价等基本环节。

5. 文化知识教育的方法包括课堂教学的方法和课外文化活动的方法。

所谓文化知识教育，是指监狱通过一定的教学组织形式，向罪犯传授文化知识、提高罪犯文化水平的教育活动。《监狱法》第五章第六十三条规定："监狱应当根据不同情况，对罪犯进行扫盲教育、初等教育和初级中等教育，经考试合格的，由教育部门发给相应的学业证书。"

第一节　文化知识教育的意义

一、文化知识教育是开展思想教育的重要条件

教育改造罪犯的关键是针对性的思想教育，但它是以一定的文化知识水平为基础的。罪犯没有文化，就很难进行思想教育。因为对罪犯进行思想教育的时候，除了组织他们上课听讲之外，还要求他们阅读一些必要的文件、材料和参考书籍，并要求他们经常地写出学习心得和思想汇报等书面材料，而所有这一切都需要一

定的文化基础。

但从我国监狱押犯的实际情况来看,大多数罪犯文化水平较低。据调查,70% 的罪犯的文化水平在初中以下,其中不少是文盲和半文盲。由于文化水平低,他们难以理解消化思想教育的内容,更难以阅读有关思想教育的材料,要求他们撰写心得体会和思想汇报更是难上加难。罪犯低下的文化知识水平,给思想教育带来很大困难。

由此可见,文化知识是进行思想教育的一个重要条件。文化知识教育,可以使他们逐步摆脱愚昧无知状态,使绝大多数罪犯的文化程度有一个大的提高,知识面有一个大的扩展,增强接受能力、自学能力和认识能力,为进行思想教育创造条件,为接受思想改造打下基础。

同时,罪犯在接受文化知识教育的过程中,对党的政策的理解、社会主义制度的优越性的了解,会有深刻的体验,从而消除对立情绪、疑惧心理,增强改造的自觉性。对罪犯的文化知识教育,还会得到社会舆论的好评和罪犯亲属的称赞,这种社会舆论和亲属的支持,将会对罪犯在心理上和情绪上产生良好的影响,从而起到促进改造的作用。

文化知识教育本身也具有转化罪犯思想的作用。从文化知识教育的实施过程看,文化知识在通过监狱人民警察传授给罪犯的过程中,教学活动本身也具有转化罪犯思想的作用。因为,在教学过程中,监狱人民警察在向罪犯传授文化知识时,总是把一定的符合社会要求的思想、观点和道德精神融入其中,共同影响着罪犯,使他们在接受文化知识和提高文化水平的同时,也受到先进意识、观点和道德的教育,从而使他们的思想发生良性转化。

二、文化知识教育是进行职业技术教育的基础

罪犯犯罪的原因是多种多样的,缺乏应有的一技之长,是犯罪的重要原因之一。因此,《监狱法》第六十四条规定:"监狱应当根据监狱生产和罪犯释放后就业的需要,对罪犯进行职业技术教育,经考核合格的,由劳动部门发给相应的技术等级证书。"对罪犯进行职业技术教育,是将罪犯改造成为掌握一技之长的自食其力的新型劳动者的有效措施。

然而,人的技能的形成是以知识的掌握为前提的,文化水平的高低直接影响着对知识的理解和领会程度。职业技能的培养和形成,是以人的文化知识为基础的。没有相应的文化知识,就不可能很好地掌握相应的职业技术。文化知识的教育活动是客观事物对主体的影响和内化过程,而职业技术水平则是主体内在知识的外化,也就是知识的物化。没有前者,自然也不会有后者。所以,要使罪犯习得有用的

技能,文化知识便是其不可缺少的必修课程。很难想象,一个文化水平很低的人,在技术上会有很快的发展,他的技能和技巧会有突出的成就。因此,对罪犯进行职业技术教育,必须以文化知识教育为基础,只有当他们具备了相应的文化知识,才能学习一定的职业技能。

文化知识是学习职业技能的基础,只有让罪犯掌握了这一基础工具,才能阅读技术书刊、看懂图纸、计算数据、熟悉操作规程、了解机器构造原理和原材料的性能等。为了使罪犯懂得所从事工种的理论知识和尽可能熟练地掌握职业技能,必须有计划、有组织地对罪犯进行职业技术教育,而知识的掌握第一步是理解,文化知识与技能的培养和形成具有内在的必然联系,忽视了文化知识教育,职业技术教育则无法实施。只有首先组织罪犯学习文化知识,尽快提高他们的文化水平,才能顺利地开展职业技术教育。而且,现代科学技术和社会生产力的发展对劳动者的从业条件的要求越来越高,要求劳动者所掌握的理论和实际本领越来越多,罪犯不仅在监狱参加劳动需要技术,释放回归社会后参加经济建设更离不开职业技术,但没有文化是难以学到一技之长的。这就要求监狱必须面向社会,从罪犯刑满释放回归社会后的谋生就业着想,认真抓好文化知识教育。只有在提高了他们文化素质基础上进行职业技术教育,才能把他们造就成为适应社会的守法公民。

三、文化知识教育是提高罪犯精神文明水平的必要途径

文明作为一个精神范畴,主要是指人们的文化与思想两个方面的优良水平,一般包括教育、科学、文化、艺术以及理想、信念、道德、权利与义务观念、纪律与劳动观念等。文明总是离不开一定成分的文化。文化是人类在社会历史发展过程中所创造的物质财富和精神财富的总和,人们正是从这个文化知识的信息流中,汲取精神营养,认识历史和现实,发展自己改造主观和客观世界的能力,不断提高自己的精神文明水平。文化知识与人的精神文明有着极为密切的关系。

从当前我国在押罪犯的基本情况来看,他们的文化知识水平普遍偏低。在押犯大多数文化知识水平偏低,不能不说这是他们走上犯罪的,或者说造成不文明行为的重要动因。首先,由于缺乏文化知识,造成他们认识水平低下,鉴别能力差,思维不发达,不能掌握判断是非的正确标准;其次,由于缺乏文化知识,造成他们精神空虚,消极的影响便乘虚而入,使之价值取向逆向社会;最后,由于缺乏文化知识,造成他们的无知,由无知而愚昧,由愚昧而野蛮,愚昧和野蛮恰恰与文明是对立的东西。由此,我们不能不说罪犯的犯罪,或者说不文明行为,与他们缺乏文化知识是存在一定的因果关系的。

既然缺乏文化知识是罪犯走上犯罪道路的一大原因,那么,要改造罪犯,就不

能不在这个方面着手。通过文化知识教育，改变他们的知识结构和思想道德观念，提高他们分辨是非的认识能力，培养他们自觉抵制各种错误思潮和剥削阶级腐朽思想观念，帮助他们确立科学的健康的文明生活方式。因此，实施文化知识教育是提高罪犯精神文明水平的必要途径。

第二节　文化知识教育的组织

对罪犯进行的文化知识教育，已被列入国民教育计划之中，必须按照国家教育行政部门的规定，认真做好罪犯文化知识教育工作。从监狱的实际情况出发，主要应做好以下几项工作。

一、编班、课程设置及内容选择

（一）分类编班

《监狱教育改造工作规定》要求："监狱组织的文化教育，应当根据罪犯不同的文化程度，分别开展扫盲、小学、初中文化教育，有条件的可以开展高中（中专）教育。鼓励罪犯自学，参加电大、函大、高等教育自学考试等，并为他们参加学习和考试提供必要的条件。尚未完成国家规定的九年制义务教育，年龄不满45周岁，能够坚持正常学习的罪犯，应当接受义务教育；已完成义务教育或者年龄在45周岁以上的罪犯，鼓励其参加其他文化学习。"

2007年司法部《教育改造罪犯纲要》规定："对罪犯的文化教育，以扫盲和小学教育为重点，文盲罪犯应当在入监两年内脱盲，脱盲比例达到应脱盲人数的95%以上。罪犯刑满释放时，小学文化程度以上的应当逐步达到应入学人数的90%以上。"

对罪犯进行文化知识教育，监狱应首先根据这些规定的要求，认真做好分类编班工作。一般可分为扫盲班、小学班、初中班、提高班。有条件的单位可以举办高中班。现在监狱罪犯中还有一部分文化水平较高的高中毕业生，应鼓励其参加社会上的成人大专函授学习或参加大专自学考试，并给予一定的方便。

1. 扫盲班。扫盲班主要进行读写算教育，吸收罪犯中缺乏读写算能力的文盲、半文盲参加，要求两年内脱盲。有条件的监狱可进行计算机文化基础教育，扫除信息文盲。

2. 小学班。小学班主要吸收有一定文化基础的罪犯和扫盲班结业的罪犯参加。要求两年达到小学毕业程度。

3. 初中班。初中班主要吸收初入监且具有小学毕业文化程度或原为初中生但并不具备相应水平的罪犯,以及在监内经过小学班学习结业的罪犯参加学习。学制三年。政治和法律常识教材最好由省监狱管理局教育处统一组织编写,其他教材可参考初级中学教材。

4. 高中(中专)班与高等教育。有条件的监狱根据实际情况,开办高中教育,并鼓励罪犯参加社会上开办的函授大学、业余大学、电视大学等。

编班要从罪犯的实际出发,需要什么班,就设什么班。为了文化教育的顺利开展和便于管理,罪犯文化教育编班最好以分监区(或监区)为单位进行。

(二)课程设置

根据各个班级文化基础层次的不同,各班课程设置及要求也不相同。

1. 扫盲班课程设置及教学要求

扫盲班主要开设识字课、算术课、常识课,主要学习认字以及简单的算术和常识,有条件的监狱可开设计算机文化基础课。识字课本可由省监狱管理局统一编写,算术和常识课本可采用一般小学三年级以上课本。要求参加扫盲班学习的罪犯必须学会两千个以上常用汉字,达到会读、会用、会写一般性的简单书信、文章,可以阅读报刊,学会整数和小学四则运算。

2. 小学班课程设置及教学要求

小学班主要开设语文、数学、计算机文化基础、品德与生活、自然等课程。品德与生活课教材,最好由省监狱管理局教育处统一组织编写,其他教材可参照小学五、六年级教材。通过语文课的学习,要求罪犯达到能阅读通俗书刊,能正确、熟练地书写汉字,能写简单的记叙文和简单的应用文。通过数学课的学习,要求罪犯能正确、熟练地运用简单几何图形的周长、面积、体积的计算公式;掌握百分比、比例的要领以及比例运算的基本知识和基本技能。

3. 初中班课程设置及教学要求

初中班主要开设语文、数学、计算机文化基础、历史与社会、科学等课程,有条件的监狱可开设外语。语文是学习和从事劳动生产的基础,语文课的教学质量,直接影响罪犯其他学科的学习。通过语文课的学习,要培养罪犯能准确、鲜明、生动、正确地运用语言文字,具有现代文的阅读、写作能力和阅读浅显的文言文的能力;作文要求文理通顺,结构合理,能正确使用标点符号,字写得端正,不写错别字。数学课是罪犯学习现代科学技术,参加社会主义现代化建设的重要基础学科,也是学习其他课程的工具学科。通过数学课教学,要提高罪犯的数学知识水平,发展其逻辑思维和正确理解基本概念,掌握并熟练运用定理、公式进行证明推理、运算和分析问题、解决问题的能力。科学课是使罪犯比较系统地学习现代科学技术基础知识，要使他们了解物理、化学、生物等科学知识及实际应用，培养他们的科学观念、实验技能，使其能具有科学态度和科学方法。

4. 高中（中专）班与高等教育课程设置及教学要求

高中（中专）班可按照普通高中有关课程设置进行教学，但政治、法律课教材最好由省监狱管理局教育处统一组织编写。成人自学函授班，应根据专业需要，配备监内辅导教师，确定专人做好教学管理工作，积极为他们订购教材、参考书籍，按时到当地有关部门办理报考手续，积极为他们创造良好的学习条件。

对不同层次和不同年级的课程，均采用班级授课制的教学形式，由任课教师按固定的时间分学科进行教学。同时，还要特别注意处理好学习和劳动的关系，不得随意挤占学习时间。农业单位可根据季节适当调整，但总课时不得少于教学计划规定。监内文化课的设置，既要考虑罪犯原有文化基础和接受能力，以及罪犯学习受刑期和劳动影响等因素，又不能违背教学规律。无论何种类型班级的课程设置，均应呈报地方教育行政部门，严格履行审批手续。

（三）文化知识教育内容的选择

文化的内容是极其广泛、丰富的。然而，罪犯学习的时间有限，罪犯的年龄大小不等，文化基础有优劣，刑期有长短。而且，罪犯文化知识教育从内容到体系都不同于普通的全日制教育。因此，就必须对教育的内容加以选择，以适应罪犯的学习要求和需要。在选择教育内容时应遵循以下要求：

一是教材内容要适合罪犯的实际情况。罪犯同社会上同龄人，在思想、性格、文化程度等方面有很大的差异。在学习时间上，除了他们的刑期限制外，也远比普通学校的学生少。这就要求文化教育的内容不仅要精选，而且要适合他们各方面的实际情况。

二是要选择罪犯急需的知识。由于文化知识教育为改造服务，又由于罪犯的学习时间、文化基础等限制，因而，在选择文化知识教育内容时，就必须做到选那些罪犯改造最为急需的知识。

三是文化知识教育内容的选择，既要注意体现该学科的基本结构，又要注意它的逻辑性和系统性。任何一门知识，都有它自身的基本规律和内在的逻辑体系。如果违背了它自身的规律，破坏了它内在的联系，知识将变得破碎、零乱。这不仅会给学习带来困难，也会极大地影响它的实用价值。①

---

① 参见王雪峰等：《罪犯教育理论专题研究》，法律出版社2014年版，第77页。

二、学籍管理

(一)入学注册

根据罪犯的文化程度进行分类编班后,要建立学籍管理档案,对每个参加学习的罪犯的基本情况进行详细登记,并认真做好入学教育工作,保证入学率。每学期开学时,要求罪犯在规定日期内办理注册手续。每学期末都要对罪犯的学习情况作出鉴定,存入档案。

(二)成绩考试考查与升留级

按学期进行学科成绩考试考查,以学年成绩决定升留级。

罪犯的学业成绩可分为平时成绩(课堂提问和课外作业等)和闭卷考试成绩(学期考试、学年考试等)两部分,分别占一定的比例。对学科成绩进行闭卷测试时,需要注意:一是要按教育部门要求拟定试题,不得随意降低标准;二是要采用密封卷的办法,严防试卷泄密事故发生;三是要抓好考前的全面复习,不许划定重点;四是要严肃考场纪律,以流水作业办法批阅试卷。

对学期结束课程中的成绩(平时成绩与闭卷考试成绩之和)不及格者,可在下一学期的前两周内进行补考。凡属跨学期进行的课程,两次成绩考查均不及格,按两门不及格处理。每学年学完教学计划规定的课程,经考试成绩合格者,准予升级。经学期和学年补考,仍有两门以上(含两门)不及格者,予以留级。

(三)毕业考试与发证

罪犯接受文化教育,在学习完成教学计划规定的课程后,经考试合格的,发给教育部门统一印制的毕业证书。对成绩不合格者,可补考一次。经补考,仍有两门以上(含两门)不及格者,发给结业证书,并准许其在一年内申请补考,及格者,补发毕业证书。

凡组织不同层次学历的罪犯参加毕业考试,必须在当地教育部门的指导下进行,既可以采用同等学历社会学校结业测试卷,也可以由省监狱管理局教育处统一拟定试卷,并经教育部门认可。

三、考核与奖惩

为加强教学管理,调动罪犯的学习积极性,促进思想改造,应根据罪犯在学习中的不同表现,认真做好奖励和处分工作。对学习态度端正、学业成绩优良、遵守课堂纪律的罪犯,可及时予以表扬,按学期表彰单科成绩优秀者,以学年评选优秀学员。对违反学习纪律,特别是无故旷课和在课堂上无理取闹以及在考试中作弊的罪犯,应视情节给予通报批评、警告、记过等处分。

奖励和处分罪犯，要坚持实事求是和集体研究的原则，做到准确无误，并严格履行审批手续。有关材料应及时归入档案，并作为全面改造考核的依据。

第三节 文化知识教育的基本环节

监狱是“特殊学校”，监狱民警是“特殊园丁”，如同学校的教师一样，监狱民警为了有效开展文化知识教育也要了解教学活动的基本知识。其中，认识教学工作的基本环节是重要内容之一。文化知识教育主要通过教学方式开展，课堂教学的基本步骤有备课、上课、课外作业的布置和批改、课外辅导、学业成绩评价等基本环节。

一、备课

备课是上课前的准备工作，是讲好课的前提和保证。备课的内容包括钻研教材、了解对象、设计教法。只有把教材理解透彻，对罪犯的情况了解清楚，选择好教学的方法，安排好教学的步骤，才能保证教学任务的完成，并收到很好的教学效果。在上课之前，先要制订出学科授课计划和单元教学计划，规定总要求，划分课题，分配课时数，明确重点和难点等，然后按课文写出教案。备课要认真，力求自己先弄懂。编写教案必须认真、充分地考虑罪犯的实际情况，在内容和方法上要做到不断更新。一个完整的教案应包括授课班级、学科名称和课题、授课时间、课时、教学目的、课的类型、教学方法、教具、教学步骤、板书设计、课堂小结和课后练习题等项目。

专栏 10－1：课时计划（教案）

<table>
<tr><td>班级</td><td></td><td>科目</td><td></td><td>教师</td><td></td><td>日期</td><td></td></tr>
<tr><td colspan="2" rowspan="3">教材分析</td><td colspan="2">重点</td><td colspan="4" rowspan="3"></td></tr>
<tr><td colspan="2">难点</td></tr>
<tr><td colspan="2">关键</td></tr>
<tr><td colspan="4">教学目的</td><td colspan="4"></td></tr>
<tr><td colspan="4">教法</td><td colspan="4"></td></tr>
<tr><td colspan="4">教具</td><td colspan="4"></td></tr>
<tr><td colspan="4">教学过程</td><td colspan="4"></td></tr>
<tr><td colspan="4">教学后记</td><td colspan="4"></td></tr>
</table>

资料来源：王道俊、郭文安主编：《教育学》（第 7 版），人民教育出版社 2016 年版，第 235－236 页。

二、上课

上课是整个教学工作的中心环节。要上好一堂课,达到讲课认真、目的明确、内容正确、方法恰当、逻辑严密、形象生动的要求,必须做到:一是明确每堂课的目的和任务,精心选择和组织教学内容,正确贯彻教学原则,灵活运用教学方法,严密组织教学过程;二是讲授内容要准确、透彻、清楚,通俗易懂;三是讲究语言艺术,教态自然,举止端庄,精神饱满;四是板书(或PPT)美观,布局合理,内容简明,重点突出;五是联系实际,讲练结合,因材施教,耐心启发;六是教学环节完整,内容适中,时间安排合理;七是要善于洞察罪犯的心理活动,巧妙运用语言和非语言手段引起罪犯的学习注意,以收到良好的课堂教学效果;八是要注重运用综合活动课、研究性学习等教学方式,培养创新意识,提高教学效果。

专栏10-2:一堂好课的标准

教学目的明确
教学内容正确
教学方法选择恰当,运用自如
教学进程设计巧妙,安排周密
教学基本功扎实全面
课堂气氛活跃
教学效果好

资料来源:王家云、张启树主编:《现代教育学基础》,安徽大学出版社2004年版,第159-163页。

三、课外作业的布置和批改

作业的布置和批改是教师教学工作的重要组成部分,是上课的继续。它有助于巩固和消化课上所学知识,并通过练习形成技能,有助于培养罪犯按时完成学习任务的责任心和克服困难的意志品质。课外作业作为教学反馈的形式之一,能使教师和罪犯了解教与学的情况,从而调节教与学的进程和方法。课外作业也是罪犯自主探究、合作学习的活动过程,是培养罪犯良好学习习惯、提高罪犯自主学习能力的重要途径。因此,教师要重视课外作业的布置与批改。作业的布置一定要有针对性和实效性,教师对手头的资料一定要精挑细选,根据罪犯的情况和授课要求，合理设计作业内容，切忌不分重点、不分主次地整篇地布置，作业分量要适当，难易要适度，形式要多样，以激发罪犯学习的积极性。

四、课外辅导

课外辅导是照顾个别差异，因材施教，提高教学质量的途径之一。课外辅导的目的是进一步帮助罪犯学好功课，以达到课堂教学预期的要求，并为以后的学习做准备。辅导可采取个别辅导和小组辅导两种方式。辅导的主要内容有：给缺课和基础差的罪犯补课；对罪犯进行学习目的、学习态度和学习方法的指导；对成绩优异的罪犯进行拓宽知识的学习指导等。

五、学业成绩评价

学业成绩评价是教学工作的重要反馈环节。通过学业成绩评价，教师可以了解教学效果，发现教学中的问题，总结教学经验，改进教学工作，提高教学质量。罪犯能从中获得学习结果的反馈信息，进而及时调整自己的学习。在对罪犯的学业成绩评价中，采用的评价方法，既有量化方法，也有质性方法，这要视评价的目的、内容而定。同时，在这两种方法下，又可以根据教学活动的进程与要求适当采用诊断性评价、形成性评价和总结性评价。还可根据评价的价值标准与目的，灵活使用绝对评价与相对评价。①

第四节　文化知识教育的方法

教学方法是教师和罪犯在教学过程中为了完成教学任务，实现教学目标所采用的一系列教与学相互作用的具体方式和手段的总称。它既包括教师教的方式和手段，也包括罪犯在教师指导下学习的方式和手段。教学方法是教学过程的重要组成部分，它直接影响教学工作的成败、教学效率的高低和教学目标的完成。教学方法可以分为课堂教学方法和课外文化活动方法。

一、课堂教学的方法

古今中外的教学方法多种多样，对罪犯的文化知识教育的方法也有很多，除了

① 参见贾玉霞、姬建锋主编：《教育学》（第3版），陕西人民出版社2017年版，第275－285页。

罪犯教育活动所具有的一些特殊方法外,教育学介绍的一些教学方法也都是罪犯文化知识教育经常采用的基本方法。教师应当根据教学任务、教学内容、罪犯特点等,科学地加以选择。根据一般观点,教学方法可以分为五类。

(一)以语言媒介为主的教学方法

这类方法是指教师运用口头语言向罪犯传授知识、技能,以及使罪犯独立阅读书面语言为主的教学方法。这类方法主要有讲授法、谈话法、讨论法和读书指导法等。

1. 讲授法

讲授法是教师通过简明、生动的口头语言向罪犯系统地传授知识,发展罪犯智力的方法。讲授法一直是教学史上最主要的教学方法。在实际的教学过程中,讲授法又可以表现为讲述、讲解、讲读、讲演等不同的形式。这几种形式都是教学中经常使用的。教师采用这些方式,要保证讲授内容的科学性,要注意启发罪犯学习的积极性,要富有激情并注意语言的艺术,使教师的主导作用与罪犯的自觉性、积极性紧密结合起来。

2. 谈话法

谈话法又称问答法,是教师和罪犯以口头语言问答的方式进行教学的一种方法。谈话法的形式,从实现教学任务来说,有引导性的谈话、传授新知识的谈话、复习巩固知识的谈话和总结性谈话。无论哪种形式的谈话,都要设计不同类型的问题,开展不同形式的谈话活动,调动罪犯的积极性。这是发挥谈话法作用的关键所在。

运用谈话法时,要充分做好准备工作,要把谈话主题的内容深度与罪犯的实际水平结合起来;要灵活掌握谈话技巧,充分考虑可能出现的问题;要面向全体罪犯并具有思考余地;对问题的提出要简明扼要,忌模棱两可及暗示性;要启发罪犯思考,并做好谈话总结等。

3. 讨论法

讨论法是在教师指导下,罪犯以全班或小组为单位围绕教材的中心问题各抒己见,通过辩论活动,获得知识、巩固知识的一种教学方法。

运用讨论法,首先要确定有价值的讨论题目,同时教师要提出讨论的具体要求,指导罪犯收集材料,认真准备讨论意见,拟定发言提纲;讨论时,要充分启发每个罪犯独立思考,鼓励他们各抒己见,并就问题实质的分歧进行辩论,培养罪犯实事求是的精神和创造性地解决问题的能力;讨论结束后,教师要及时总结,并指出需进一步思考和研究的问题。

4. 读书指导法

读书指导法，是教师指导罪犯通过阅读教科书和课外读物获得知识，养成良好读书习惯，培养自学能力的教学方法。

读书指导法的特点是既强调罪犯的“读”，又强调教师的指导。因此，在运用读书指导法时，教师要指导罪犯有目的、有计划地读书；启发罪犯联系已有知识、经验，研究解决实际问题，防止读书过程中理论与实际的脱节；教会罪犯使用工具书；帮助罪犯掌握阅读方法；通过多种方式和途径（如课堂讲授、朗读、组织读书报告会、讨论会、讲演会等）指导罪犯阅读。

（二）以直接感知为主的教学方法

以直接感知为主的教学方法，是指教师通过对实物或直观教具的演示和组织教学性参观等，使罪犯利用各种感官直接感知客观事物或现象而获得知识的方法。以直接感知为主的教学方法主要包括演示法和参观法。

1. 演示法

演示法是在课堂上通过展示各种实物、直观教具，或进行示范性实验，让罪犯通过观察获得感性认识的教学方法。演示法是一种辅助性教学方法，通常和讲授法、谈话法等结合使用。按照演示使用的工具，演示可以分为：实物、标本、模型、图片的演示；图表、示意图、地图的演示；实验演示；幻灯、视频等的演示。演示按教学的要求可分为三类：一是对单个事物和现象的演示；二是对事物或现象发生发展过程的演示；三是进行有关事物或现象的演示实验。

运用演示法时，要有明确的演示目的和演示对象；教师要根据教材内容做好演示教具等演示准备，演示时要使全体罪犯都能观察到演示活动，并尽可能使罪犯运用多种感官去感知，以形成正确的概念和表象；配合讲解，引导罪犯全神贯注于演示对象的主要特征和重要方面；演示后教师要指导罪犯把观察到的现象同书本知识联系起来，及时根据观察结果作出结论。

2. 参观法

参观法是教师根据教学任务的要求，组织罪犯到劳动现场、自然界或者其他社会场所，通过对实际事物和现象的观察和研究而获得知识的方法。参观是以自然、社会作为活教材，打破课堂和教科书的束缚，使教学与实际生活、生产密切联系起来，扩大学习者视野，能使学习者在接触社会中受到教育。

运用参观法时，教师要实事求是地根据教学要求和现实条件，确定参观的目的、时间、对象、重点和地点，并做好充分准备；参观时，教师要提出具体要求，组织并指导罪犯参观；参观后要及时进行总结，引导罪犯把所获得的感性认识上升为理性认识。

(三)以实际训练为主的教学方法

以实际训练为主的教学方法,是通过练习、实验、实习等实践活动,使罪犯巩固和完善知识、技能、技巧的方法。在教学过程中,以实际训练为主的方法包括练习法、实验法和实习作业法。

1. 练习法

练习法是罪犯在教师指导下,巩固知识和形成技能、技巧的教学方法。练习法能使罪犯牢固掌握知识,形成技能、技巧。

运用练习法的基本要求是:要使罪犯明确练习的目的;使罪犯掌握正确的练习方法;使罪犯知道每次练习的效果,培养他们自我检查的能力和习惯;要有计划、有步骤地练习;要保证练习的质量;练习的方式要多样化。①

2. 实验法

实验法是在教师指导下,利用一定的仪器设备,在一定条件下引起某些事物或现象的发生和变化,使罪犯在观察、研究和独立操作中获得知识,形成技能、技巧的方法。

运用实验法时,教师要做好计划准备工作,如编制出本学期的实验计划,将罪犯分组,准备与检查实验用品等;要加强实验过程的指导,明确实验题目和任务,规定实验操作程序,做好实验检查与总结等。

3. 实习作业法

实习作业法是教师根据教学大纲的要求,组织罪犯在一定的场地运用已有知识进行实际操作的实践活动,以获得一定的知识和技能、技巧的方法。实习作业法与实验法、练习法相比,其实践性、综合性、独立性、创造性更强。但这一方法受条件制约的局限性较大。

运用实习作业法,教师要充分做好实习前的准备,包括制订好实习作业计划,选好地点,准备好仪器设备等;在实习进行中,要加强指导,帮助实习有困难的罪犯;实习后,教师要指导罪犯写出实习报告,评定实习成绩,并为每个罪犯作出公正、客观的评语。

(四)以自主体验为主的教学方法

以自主体验为主的教学方法,是指教师在教学中创设一定的情境,或利用一定教材内容和艺术形式,使罪犯通过自主体验客观事物的真善美,陶冶他们的性情,

---

① 参见臧福太主编:《教育改造学》,吉林人民出版社 1987 年版,第 163 - 165 页。

培养他们正确的态度、兴趣、理想和审美能力的方法。以自主体验为主的教学方法，主要包括欣赏法。

欣赏法寓教学内容于各种具体、生动形象、有趣的活动之中，唤起罪犯想象，以加深他们对事物的认识和情感上的体验。欣赏法一般包括对艺术美和自然美的欣赏、对道德行为的欣赏和对理智的欣赏。

(五)以引导探究为主的教学方法

以引导探究为主的教学方法，是指教师组织和引导罪犯通过独立的探究和研究活动而获得知识的方法。以引导探究为主的教学方法主要是发现法。

发现法，又称探索法、研究法，是指罪犯学习概念和原理时，教师只是给他们一些事例和问题，让他们自己通过问读、观察、实验、思考、讨论、听讲等途径去独立探究，自行发现并掌握相应的原理和结论的一种方法。发现法的基本过程是：(1)创设问题情景，向学习者提出要解决或研究的课题；(2)学习者利用有关材料，对提出的问题作出各种可能的假设和答案；(3)从理论上或实践上检验假设，学习者中如有不同观点，可以展开争辩；(4)对结论作出补充、修改和总结。

运用发现法，教师要依据教材的特点和罪犯的实际，确定探究、发现的课题和过程；要努力创设一个有利于罪犯进行探究、发现的良好情景；严密组织教学，积极引导罪犯的发现活动，避免罪犯的发现活动成为一种自发的、随心所欲的活动。[①]

教学方法林林总总，很难逐一列举。教学方法的分类也有不同标准，见仁见智。就我国来说，广大教育教学工作者在不同理念指引下，不断进行改革和实验，探索总结了很多值得推广的教学方法。总的趋势上，世界各国教学方法改革都比较重视互动方式的多边性、学习情境的合作性、价值取向的个体性、目标达成的全面性以及选择使用的综合性。[②] 随着成果导向教育(OBE)理念的兴起，罪犯文化知识教育也要适应形势，突出“学生中心、产出导向、持续改进”，不断提升教育教学效果。

二、课外文化活动的方法

(一)罪犯课外文化活动的内涵与意义

课外活动是“学校在各科教学大纲范围以外，对学生进行的多种多样的教育活动。它是班级教学的必要补充，是全面发展教育的重要组成部分”[③]。依据这一解

---

① 参见贾玉霞、姬建锋主编：《教育学》(第3版)，陕西人民出版社2017年版，第249－254页。

② 参见王坦、高艳：《现代教学方法改革走势新探》，载《教育研究》1996年第8期。

③ 中国大百科全书总编辑委员会《教育》编辑委员会、中国大百科全书出版社编辑部编：《中国大百科全书》(教育卷)，中国大百科全书出版社1985年版，第210页。

释,我们可以将罪犯课外文化活动界定为:监狱在教学大纲范围以外,对罪犯进行的多种多样的文化教育活动。

课外文化活动是正式课堂教学的必要补充,是实现罪犯教育目的的重要途径,也是罪犯教育的重要组成部分。组织罪犯开展课外活动,不仅可以丰富他们的精神生活,使其求知精神在富有教育意义的活动中得以焕发,而且可以扩大他们的知识范围,为进一步再学习创造有利条件。

(二)罪犯课外文化活动的形式与特点

根据分类依据的不同,罪犯课外文化活动可以分为不同的类型:(1)按照课外文化活动的组织主体,罪犯课外文化活动包括监狱或监区组织的课外文化活动和监狱与监外机构联合组织的课外文化活动;(2)按照参加监狱课外文化活动的主体人数,罪犯课外文化活动呈现群众性活动、小组活动、个人活动等不同形式;(3)按照课外文化活动的内容,罪犯课外文化活动可以分为思想政治与道德素养类课外文化活动、文化艺术类课外文化活动、志愿服务类课外文化活动等类型。

与正式课堂教育方法相比,罪犯课外文化活动具有以下特点:(1)自主性。罪犯是课外文化活动的主体,监狱人民警察在活动中起辅助作用。(2)灵活性。课外文化活动项目众多,内容丰富多彩;形式活泼,讲求实效;活动人数可多可少,时间可长可短,方式可以集中也可以分散。(3)开放性。与正式课堂教学相比,课外文化活动不受教学计划和活动空间限制。凡是符合罪犯教育要求、有利于罪犯改造的活动,均可纳入课外文化活动的范畴。(4)趣味性。课外文化活动一般不像课堂教学那样要求人人参加,它要求罪犯根据自己的兴趣、爱好自愿选择,罪犯的兴趣在课外文化活动中可以得到最大的实现。(5)综合性。课外文化活动是以罪犯为中心进行组织的,它提供的场景是综合的,它能为罪犯提供同时运用多种知识、展示多种才能的机会。

(三)组织罪犯课外文化活动的基本要求

1. 加强对罪犯课外文化活动的组织领导

罪犯课外文化活动虽然是罪犯自愿参加的活动,但自愿不等于放任自流,民警要加强罪犯课外文化活动的组织与领导:要将罪犯课外文化活动列入整体工作计划,做好组织筹划工作;配备指导民警,加强对罪犯课外文化活动的指导;为开展罪犯课外文化活动提供必要的人力、物力、财力,购置必要的设备;做好与其他部门的协调工作,为罪犯课外文化活动的开展提供必要条件;充分利用有利资源,包括社会上的物质资源及人力资源。

2. 增强罪犯课外文化活动的吸引力

罪犯课外文化活动与课堂教学不同,它主要以活动的形式进行教育,因此罪犯只有参加了活动才能受到教育。罪犯参与活动是以自愿原则进行的,如果活动没有吸引力,其教育作用将会失效。这就要求课外活动的选择、设计与组织要考虑罪犯的年龄特点与需要。因此,课外活动应具有科学性、趣味性,形式要多样,内容要丰富,这样才能吸引罪犯参加。

3. 发挥罪犯在课外文化活动中的主体作用

罪犯课外文化活动的主体是罪犯。他们根据自己的兴趣与需要自由选择参加活动,根据自己的理解与意愿独立自主地进行活动。因此,能否发挥好罪犯的主体作用,是罪犯课外文化活动能否取得实效的关键。发挥罪犯在课外文化活动中的主体作用,除了所设计的活动能引发罪犯兴趣外,最主要的是要让他们参加活动的设计、实施、管理与评价的全过程。通过运用知识、深化知识来提高技能、增长才干,使罪犯真正成为活动的主人。①

研究与思考

1. 什么是文化知识教育?它有什么意义?
2. 如何组织罪犯文化知识教育?
3. 文化知识教育有哪些环节?
4. 文化知识教育主要包括哪些方法?

① 参见贾玉霞、姬建锋主编:《教育学》(第3版),陕西人民出版社2017年版,第404-411页。

第十一章 职业技术教育

重点提示

1. 罪犯职业技术教育，是指监狱机关根据罪犯在狱内劳动的岗位技能要求和刑满释放后就业的需要，对罪犯进行的岗位技术培训和职业技能教育活动。

2. 罪犯职业技术教育的意义在于：顺应行刑社会化的趋势，有利于向社会输送合格的劳动者；体现对罪犯人文关怀的要求，有利于增强改造的信心；满足罪犯的需要，有利于调动罪犯自我改造积极性；适应监狱生产要求，有利于推动监狱生产发展。

3. 罪犯职业技术教育的内容包括：满足狱内劳动需要的岗位技术培训、满足罪犯刑满释放后就业需要的职业技能教育、职业基础知识和技能教育、择业观和职业观教育。

4. 罪犯职业技术教育要做到立足于罪犯改造，着眼于罪犯社会回归，服务于监狱生产，坚持理论与实践相结合，坚持统一要求与因材施教相结合。

5. 罪犯的职业技术训练是由早期的狱内犯人劳动制度发展而来的。随着社会的发展和人类文明的进步，罪犯职业技术教育取得了很大发展，未来罪犯职业技术教育的发展将会走社会化发展道路。

《监狱法》第六十四条规定："监狱应当根据监狱生产和罪犯释放后就业的需要，对罪犯进行职业技术教育，经考核合格的，由劳动部门发给相应的技术等级证书。"对罪犯进行职业技术教育，是罪犯教育的一项法定内容，也是改造罪犯的重要手段。

第一节 职业技术教育的意义

罪犯职业技术教育，是指监狱机关根据罪犯在狱内劳动的岗位技能要求和刑满释放后就业的需要，对罪犯进行的岗位技术培训和职业技能教育活动。罪犯职业技术教育是罪犯教育的重要组成部分，具有重要的意义。

一、顺应行刑社会化的趋势，有利于向社会输送合格的劳动者

行刑社会化是指在刑罚的执行过程中，监狱机关与社会组织积极合作，加强罪犯与社会的联系，促进罪犯掌握一定的生活技能，塑造罪犯健全的社会人格，最终促成罪犯良好地复归社会。行刑社会化是衡量一个国家先进和文明程度的重要标志，是当今世界行刑制度发展的趋势。[①]

行刑社会化包括两方面内容：行刑过程的社会化和行刑目的的社会化。行刑过程的社会化，指的是在行刑过程中社会力量的参与；行刑目的的社会化是指行刑目的是促进罪犯掌握一定的生活技能，塑造罪犯健全的社会人格，最终促成罪犯良好地复归社会。对罪犯进行职业技术教育，主要是从行刑目的社会化层面来谈的。行刑的目的不能仅仅停留在罪犯个体人格的完善上，即便是人格完善了也不一定就能融入社会。只有通过职业技术教育，使罪犯掌握专业知识和实用技能，形成劳动技能，才能使罪犯在社会上找到合适的定位和生活方式，融入社会生活，适应社会生活，成为自食其力的守法公民。

二、体现对罪犯人文关怀的要求，有利于增强改造的信心

一方面，随着刑罚中人道主义思想的复兴，刑罚出现了人道化的趋势。刑罚人道化强调对罪犯作为人的本体意义的尊重，体现了对罪犯的终极人文关怀。在这种思想的导引之下，在刑罚执行过程中，人们关注的不是对犯罪人犯罪行为的惩罚报应，而是更多地关注受刑人在以后社会生活中的生存状况。另一方面，监狱作为相对封闭的特殊环境，必然存在与社会文化相异的监狱文化，而生活于监狱文化之中的罪犯必然自觉不自觉地进入这一文化的学习和内化过程。因此，罪犯监狱化是难以避免的。罪犯监狱化的过程也就是罪犯监狱人格形成过程。监狱人格的一个重要标志就是社会生存能力的萎缩，社会生存能力的萎缩就包括生活技能的缺乏。人的本质属性就是社会性，造成这种脱离社会的结果也就是对人性的摧残。对罪犯进行职业技术教育，让罪犯掌握生产知识和实用技术，形成劳动技能，从而避免罪犯监狱化和监狱人格的形成，防止罪犯社会生存能力的萎缩，形成较强的社会生存能力，改善生存际遇。对罪犯的职业技术教育，体现的是对罪犯的深层次的人

---

① 参见王秉中主编：《罪犯教育学》，群众出版社 2003 年版，第 148 页。

文关怀。

职业技术教育能让罪犯深刻体会到,党和国家对他们确实不是单纯地惩罚,更不是抛弃,而是要把他们改造成为自食其力的守法公民和社会主义现代化建设的有用之材。是为他们刑满释放后的前途着想,使他们从内心深处感受到党的监狱工作方针的英明伟大和改造人的诚意,[①]从而放弃对前途悲观失望的心理,重拾重新做人的信心。同时,罪犯在学到一职业技能之后,也看到了自己的价值,看到了希望,从而增强了重新做人的信心。

三、满足罪犯的需要,有利于调动罪犯自我改造积极性

对罪犯而言,受到刑罚处罚的事实让他们明白,不劳而获的生存之道必要遭到法律的否定,自食其力才是唯一出路。年轻罪犯担忧因无一技之长,在刑满后无就业谋生之本,难以在社会上立足,更难成家立业;年岁大的罪犯担忧刑满后,就业无望,生活无人管,老无所养。因此,绝大多数罪犯都迫切需要掌握一种或几种生产技能作为谋生手段,来满足生存和发展的需要。调查研究结果显示,罪犯最渴望的是学习职业技能,职业技术教育成为罪犯最愿意接受的教育内容。

需要是人的思维活动和行为活动的基本动力,人们正是在不断地追求需要的活动中,推动和促进其身心发展的。由此可知,欲要达到改造罪犯的预期目的,必须要调动罪犯自我改造的积极性,而这种积极性的发挥,首要的关键又在于满足他们的需要。学习职业技能是罪犯最强烈的需要,因此,通过对罪犯进行职业技术教育,使他们掌握一定的生产技能,提高他们的社会生存能力,满足他们生存和发展的需要,并进而激发他们自我的改造动机,有利于调动他们自我改造积极性。

第二节　职业技术教育的内容与形式

一、罪犯职业技术教育的内容

《监狱教育改造工作规定》提出:“监狱应当根据罪犯在狱内劳动的岗位技能要求和刑满释放后就业的需要,组织罪犯开展岗位技术培训和职业技能教育。年龄不满50周岁,没有一技之长,能够坚持正常学习的罪犯,应当参加技术教育;有一技之长的,可以按照监狱的安排,选择学习其他技能。”可见,罪犯技术教育的内容主

① 参见王明迪主编:《罪犯教育概论》,法律出版社2001年版,第93页。

要包括两个方面:满足狱内劳动需要的岗位技术培训和满足罪犯刑满释放后就业需要的职业技能教育。当然,要做好罪犯技术教育,除了做好以上两方面外,还需要对罪犯进行必要的职业基础知识和技能教育,以及择业观和职业观教育。

(一)职业基础知识和技能教育

实施职业技术教育,一个重要的方面就是要使罪犯掌握职业的基本知识和技能。职业基础知识和技能教育是职业技术教育顺利开展的必不可少的前提条件,是罪犯进一步掌握专业技术和专业技能的保证,是职业技术教育的基础工作。罪犯在学习专业知识和专业技术之前只有打好必要的基础,掌握现代职业的基本知识和技能,才能为他们掌握适应社会发展所需要的专业技术,做好充分的准备。

依据《司法部、国家教委、劳动部关于进一步加强对罪犯的文化职业教育和技能培训的通知》(司发通〔1995〕122 号),罪犯职业技术教育属于岗位培训和从业前培训,主要进行职业基础知识教育和基本技能的教育。根据监狱的实际情况,目前全国监狱的职业基础知识教育的内容主要包括:动力工业方面的基本知识,一般的机械构造和工作原理,化学工业生产的原理和方法,电子技术的基本知识及其应用,农业生产的基本知识和农业现代化的知识等。基本技能的教育主要包括:使用手工劳动工具的技能,使用普通量具、仪器的技能,使用普通电工工具的技能,对原材料或半成品或机器零件进行加工、装配的基本技能,识图、制图的基本技能,现代农业生产的基本技能,等等。

(二)适应监狱生产的岗位技术培训

监狱生产是经济任务的需要,是教育改造的需要,也是职业技术教育的需要。监狱生产是罪犯职业技术教育的第二课堂,也是很好的实习工厂,罪犯可以将学到的基础知识和技能运用到实际操作中,完成技术操作的训练和熟悉过程,并在实际生产劳动中得以巩固和提高。

监狱开展的职业技术教育与社会上的职业技术教育有所不同。社会上的职业技术教育主要是使受教育者掌握一门社会所需的专门知识和技术,为社会培养合格的专门人才。监狱的岗位技术培训,则首先要根据罪犯思想改造的需要和监狱生产的需要安排教育内容。因此,应根据我国科学技术和生产发展实际情况,根据监狱生产的现有情况以及罪犯的实际情况和岗位技术培训的内容要求,来确定罪犯岗位技术培训的内容。实施岗位技术培训,一个重要方面,就是应注意教育的内容与罪犯在服刑期间所从事的工种紧密结合。鉴于监狱工种复杂繁多以及工业单位和农业单位的不同特点,应从实际出发,确定适应监狱生产需要的技术教育内容的重点。

(三)适应刑满就业需要的职业技能教育

刑释人员能否妥善安置就业,是影响重新犯罪率高低的重要因素之一。随着就业政策和劳动制度的改革,当前,刑释人员回归社会后,已由原来主要依靠政府安置就业转变为通过劳动力市场双向选择或自谋出路的就业方式。刑释人员由于缺乏职业技能,相当一部分人处于就业难的境地。因此,在结合监内生产开展岗位技术培训的同时,应抓好适应刑满就业需要的职业技能教育。

职业技能教育内容的选择应做到:首先,要从罪犯刑满后回城镇或回农村的具体需要出发,实施与他们所处生活环境相适应的职业技能培训;其次,要根据城乡经济发展和个人就业的需要,选择社会迫切需要的短线或缺门专业,进行职业培训。

(四)择业观和职业观教育

随着市场经济和新兴高科技的发展,传统学科体系及行业界限逐渐被打破,劳动者工作流动与职业更换频率加快。与此相适应,监狱机关要充分认识社会经济发展形势与劳动力市场变化形势,改革职业教育与技术教育的内容,在使罪犯掌握一种上岗就业所需要的专业技能的同时,加强对他们的职业思想教育。

1. 择业观教育

所谓择业观,是指人们对选择职业问题的根本看法和所持的态度。树立正确的择业观是现代每个人遇到的新问题。对于罪犯来说,更是一个需要面对的亟待解决的问题,因此,择业观教育显得尤其重要。

择业观教育需要监狱人民警察帮助罪犯解决两方面的问题:一是了解经济社会发展现状国情。我国社会正处在改革时期,这给罪犯刑满释放后的就业问题带来很大的困难。但也要看到社会上新兴的产业不断兴起,也为他们就业提供了机遇。因此,对罪犯教育时,要启发他们抓住时机,创造条件,增强信心,这是择业观教育的重要任务。二是了解自己。从个人的实际情况出发,根据自己的学识、专业技术、能力和素质等实际情况来选择职业。不能好高骛远,想入非非,脱离自己的实际条件择业。不能怕苦、怕累、怕丢人而有业不就。也不能看不起自己,觉得自己什么都做不成,没有信心,自暴自弃。因此,在择业问题上,要鼓励罪犯树立自强自立精神,不断提高自身的素质,依靠自己的努力重新创业,创造美好的未来。

2. 职业观教育

职业观教育,应包括职业的职能教育和职业的转化两方面的教育。

职业的职能包括职业的社会职能和个体职能。职业的社会职能,是指在人类社会的任何国家、任何社会里事事都要有人做，无论是生产劳动、管理、生活服务、政府高级官员还是勤杂工，都承担着一定的社会职能，都在为社会尽着义务，社会缺少哪一部分都将不成为完整的社会。职业的个体职能，是指就业不仅意味着一个人在社会中取得了社会承认的身份，能够履行社会的职能，而且也意味着取得了生活来源的主要谋生手段。对罪犯的职业观教育，应该让其充分认识职业对于社会以及个人的职能作用，摆正人同职业之间的关系。

专栏 11－1　职业观

人们的职业观因人而异，同时受时代的极大影响，并随着年龄的增长，其职业观也在不断地发生变化。如果说人的职业观就是这样发展确立起来的，那么诱导、促进、帮助人们形成正确的职业观，就是职业教育义不容辞的重要任务。

资料来源：[日]宫地诚哉、[日]仓内史郎编：《职业教育》，河北大学日本研究所、河北大学教育研究室译，天津人民出版社 1981 年版，第 9－10 页。

职业转化教育，是指教育罪犯认识到，面对社会劳动力市场的变化，要树立新的职业观，要从过去的“干一行、爱一行、专一行”的思想，向“干一行、爱两行、学多行”的职业思想转变。要认识到现在社会已经进入了科学技术日新月异的时代，不能指望一次性的职业选择或职业定向，就能受用终生。随着生产结构的调整和高新技术引进，新的产业出现和旧的产业被淘汰情况将长期存在，下岗和上岗会伴随人们工作生涯的始终。这就要求罪犯有学习知识和培养劳动技能的紧迫感，建立一个不断演进的智力体系，获取新知识，具有适应社会变革的能力。鼓励他们依靠自己，立足于自谋职业，克服依靠国家和依靠别人的等靠思想。这方面的教育可以帮助他们转化就业观点，正确对待社会与自身职业之间的关系。

二、罪犯职业技术教育的形式

由于监狱生产和社会需要的多样性，对监狱生产需要的岗位技能培训和罪犯刑满就业需要的职业技能教育，要采取多种形式和方法进行。

（一）岗前培训

岗前培训，主要是对新入监的罪犯经过入监教育之后、在分配到劳动岗位之前，所进行的短期技术培训。培训时间一般在两个月左右，技术难度较大的，其时间可适度延长。

通过岗前培训，使罪犯掌握一般的生产基本知识，懂得生产工艺操作规程和安全生产常识，学会使用有关工具设备的维修与保养。这种“先培训，后上岗”的培训,要形成制度,并逐步做到“定向培训,定向分配”。

(二)在岗培训

这种培训是利用正常的职业技术教育时间对罪犯进行初、中级等级技术教育。参加这类技术培训的对象,一般应具有初中以上文化程度。方法以业余学习为主,实行课堂教学与岗位练习相结合。

初级等级技术培训,时间一般可以安排二年,参加学习的罪犯余刑一般在五年左右。通过学习,一般应达到二、三级工水平。

中级等级技术培训,时间一般可以安排三年,参加学习的罪犯余刑一般应在七年以上。通过学习,一般应达到四级至六级工水平,使其成为所从事工种的技术骨干。

以上两种等级技术培训,都要按照各行业、各工种颁布的“应知”“应会”标准开设课程,选择教材,制定教学大纲,安排教学计划,落实授课时间,保证教学质量。

(三)以师带徒

以师带徒是一种传统的传授技术的方法。它是一对一直接传授给徒弟生产技术的一种方法,具有时间短、见效快的优点。

监狱里的“以师带徒”活动一般以生产车间为单位,在监狱人民警察的组织下进行。一般师傅需具备四级工以上的技术水平,徒弟需选择余刑在三年以上,积极改造,有培养前途的年轻罪犯。师徒关系确定后,由师徒共同制订学习计划,确定出徒时间,签订师徒合同。签订合同时,必须有师傅、徒弟、干警三方在场,各方签字方能生效。生效的合同在执行期间由干警进行监督。合同届满,由监狱统一组织考核,经考核合格的徒工,单独操作一个月,完成一定的工时,质量合乎要求,方能出徒。为了调动师傅带徒的积极性,监狱对带出合格徒弟的师傅应给予适当的奖励,以促进“以师带徒”活动的开展。

(四)脱产培训

有条件的监狱,可以选派一部分年纪轻、刑期长、改造表现好、有高中以上文化程度并有一定技术基础的罪犯,进行脱产重点培训,为监狱培养六级以上操作技工和从事工艺、工装、设计等方面的技术人才,使监狱生产的技术力量逐步形成以中级技术为主,初、中、高级技工搭配合理的技术等级结构。

(五)就业培训

就业培训主要是对服刑期间没有学到一技之长和虽然学到一技之长但其所学的技术社会适应性较差,刑期满后不好就业的罪犯,在刑满释放前,对其进行当前社会需要的实用性短期职业技能培训,为刑释人员回归社会后就业谋生创造条件。

这种职业技术培训，一般由监狱组织，也可以与社会上的职业学校、职业技能培训中心等单位联合办班。①

第三节　职业技术教育的要求

2007年司法部《教育改造罪犯纲要》规定，“对罪犯的岗位技术培训，要按照岗位要求进行‘应知’、‘应会’培训和必需的安全教育培训；对罪犯的职业技能教育应当按照劳动和社会保障部门的标准进行”。《教育改造罪犯纲要》同时规定，“罪犯刑满释放前，取得职业技能证书的应当逐步达到应参加培训人数的90%以上”。

一、立足于罪犯改造

改造罪犯，是罪犯教育的目的和根本任务。对罪犯进行职业技术教育，绝非只是为了让他们掌握一定的知识和技能，更重要的是要使他们思想上、道德上的种种不良品质得以矫正。因此，在罪犯职业技术教育中，绝不能把职业技术教育与罪犯的改造割裂开来，应将改造罪犯放在首位，将转化思想、矫正恶习渗透于职业技术教育的各个环节。通过教育，涤除罪犯好逸恶劳、不劳而获的思想，养成良好的劳动习惯，树立依靠自己的双手自食其力的意识。

专栏11－2　职业教育与人格培养

人的职业生活，并不只是物质生产的经济活动，而且它还包括极其丰富的精神生活。职业教育的奋斗目标就应以人的整个职业生活为内容，促进人的成长。它不是单纯的知识与技术的教育，而且要重视人格的培养。这才称得起是以人为主的职业教育。

资料来源：[日]宫地诚哉、[日]仓内史郎编：《职业教育》，河北大学日本研究所、河北大学教育研究室译，天津人民出版社1981年版，第11页。

贯彻这一要求，首先，要注意端正罪犯的学习动机。设法从罪犯思想深处激发正确的学习愿望，变“要我学”为“我要学”。要促使罪犯把学技术纳入思想改造的轨道，把学技术作为思想改造高峰的一个重要阶梯来攀登，把学技术的过程作为矫正思想恶习的过程。其次，要充分挖掘职业技术教育过程包含的“思政”元素。通

① 参见王秉中主编：《罪犯教育学》，群众出版社2003年版，第156－158页。

过学习和实际操作,培养他们的集体主义观念和互相协作精神,刻苦钻研技术和勇于创新的良好品质。

二、着眼于罪犯社会回归

1987 年,《全国政法工作座谈会纪要》提出了“三个延伸”思想。对罪犯进行职业技术教育时,着眼于他们的未来,使之获得刑满释放后就业谋生的手段,得以立足于社会,减少重新违法犯罪,就是教育改造工作的向后延伸。罪犯重新违法犯罪的一个重要原因,是就业和生活问题解决不了。调查表明,凡是安置工作落实较好的地区,罪犯重新违法犯罪率就低,反之就高。因此,对罪犯进行职业技术教育,必须着眼于他们的未来,考虑到他们刑满释放后的就业谋生。

贯彻这一要求,对罪犯的职业技术教育,就不能满足于“干什么学什么”的简单技术教育,而要从有利于罪犯刑满释放后就业安置出发,选择实用性强和适应性强的职业培训项目,使他们掌握一技之长。有条件的监狱,还应积极与地方劳动就业和职业技术教育部门联系,取得他们的支持和认可,解决考核、发证等问题。这样,罪犯回归社会后,就比较容易解决就业问题,也能够自谋生路,从而有稳定的经济收入和安定的生活环境,这对于巩固改造成果,避免重新违法犯罪,是非常有利的。

三、服务于监狱生产

这一要求是指对罪犯进行职业技术教育,不能脱离监狱生产的需要。监狱生产搞得好坏,生产效率的高低,并非只是单纯影响监狱的经济收入,也直接影响罪犯从事劳动的兴趣,以致影响改造质量。职业技术教育服务于监狱生产,要求我们以监狱生产为基础,搞好罪犯的职业技术教育。

贯彻这一要求,就要考虑监狱生产的需要,使罪犯把所学的内容同从事的生产劳动项目结合起来,及时地运用于生产实践中去,这样会使教学更加直观化,学的就是所干的,干的就是所学的,让罪犯从直观的实践中掌握一技之长,有利于提高职业技术教育效果。当然,贯彻这一要求时,还要同改造罪犯的需要和罪犯社会回归的需要结合起来。

四、坚持理论与实践相结合

理论与实践相结合,就是指在罪犯职业技术教育过程中,要善于把抽象概括的理论教育与实际操作、训练结合起来,使罪犯从理论与实践的结合中去掌握知识和技能,并运用掌握的知识去分析、解决各种生产实际问题,达到学懂会用。这一要求的基本精神就是感性和理性、讲和练、学和用的统一。

贯彻这一要求，首先，要重视理论知识的学习。随着生产工艺要求的提高，对技术理论的掌握越来越显示出其重要性。不管学习什么生产技能，只有懂得原理，才能更好地发挥其效能。因此，在职业技术教育计划中规定的各种学科的理论知识，都必须让罪犯认真、系统地加以掌握。其次，理论教学要紧扣生产实践。要根据生产实践的要求选编教材，根据生产实践的新发展补充教材，重视用来自生产实践的生动事例说明理论概念，时时注意让罪犯明确所学的理论知识与解决实际问题的关系，使罪犯学到活的有用的知识。最后，要培养将理论知识运用于生产实践的能力。在熟悉和掌握理论知识的基础上，应注重引导罪犯分析情况，解决问题，实际操作。通过参加多种实践活动，巩固、加深所学的理论，并进一步发展认识能力，提高生产技能，学到实际本领。

五、坚持统一要求与因材施教相结合

在罪犯职业技术教育过程中，既要面向全体罪犯，坚持社会对技术人才技能水平的统一要求，又要从罪犯的实际情况出发，承认个别差异，切实做到因材施教。这样才能既大面积地造就合格的技术人才，同时又能使每个罪犯在统一要求下有各自不同的发展。

要坚持统一要求。对所制订的教学计划、教育大纲、选编的教科书，每个教员都应严肃对待，认真贯彻执行。在教学过程中教学的要求，教学的难度、进度的确定，要从大多数罪犯的水平出发，防止出现要求偏高或偏低的倾向。

注意照顾罪犯的不同起点，实行区别对待。在集体教学中，强调按统一计划教学并不是要“一刀切”。在统一要求的基础上，还应根据不同类型罪犯的不同起点，因材施教。例如，对原有一定技术特长的罪犯，可以对他们提出较高的要求，从而促使他们迅速成为生产中的技术骨干；而对基础差、能力弱的，多作辅导，给以具体帮助，使其加速前进步伐。只有这样，才能使罪犯从不同的起点向前迈进，得到更好的发展。

第四节　职业技术教育的发展及趋势

一、西方国家罪犯职业技术教育的发展

罪犯的职业技术训练是由早期的狱内犯人劳动制度发展而来的。

在资本主义制度建立初期,受报应刑思想的影响,监狱强迫罪犯劳动主要体现为惩罚,而不是为创造物质财富。例如,强迫罪犯进行只具有惩罚性的踩转轮盘、转动曲柄等非生产性劳动。这种情况下,当然谈不上对罪犯的职业技术培训。

后来,受功利主义哲学和近代教育刑论的影响,资产阶级逐步开始把犯人劳动作为创造价值、改造犯人和使之学会劳动、掌握职业技能的手段来使用,因此对罪犯的职业技术培训也逐步受到重视,成为现代资本主义国家监狱教育的一个重要组成部分。

近年来,随着资本主义经济的衰退,大批工人失业,给出狱人员的就业带来很大压力,一些资本主义国家也在寻求新的职业训练方法。这些国家除了设立专门机关负责安排和指导罪犯的职业训练外,还注重运用先进的科学技术为罪犯的职业训练服务。在美国,监狱当局已开始利用电子计算机搜集、储存、分析、整理医务工作、建筑工业、机械工业、服务行业及农业的有关情况,并根据计算机提供的信息,按照各行业对从业人员的需要、职业特点、技术水平、行业发展趋势来编制训练计划,选择适当的职业技术对罪犯进行训练。一些监狱还直接和社会企业建立联系,由社会企业派员对罪犯进行技术培训。其中,诸如职业训练的组织、高科技在罪犯职业训练中的运用等科学、合理的成分,值得我们很好地学习、借鉴。①

二、我国罪犯职业技术教育的发展

我国监狱一向重视对罪犯的职业技术教育。1981 年 12 月,由中共中央办公厅、国务院办公厅转发的“八劳”会议纪要首次提出:“要加强对罪犯的系统教育……技术学习考核合格的,由劳改单位发给证书。”1982 年 4 月,公安部提出建设重点劳改单位的四条标准和总的要求时,提出要设置教育工作机构,配备专职教员,对犯人进行系统的政治思想教育和文化技术教育。1985 年 6 月,司法部、教育部、劳动人事部联合发出《关于加强对劳改、劳教人员文化技术教育的通知》,肯定了把劳改、劳教场所办成“特殊学校”这一方向的正确性,并规定在文化和技术考核达到合格者,可由当地教育、劳动人事部门发给相应证书。这一规定首次提出将罪犯职业技术教育工作纳入当地教育、劳动部门的统一规划之中,使对罪犯的教育改造工作结束了由劳改单位单打独斗的局面。1998 年 10 月底,司法部劳改局在河南省第五劳改支队召开了全国劳改场所技术教育经验交流会,重点研究技术教育的作用、内容、形式和方法。

---

① 参见吴宗宪主编:《中国现代化文明监狱研究》,警官教育出版社 1996 年版,第 424 页。

随着社会生产力飞速发展和经济体制改革的不断深入,对罪犯的职业技术培训更是取得了很大发展。1994 年颁布实施的《监狱法》总结了我国监狱工作中对罪犯进行职业技术教育的经验,第六十四条规定:“监狱应当根据监狱生产和罪犯释放后就业的需要,对罪犯进行职业技术教育,经考核合格的,由劳动部门发给相应的技术等级证书。”第六十六条规定,罪犯的文化和职业技术教育,应当列入所在地区教育规划。其为进一步做好职业技术教育工作提供了法律依据。[①] 至此,罪犯的职业技术教育工作完全纳入了我国的法制化轨道。1995 年 11 月,司法部、国家教委、劳动部又联合发出《关于进一步加强对罪犯的文化职业教育和技能培训的通知》。该通知要求监狱要“向社会输送遵纪守法、有文化、有知识、有一技之长的劳动者”,同时要求“各地及有关部门和监狱系统的各级领导必须高度重视对罪犯的教育工作。监狱所在地的教育和劳动行政部门应当把罪犯的文化、职业教育和技能培训,作为一个组成部分列入本地区的教育和培训规划,在有关计划安排、参加有关会议、阅读文件、沟通信息、交流经验、教研活动、培训师资及教育设施建设投资等方面,为监狱教育与培训工作提供便利,解决困难”。

2003 年,司法部发布《监狱教育改造工作规定》,其中第二十七条规定,监狱应当根据罪犯在狱内劳动的岗位技能要求和刑满释放后就业的需要,组织罪犯开展岗位技术培训和职业技能教育。年龄不满 50 周岁,没有一技之长,能够坚持正常学习的罪犯,应当参加技术教育。这是新中国首次用规章形式规定了罪犯参加职业技术教育的年龄要求。

经过多年的发展,我国在罪犯职业技术教育方面取得了显著成绩。从 1985 年创办特殊学校到 2000 年,全国有 317.2 万名罪犯获得了劳动部门认可的各类技术等级证书,有 6800 名罪犯获得技术职称。[②] 2004 年全国监狱系统罪犯中共有 857333 人参加职业技术教育,获得劳动部门颁发的证书 126994 个(其中初级 117360 个、中级 7645 个、高级 1989 个)。[③] 司法部的统计数字显示,2006 年至 2016 年,全国监狱累计收押改造 560 余万名罪犯,263 余万名罪犯获得职业资格证书。[④]

---

① 参见吴宗宪主编:《中国现代化文明监狱研究》,警官教育出版社 1996 年版,第 425 页。

② 参见李尚银、何辅新:《建立罪犯职业技术教育制度的思考》,载《犯罪与改造研究》2007 年第 4 期。

③ 参见王雪峰:《论保护和增进罪犯受教育权》,载《人权》2006 年第 3 期。

④ 参见刘斌、蓝宗跃:《罪犯职业技术教育的现状及社会化思考》,载《辽宁公安司法管理干部学院学报》2019 年第 3 期。

三、罪犯职业技术教育的发展趋势

随着世界范围内新技术革命的深入发展和信息产业的迅猛崛起,对从业人员的专业技能要求不断提高。传统的以农业、工商业、家政业为主要内容的职业技术教育课程发生了很大的变化。未来的社会竞争是综合实力的竞争,劳动就业市场竞争给予人的机会是均等的,"传统职业已经让位于那些要求有更多专业资格的服务性活动",职业技术教育占据了越来越重要的位置。在国家治理体系不断完善和监狱改革发展全面深化的进程中,长期以来各自为政、各管一方的罪犯职业技术教育隔绝局面将有明显改变。政府、行业、企业、监狱、职业院校和市场共同发展罪犯职业技术教育,构建一个统一、高效以及与社会发展相适应的"罪犯职业技术教育联盟",将促进罪犯职业技术教育向更高质量发展,有利于减少罪犯重新犯罪,推进国家长治久安和经济社会进步。①

专栏11-3　深圳监狱职业技术教育改革

广东省深圳市在全国率先进行了罪犯职业技术教育改革实践,政府财政全额保障罪犯教育经费。深圳监狱从2009年开始积极探索罪犯职业教育社会化发展的路径,取得了可喜的成绩。深圳监狱自2009年成立罪犯职业技术教育培训中心以来,共开设20多个培训项目,累计办班200余期,培训罪犯6400多人次;课时比社会设置多10%以上,实训课程占比在60%以上。在师资力量方面,采取购买社会服务的方式,优先与深圳技师学院、深圳职业训练学院、深圳第二高技等5所知名度高、办学经验丰富的培训院校合作,聘请专职教师开展教学。

资料来源:刘斌、蓝宗跃:《罪犯职业技术教育的现状及社会化思考》,载《辽宁公安司法管理干部学院学报》2019年第3期。

——研究与思考——

1. 与一般的职业技术教育相比,罪犯职业技术教育的意义是什么?
2. 罪犯职业技术教育的内容和形式有哪些?
3. 罪犯职业技术教育要坚持哪些要求?
4. 简述罪犯职业技术教育的发展过程及趋势。

---

① 参见刘斌、蓝宗跃:《罪犯职业技术教育的现状及社会化思考》,载《辽宁公安司法管理干部学院学报》2019年第3期。

第十二章　劳动教育

重点提示

1. 劳动教育是在依法组织罪犯参加劳动实践活动的过程中，有目的、有计划、有组织地对罪犯实施的以影响、促进罪犯劳动目的实现的各种教育活动的总称。

2. 劳动与教育相结合，是毛泽东等老一辈领导人根据马克思劳动价值理论，总结中华人民共和国成立前后监狱工作经验而形成的改造罪犯的基本原则，也是我国监狱工作的重要特色。

3. 劳动教育有利于提高罪犯劳动改造质量，实现罪犯劳动目的；有利于实现监狱稳定，推动监狱企业良性运转；有利于推动监狱人民警察改造能力的提升。

4. 罪犯劳动教育包括劳动意义教育、劳动常识教育、与劳动有关的法律知识教育、罪犯劳动纪律教育、狱内劳动的特殊性教育、职业技术教育等内容。

5. 我国监狱中被广泛使用的劳动教育方法主要包括课堂授课法、个别教育法、练习法、劳动竞赛法、榜样激励法、讲评教育法等方法。

6. 加强对罪犯劳动教育方法的研究和创新，是提高劳动教育效果的必由之路。

《监狱法》第三条规定："监狱对罪犯实行惩罚和改造相结合、教育和劳动相结合的原则，将罪犯改造成为守法公民。"劳动和教育相结合是毛泽东等老一辈领导人根据马克思劳动价值理论，总结中华人民共和国成立前后监狱工作经验而形成的改造罪犯的基本原则，也是我国监狱工作的重要特色。

第一节　劳动教育的意义

劳动教育是在依法组织罪犯参加劳动实践活动的过程中，有目的、有计划、有组织地对罪犯实施的以影响、促进罪犯劳动目的实现的各种教育活动的总称。劳动教育是我国罪犯教育的重要组成部分,是我国罪犯改造历史进程中被证明切实可行、成效显著的做法。在全社会尊重劳动、崇尚劳动、热爱劳动的历史背景下,加强罪犯劳动教育,对于提高罪犯劳动改造质量,确保监狱的安全稳定以及预防、减少犯罪具有不可替代的作用。

一、劳动教育是实现罪犯劳动目的的重要途径

《监狱法》第七十条规定:“监狱根据罪犯的个人情况,合理组织劳动,使其矫正恶习,养成劳动习惯,学会生产技能,并为释放后就业创造条件。”以法律的形式确定了罪犯劳动的目的。劳动教育是实现罪犯劳动目的的重要途径,具体表现为:

(一)纠正错误劳动观念,增强劳动积极性

在社会生活中一些人尤其是一些年轻人,因为缺乏正确的劳动观念,形成了好逸恶劳、嫌贫爱富、追求不劳而获、唯利是图的不良品质。据统计,近年来监狱收押的盗窃、抢劫、贩毒、诈骗等财产型罪犯占总收押罪犯的比例不断增加。2019 年全国检察机关主要办案数据显示,起诉人数中盗窃罪占 13.7%;诈骗罪占 6.6%;走私、贩卖、运输、制造毒品罪占4.4%;开设赌场罪占 3.9%。这些财产型犯罪成为我国起诉人数排在前十名的罪名。[①] 这些罪犯之所以走上犯罪的道路与他们的错误劳动观念有着直接的关系。

劳动教育,即“人的劳动品质的培养”[②]。通过劳动教育可以帮助罪犯理解劳动的内涵、性质以及参加劳动的目的和意义,树立“以辛勤劳动为荣,好逸恶劳为耻”的劳动观念,进而改变罪犯好逸恶劳、不劳而获的错误劳动观念,提升罪犯劳动热情,养成劳动习惯,学会劳动技能,逐步使其成为自食其力的劳动者。

(二)改变错误的狱内劳动认知,促进劳动态度转变

《监狱法》第六十九条规定:“有劳动能力的罪犯,必须参加劳动。”“必须”彰显了罪犯劳动的强制性。罪犯劳动的强制性,很容易造成罪犯产生“狱内劳动是惩罚性劳动”的误读,甚至产生“组织罪犯劳动是监狱获取利润的工具”的偏见,进而导致罪犯产生抵触、厌恶劳动的心理情绪。同时,在监禁环境下罪犯很容易被劳动过程中体力和智力付出所引发的生理或心理上的紧张所压迫,从而对狱内劳动本身产生负面的情感体验,加深对狱内劳动的错误认知,甚至因监狱人民警察是劳动的

① 数据来源于最高人民检察院微信公众号,浏览时间为 2020 年 6 月 2 日。2019 年全国检察机关主要办案数据(附答问)显示,起诉人数排在前 10 位的罪名是(正排序):危险驾驶罪,盗窃罪,诈骗罪,寻衅滋事罪,故意伤害罪,走私、贩卖、运输、制造毒品罪,交通肇事罪,开设赌场罪,聚众斗殴罪,强奸罪。

② 吴式颖等编:《马卡连柯教育文集》(下卷),人民教育出版社 2004 年版,第 529 页。

管理者,而使罪犯在心理上产生对监狱人民警察的敌对情绪。在这样的心理驱动下,劳动很难引起罪犯思想上的共鸣和行动上的支持与参与,很难达到劳动改造的目的,甚至容易引发警囚矛盾,诱发各种安全隐患,不利于监狱的安全稳定。

通过劳动教育,讲清"强制"与"惩罚"的区别,使罪犯认识到强制劳动的目的并不是"惩罚",而恰恰是对他们实施"救治";认识到劳动是其改过自新、重新做人的必要手段;领悟到劳动是其提高能力、实现自我价值、顺利回归社会的必经之路。这样才能使罪犯从消极、抵触的状态中解脱出来,以一种积极的心态投入劳动中去,实现"要我劳动"向"我要劳动"的转变。

(三)提升劳动能力,促进自我价值的实现

从目前押犯情况来看,罪犯普遍学历低,在社会上接受的劳动教育非常有限,劳动知识不足,劳动技能不高。就罪犯而言,要实现其自食其力的目标,劳动知识和劳动技能培养就显得尤为重要。"要改变一般人的本性,使他获得一定劳动部门的技能和技巧,成为发达的和专门的劳动力,就要有一定的教育和训练。"①

通过劳动教育,让罪犯学习一些劳动的基本常识,诸如市场与竞争、劳动与法律、劳动与安全、劳动与保障等与罪犯劳动息息相关的知识;根据狱内劳动与罪犯未来就业的意愿,有针对性地开展劳动技能培训,改善罪犯的劳动知识结构,提高劳动技能,在劳动中逐步实现罪犯的自我价值。

(四)提高社会能力,增强回归社会的信心和勇气

刑罚的最终目的是帮助罪犯恢复社会功能,实现人性复归,重新融入正常的社会生活。对于有过服刑经历的罪犯而言,如果没有改过自新,养成良好的劳动品质和掌握一定的劳动技能,将很难重新融入社会现实生活。当前居高不下的重新犯罪率与罪犯重新社会化过程没有顺利完成有着直接的关系。

通过劳动教育,不仅有助于改变罪犯错误的劳动认知,使其逐渐养成遵守劳动纪律的习惯,学会与他人合作与沟通,在劳动中得到他人的认可和尊重,而且可以培养罪犯的社会责任感、集体观念、纪律意识和修复社会关系,为其顺利回归社会奠定基础。同时,通过职业技术教育维护或者增强罪犯释放后通过诚实劳动谋生的能力,并让罪犯对社会经济的发展趋势和就业状况有更加清晰的了解,对回归社会后可能遇到的就业困难有充分的认识和准备,对出狱后的生活和工作做一些基本的规划,为顺利回归社会做好心理、技术乃至资金上的准备,进一步增强罪犯回归社会的信心和勇气。

---

① 《马克思恩格斯全集》(第23卷),人民出版社1979年版,第195页。

二、劳动教育是实现监狱稳定,推动监狱企业良性运转的重要保证

有效的罪犯劳动教育过程其实质就是罪犯劳动积极性和劳动能力提升的过程。我国罪犯劳动教育的历史证明,罪犯劳动教育为维护监狱的安全稳定提供了保证,推动了监狱企业的良性运转。

(一)维护狱内劳动场所的安全与稳定

狱内劳动是罪犯在监狱服刑期间最经常的活动,除去休息时间,罪犯的绝大部分时间是在劳动场所中度过。通过劳动教育,改变罪犯错误的劳动认知,有利于化解在劳动问题上产生的警囚矛盾,避免警囚冲突,维护劳动场所安全。通过劳动教育,增强罪犯劳动纪律意识,自觉遵守和维护劳动纪律,确保罪犯劳动的有序开展。通过劳动教育,丰富罪犯的安全知识,提高罪犯劳动安全防范的意识和安全防护技能,有利于消除劳动场所的安全隐患,提升罪犯应对和处理安全事故的能力,从而维护狱内劳动场所的安全与稳定。

(二)维护监狱企业的正常运行,确保劳动改造的顺利进行

监狱企业是特殊的国有独资公司,是改造罪犯的重要物质载体,是监狱依法对罪犯实施劳动改造的重要组织形式。2017 年,司法部出台的《关于进一步加强监狱企业规范的管理的意见》指出,监狱企业的主要任务是"为监狱改造罪犯提供劳动岗位,为改造罪犯服务,不同于以营利为目的的社会企业,但是也要讲效益"。

通过劳动教育,不断提升罪犯的劳动意识,不断规范罪犯劳动的操作规程,逐步提高罪犯的劳动质量意识和劳动效率意识。罪犯劳动教育的每一次成功推进都有利于提高狱内劳动的整体效率,提高狱内劳动整体竞争力,这有利于确保监狱企业资产的保值增值,实现监狱企业健康、协调、可持续发展,从而不断为罪犯提供劳动岗位,确保劳动改造工作的顺利进行。

三、劳动教育是实现监狱人民警察改造能力提升的推进器

"劳动改造"是载体。也就是说,罪犯劳动除了自身具有的改造功能外,它还是其他改造方法与能量的传递者,是其他改造方法与效果的呈现者和验证者。由于罪犯在劳动中所表现出的各种行为问题都是其思想、心理的外在表现,监狱人民警察必须通过罪犯在劳动中的具体表现,敏锐地捕捉到劳动行为背后所掩盖的真实原因,并综合运用各种教育手段,去解决劳动中出现的各种问题。

劳动教育的效果,能较为准确地检测和反映监狱人民警察改造罪犯的能力。一般来说,劳动教育的实施效果与监狱人民警察的改造能力成正向关系。在劳动

过程中监狱人民警察运用各种教育手段开展教育工作,解决罪犯在劳动中出现的各种问题,这个过程实质就是监狱人民警察参与罪犯改造工作从实践—认识—再实践—再认识的过程。罪犯劳动情况是监狱人民警察劳动教育实施效果检测和评价的“晴雨表”,它可以推动监狱人民警察思考其劳动教育方法选择及运用的恰当性,反思劳动过程控制和管理的有效性,从而不断改进教育方法,完善教育过程,在教育实践中不断提升自己的判断能力、沟通能力以及分析问题、解决问题的能力。

第二节　劳动教育的内容

对于任何一种教育活动来说,教育内容的选择与确定直接影响着教育的效果。罪犯劳动教育目的决定了罪犯劳动教育的内容。从狱内劳动的总体目标来看,开展劳动教育应当着眼于罪犯劳动态度的改变,劳动恶习的矫正以及劳动能力的提升等方面。

一、劳动意义教育

开展劳动意义教育,是帮助罪犯树立正确劳动观的前提。开展劳动意义教育要从罪犯犯罪的根源出发,有针对性地开展教育。在劳动意义教育的过程中讲清劳动在个人生存和社会发展中所起的决定性作用,使罪犯认识到劳动在个人身心健康、智力完善、个人道德品质完善、个人能力提升、家庭幸福维系、受损社会关系修复中的重要作用,从而培养罪犯热爱劳动、崇尚劳动、尊重劳动的情感。

二、劳动常识教育

开展劳动常识教育,是帮助罪犯树立正确劳动观的基础。《监狱教育改造工作规定》第二十五条中强调了对罪犯进行劳动常识教育。劳动常识教育主要包括以下几个方面的内容:

(一)劳动价值教育

劳动价值教育,就是让罪犯对劳动价值及其影响因素有清晰的认识和理解。在现实生活中的劳动报酬实质就是个人劳动价值的货币表现形式。个体的劳动知识、劳动素质、劳动技能以及劳动态度等都是影响劳动价值的因素。通过劳动价值教育,可以使罪犯理性看待个体的收入差异,消除嫉富和仇富心理,进而积极主动地投入劳动实践中,不断丰富劳动知识,提升劳动技能,在劳动实践中养成踏实、勤奋、严谨的劳动品质,最终实现和提升自我劳动价值。

(二)劳动类别教育

劳动教育的基本内容应包含"生产技术劳动、社会公益劳动、生活服务劳动等方面的教育"[①]。强调这些不同类别的劳动教育,就是让罪犯意识到劳动只有类别的不同而无等级贵贱之分,只要辛勤、诚实劳动都可以得到他人和社会的认可,都可以在劳动中创造和实现自我价值。

在劳动教育中强调自我服务劳动即料理自己生活的各种活动,让罪犯做到自己的事情自己做,养成勤劳的生活习惯,从而培养罪犯独立生活的能力。同时,教育罪犯重视公益劳动,在帮助他人的同时找到自我价值;在公益劳动中接受心灵洗礼,修复业已破坏的社会关系,促进罪犯社会关系的建立和完善。

(三)劳动的合法性教育

劳动的合法性教育,就是要让罪犯彻底明白以法律法规为底线的合法劳动是进行劳动活动的前提,任何违背法律规范的活动,必定要受到法律的制裁。

马克思说过,"人们的奋斗所争取的一切,都同他们的利益有关"[②]。在现实生活中是辛勤劳动还是不劳而获,是诚实劳动还是坑蒙拐骗、不择手段?这是人们在劳动选择时的必要判定。开展罪犯劳动教育,强调劳动的合法性底线、判定的标准以及触碰合法性底线所应承担的法律后果,就是让罪犯彻底明白任何的投机取巧、耍奸偷懒、巧取豪夺,任何的弄虚作假、坑蒙拐骗、蓄意炒作都经不起时间的推敲,都将是弄巧成拙,最终害人害己,甚至沦为阶下囚。

只有合法的诚实劳动才能创造坚实的社会物质基础,只有把合法劳动作为社会公民应履行的社会责任,并把热爱劳动作为一种修养来培养,才能用自己辛勤的劳动重新赢得社会对自己的信赖,才能用自己的双手去创造幸福生活,实现自己的人生价值。劳动的合法性教育既有利于罪犯的认罪服法,又有利于让罪犯形成劳动选择的基本判定标准,避免出现方向性的错误。

三、与劳动有关的法律知识教育

对罪犯进行与劳动有关的法律知识教育是法治社会的必然要求,是劳动教育的重要组成部分。其主要包括以下内容:劳动者的基本权利与义务、劳动就业、劳动合同的签订与履行、劳动争议的解决、劳动安全法律法规以及劳动者的工伤、失业、

---

① 黄济:《关于劳动教育的认识和建议》,载《江苏教育学院学报(社会科学版)》2004 年第 5 期。

② 《马克思恩格斯全集》(第 1 卷),人民出版社 1956 年版,第 82 页。

医疗、生育、养老等社会保障制度规定等。了解和掌握与劳动有关的法律知识,可以为罪犯刑满释放后依法就业、依法保护自己的劳动权利、依法处理劳动纠纷奠定基础,加快罪犯社会化进程。

四、罪犯劳动纪律教育

罪犯终究是要回归社会,通过劳动来实现自我价值。开展劳动纪律教育,就是要通过教育使罪犯掌握劳动纪律的内容及其要求,并通过参与劳动实践,逐渐养成遵守劳动纪律的习惯,从而塑造良好的职业品质。

(一)劳动纪律的范畴

劳动纪律又称职业纪律,是指从业者在劳动中所应遵守的劳动规则和劳动秩序。劳动纪律贯穿于整个劳动的过程中,是从业者必须共同遵守的规则,是确保劳动顺利进行的基础。当前,劳动纪律主要包括以下内容:

1. 履约纪律:主要是履行劳动合同的要求及违约应承担的责任。

2. 考勤纪律:主要是指劳动开展的时间要求,具体包括工作开始和结束的时间以及请假制度、休假制度等。

3. 劳动纪律:包括岗位职责及劳动任务完成的质与量的要求、原材料的节约、劳动工具的使用与劳动现场的管理要求等。

4. 安全卫生纪律:包括劳动的技术操作规程和劳动的安全、卫生规程。

5. 奖惩制度:对劳动情况的评定考核以及配套的遵纪奖励和违纪惩罚规定。

(二)狱内劳动纪律教育

罪犯在服刑期间参加劳动不仅要遵循一般的劳动纪律,还要遵循监狱机关制定的其他特殊的劳动纪律,这些纪律对罪犯有极大的限制和约束作用,违反这些纪律,不仅会导致罪犯受到某些纪律处罚,甚至会导致法律处罚。

司法部及各省监狱管理局都有专门的罪犯劳动纪律规定。司法部印发的《关于罪犯劳动工时的规定》对罪犯劳动时间、休息日、加班等情况作出明确的规定;司法部第 88 号令《监狱服刑人员行为规范》第四章规定了罪犯必须遵守的七条劳动规范。各省监狱管理局制定的罪犯劳动现场管理规范对罪犯在岗位中原材料的摆放以及节约要求,劳动技术操作流程,劳动工具的使用与管理要求,劳动现场活动的规范、要求以及劳动操作安全等作出明确的规定。司法部《监狱计分考核罪犯工作规定》对罪犯日常计分的内容和标准、等级评定、考核程序及规则、考核结果运用等做了解释说明。罪犯劳动纪律教育的目的就是让罪犯能够理解并按照有关的规定和纪律要求来约束自己的劳动行为,从而养成遵守劳动纪律的习惯,进而内化为自觉的行为。

五、狱内劳动的特殊性教育

与社会劳动不同,狱内劳动具有特殊性。通过劳动教育让罪犯了解狱内劳动的特点及其特殊的要求,有利于提高罪犯对狱内劳动的理解,在日常劳动中逐渐规范自己的行为,从而确保狱内劳动各项工作的顺利进行。

(一)狱内劳动是罪犯的基本权利和义务

通过劳动教育,对狱内劳动的性质做必要的解释与说明,这是顺利开展罪犯劳动改造工作的重要前提和基础。参加狱内劳动是罪犯的权利、义务的体现,是实现罪犯自食其力的保证。

1. 参加狱内劳动是罪犯劳动权利的体现

《宪法》第四十二条第一款规定:"中华人民共和国公民有劳动的权利和义务。"罪犯是特殊公民,参加劳动依然是其作为公民的基本权利,任何组织和个人都无权剥夺其劳动权利。监狱企业的主要任务在于"为监狱改造罪犯提供劳动岗位,为改造罪犯服务"①。通过为罪犯提供参加狱内劳动的机会,罪犯拥有了作为公民的最基本的实践活动——生产劳动。即便在生产力高速发展的今天,在面临巨大的生存压力的情况下,监狱企业也必须为所有具有劳动能力的罪犯提供劳动岗位,这充分体现了参加劳动是罪犯的基本权利,参加劳动是对其劳动权利的保护。

2. 参加狱内劳动是罪犯的义务

劳动是改造罪犯的重要手段之一,只有罪犯积极主动地参与劳动,才能发挥劳动的改造作用。《刑法》第四十六条规定:"被判处有期徒刑、无期徒刑的犯罪分子,在监狱或者其他执行场所执行;凡有劳动能力的,都应当参加劳动,接受教育和改造。"《监狱法》第六十九条规定:"有劳动能力的罪犯,必须参加劳动。"这些规定说明了在服刑期间参加狱内劳动是罪犯的义务。有劳动能力的罪犯如果拒不参加劳动或者消极怠工,经教育不改的,监狱可以给予警告、记过或者禁闭处罚。司法部《监狱计分考核罪犯工作规定》第十五条规定,"受到禁闭处罚的,禁闭期间考核基础分记0分"。罪犯入监并不能成为其"坐吃闲饭"②的理由,通过劳动谋生是社会人

---

① 2007年,国务院印发《国务院批转司法部关于全面实行监狱体制改革指导意见的通知》(国函〔2007〕111号)。文件对监狱企业的职能给予了明确定义:"监狱企业集团公司及其分公司、子公司是改造罪犯工作的组成部分,主要任务是为监狱改造罪犯提供劳动岗位,为改造罪犯服务。"

② 1951年召开的第三次全国公安会议通过《关于组织全国犯人劳动改造问题的决议》,明确指出:大批应判徒刑的犯人,是一个很大的劳动力。为了改造他们,为了解决监狱的困难,为了不让判处徒刑的反革命分子坐吃闲饭,必须立即着手组织劳动改造工作。

生存的基本方式,也是罪犯谋生的手段,是罪犯应履行的法定义务。

（二）狱内劳动的特殊目的性教育

开展狱内劳动的目的性教育,就是要消除罪犯对狱内劳动的错误认知,从而自觉参加狱内劳动。在劳动中接受教育洗礼,从而改造自己。“对罪犯来说,从事劳动是执行监禁刑的必要组成部分,是在监狱中执行刑罚的具体体现,而不是单纯地从事生产劳动或其他劳动。”①

与社会劳动不同,监狱组织罪犯劳动的目的在于改造罪犯。1962 年 3 月 22 日,毛泽东同志听取汇报时强调,劳动改造罪犯,生产是手段,主要目的是改造,不要在经济上做许多文章②。周恩来同志指出,“劳动的目的,是要把犯人改为新人,政治教育第一,使他觉悟,劳动是增强他的劳动观点而不是从犯人身上生产出来的利润办更多的工厂,这还是第二”③。《监狱法》第七十条明确规定:“监狱根据罪犯的个人情况,合理组织劳动,使其矫正恶习,养成劳动习惯,学会生产技能,并为释放后就业创造条件。”

狱内劳动为罪犯创设了一种与社会劳动相似的环境,罪犯通过参加狱内劳动以及通过参与劳动成果的分配,实现与社会的连接。同时,随着罪犯劳动态度的改变,劳动技能的提升,监狱企业的经济效益也能得到提升。但是,经济效益只是劳动改造目的实现后的劳动价值的体现,而不是罪犯劳动的目的。

（三）狱内劳动的法定强制性教育

在组织罪犯参加劳动的过程中,说清罪犯劳动的法定强制性的真实含义有利于帮助罪犯正确理解狱内劳动目的,消除罪犯参加劳动的抵触情绪,确保狱内劳动的顺利开展。

通过对罪犯开展狱内劳动的法定强制性教育,引导罪犯从劳动时间、劳动强度、劳动条件、劳动保护以及参加劳动的技能培训中去体会狱内劳动的性质,以及劳动激励给其带来的快乐,让罪犯明白狱内劳动所体现的强制性并不意味着罪犯劳动就具有惩罚性。“监狱的惩罚性是指监狱剥夺罪犯人身自由和限制法律权利的特性,监狱对罪犯的惩罚,在依法剥夺罪犯人身自由和限制罪犯权利方面,而不

---

① 吴宗宪:《监狱学导论》,法律出版社 2012 年版,第 525 页。

② 毛泽东:《对公安部负责人汇报工作时的指示》(1962 年 3 月 22 日),载司法部劳改局编:《毛泽东等老一辈革命家论改造罪犯工作》,法律出版社 1993 年版,第 15 页。

③ 周恩来:《在全国省市检察长、法院院长、公安厅长联席会议上的报告》(1956 年 7 月 15 日),载司法部劳改局编:《毛泽东等老一辈革命家论改造罪犯工作》,法律出版社 1993 年版,第 25 页。

包括其他内容。”[①]“社会化过程中伴随的痛苦,只是为了使个人更好适应社会从而获得更大利益的必要代价”[②],并非惩罚的措施和手段。

六、职业技术教育

职业技术教育是以提高罪犯劳动认知、提升罪犯劳动能力为目标的劳动教育。《监狱法》第六十四条规定,“监狱应当根据监狱生产和罪犯释放后就业的需要,对罪犯进行职业技术教育”。职业技术教育不仅能为罪犯回归社会后的就业谋生创造条件,还在预防和减少重新犯罪方面发挥着重大作用。《教育改造罪犯纲要》第十二条规定,“年龄不满50周岁、没有一技之长、能够坚持正常学习的罪犯,都应当参加技术教育”。开展职业技术教育具体包括以下内容。

(一)狱内劳动岗位的技能教育

罪犯入监后,凡有劳动能力的罪犯必须参加劳动。狱内劳动岗位的技能教育是为狱内劳动的顺利展开服务的。《教育改造罪犯纲要》第十二条规定,“对罪犯的岗位技术培训,要按照岗位要求进行‘应知’、‘应会’培训和必需的安全教育培训”。狱内岗位技术“应知”“应会”教育主要包括对狱内生产设备的性能、产品质量要求、工艺流程、基本操作技术等岗位知识的教育。岗位劳动安全教育主要包括劳动安全常识教育及岗位安全技术教育。

(二)着眼于罪犯回归社会后的职业技能教育

监狱组织罪犯劳动必须着眼于“维护或者增强犯人释放后通过诚实劳动谋生的能力”[③],抓好刑满释放后罪犯就业需要的职业技术培训是开展技术教育的重点。提高罪犯的职业技术水平,有利于提高罪犯参与劳动力市场的竞争力,为其回归社会后的就业谋生创造条件。职业技术教育主要包括技术教育及就业指导等内容。

(三)职业道德规范教育

职业道德是公民道德素质的重要组成部分。职业道德规范是从业者在职业活动中应遵守的行为规范的总和。开展职业道德规范教育有利于罪犯改变不良秉性,促进罪犯职业发展,提升罪犯的社会认同感、自我成就感、幸福感。职业道德规范包括诚信品质教育、敬业精神教育、合作精神教育、责任意识教育、纪律意识教育等方面的内容。

---

① 吴宗宪:《监狱学导论》,法律出版社2012年版,第93页。

② 戴玉忠、刘明祥:《刑罚改革问题研究》,中国人民公安大学出版社2013年版,第95页。

③ 1955年第一届联合国预防犯罪和罪犯待遇大会决议《关于监狱劳动的建议》,转引自吴宗宪:《监狱学导论》,法律出版社2012年版,第532页。

第三节 劳动教育的方法

进行罪犯劳动教育,必须把握科学的教育方法,才能保证劳动教育预期目标的顺利实现。劳动教育采用的方法往往要根据劳动对象的不同而作必要的调整和创新。我国监狱在长期开展劳动教育的实践中运用了大量的教育方法,已经形成了有中国特色的罪犯劳动教育经验。在我国监狱中被广泛使用的劳动教育方法主要包括:

一、课堂授课法

课堂授课法通常是针对罪犯掌握劳动知识的共性要求,开展适合部分罪犯参与的一种集体教育方法。诸如劳动常识教育、与劳动有关的法律知识教育、劳动安全知识教育、职业道德规范教育等内容往往采用课堂授课法。

运用课堂授课法开展劳动教育的具体要求:一是要注意根据罪犯的文化层次及领悟能力,开展分班教学。二是重视课堂教学的授课技巧,要避免照本宣科式讲授;结合罪犯的文化层次,紧扣罪犯从事的具体劳动开展教学;在授课课件制作过程中要充分运用短视频、动画设计等技术将一些抽象的教育内容变得鲜活、具体可感知,避免理论化和抽象化。同时,要注意课堂授课法的改革与创新,可以借鉴当前学校课堂教学改革中的一些新的教学方法,如将翻转课堂、对分课堂等合理因素融入课堂授课中,提高罪犯劳动教育的课堂教学效果。三是要激发罪犯参与课堂教学的积极性和主动性。在评价体系上要有体现罪犯参与课堂学习情况的测评因素,发挥课堂教学本身的育人功能。

二、个别教育法

运用个别教育法开展劳动教育,实质就是要针对罪犯个体在劳动中出现的问题,通过谈话、启发等方式深入了解和挖掘问题背后所隐藏的深层次个人因素,开展针对性的教育工作。个别教育法是在罪犯劳动过程中监狱人民警察最经常使用的教育方法。在劳动过程中运用个别教育法的具体要求包括:

(一)重视调查,避免主观臆断

对罪犯劳动中出现的各种问题以及行为表现,不要主观臆断,先入为主。对罪犯在劳动中表现的一些诸如懒散、出错率高、效率低等行为表现不要简单地认为一定是思想观念和态度上的问题。这些问题有时是心理原因引发的行为问题,处理不好可能导致警囚矛盾。所以,对罪犯劳动中表现出的情绪与行为问题要通过观察、谈话等方式查明原因,方可对症下药,切忌简单粗暴。

(二)遵循态度转变的规律

美国学者凯尔曼认为,社会环境中个体态度形成的过程分为三个阶段,即顺从、认同和内化阶段。① 在顺从阶段,“个体总是按社会规范和社会期待或他人意志,表现出某种态度的外显行为,以获得奖励,避免惩罚。在这个阶段,个体处于外在的社会力量影响下还没有形成深刻的认知和情感成分,一旦外部的影响消失,个体的态度可能就会发生变化”。在认同阶段,“个体自愿接受他人的观点、信息或群体规范,使自己与他人一致”。在内化阶段,“个体已经发自内心地接受了某种态度”,“意味着个体已经将某种事物的情感与自己的判断联系起来,纳入自己的价值体系中”②。罪犯劳动观念的形成和劳动态度的转变过程是这三个阶段的统一,只有完成内化这一环节,罪犯劳动观念的形成和劳动态度的转变过程才算真正的完成。劳动教育目的能否实现,关键取决于罪犯接受劳动观念与劳动规范以及形成正确的劳动态度的过程能否顺利地完成。因此,在劳动中开展罪犯个别教育要根据罪犯的劳动态度所处的不同阶段,采取有针对性的方法和策略,促成罪犯劳动态度的改变。

(三)在个别教育中注意教育技巧的运用

在个别教育中可以借鉴其他学科的一些技术和技巧开展教育工作。比如,在与罪犯进行个别谈话时,可以借鉴心理学摄入性会谈技巧,包括提问的方式、倾听技术、控制会谈等方面的技巧来设计和控制个别谈话的整个流程;在改变罪犯错误认知和行为方面可以借鉴认知领悟疗法中的促进认知和行为改变的方法——家庭作业的方式开展教育。

三、练习法

练习法是罪犯劳动技能培养的一种基本途径。练习法是监狱根据狱内生产以及罪犯出监后就业的需要,通过组织罪犯参加劳动技术培训和实践活动,在技术教员的指导下,不断改进罪犯生产中的某种技术动作,逐步使其技能熟练和完善的重要活动过程。在罪犯劳动教育中运用练习法的具体要求包括:

---

① 参见范逢春主编:《管理心理学》,中国人民大学出版社2013年版,第75页。

② 范逢春主编:《管理心理学》,中国人民大学出版社2013年版,第75-76页。

（一）有计划、分步骤地进行技能练习

在技术练习过程中，要根据罪犯个体的差异性以及劳动技能的复杂程度，合理设计和安排劳动技能的练习计划，确保劳动技能练习达到预期目的。开展技能练习需要注意以下两点：一是对罪犯劳动技能练习内容的选择要循序渐进，按照先简单、后复杂的过程进行；对于复杂的劳动技能，可以把它划分为若干比较简单的局部动作，再过渡到比较复杂的、完整的动作。二是要注意练习时间的把握。罪犯劳动技能的形成和提升，是建立在一定量的时间练习基础之上，要避免盲目求快，避免忽视效果的技术练习。

（二）每一次劳动技能练习都要有明确的目的和要求

在组织罪犯进行劳动技能的训练过程中，每一次技能练习的开展都要明确练习所要达到的技术水平与标准，并作为练习的考核依据。这样可以使罪犯对完成该项技术所需掌握的基础知识和技术要领有一个明确的认识，减少其练习中的盲目性。

（三）技术教员要始终保持心到、口到、手到

在劳动技能练习过程中，罪犯技术练习能不能达到预期效果，技术教员发挥着不可替代的作用。在练习场上，技术教员对所有参加练习的罪犯的技术情况要有一个大体的把握，随时关注和检查每一个罪犯的练习情况，及时纠正罪犯练习中的不规范动作并示范正规动作，解答罪犯练习中遇到的每一个技术问题，做到讲解耐心、示范规范。同时，每次练习结束后，技术教员要及时进行点评，对练习中存在的问题要说清楚、讲明白，对练习中表现好、进步快的罪犯要给予及时表扬，鼓励先进，树立积极的榜样；对练习中不专注、进步慢的罪犯要私下做好个别教育工作，以保证技术练习顺利进行。

四、劳动竞赛法

所谓劳动竞赛法，是指通过劳动竞赛这一形式，激励先进，调动落后，促进罪犯在劳动认识、劳动技术、劳动效率等方面有所提高的一种教育活动。在监狱之间、监区之间、罪犯小组之间开展劳动竞赛是激发罪犯参与劳动积极性的有效方法。开展劳动竞赛，能够巩固和增加罪犯的劳动知识，提升罪犯的劳动技能，增强团队协作，激发绝大多数罪犯的进取心和荣誉感。监狱组织劳动竞赛的具体要求包括：

（一）劳动竞赛要彰显改造目的

与社会上的一般劳动竞赛不同，罪犯劳动竞赛是罪犯劳动教育的一种方法，目的是通过竞赛，提高罪犯对劳动的认识，增强团队意识，提高罪犯参与劳动的积极

性,形成良好的劳动改造氛围,提升罪犯整体劳动能力。因此,在竞赛的内容选择、过程设计、评价标准以及激励方式等方面要体现改造目的。

(二)劳动竞赛尽可能做到内容丰富、形式多样、参与面广

劳动竞赛内容要尽量丰富,既可以是劳动知识的竞赛,也可以是劳动技能的比拼,还可以是劳动现场情况的评比。劳动竞赛的形式可以多样,可以有书面的测试、现场的技能操作以及模拟演练等形式。劳动竞赛可以在不同劳动技术等级的罪犯之间开展竞赛,如初级工、中级工、高级工之间的比赛;也可以是同工种之间的竞赛;还可以是上下工序之间的协作竞赛,要实现最大限度调动罪犯参与竞赛的积极性。

五、榜样激励法

榜样激励法,也是狱内劳动教育的方法之一。其是指通过对劳动实践中劳动态度端正、劳动成绩突出的罪犯进行表扬并予以奖励,从而激发其他罪犯积极参与劳动的方法。在日常罪犯劳动教育中,榜样激励法的具体要求包括:

(一)榜样的可及性

榜样的可及性也就是绝大部分罪犯通过积极的努力有希望达到榜样的标准,这样才能激发罪犯努力参与劳动的积极性。因为人的劳动能力是有大小的,在评选和确立榜样的过程中,要注意选择有代表性的榜样,不能仅以劳动产品的数量论英雄。

(二)榜样的多维性

榜样的评选标准要紧扣劳动教育的目的,要多维度评价罪犯的进步,以最大限度发挥激励的作用,调动每一名罪犯参与劳动的积极性。既可以是同岗位、同级别的罪犯进行比较,也可以是罪犯个体变化趋势的比较,比如可以评选最佳进步奖、今日之星、最佳流水线、质量最优等榜样。

(三)榜样的可持续性

要关心榜样的不断成长,不断激励他们戒骄戒躁,继续克服不足,不断前进,让其他罪犯能够从榜样的成长中看到希望,从而发挥榜样的示范作用。

六、讲评教育法

通过讲评教育对罪犯劳动改造情况,包括罪犯劳动生产情况和劳动中出现的一些正面的、积极的人与事以及劳动过程中出现的一些违纪违规行为,进行及时的讲评,肯定成绩,指出存在问题,提出要求,有利于提高罪犯劳动教育效果。对罪犯劳动情况的讲评教育通常涵盖于罪犯日常的队前讲评、日讲评、周讲评、月讲评、专

题讲评等讲评教育中。对罪犯劳动情况的讲评是讲评教育的重要内容。对罪犯劳动情况进行讲评教育的具体要求包括：

（一）讲评要以对罪犯劳动实际情况的把握为前提

这就要求监狱人民警察对罪犯劳动的整个过程包括罪犯劳动过程中的劳动生产情况、劳动态度的转变、遵规守纪等情况有清晰的了解和把握，才能在讲评过程中言之有物，准确通报，才能对罪犯进行及时教导与告诫。

（二）讲评教育要善于运用数据

罪犯劳动改造的效果可以通过数据展现出来。在讲评教育中运用数据，可以客观、准确地反映罪犯的改造情况，让罪犯能够更加直观地对劳动改造情况有所了解，做到心中有数。罪犯劳动情况的数据包括劳动数量、质量情况、劳动增长率情况、劳动技能情况、生产任务的完成率以及罪犯的遵规守纪率等。

总之，罪犯劳动教育的方法选择最终是由劳动教育目的决定的。罪犯劳动态度的改变、劳动习惯的养成是一个循序渐进的过程，不可能一蹴而就。“世界观的彻底改变需要一个很长的时间，我们应当耐心地做工作，不能急躁”①，“思想改造的工作是长期的、耐心的、细致的工作，不能企图上几次课、开几次会，就把人家在几十年生活中形成的思想意识改变过来”②。新时期，加强对罪犯劳动教育方法的研究和创新，是提高劳动教育效果的必由之路。

研究与思考

1. 对于罪犯劳动教育的意义，你个人有什么认识？
2. 罪犯劳动教育应该从哪些方面展开？
3. 罪犯劳动教育的方法有哪些？

① 中共中央文献研究室编：《毛泽东文集》（第7卷），人民出版社1996年版，第225页。
② 中共中央文献研究室编：《毛泽东文集》（第7卷），人民出版社1996年版，第279页。

第十三章 集体教育

重点提示

1. 集体教育是针对罪犯全体,以解决具有共性的问题和建设罪犯教育对象集体为目的的教育活动。集体教育既是一种重要的教育方法,其中也渗透着深刻的教育理念。

2. 与个别教育、分类教育相比,集体教育具有组织性、激励性、严肃性、高效性等优点。集体教育的缺点在于,无法兼顾罪犯的个别差异。因此,要做到集体教育和个别教育相结合。

3. 集体教育有利于高效解决罪犯群体中的共性问题,有利于培育不同层次的罪犯集体,有利于对罪犯进行思想教育、培养罪犯的行为习惯。

4. 集体教育的方法包括会议、课堂教学等多种方法,在实践中应当注意实施前的计划和准备,实施中的组织和控制,实施后的讨论和落实。

集体教育是罪犯教育的一种重要的方法和理念,它重在解决罪犯群体的普遍性问题,与个别教育、分类教育相比,集体教育具有组织性、激励性、严肃性、高效性等优点。集体教育有利于高效地解决罪犯群体中的共性问题,有利于培育不同层次的罪犯集体,有利于对罪犯进行思想教育、培养罪犯的行为习惯。在罪犯教育实践当中,集体教育一般采用召开会议、课堂讲授等方法。

第一节 集体教育的内涵与理念

集体是指由许多人结合起来的有组织的整体,是一个与个人(或者个体)相对应的概念。在我国,经常是在“一切从集体出发,把集体利益放在个人利益之上”这一集体主义的意义上来使用集体概念的。[①] 因而,本章所讲的集体教育不仅是在罪犯教育方法的层面上,而且是在教育理念的层面上来理解的。

一、集体教育的内涵与应用

(一)集体教育的定义

所谓集体教育,是指与个别教育、分类教育相区别,针对罪犯全体,以解决具有共性的问题和建设罪犯教育对象集体为目的的教育活动。集体教育既是一种重要的教育方法,其中也渗透着深刻的教育理念。

(二)集体教育与个别教育、分类教育的比较

个别教育、分类教育、集体教育是罪犯教育活动中具有特色的三种教育方法和形式,这三种教育既有重要的区别,又有一定的联系。

一般来说,任何一名罪犯的身上都具有许多其他罪犯共有的特征,如好逸恶劳、文化水平相对较低、道德水准较差、习惯于从消极面来看问题等。但每一个罪犯又都有其独具的情况,如虽然都是罪犯,但是不同人的犯罪原因、背景不同;虽然文化水平一般都不高,但在文化知识学习过程中的态度表现却有所不同;虽然罪犯在品行上都存在一定问题,但不同的罪犯主观恶性程度却不同,等等。因此,个别教育和集体教育各有其侧重点。个别教育是以解决特殊矛盾为主的一种教育活动,它是针对罪犯个人的特殊情况(如罪犯入狱初期、家庭发生变故、与其他罪犯发生矛盾、受到奖惩等)而展开的教育。集体教育则重在解决罪犯当中存在的普遍性矛盾,如罪犯对特定时期国际、国内形势的看法,对国家现行或修改的法律、法规、政策的认识,对罪行的认识,对刑罚的看法,对监禁环境的心理反应等。要解决这些问题,就需要把他们集中起来,采取讲授、集体讨论、组织参观等形式进行集体教育。分类教育可以视作介于个别教育和集体教育之间的一种过渡教育形式,与个别教育相比,分类教育重在解决普遍性矛盾,更接近集体教育;与集体教育相比,分类教育则重在解决特殊矛盾,又类似于个别教育。但分类教育的突出特点是教育对象具有类型化特征,它所解决的是某一类罪犯的共性问题。从集体教育到分类教育,再到个别教育,罪犯教育活动所要解决的问题越来越具体,越来越具有个别意义。如果反过来看,则三种教育所解决的问题越来越宏观,越来越具有一般意义。

(三)集体教育的应用情形

正因为集体教育与个别教育、分类教育相比有以上的不同,所以一般来说,遇

---

① 关于集体和集体主义的概念,参见中国社会科学院语言研究所词典编辑室编:《现代汉语词典》,商务印书馆 1978 年版,第 519 页。

到以下情况采用集体教育,会取得较好的效果。

第一,罪犯中出现了普遍性问题或某一类型罪犯出现了共同性问题。例如,对新入监罪犯进行的入监教育、对即将刑满释放罪犯进行的出监教育,国家大政方针出台以及新政策、新法律法规颁布之后开展的集体的政策、法规教育。

第二,要对罪犯进行系统的知识技能、政治思想教育或培养良好行为习惯、使之形成社会所期待的价值观念时,一般采用集体教育方法。

第三,需要加强罪犯的组织性、纪律性教育,希望通过集体风气、团队的优良传统建设达到影响罪犯的目的时,一般采用集体教育方法,此时的集体教育则更具有了教育理念的意蕴。

二、作为理念的集体教育

(一)集体教育理念的解读

集体教育不仅是一种行之有效的罪犯教育方法,而且也是一种重要的教育理念。我们之所以这样说,是因为集体教育这种思想的背后体现着社会及监狱机关对罪犯教育活动的价值追求。集体教育不仅是要把罪犯组织起来,进行文化知识的传授,也不仅是由监狱人民警察或其他人做一场报告,它实际上还包含着将罪犯松散、混乱的群体改造成为一个有共同的追求、纪律严明、凝聚力强、荣誉感强,“由于目的一致、行动一致而结合起来的,由管理、纪律和负责任的机关所组织起来的劳动者的自由集团”①的教育理想。作为罪犯教育过程中的教育者的监狱人民警察,不但肩负着向罪犯集体传授文化技术知识、进行政治思想教育、行为习惯养成的重任,还应当保持建设一支罪犯教育对象集体,并使之反过来教育、影响集体中的每一名受教育者的信念,进而还应不失时机地对罪犯进行集体观念的灌输和集体荣誉感的培养。如果用一句话来概括,则集体教育的理念就是苏联教育家马卡连柯所说的“在集体中,通过集体和为了集体进行的教育”②。

如何理解集体这一概念,决定着我们对集体教育理念的认识。如果认为把许多个体的罪犯集中起来进行教育就是集体教育那就大错特错了,此时的所谓“集体”并不是真正的集体,而可能只是一群“乌合之众”(马卡连柯语)。因为集体“并不是简单聚集起来的一群人”③,集体是“具有一定目的的个人集合体,参加这一集

---

① [苏]安·谢·马卡连柯:《论共产主义教育》,刘长松、杨慕之译,人民教育出版社1962年版,第8页。

② 戴本博主编:《外国教育史》(下),人民教育出版社1990年版,第235页。

③ 转引自南京师范大学教育系编:《教育学》,人民教育出版社1984年版,第136页。

体的每一个人是被组织起来的,同时也拥有集体的机构”①。从集体教育的长远目标来说,集体中的成员应当具有一种集体荣誉感和归属感,否则即使将罪犯集中起来也不能算是真正意义的集体教育。

将罪犯集中起来进行文化知识教育、技术培训、习惯养成训练,这是监狱机关普遍采用的方法,但是在运用这一方法的时候,却存在水平上的差距。如果在集中教育的过程中,不能有效发挥集体的影响力、凝聚力,或者只是对其中的单个成员产生影响而没有对集体产生影响,则这种集体教育还只停留在方式、方法的层面,还不能称为真正的集体教育。因为它并没有体现“在集体中,通过集体和为了集体进行的教育”这一集体教育的真义。真正的集体教育则不仅有集中起来的形式,同时还充分发挥了集体潜移默化的教育影响力量,对于罪犯个体形成集体主义的思想产生积极的作用。

(二)理解集体教育理念的两个维度

1. 集体教育体现着社会主义社会对罪犯的要求

提倡集体主义、反对各种形式的个人主义,是社会主义道德的基本原则。与西方社会普遍崇尚的个人主义和自由主义不同,我国在社会交往的过程中提倡集体主义,因而在罪犯教育的实践中所采用的集体教育实际上必然地包含了集体主义的要素。集体主义的基本精神是:集体的利益高于个人的利益,集体利益和个人利益相结合,在集体利益与个人利益矛盾时,个人利益应该服从集体利益。② 这种集体主义精神正是罪犯这一特殊的群体所缺乏的,因而也是罪犯教育过程中应当大力弘扬和培育的。

2. 集体教育体现着罪犯改造的社会性原则

马克思主义认为,人的本质“不是单个人所具有的抽象物。在其现实性上,它是一切社会关系的总和”③。人是社会的动物,人类的需要、情感、道德品质、价值特性等都是通过社会来体现的。在人降生的那一刻起,人便可以称为“人”,但此时的“人”还只是生物意义上的人。只有当人适应了社会,将社会团体的规范、价值观念内化之后,人才可以称为社会人。人从一个生物人逐渐成长为社会人的过程,就是社会学意义上的社会化过程。我们一般称罪犯为有社会化缺陷的人或者称他们身上存在社会化失当现象。总之,罪犯需要在监狱这样一种特殊的环境中重新社会化。我国的监狱通过各种社会教育手段来促进罪犯的社会化,而集体教育实际上

① 转引自南京师范大学教育系编:《教育学》,人民教育出版社 1984 年版,第 136 页。

② 王秉中主编:《简明伦理学》,中国人民公安大学出版社 1995 年版,第 90 页。

③ 《马克思恩格斯选集》(第 2 版第 1 卷),人民出版社 1995 年版,第 18 页。

也可以理解为一种社会化的基本形式。因为在集体中,罪犯个体可以学会适应自己在其中的社会位置,学会与人合作和交往。

第二节　集体教育的特点和意义

一、集体教育的特点

集体教育既可以理解为一种罪犯教育方法,也可以看作是罪犯教育的组织形式,更应当是一种教育理念。在这样的意义上,我们认为,集体教育与个别教育、分类教育相比,有以下特点。

(一)集体教育的优点

1. 严肃性

集体教育是将罪犯群体或某一类罪犯集中起来进行的教育,它同个别教育、分类教育相比,可以使罪犯受到集体气氛的感染、暗示,自觉地遵守教育场所的纪律,从而体现出这种教育形式的严肃性。具体来说,集体教育的严肃性可以从以下几个方面表现出来。

首先,集体教育一般采取班级上课、报告会、队前讲评、座谈会等形式,这些形式比较正规、气氛严肃,容易引起罪犯的重视。

其次,集体教育一般是在通报重要信息、传授文化知识、进行技术训练、行为矫正的时候采用,它解决的是具有共性的相对比较重要的问题。

再次,由于参加的人数多,规格高,组织严密,可以形成群体当中的一种相互感染、模仿和暗示的效应,造成严肃的气氛。

最后,集体教育一般计划性较强,往往是经过精心的组织、安排,由监狱机关指派专人主持,在特定的时间、地点并按照预定的程序进行的。采用报告式集体教育形式时,一般要在会场悬挂标语、横幅,要求罪犯列队入场,同时可能会有工作人员维持会场秩序,这些都体现了集体教育的严肃性。

2. 高效性

与个别教育相比,集体教育的最大优点就是高效性,即可以在单位时间内向几十人、上百人同时传递信息,同时由于集体教育在教育者人力的投入上可以节省,时间同步、地点固定,因而从投入与产出比较来看是一种效率较高的教育组织形式和教育方法。以文化知识教育教学为例,最早的组织形式是个别教学,这种教学组织形式的缺点是效率低下,单位时间内只能向有限的几个人传递信息;为了适应工业革命之后大机器生产对工人知识水平的要求，诞生了班级授课制（课堂教学）这种新的教学组织形式。在罪犯教育中，集体教育和个别教育的关系也基本如此。其他如会议、报告、队前讲评等也可以在较短的时间内以较小的教育资源投入收到较大的教育效果。通过以上形式表扬、奖励罪犯可以影响到集体中的每个罪犯，起到激励、鼓舞作用；通过以上形式批评、谴责罪犯也可以造成很大的声势，形成较为持久的影响，这些表现都体现了集体教育的高效性特点。

3. 组织性

组织性强是体现集体教育的管理性特点。由于集体教育是由多数罪犯参加的教育组织形式，因此教育过程中的管理和组织是教育效果的重要保证，组织性也因此成为集体教育的重要特征之一。一般来说，有多人参加的活动都需要管理和组织，正如马克思所说，"一个单独的提琴手，是自己指挥自己，一个乐队，就需要一个乐队指挥"。"一切规模较大的直接社会劳动或共同劳动，都或多或少地需要指挥，以协调个人的活动。"①管理的实质就是通过特定人（管理者）的领导、计划、组织、协调，充分发挥人、财、物、事、时、空、信息的功效，最大限度地达成活动目的的过程。在罪犯集体教育过程中，监狱人民警察通过计划决策、组织实施、监督检查、总结评价等一系列组织管理手段，最终充分发挥集体教育的功效，达成罪犯教育的预定目标，从而为实现罪犯教育的总目的服务。在这一过程中，组织性是不可或缺的。

4. 激励性

集体教育由于教育对象人数多，因而可以产生一种群体效应，使个别受教育者可以在集体中受到集体情绪的感染、激励，可以有效地起到鼓舞士气、活跃气氛的作用。在本书的第五章，我们提出过"罪犯集体既是教育客体又是主体"的命题，而激励性则突出体现了集体的教育主体特性。监狱人民警察应重视罪犯的集体教育，尤其应重视罪犯集体的培育，这里面暗含着这样一个认识：以群体形式存在的罪犯，一旦被塑造成了一个独具特色的罪犯集体，就可以发挥其教育影响集体中的罪犯个体的作用，而且这种教育影响由于具有"隐性课程"的性质，因此对于罪犯个体的教育作用有时甚至比正规的教育形式更深远、持久。

（二）集体教育的缺点

集体教育有其突出的优点，但同时在教育改造罪犯过程中也有其不可避免的缺点，了解集体教育的优点和缺点可以在改造罪犯的实践中做到心中有数，有利于有的放矢地选择教育方式方法，最大限度地发挥其教育功效。

---

① 马克思：《资本论》（第1卷），人民出版社1975年版，第367页。

集体教育的最突出特点是高效性,即面向罪犯教育集体实施教育行为可以极大地提高信息传递的效率,在单位时间内对众多的罪犯产生影响。但是,正是这一优点,同时也隐含着集体教育的缺陷。监狱人民警察在采用集体教育形式教育改造罪犯时,由于必须面对全体罪犯,因此在教育内容的选择、难度、进度等方面必须考虑到大多数罪犯的接受水平。换言之,集体教育的缺点在于,无法兼顾罪犯的个别差异,在教育改造当中可能出现“吃不饱”或者“消化不了”的现象。

为了避免这一问题,在教育改造实践中,应当将集体教育与个别教育相结合,既要照顾到大多数罪犯,同时也要注意到“两极”罪犯的实际情况:对于接受教育内容有困难的罪犯,监狱人民警察应当采用辅导、小组互助、一帮一结对子等形式使之达到教育要求的水平;对于接受教育影响较为轻松,成绩突出的罪犯,则应当重点培养,推举他们担任小组长,为他们提供发挥自己特长的机会,树立教育改造的榜样,以此来带动罪犯集体的进步。从这个意义上说,个别教育可以看作是集体教育的细化和深加工。

二、集体教育的意义

(一)有利于高效解决罪犯群体中的共性问题

在罪犯教育实践中,不同的教育方法有不同的运用领域,同时也发挥着不同的功效。集体教育的重要意义在于,它可以高效地解决罪犯群体中存在的共性问题,化解普遍性矛盾。

罪犯存在个体差异,但是不同的罪犯个体又存在共性。一方面,从罪犯的内因来看,罪犯道德水平低下、纪律观念淡薄、文化程度不高等问题给监狱人民警察的教育、管理工作带来了阻力。另一方面,外因也会引发罪犯群体某些共同的心理倾向。例如,当国内国际局势发生变化时,当国家修改或者颁布实施新的政策、法律法规时,当监狱机关宣布执行新的规定时,罪犯在思想认识方面可能会产生迷惑和波动。要想解决这些问题和矛盾,单靠分类教育和个别教育无法收到预期的效果。这时就需要采用集体教育的形式,将罪犯集中起来,采用会议、集训、课堂教学等形式纠正思想偏差、提高认识水平。

(二)有利于培育不同层次的罪犯集体

集体教育不但可以解决罪犯群体中的普遍性矛盾,而且有利于改变罪犯普遍缺乏集体意识的状况,有利于培育不同层次的罪犯集体。正如上文所述,集体教育不但是一种教育方法和形式,而且是一种重要的教育理念,培育罪犯集体正是集体教育理念的重要体现。人的发展过程是一种社会化的过程,罪犯在监狱当中接受改造的过程也是社会在对其进行强制性的再社会化。与个别教育、分类教育相比，集体教育在推进罪犯的社会化方面具有得天独厚的条件。通过集体教育可以培养罪犯的合作意识、纪律观念，建设监狱、大队、中队、小队等不同层次的罪犯集体，进而促进罪犯的再社会化。

（三）有利于对罪犯进行思想教育、培养罪犯的行为习惯

罪犯教育的各种方法和手段是否有效，一个很重要的指标是看这种方法或者手段是否能够触及罪犯的思想和灵魂。人类学习活动的一个重要特点是，不仅能通过自身的实践来直接学习，还可以通过同类的实践来间接学习。在罪犯集体中，某些罪犯的良好习惯、合作意识、努力学习和刻苦训练的精神、助人为乐的行为等都会对其他罪犯产生积极影响，而集体中的和谐、互助、团结一致、比学赶帮的气氛也会对罪犯个体产生积极的影响。集体教育的另一项重要内容是帮助罪犯形成良好的行为习惯。罪犯这一特殊的群体中的成员，有着各种不良的习惯，如好逸恶劳、小偷小摸、喜欢以武力解决问题、厌恶学习、撒谎、偷奸耍滑等；从更深的层次来说，还有逃避责任、缺乏诚信、意志消沉、缺乏理性、缺乏合作意识等习惯性的心理特征。这些习惯和心理是在社会生活中逐步形成的，因而也需要一种社会性的教育手段来根除。集体教育拥有一些特殊的形式，在特定的时间、地点，由专门的人员来督促，按预定的计划进行教育，因而在罪犯习惯养成方面有积极作用。

第三节　集体教育的方法与实施

集体教育以解决罪犯中的普遍性问题为主，其特点是在教育过程中注重发挥集体的影响力。从方法和形式上看，有许多具体的教育方法和形式都体现着集体教育的基本精神，以往的教科书的提法各异，如课堂教学法、会议法、参观法、讨论法、示范法、体验法、评比法、会议法、辅导法等。本节主要介绍集体教育的两种形式：会议法和课堂教学法。此两种方法又包括若干种具体的形式。

一、集体教育的方法

（一）会议法

1. 会议法的概念

会议法就是将罪犯集中起来，在特定的时间和地点由特定的宣讲人就某一主题发表见解、介绍情况、进行动员的集体教育方法。会议法具有时间、地点安排灵活

机动,规模随内容可以适当调整等特点,因此是罪犯集体教育当中一种使用比较普遍的方法。

2. 会议法的特点

会议与课堂教学的不同之处在于,课堂教学是依据事先安排好的课程计划按部就班进行的,而召开会议的地点则不固定,在时间上也可以是不定期举行的,具有一定的灵活性。从参与人员来说,课堂教学过程中的各班级罪犯比较固定,而在采用会议法进行集体教育时参与的罪犯可能是属于不同的班级,甚至来自不同的监区。另外,会议法的影响面比课堂教学还要大,是一种信息传播速度更快、效率更高的集体教育方法。

3. 会议的种类

会议的种类有许多,根据会议的内容可以分为专题性会议和综合性会议;根据会议所要达到的目的,可以分为教育性会议、动员性会议和奖惩性会议;根据会议宣讲人的身份,可以分为由监狱人民警察担任主讲的会议、由社会帮教人士担任主讲的会议、由回头浪子担任主讲的会议等。此处我们重点介绍第二种分类方法。

(1)教育性会议

按理说,既然我们是在集体教育方法这一部分来讨论会议法,那么监狱当中针对罪犯举办的所有的会议都是具有教育性的。此处,之所以将第一种会议称为教育性会议是因为此种会议重在向罪犯宣传、讲解国内国际的政治、经济形势以及政策、法律和法规等。这种会议类似于课堂教学中教育者讲授知识,只不过参与的罪犯人数更多,所处的地点一般是在礼堂、会议室之中。

(2)动员性会议

动员性会议是为了完成特定的任务,由监狱人民警察通过会议的形式向罪犯阐明利害关系、讲清道理,激起罪犯参与完成任务的热情的教育形式,其目的在于通过开会使罪犯采取宣讲人所希望的行动。在罪犯教育的过程中,经常要通过举行会议的形式来激励罪犯参与到学习、生产劳动、改造实践中,因此动员性会议又可以分为学习动员、生产动员和改造动员等不同的形式。

(3)奖惩性会议

教育改造在某种程度上来说,就是运用心理学原理来达到转变罪犯的行为模式、心理状态、思想观念的过程。其中,操作性条件反射的原理对于罪犯改造实践具有特殊意义。根据操作性条件反射的原理,罪犯之所以犯罪(尤其是惯犯)很大程度上是由于他们在犯罪活动中受到了正强化,因而使其犯罪行为固定了下来。在改造过程中,监狱机关应反其道而行之,凡是遵守监规纪律的行为都应当奖励(正强化)，凡是违反监规纪律的行为都应当惩罚(负强化)。奖励和惩罚不仅表现在物质上，还包括精神的奖励和惩罚，奖惩性会议就是为了达到奖惩的目的而举行的。

(二)课堂教学法

课堂教学又称班级上课或班级授课，是普通教育中一种教学的基本组织形式。罪犯教育中的课堂教学一般是进行文化、思想、技术传授的重要途径，由于它具有集体教育的一般特征，此处我们将其作为集体教育的一种形式加以介绍。

在罪犯教育当中，课堂教学是把一定数量的罪犯按照知识水平编成固定的班级，根据课程表安排教师(可以由监狱人民警察担任，或者聘任学校里的教师，也可以由文化程度较高的罪犯协助监狱人民警察进行)有计划地向全班的罪犯学员集体上课。课堂教学要求班级的学习内容和进度保持一致，所开设的不同课程由不同的教师担任。在罪犯教育当中，课堂讲授一般适合开展“三课”(思想课、文化课、技术课)教学。实际上，课堂教学不仅是关于“三课”的知识传授的重要形式，而且是进行技能训练、思想熏陶、习惯养成、人格陶冶的重要形式。也就是说，课堂教学既是教学问题，也是教育问题。

在采用课堂教学这种组织形式时，具体的教学方法有多种，详见“文化知识教育”一章。

二、集体教育的实施

由于集体教育参与的人员较多，场面比较严肃、壮观，所以容易引起罪犯的重视。但是，监狱人民警察不能因为集体教育具有这些优点，就忽视了集体教育的准备、组织和善后工作。

(一)教育实施前的计划和准备

教育活动的重要特征就是目的性、计划性、组织性，如果在进行集体教育之前缺乏足够的准备，那么就会降低教育效果，严重的还会引起负面效应。计划和准备工作应从以下几个方面入手：首先，要确立集体教育的主题。由于集体教育的影响面较广，所以对其主题是什么、要解决什么问题，都应认真研究。其次，要制订周密的计划。集体教育涉及的因素多、规格高，因此要求组织者有全局观念，要和狱内各个部门做好协调工作，还要报请狱内最高领导审批。最后，还要注意选择集体教育的主讲人。一般来说，为了增加集体教育的权威性和可信性，应该由专家、部门领导或权威机关的工作人员来担任主讲人。主讲人不仅要具备权威身份，还需要有渊博的知识、良好的口才，要善于讲演，这样才可能增强集体教育的效果。

(二)教育实施中的组织和控制

集体教育过程的控制包括两个方面：一方面，对教育程序、主讲人所宣讲内容、进度的控制。这方面主要是保证教育过程的流畅,内容积极、富有教育性,教育的时间、进度要适宜。另一方面,还要对参与者进行必要的组织、控制。集体教育的对象由于是一个有着诸多劣根性的特殊群体,因此必须做好对会场的管理、控制。应当要求罪犯按照监区、分监区规定位置落座,各个监区、分监区罪犯之间应有间隔。同时,组织最大限度的警力到会场,不仅监区、分监区监狱民警要到场,还要有机动警力在现场布控。为了烘托出一种严肃、权威的教育氛围,还可以在教育场所周围张贴一些与教育主题有关的标语,参加教育的监狱民警应着装整齐、态度严肃。

(三)教育实施后的讨论和落实

为了加深印象、消化理解集体教育的内容,增强教育的效果,应当在教育结束后安排时间组织罪犯参加讨论。监狱人民警察可以就教育中的重点、难点部分进行讲解,同时鼓励罪犯发表见解,允许罪犯自由议论,最后由监狱人民警察就基本观点进行总结、把关。为保证落实到位,可以要求罪犯根据集体教育的内容,结合自己的情况,拿出落实措施,写出保证。

研究与思考

1. 如何理解集体教育与个别教育、分类教育的关系?
2. 如何理解作为理念的集体教育?
3. 集体教育的优缺点有哪些? 如何克服集体教育的缺点?
4. 在集体教育实施中应当注意哪些问题?

第十四章　分 类 教 育

重点提示

1. 罪犯分类教育是指监狱在对不同类型的罪犯实行分类关押、分类管理的基础上，根据不同类型罪犯的特点，提出不同的教育要求，并根据其类型特点，选择不同的教育内容和方法所进行的有针对性的教育活动。

2. 未成年犯的教育原则是坚持教育为主、惩罚为辅的原则。未成年犯的教育方法包括：集体教育与个别教育相结合；课堂教育与辅助教育相结合；所内教育与社会教育相结合。

3. 女犯的教育改造对策包括：精选教育内容，强化教育引导；遵循宽严相济的原则，教育改造女犯；强化社会性别教育，适应社会生活需要；整合社会资源，强化社会帮教；运用艺术教育，矫治改造女犯。

4. 老病残犯的教育改造对策包括：注重感化教育；加强兴趣爱好的培育；强化亲情教育；重视心理健康教育。

5. 教育转化顽危犯的方法包括目标激励法、解决问题法、矛盾化解法、个别谈话法、亲情帮教法。

第一节　分类教育概述

一、罪犯分类教育的概念

罪犯分类教育，既是我国《监狱法》规定的罪犯教育的基本原则，又是罪犯教育的重要方法。辩证唯物主义认为，任何事物都有着普遍性和特殊性，罪犯同样也是这样，他们有触犯刑法、被依法执行刑罚的共同性，但从犯罪性质、年龄、性别、服刑期限、改造阶段、改造表现等来看，又是不同的，都有一定的特殊性。因此，在针对罪犯的普遍性特点开展共性教育的同时，为了切实提高罪犯教育改造质量，必须根据他们不同的性质和特点,根据监狱场所硬件设施和管理的要求,把在押罪犯分成各种类型,分别进行教育,解决好教育改造针对性和有效性的问题。

罪犯分类教育是指监狱在对不同类型的罪犯实行分类关押、分类管理的基础上,根据不同类型罪犯的特点,提出不同的教育要求,并根据其类型特点,选择不同的教育内容和方法所进行的有针对性的教育活动。

罪犯分类教育既是罪犯特殊性教育的一个重要方法,也是介于罪犯集体教育与罪犯个别教育之间的一种中间层次的教育形式,发挥着其他教育方法所不能取代的特有的作用。与罪犯集体教育相比,范围虽然缩小了,但工作要求更细致,更要体现针对性。与罪犯个别教育相比,虽然着眼于罪犯类型,但它通过解决各类罪犯的共性问题,为罪犯个别教育奠定了坚实基础,创造了有利条件。实践证明,只有按照各类罪犯的不同特点实施教育,才能有效促进罪犯改造。

二、国外罪犯分类制度的历史发展

罪犯分类制度并不是近年来才出现的新事物,伴随着现代意义上的监禁刑在16世纪欧洲的起源,罪犯分类制度从萌芽到不断完善,也经过了漫长的发展历程。早在1595年,荷兰政府将阿姆斯特丹的维兹拉修道院改为女子监狱,实行男女罪犯分押,成为罪犯分类制度的萌芽。18世纪中期,英国监狱改革家霍华德提出要根据罪犯的性别、犯罪的严重程度、精神健康状况等,对罪犯实行分别关押。1773年,美国建成沃尔特街监狱,根据罪犯的犯罪性质实施分别关押。1872年,国际监狱会议召开,对罪犯分类制度、累进处遇制度等行刑制度进行了广泛探讨,推动了罪犯分类制度的发展。1928年,美国成立了分类委员会,由专职人员对受刑人进行个别调查,根据调查结果确定个别化处遇。1931年,美国监狱协会进而成立了受刑人个别调查及分类处遇委员会,制定了《矫治机构分类纲要》。这一时期,英国、德国、日本等国家也都大力推进以罪犯分类制度为主要内容的监狱制度改良。第二次世界大战以后,罪犯分类制度取得了较快发展,分类理论、方法、体系得到了进一步创新和完善。1950年,第十二届国际刑法和刑务会议上,对分类制度概念进行了规范,即"首先按年龄、性别、前科、精神状态等因素的不同,将罪犯分别集中关押在特殊的监狱内,然后再在各监狱内将罪犯细分成各种小组"。经过长期的发展,以美国为代表的西方发达国家形成了较为成熟和科学的罪犯分类制度。

三、我国罪犯分类教育的历史发展

我国现代监狱制度下的分类教育,从严格意义上讲,应该起源于清末监狱改良运动以及中华民国时期的新式模范监狱中。当时不少监狱引进西方资本主义国家“教育”的概念和工作模式，在监狱中有“教诲师”专门对罪犯进行思想教育。“教育”的内容中，已经有了“类别教育”的概念和内容，出现了“入监教育”和“出监教育”的形式以及对不同类型罪犯实行不同内容教育的探索。尽管这种“类型教育”可能有名无实或收效甚微，但监狱学含义上的分类教育，当起源于此。1949 年以后，我国监狱系统的罪犯分类教育大致经历了三个发展阶段。

（一）罪犯分类教育的萌芽阶段

1949 年以后，在 20 世纪 80 年代以前，我国的监狱行政法规也曾对罪犯的分类教育作出规定。例如，1954 年政务院公布施行的《劳动改造条例》规定，“对已判决的犯人应当按照犯罪性质的罪刑轻重，分设监狱、劳动改造管教队给以不同的监管”，包括给予不同的教育。1962 年公安部制定试行的《劳动改造管教队工作细则（实行草案）》规定，监狱、劳改队应当对各类罪犯分别编队、分别关押，区别对待，并对不同性质的罪犯分别地、有步骤地进行政治、文化和技术教育。1982 年公安部颁发的《监狱、劳改队管教工作细则（试行）》要求对罪犯实行“分管分教，区别对待”。在工作实践中，全国各地的监狱、劳改队按照监狱行政法规的有关规定，对在押罪犯按犯罪性质、性别、刑期、年龄进行了初步的分押、分管、分教。除了专门建立战犯管理所，对国民党战犯、日本战犯、伪满战犯等单独关押，专人管教外，不少单位对反革命犯、累惯犯、少数民族犯、原系县（团）以上干部的罪犯、外籍犯等都给予了不同的监管和教育。由此可见，罪犯分类教育在我国监狱工作的创建阶段就已经提出，并在一定的范围内付诸实践。当然，由于诸多原因，那一阶段的罪犯分类教育还停留在粗放、感性的阶段，还没有从全局着眼，将罪犯的犯罪类型按改造需要统筹地、细致地予以科学分类和施教。

（二）罪犯分类教育的兴起阶段

随着改革开放的深入和监狱工作的发展，罪犯分类教育在实践中获得突破性发展的条件逐渐成熟。1986 年，上海白茅岭农场率先进行了分类改造的试点，对性犯罪罪犯和盗窃犯进行了分类教育的探索，其他省、市也有一些基层单位进行了类似的实验。1989 年，全国监管改造工作会议肯定并推广了上海白茅岭农场和其他试点单位的经验，将分类教育与分押、分管并提，集中表述为分押、分管、分教工作，正式列为新形势下强化监管改造工作的重大措施。司法部劳改局在会后制定印发了《关于对罪犯实施分押分管分教的试行意见》，对“三分”工作的总体设想、分押标准、处遇形式、分类施教、实施步骤等作出了原则性的规定。总的精神是在原有实施初级层次分押的基础上，进一步以犯罪性质为主分押，根据不同类型罪犯具有的特点，施以不同的监管、教育、劳动措施。这次会议拉开了新形势下在全国推行“三分”包括罪犯分类教育工作的序幕。

1991 年，司法部在总结部分监狱罪犯分类工作的基础上，制定出台了《对罪犯实施分押、分管、分教的试行意见(修改稿)》并在全国各地贯彻实施，对罪犯分类教育工作的进一步发展起到了推动作用。该意见提出，“搞好分类教育，首先要确定和掌握罪犯的基本情况，然后在分类关押的基础上，根据罪犯的恶习程度、文化程度和接受能力，实行类中分层编班，分别施教。在搞好课堂教育的同时，注意通过监区环境建设，对不同类型的罪犯有针对性地进行相应的环境布置，施以环境熏陶、气氛感染，在潜移默化中达到矫治犯罪思想的目的”。

这段话对分类教育的运作模式和教育环境的运用表述是深刻的，它反映出当时全国监狱系统对分类教育的理性认识已经达到了一定的深度。1994 年《监狱法》公布实施，将“分类教育”作为教育改造工作的原则以法律形式予以肯定。这标志着罪犯分类教育已完全纳入法治化轨道。

2003 年颁布实施的《监狱教育改造工作规定》(司法部令第 79 号)第二十条规定：“监狱应当根据罪犯的犯罪类型，结合罪犯的危险程度、恶性程度、接受能力，对罪犯进行分类，开展分类教育。”2007 年司法部印发的《教育改造罪犯纲要》提出，“要根据不同类型、不同罪犯的实际情况，实施分类教育和个别教育”，并在随后下发的《监狱教育改造罪犯工作目标考评办法》中对实施分类教育的机构、人员和工作效果进行了标准量化。根据这些法律法规和文件，逐步形成了我国监狱的罪犯分类制度：按照罪犯的性别、年龄，把罪犯分为男犯、女犯和未成年犯分别关押、管理和教育；按照罪犯的刑期长短，把罪犯分为重刑犯和轻刑犯分别关押、管理和教育；按照财产型、暴力型、性欲型和其他类型的犯罪性质，监狱内部相对集中关押进行管理教育；按照罪犯的改造表现和服刑时间，结合犯罪性质和危险程度，对罪犯实行从严、一般、从宽分级处遇。

(三)罪犯分类教育的发展阶段

随着监狱工作的改革发展，近年来罪犯分类教育制度也不断创新发展。2007 年司法部等五部委《关于进一步推进监狱布局调整工作的意见》提出“根据对罪犯管理和改造的需要，逐步按照高度、中度、低度三个戒备等级对监狱进行分类建设和管理；根据押犯构成情况，按照分押分管的要求，新建或改建部分关押女犯、未成年犯、涉毒犯、特殊病犯、老残犯等监狱和监区”。各地参照新的《监狱建设标准》，新建或改建了一批中度戒备、高度戒备监狱(监区)，分别关押不同危险程度的罪犯，采取不同的管理教育措施。多数省(区、市)因地制宜进一步推进了专门的老残犯、艾滋病犯、涉毒犯、职务犯、新收犯、出监监狱或监区的建设。例如，上海南汇监狱、北京市延庆监狱专门关押改造老病残犯，上海市设立专门的新收犯监狱和关押短刑犯以及临释犯的五角场监狱，湖南省将星城监狱作为专门出监培训监狱。

第二节　未成年犯的教育

一、未成年犯的概念和特点

（一）未成年犯的概念

未成年犯，是指在监狱服刑的已满12周岁未满18周岁的罪犯。这一概念有以下三层含义：

1. 未成年犯是实施了犯罪行为并被追究刑事责任的未成年人

依据我国有关法律规定，已满18周岁的人是成年人，未满18周岁的人是未成年人。未成年人在实施犯罪时，必须达到相应的刑事责任年龄，才应承担刑事责任。

2. 未成年犯必须是交由监狱执行刑罚时尚未成年的罪犯

未成年犯，是指在判决生效后，交付监狱执行刑罚时尚未成年的罪犯，还必须是依法交付监狱执行的未成年罪犯。

我国专设未成年犯管教所负责对由监狱执行的未成年犯执行刑罚。未成年犯管教所是监狱的一种类型，与其他类型的监狱一样，是国家的刑罚执行机关。

3. 未成年犯还必须是服刑改造期间不满18周岁的罪犯

有些罪犯在交付执行时尚未成年，但在服刑改造期间已满18周岁，而且刑罚尚未执行完毕，则要被转送成人监狱继续服刑改造，就不属于未成年犯了。但是，当罪犯满18周岁时剩余刑期不超过两年的，仍留在未成年犯管教所执行剩余刑期。对这一部分罪犯，适用对未成年犯的管理规定。

（二）未成年犯的特点

1. 思考问题片面性和主观性较强

相比较成年犯来讲，未成年犯正处于人生的成长时期，他们具备了一定的社会认知能力，但又对一些社会问题特别是法律问题缺乏深入、客观的认知。实践中，他们对自己的犯罪行为、犯罪原因、犯罪危害以及改造的积极意义等，都缺乏科学、深入的认识。甚至有不少未成年犯在服刑期间仍然认为自己的行为不构成犯罪，是自己恰好碰上了严打，因为倒霉才会进来的。

2. 情绪调控能力较差

未成年犯心智发育不成熟,导致其对自己情绪的调控能力较差,容易因为一点小事而兴奋激动或怒不可遏,情绪的冲动性较明显,在冲动情绪支配下易产生盲目的行动,产生对人、对己都不利的危害结果。

3. 有浓厚的自我中心观念

未成年犯在进所之前大多是家里的“小皇帝”“小公主”,在入所之后,仍然没有改变这种观念,凡事都以自我为中心,要求人人为己,却将别人的需求置之度外,稍有不顺就感情用事。

4. 大多贪图享受

与成年犯相比,未成年犯的需求还处于比较低的层次,他们在未成年犯管教所里仍然贪图享受,追求高消费,频繁伸手向家人要钱,以满足自己的私欲。

5. 思想可塑性强

与成年犯相比,大多数未成年犯道德观念尚未成形,人生观和价值观还处于漂移阶段,对社会尚没有形成固定的看法,思想可朔性较强,更容易通过教育消除人身危险性从而顺利回归社会,这也是其区别于成年犯最大的特点。

二、未成年犯的教育的原则和方法

(一)未成年犯的教育原则

《未成年人保护法》第一百一十三条第一款规定:“对违法犯罪的未成年人,实行教育、感化、挽救的方针,坚持教育为主、惩罚为辅的原则。”《监狱法》第七十五条第一款也规定,对未成年犯执行刑罚应当以教育改造为主。未成年犯的劳动,应当符合未成年人的特点,以学习文化和生产技能为主。这些法律法规为教育改造未成年犯提出了基本要求,即坚持教育为主、惩罚为辅的原则。

(二)未成年犯的教育方法

根据《未成年犯管教所管理规定》,对未成年犯的教育采取集体教育与个别教育相结合,课堂教育与辅助教育相结合,所内教育与社会教育相结合的方法。

1. 集体教育与个别教育相结合

集体教育解决的是未成年犯的普遍性问题,个别教育主要解决的是未成年犯的具体问题。《未成年犯管教所管理规定》要求:“根据未成年犯的案情、刑期、心理特点和改造表现进行有针对性的个别教育,实行教育转化责任制。”因此,在日常管理中应根据未成年犯的犯罪类型、家庭环境、成长经历、心理特点等方面细化分类进行有效管理教育,并根据未成年犯的具体情况制定差别化、个性化的教育方案,分析其不良行为产生的原因,查找其犯罪根源,有针对地制定教育改造措施。

2. 课堂教育与辅助教育相结合

为了提高教育改造效果,除了课堂教育这种常规的教育形式,未成年犯管教所还应当采取多种形式的辅助教育。利用黑板报、宣传栏、报刊、广播等形式,宣传新人新事,激发未成年犯的改造热情;定期开展健康有益的读书会、朗诵会、演讲会,发展未成年犯的智力;成立文艺宣传队,举办文艺晚会,自编自演,活跃所内生活;组织体育活动,举办运动会,开展球类、棋类比赛,锻炼身体、陶冶情操。同时,还可以组织未成年犯观看富有教育意义的电视剧、电影,接受革命传统教育;邀请改造好的典型作报告进行现身说法等。

通过这些生动活泼的形式,来提高他们的思想认识,激发、增强他们参与教育活动的积极性,增加正能量,真心实意地接受教育改造。

3. 所内教育与社会教育相结合

未成年犯管教所在开展多种形式所内教育的同时,还应当对未成年犯进行形式多样的社会教育,利用社会力量参与教育感化未成年犯的工作。譬如组织未成年犯到敬老院、儿童福利院等帮助孤残儿童,照顾孤寡老人,为老人清扫房间、读书读报等,体验帮助他人给自己带来的快乐,增强他们的社会责任感和正确的劳动观念;聘请专家、军人、教师、道德模范和在校大学生作为志愿者,与未成年犯结对开展帮教活动,给这些失足的未成年人传递正能量,抑制不良思想文化的侵蚀,使他们受到熏陶和教育;邀请未成年犯的亲属来所参观、恳谈、联欢、共餐,进行亲情教育,让未成年犯感受到亲人的关爱与温暖,坚定改造信心。

三、未成年犯的教育对策

(一)以塑造社会品格为主,开展思想教育

法治教育、道德教育、观念教育和爱国主义教育是未成年犯思想教育过程中始终应当加强的教育内容。

1. 法治教育

未成年犯之所以走上违法犯罪的道路,大多数情况下归因于其法治观念淡薄,法律意识不强。对未成年犯进行法治教育,就是要其对基本的法律理论有所了解,对自己的行为为什么触犯法律以及怎样触犯法律有更深层次的认识,促使他们从内心深处认罪服法,安心接受改造;同时对未成年犯进行法治教育也有利于未成年犯认识到法律的威严,在以后的生活中用法律标准来约束自己的行为,确保自己不再重新犯罪。

2. 道德教育

对未成年犯进行思想教育应当始终突出以道德教育为主线。道德教育包括:社会公德教育,包括爱国守法、明礼诚信、团结友善、勤俭自强、敬业奉献等;家庭美德教育,包括爱心教育,即尊老爱幼、互相体贴等;劳动教育,即生活自理,积极从事所务劳动等;个人修养教育,包括文明礼貌教育、良好的品行教育以及正确的义利观教育。

3. 观念教育

观念教育,即对未成年犯进行人生观和价值观教育,这是未成年犯思想教育工作的最高目标之一。对未成年犯进行观念教育,就是要通过有意识的教育活动纠正其扭曲的人生观和价值观,帮助其重新树立正确的人生观和价值观。

4. 爱国主义教育

未成年犯相较于普通的中学生,其国家观念较为淡漠,加强未成年犯的爱国主义教育,引导未成年犯树立正确的理想、信念、人生观、价值观,将对未成年犯的人生产生极其深远的影响。因此,未成年犯管教所应当把未成年犯的爱国主义教育当作一项重点工作来落实。

此外,在思想教育当中,还应当组织多种形式的实践活动,如未成年犯管教所要定期举行升旗仪式,开展成人宣誓活动等。

(二)以九年义务教育为主,开展文化教育

未成年犯管教所应根据未成年犯的文化程度,分级编班,进行课堂化教学,分别开展扫盲教育、小学教育和初中教育,有条件的可以开展高中(中专)教育,并鼓励未成年犯参加各种高等教育学习。未成年犯管教所还应积极探索,努力将未成年犯义务教育纳入当地的教育规划,从师资培训、教学安排到考试考核都由当地教育部门统一管理,规范未成年犯的义务教育工作,以提高教育水平。

(三)以职业技术教育和技能培训为主,开展技术教育

一是结合所内生产项目开展职业技术培训,使未成年犯掌握所内劳动技能,矫正好逸恶劳的恶习;二是结合未成年犯刑满后就业需要开展技能培训,使其掌握就业谋生的一技之长。未成年犯管教所还应联合社会力量办学,开展与学校、社会企业、社区等单位共建活动,帮助未成年犯顺利就业,这对预防未成年犯再犯罪有着重要作用。

(四)以培养健康人格为主,开展心理健康教育和心理矫治

未成年犯管教所应当成立心理健康指导中心,开展心理测验、心理评估、心理咨询和心理疾病治疗等心理矫治工作,帮助未成年犯破除犯罪心理架构,消除不良心理,促使其心理结构向良性方向转化,建立守法心理结构。并对他们进行心理健

康教育,宣传心理健康知识,使他们学会自我调节、自我矫治,从根本上提升未成年犯的心理健康水平,降低重新犯罪率。

第三节　女犯的教育

一、女犯的特点

女犯群体与男犯群体相比,具有特殊的基本结构。女犯在生理、心理和服刑行为等方面也具有一些显著的特点。《监狱法》明确指出,对女犯的改造,要照顾其生理和心理特点。根据这一精神,我国女犯监狱、女犯监区对女犯实施了带有自身特色的管理教育活动。一般来说,女犯具有以下特点:

(一)感情脆弱,易于反复

女犯一般情感比较细腻、脆弱,其言语、行动多受情绪影响。遇到矛盾、问题不善于控制自己的感情,情绪变化激动强烈,加上自身意志力薄弱,经受不住挫折,遇有她犯讽刺挖苦或没有及时得到好评,很容易产生气馁情绪。脆弱的心理素质,使女犯在改造中时好时坏,常出现阶段性反复。

(二)心胸狭隘,敏感多疑

多数女犯由于文化水平低、素质差,导致理解及判断能力差,狭隘多疑,偏见固执。女犯之间常因一些小事而纠缠不清,甚至互相报复。自己被批评后,便怀疑为她犯所检举揭发,或认为民警有意和自己过不去。有的女犯特别注意观察周围人的言行,无端地认为她们在议论、讽刺自己,严重的会产生被害妄想,精神萎靡消沉。

(三)爱慕虚荣,贪恋享受

不少女犯好吃懒做,贪图享乐,有强烈的虚荣心,好出风头,爱表现自我。不顾监规纪律的约束,在有限的条件下,想尽各种办法来梳妆打扮,讲究穿着,显示出极强的攀比心理。

(四)渴望亲合,依附性强

女犯多有较强的归属感,在监狱这个特殊的环境中,迫切需要在狱内寻找友情,故选择同监舍或同案情或同乡的女犯,相互结成"对子",在生活上相互关心、照料,在精神上互相寄托、慰藉,在与其他罪犯发生矛盾时相互支持。

(五)思亲恋家,渴望亲情

绝大多数女犯平素很少长时间离开家,如今身陷囹圄,归期遥遥,思亲念家之苦时时刻刻在折磨着她们。因思念亲人而神不守舍,严重者竟不进饭食,终日哭泣,悲痛欲绝。亲人的接见、来信和寄来包裹,能使其感受到幸福和安慰,并增添几分积极的改造动力。但若长期与家庭缺少联系,则情绪低沉,对改造也失去信心,甚至产生消极抗改的行为。

二、女犯的教育对策

(一)精选教育内容,强化教育引导

针对女犯法制观念淡薄的特点,重点应以刑法、监狱法、民法典(婚姻家庭编)、民法典(继承编)等法律规范进行法制教育。通过讲解条文、以案说法、现身说法等方式,促使她们提高认识,加深认罪感,心悦诚服地接受改造。针对女犯因文化程度低而导致犯罪的特点,文化教育必不可少。要在她们原有的基础上提高一个层次,鼓励她们自学成才,为她们接受新事物和其他教育创造条件。职业技术教育应着眼于回归社会后的就业出路,对女犯的技术培养要因人制宜,应考虑投资少又适合女性特点的项目,如裁剪、美发、烹调、纺织、刺绣、家禽饲养、医疗卫生等,真正使她们掌握一种适应生存和当前社会需求的劳动技能。

(二)遵循宽严相济的原则,教育改造女犯

《监狱法》第三十九条明确规定:"监狱对成年男犯、女犯和未成年犯实行分开关押和管理,对未成年犯和女犯的改造,应当照顾其生理、心理特点。"对女犯的管理、教育,要针对女犯的特点,遵循宽严相济的原则来进行,寓管于教。要在生活卫生上和奖励上从宽,在狱政管理、教育方面从严。根据女犯普遍比较讲究卫生、爱面子、心理承受能力差的特点,适当提高她们的生活卫生水平。女犯的食量一般比男犯要小一些,在同等的标准内就可以做得精细一些。另外,考虑到女性的生理需要,在饮食上要注意铁、钙、锌等微量元素的补给。做好经期、更年期和老年期女犯的卫生保健。女犯的劳动时间,应当严格按照有关规定进行控制,即每天不超过 8 小时,平均每周不超过 48 小时。正常情况下,不许安排女犯加班加点,特别是禁止连续性的加班加点。多运用物质奖励、表扬、减刑等手段去调动她们改造的积极性。同时,要注重情感教育,管教民警应满怀热情地对待女犯的生活、改造和学习,注意发现其心灵深处的"闪光点",在可能范围内尽最大努力帮助女犯解决情感纠葛、家庭矛盾、孩子抚养、身体疾病等问题。另外,应注意恩威并施,掌握其思想动态。对出现的违规行为及时抓住,准确处理;对其改造中的虚假言行及时揭露,坚决打击,不给可乘之机。

(三)强化社会性别教育,适应社会生活需要

实践中我们了解到女性罪犯中许多人除了法制观念淡薄、人格有缺陷之外,还严重缺乏性别平等意识。特别是情感型、暴力型、利欲型犯罪动机的女性罪犯,模糊

了女性的内涵,有的把自己变成亲属关系的男性达到某种政治目的或者经济目的附属品;有的完全缺乏自主意识,更不知道自己还拥有法律保护的权利。她们甘居卑微的"第二性",淡化了独立人格的建立和自我保护意识。她们不懂得承担或应该承担哪些社会职责和义务,更不知道自己拥有什么样的权利,该如何在社会中定位。因此,在纷繁复杂的社会转型中迷失了方向,走入了歧途,最终导致受到法律的制裁。对此我们要有针对性地开展社会性别教育,力求唤醒女性罪犯的性别平等意识,全面提高女性罪犯的素质。

第一,帮助女性罪犯实现性别意识的觉醒,开展诸如"女性沙龙""头脑风暴"等,组织干警与罪犯共同讨论"谁能给我幸福",让罪犯在参与中受到性别意识的教育,弄清"靠人,人会跑,靠山,山会倒,只有靠自己最好",所以幸福只能是靠自己去创造,达到唤醒性别平等意识的教育目的。

第二,帮助女性罪犯纠正沿袭已久的社会性别的传统观念,将她们过去的感性的、下意识的性别经验,提升为女性罪犯群体共同的、理性的自觉认识和行动。树立正确的社会性别平等的观念,增强自信和主体意识,主宰好自己的命运。

第三,引导、教育、矫正女性罪犯从"监狱人"向"社会人"过渡的过程中,既要将女性罪犯改造成为遵纪守法的公民,又要将她们培养成拥有独立人格、独立经济地位、独立社会交往的好女人。

当女性罪犯的性别意识得到增强,她们的人格就能得以重建,自尊、自信、自立、自强的精神就能进一步提高,重新树立起生活的希望,树立正确的人生观、价值观。

(四)整合社会资源,强化社会帮教

注意发挥社会和家庭在女犯改造中的作用,动员和利用社会力量,参与、支持女犯改造工作。譬如邀请社会名流、英雄模范、道德模范、特级教师、女法官、女检察官、女律师、女企业家来监狱对女犯实施帮教;定期组织罪犯家属来监狱参观、恳谈、联欢、共餐,进行亲情教育,促进女犯转化;发动社会文化、文艺、医疗机构和团体送书、送艺、送医进监;利用社会的专家优势资源,在女犯中开展法律咨询、心理辅导等活动。让女犯感受到社会关爱与温暖,从而减少入狱的挫折感,重新萌生亲近社会的愿望,为女犯将来顺利回归社会做好心理准备。

(五)运用艺术教育,矫治改造女犯

艺术矫治是一种让罪犯乐于参加、乐在其中、收效显著的思想教育和心理健康教育的形式。运用美术、音乐等的基本原理和方法,使女犯在参与绘画、唱歌、跳舞的过程中,受到潜移默化的艺术熏陶,学会欣赏、表达真善美,逐步实现自我教育,自我反思,自我提高,自我超越。

第四节　老病残犯的教育

一、老病残犯的概念和特点

老病残犯,顾名思义,即老年犯、病犯、残疾犯。“老年犯”是指男性年满60周岁,女性年满55周岁的罪犯。“病残犯”是指长期患有某种或几种疾病以及身体有残疾的罪犯。

在依法治监的新时期,对罪犯管理日益规范、严格,老病残犯单独关押、单独管理和单独教育已成为常态。首先,老病残犯与年轻健康罪犯相比较,劳动能力、生活能力和反应能力低下,长期共同关押,势必使老病残犯增强自卑感,丧失进取心,缺乏接受改造的动力,不利于调动这一群体的改造积极性。在以老病残犯为主体的监狱、监区中,他们的起点、特点基本一致,有利于激励他们树立信心,增强改造积极性,使其接受改造。其次,从监管单位来看,老病残犯在以年轻健康罪犯为主体的监狱、监区里只是少数的特殊群体。监狱在管理教育和组织劳动中,注重针对年轻健康罪犯的特点,老病残犯则往往被忽视。在老病残犯监狱、监区里,老病残犯是改造单位主要的工作对象,在看押看管、教育改造、组织劳动等方面能更有针对性,使这一特殊群体接受惩罚和改造。最后,从监狱系统看,把老病残犯从其他监狱、监区分离出来,完善了监狱系统的分押体制,使各监狱、监区能分别根据自身特点加强惩罚与改造的功能。

老病残犯虽然在押犯构成中比例小,但问题却很多,改造难度大,刑罚执行成本高。一般来说,他们具有以下几个特点:

(一)身体状况差,学习、劳动能力差

绝大部分老病残犯体弱多病,多数患有长期的慢性病。有的罪犯肢体功能残缺、畸形,部分罪犯患有高血压、心脏病、糖尿病等危病症,个别罪犯长期卧床,有的罪犯长期住院,处于反复抢救、治疗的危重状态。较差的身体状况,使这部分罪犯在参加学习和日常劳动等活动中的难度加大,学习和劳动能力受限,成为组织培训和生产劳动的最大“瓶颈”,难以安排合适的改造岗位。有的罪犯生活不能自理,甚至连学习也不能正常参加。

(二)心理脆弱,意志消沉

老病残犯的思想,常处于强烈的自我封闭和严重的自我否定之中,心理畸形扭曲,不愿自我外漏。他们大多缺乏自信,同时对身边的事物又过分敏感、疑神疑鬼、

神经质。在孤独、自扰、苦闷及自卑的心境下,对待事物偏激,存在人格障碍者占相当比例。

(三)精神孤独,渴望被关注

老病残犯内心通常有较强的孤独感,他们因身体状况和自身的衰老不善于主动融入周围的环境,在人际交往方面也显得比较谨慎,内心有较强的孤独感。但他们又渴望与人交流,得到别人的关心和尊重,害怕被人忽视,这就使他们平时的语言和行为之间存在较大的反差,一方面总是强调自己与周围人之间的不和谐,另一方面又总是用一些意想不到的甚至过激的言行来引起周围的人的注意。

(四)思想僵化,改造难度大

大部分的老年罪犯,其人生阅历较为复杂,思想固执,价值观相对定型,认知也较难改变,不愿接受新生事物;残疾犯绝大多数因身体缺陷,自闭感较重,心理扭曲失衡,抑制甚至仇视健康人;对于患病罪犯,因长期受疾病的困扰,其内心深处始终处于渴望健康又无法改变现状的错综复杂而又极其矛盾的心态之中,表现为心灰意冷,缺乏改造动力。这些人普遍对外界事物冷漠,习惯原有的思维定式。

二、老病残犯的教育对策

(一)注重感化教育

老病残犯的情感丰富且复杂,受暗示性强,对外界发生的事情容易将其影射到自己的身上并进行比较,引起情绪波动。当他们的情绪产生变化时,管教民警要认真观察,及时了解其内心的思想动态,给予充分的关心和帮助,促进其改造。

因为老病残犯年龄偏高或身体存在疾病、缺陷,所以在安排劳动任务时要从轻,要针对老病残犯的特点,充分利用其一技之长,组织开展一定的劳动。例如,安排他们打扫卫生、出板报墙报、办新生小报、理发等。同时,要从生活卫生和解决其实际困难入手,为其排忧解难,实施感化教育。例如,监狱的设计、建造充分考虑老病残犯的生理特征和生活习惯,增设无障碍通道、升降电梯、防滑垫、防撞扶手、呼叫按钮等诸多人性化设计,残疾人监区修筑盲人通道,有效防止跌跤造成的损伤;监舍卫生间安装坐便器和淋浴喷头,方便老病犯入厕、淋浴;组织护理人员为长期卧床的重病残犯擦洗身体,防止出现褥疮;对老年犯和病犯实行不同配餐制等。

(二)加强兴趣爱好培育

老病残犯大都没有兴趣爱好,加之每天空闲时间长,如果没有一定的兴趣爱好,则他们的改造生活将会非常难熬和乏味,久而久之便会衍生出很多消极思想。因此,为丰富老病残犯的改造生活,加强教育的时效性,监狱可在老病残犯中以固定的作息安排,开展书法、绘画、太极拳、刺绣、乐器等兴趣爱好培训班;可在他们当中开展中国儒家文化、佛教文化教育;可在他们当中常规开设唱歌、讲故事、读报等特色班,使监狱老病残犯的教育内容丰富而又符合其需求,教育手段多样而又富有成效。在培育老病残犯兴趣爱好的同时,更使他们感受到在监狱改造中老有所学、老有所依、老有所乐,从而坚定改造的信心与决心。

(三)强化亲情教育

亲情是每一名罪犯改造生活的精神支柱,这一支柱一旦坍塌,罪犯的改造就会非常的艰难,尤其是监狱的老病残犯。监狱要充分运用好亲情要素,在安全与合法前提条件下,为老病残犯创造条件开展好亲情教育。监狱罪犯亲情要素包括亲情寄语、亲情电话、亲情短信、亲情信件、亲情会见、亲情会餐与亲情帮教等。监狱可制定老病残犯亲情教育实施办法,来加强对老病残犯的亲情教育,使老病残犯在改造生活中能时刻感受到亲人对他们的关心、关爱、期望和鼓励,增强亲情获得感,从而增强改造生活的信心与勇气。

(四)重视心理健康教育

老病残犯在监狱改造的思想与心理压力是可想而知的。为此,监狱必须加强对老病残犯的心理健康教育。一是要制订具体的心理健康教育计划,定时开展对老病残犯的心理健康教育;二是对思想、心理问题突出的罪犯,要安排专门的心理咨询师,开展好个体心理咨询和心理危机干预,进行有针对性的心理辅导和矫治;三是针对老病残罪犯在不同时期普遍存在的心理问题,开展心理团体辅导,促使他们提高对心理健康的认知水平,增强心理活力,提高心理健康水平;四是做好对精神病罪犯的心理治疗,注重对精神病罪犯的病情跟踪,掌握发病规律,适时开展好病情救助与医治。

第五节　顽危犯的教育

一、顽危犯的认定及特点

顽危犯是顽固犯和危险犯的合称,是指在服刑期间不认罪服法,顽固坚持抗改立场、观点、心理以及存在危害监管秩序、违法犯罪可能的罪犯。前者一般都有长期的劣迹,思想顽固而行为的适应性强;后者的危险主要在于心理潜在的,其现实危险往往因突发事件引起,两者既相通又交叉。

对于顽危犯的认定,司法部的《监狱教育改造工作规定》第二十一条提出了认定“顽固犯”的五条标准以及认定“危险犯”的五条标准。一般有下列情形之一的，认定为顽固犯：拒不认罪、无理缠诉的；打击先进、拉拢落后、经常散布反改造言论的；屡犯监规、经常打架斗殴、抗拒管教的；无正当理由经常逃避学习和劳动的；其他需要认定为顽固犯的。有下列情形之一的，认定为危险犯：有自伤、自残、自杀危险的；有逃跑、行凶、破坏等犯罪倾向的；有重大犯罪嫌疑的；隐瞒真实姓名、身份的；其他需要认定为危险犯的。

顽危犯在罪犯群体中虽然是极少数，但其反改造的能量却很大，狱内各种恶性案件的发生，无不与他们的反改造行为有关；狱内改造秩序的稳定与否，罪犯的改造积极性能否真正调动起来，在很大程度上取决于对这类罪犯的控制程度和教育转化程度。因此，对这类罪犯的教育要引起高度的重视。一般来说，顽危犯的特点包括：

（一）人格扭曲，具有狡诈性

顽危犯往往善于伪装，花言巧语，假装积极，骗取管教民警的信任，以获得各种单独活动的机会，伺机逃跑；或欺上瞒下，奉承民警，拉拢哄骗打击他犯，挑拨是非，搞假汇报，诬陷他犯等，扰乱民警视听，扰乱监区秩序，企图浑水摸鱼。

（二）情绪偏执，具有突发性

顽危犯心理健康水平较低，存在一定的心理问题，是自杀、自残的高危人群。他们常呈现出暴躁凶残、鲁莽冲动、思想偏激、气量狭小、放荡不羁的病态心理；自我调控能力低，心情暴躁，易生烦恼；面对困难和挫折欠沉着、冷静；容易受环境支配，心神摇摆不定，悲喜情绪骤变明显，不容易恢复平静，焦虑情绪较严重；特别是他们的不良需要得不到满足或仇恨心理爆发时，亲人病故、配偶离婚或失恋时，与同监罪犯或民警冲突时，容易反抗，甚至铤而走险采取暴力行为，具有突发性。

（三）态度顽固，缺乏变通性

他们往往认为自己与众不同，毫不顾及社会舆论的约束，固执己见；除亲密朋友外，对一般人缄默冷淡，落落寡合，亲和动机低，不爱与人交往，常常拒绝他人的关心，常怀疑虑心理；不听从民警的教育和亲属的规劝，心理、行为上表现为意志消沉、颓废沮丧，有冒险脱逃、自残自伤、自杀的危险；对自己的抗改行为十分自信和自负，个性顽固和偏执。

（四）角色淡化，具有纠合性

由于共同抗改的需求相同，兴趣一致，情感相投，顽危犯很容易结成团伙。他们之间互相支持、共同抗改。有的煽动闹事，集体消极怠工，威胁民警，搞派系斗殴；有的伙吃伙喝，专门谈论消极的话题，回忆过去所谓的“辉煌人生”，议论如何对抗改造;有的企图逃避改造,结伙逃跑等。

(五)意志薄弱,具有反复性

改造是一个漫长的过程,顽危犯需要不断磨炼自己的意志。由于自由散漫惯了,很难适应严格的纪律约束,他们时好时坏,缺乏定力,具有反复性。若遇挫折就"破罐子破摔",对漫长的改造生活失去信心,感觉前途渺茫。

二、对顽危犯的教育转化

(一)教育转化顽危犯的组织形式

顽危犯的教育转化工作是一个系统工程,不能单打独斗,必须精心组织,以选择一个最为恰当的组织形式来实施。第一种形式是监区领导指定专人负责,其他民警协助,实行三包,即包控制、包教育、包转化。第二种形式是挂牌攻坚(招标)。体现能者为之、分层分级、部门联动的工作原则。第三种形式是集中管理。将所有顽危犯集中在一起,监狱成立顽危犯监区(分监区),集中优势力量,挑选精兵强将,专门从事顽危犯的转化工作。

(二)教育转化顽危犯的方法

顽危犯是扰乱监管秩序的害群之马,是教育改造罪犯工作的重中之重,难中之难。做好这些人的转化工作,对稳定监管秩序将起到十分重要的作用。根据实践经验,通常可采取以下几种方法进行施教。

1. 目标激励,给罪犯以希望

目标激励是指在教育转化顽危犯过程中,要设立顽危犯通过努力可以达到的目标,充分运用各种教育方法、手段,激发顽危犯改造的信心,引导其走上积极改造的道路,促其转化的一种方法。目标激励的关键有三点:一是目标的设立必须是罪犯最迫切的需要;二是目标实现的可能性要相对较大,难易程度要适当;三是激励方法、手段是罪犯所愿意接受的。

2. 解决问题,待罪犯以真情

罪犯首先是人,然后才是犯了罪的人。只要是人,总会有七情六欲,只要管教民警用真心对待他们,用真情去关心他们,顽危犯也肯定会体会到社会之关爱,集体之温暖,民警之爱心。而解决罪犯改造生活中的实际困难是体现关爱之心的最有力的手段。一个罪犯远离家乡、远离亲人来监狱改造,其对真情的渴求是十分迫切的,其改造中所遇到的困难也是很多的,管教民警完全可以在政策、制度允许的范围内予以解决顽危犯的实际问题,进一步促进其思想转化。

3. 化解矛盾,给罪犯以公正

罪犯在改造中很容易发生各种各样的矛盾,在对罪犯的矛盾化解中,要始终注意公平、公正的问题。例如,有的民警在处理罪犯与罪犯之间的矛盾时,有时怕顽危犯情绪不稳定,处理中往往更偏向顽危犯一些,这样就会在罪犯中造成新的不公平,会让罪犯误认为,只要表现差一点,民警就会对自己适当让步;这样的结果势必使原来的顽危犯转化不了,反而有可能因为自己的行为不慎,制造出新的顽危犯。对于顽危犯的矛盾化解,也必须坚持原则,确保公开、公平、公正,对于顽危犯一时不理解的,要加强监控力量,在确保安全的前提下积极地开展教育转化工作。

4. 注重谈话,及时疏导罪犯

个别谈话本身并不能给罪犯解决任何的实际问题,其最大作用是对罪犯起到一个教育引导作用,指导其用正确的方法去解决问题。民警在个别谈话中要强化三方面的意识:一是个别谈话要有说明性,针对顽危犯的疑难问题要有一个正确的说明,使顽危犯明白问题的症结所在;二是个别谈话要有教育性,要教育顽危犯如何站在自己的角度,如何面对问题,以怎样的姿态去应对问题;三是个别谈话要有引导性,引导顽危犯如何以正确的、合法的、合理的、有效的方法去解决问题等。

5. 亲情帮教,给罪犯以温暖

罪犯作为特殊的人群,由于失去人身自由,更渴望得到家庭的温暖和亲人的关心。如果我们换个角度看待顽危犯的自杀,从某种程度上说,可能也是顽危犯的一种悔恨之心的极端表现。实践中,缺乏家庭温暖、亲人关心的顽危犯的确具有极强的自卑心理,这对转化极为不利。因此,对于缺少家庭温暖和亲人关心的顽危犯,管教民警应走访其亲属,动员他们能经常去信;或者邀请其亲属经常来监探望,对顽危犯提出殷切希望,助其树立改造信心。顽危犯重拾了家庭的温暖,唤回了亲人的关心,重燃了希望之火,转化效果自然就更为显著。

以上所述几种方法,对教育转化顽危犯能起到很好的作用,但也要区分情况,综合运用,不可单一进行,不能指望通过一两次谈话、做一两次工作就能转化他们。

(三)教育转化顽危犯应注意的几个问题

1. 要注重个案分析

个案分析,就是对顽危犯的犯罪情况、家庭情况、社会关系、出身历史、个性心理特征、抗改历史和改造表现等资料,综合分析,探究其抗改心理以及行为变化发展的规律,为下一步对顽危犯选择怎么样的教育措施提供有力的依据。做好个案分析工作,平时要注意观察,有些资料可以通过接监听、信件检查、犯属介绍等方式取得。总的要求是材料要尽量齐全、真实,分析要透彻,能够客观、全面地反映出研究对象的个性心理特征和判断出其抗改的行为特征。

2. 坚持“三心”与“三入”相结合

也就是耐心、细心、恒心和入情、入理、入心要相互结合。既要动之以情,晓之以理,疏之以导,又要持之以恒,观之以微;既不可三天打鱼、两天晒网,又不可粗枝大叶、敷衍了事。

3. 民警之间要协同作战,互相支持

对顽危犯要指定专门民警负责包教育、包转化,实行目标责任制。其他民警要协助责任民警共同做好顽危犯的转化工作,不要采取“事不关己,高高挂起”的态度。

4. 要注重长期抓,反复抓

通过管教民警的重点施教,顽危犯的人生、道德、法纪等观念已经有了不同程度的转变,其抗改意志开始逐步瓦解和消失,形成新的改恶向善的心理定型。但是,由于罪犯在接受教育改造过程中,始终存在正、反两个方面的心理较量,其反复多变是不可避免的。所以,民警在对顽危犯施教的过程中,要做到观人于微、观事于微、观景于微,长期跟踪观察,一旦发现反复苗头,及时指出和教育,防止其抗改行为死灰复燃,稳固既有成效。

研究与思考

1. 罪犯分类教育的概念是什么?
2. 未成年犯有哪些特点?对未成年犯的教育改造对策有哪些?
3. 女性罪犯有哪些特点?女性罪犯的教育改造对策有哪些?
4. 老病残犯有哪些特点?老病残犯的教育改造对策有哪些?
5. 顽危犯的概念是什么?顽危犯的特征有哪些?顽危犯的改造对策有哪些?

第十五章 个 别 教 育

重点提示

1. 个别教育是我国监狱民警改造罪犯的优良传统和重要方法。司法实践证明，个别教育的法定性、针对性、灵活性、渗透性等特点，使其在罪犯教育中能够发挥独特作用。

2. 个别教育的方法包括个别谈话法、个别感化法和个别训练法等。

3. 个别教育的准备工作需要做到“三个明确”：一是明确罪犯信息；二是明确教育主题；三是明确教育方法。

4. 抓住个别教育时机，罪犯教育能起到事半功倍的效果。处于教育时机里的罪犯，其情绪大多处于波动状态，抵触或对抗心理最薄弱。我国部门规章规定了监狱民警必须找罪犯谈话的十种情形，即“十必谈”。

5. 个别教育的技巧包括倾听艺术、语言艺术和非语言技巧等。

第一节 个别教育概述

马克思主义哲学辩证唯物主义认为：任何事物都包含矛盾的特殊性，即具体事物所包含的矛盾及每一个矛盾的各个方面都有其特点。具体情况具体分析，特殊问题特殊对待，是个别教育的理论基础。因此，个别教育的本质特征就是“拔剑射靶”，旨在针对罪犯个体存在的现实问题采取最有效、最有说服力的方法。通过个别教育，真正解决问题，确保监管安全和改造工作的顺利进行。

一、个别教育的概念和特征

所谓个别教育，是指针对罪犯个体的特殊问题而采取的一种单独的、面对面的思想影响、情感沟通和知识传递的活动。① 个别教育涉及面广、工作量大,是与罪犯开展面对面的思想交锋。不同于集体教育,个别教育对罪犯的特殊矛盾的解决起到直接、主要的作用。司法实际工作中,这种交锋一般是以个别谈话、个别感化、个别训练等方式进行。个别教育作为教育改造的一个主要形式,它具有区别于集体教育的基本特点或属性。一般来说,个别教育具有以下特征:

(一)法定性

罪犯个别教育作为执行刑罚的一项重要内容,具有强制性和法定性。我国监狱法律法规明确规定了监狱民警应当对罪犯实施个别教育,而罪犯也必须依法接受监狱民警对其进行的个别教育。例如,司法部《监狱教育改造工作规定》第十四条规定:"监狱应当根据每一名罪犯的具体情况,安排监狱人民警察对其进行有针对性的个别教育。"

(二)针对性

个别教育是有的放矢、针对性很强的教育形式。每个罪犯情况都不尽相同,有的性格倔强,不易认识错误;有的性格粗暴,容易发火动怒;有的沉默寡言,不易暴露思想。而且,作为个体的罪犯是立体的、全方位的和发展变化的。个别教育就是根据罪犯的具体问题,摸清罪犯的思想脉搏,了解症结所在,具有针对性地启发和疏导,解决他们的思想问题和实际困难。

(三)灵活性

个别教育具有灵活性。个别教育可以不受地点、时间的限制,罪犯有什么问题,随时可以进行个别教育。它的灵活性主要体现在:它能根据事情的发展,随时掌握和运用时机,使时机和效果直接联系,提高工作效率,收到事半功倍的效果。

(四)渗透性

"感人心者,莫先乎情",个别教育的渗透性就表现在一个"情"字上,做到动之以"情",晓之以"理",诫之以"规"。"情"是"理"的桥梁,"理"是"规"的前提。民警以情感人,引起对方情感共鸣,才能更好地实现以理服人的效果,进而引导罪犯强化主观的正确认识,指导自身的行为改变,就很好地体现了罪犯教育工作的渗透性。

二、个别教育的功能

功能是指事物或方法所发挥的有利作用。个别教育有利于监狱民警了解犯

① 参见王雪峰等:《罪犯教育理论专题研究》,法律出版社 2014 年版,第 216 页。

情，解决罪犯个体在思想和行为方面存在的现实问题，对保障监管安全和改造罪犯有着重要的效用。

（一）罪犯个别教育承载着刑罚执行的重要效能

我国监狱工作的方针是“惩罚与改造相结合，以改造人为宗旨”，监狱在执行刑罚的过程中，通过监管改造、教育改造、劳动改造等措施努力实现将罪犯改造为守法公民。其中，罪犯个别教育就是在执行刑罚过程中实施的，在惩罚管制的前提下，对罪犯实施教育改造的有效方法。

（二）罪犯个别教育是转化罪犯思想的锐利武器

对罪犯改造的核心问题是改造他们扭曲的人生观、道德观、价值观。要解决思想意识的问题，就必须进行系统的政治思想教育，转化罪犯思想，矫正罪犯的恶习，这是教育改造的主要任务。要完成这一任务，就需要一整套针对性的教育方法，而罪犯个别教育就是转化罪犯思想最重要、最普遍、最经常、最细致、最有效的方法之一。教育改造实践说明：只有通过个别教育，才能更好地摸准罪犯的脉搏，抓住思想症结，才能有效地把道理讲深、讲透，切实解决罪犯的思想问题，促进罪犯的思想转化。

（三）个别教育具有深化集体教育的功能

任何矛盾均有共性和个性，罪犯的教育不外乎集体教育和个别教育。罪犯个别教育和集体教育紧密相连，互相渗透，相互促进。集体教育可以推动个别教育的开展，而个别教育又可以促进集体教育的深化。其主要表现是：

1. 具有超前教育的作用。集体教育是把许多罪犯按一定组织形式集合起来进行教育，主要解决共性问题。因此，在集体教育之前，首先，要把准罪犯到底存在什么样的共性问题，这样才能使集体教育具有针对性，否则问题把握不准，直接影响集体教育的效果。这就需要在开展集体教育之前，通过个别谈话等途径，广泛深入了解罪犯，进行认真的分析研究，准确地确定集体教育所要解决的共性问题。其次，集体教育要预先制订符合罪犯实际、切实可行的教育计划，以利于顺利开展，为此也必须通过个别教育的渠道，吸取罪犯有益的建设性意见，以利于教育计划进一步完善。

2. 具有深化教育的作用。在集体教育过程中，一是要防止“一锅煮”，二是要防止“走过场”，三是要防止“搞形式主义”。这就需要个别教育密切配合，其作用有：(1)给集体教育在时间上补充，确保集体教育阶段的衔接性；(2)使集体教育的方法生动活泼，确保集体教育的顺利开展；(3)可弥补罪犯在集体教育过程中存在接受教育的差异性，确保集体教育效果的广泛性。

3. 具有巩固教育的作用。集体教育只要认真组织,一般均能取得好的效果,但要巩固这一效果也需要发挥个别教育的功能。这样一方面可以使共性问题得到比较彻底的解决;另一方面使某些认识较差的罪犯得到个别补课的教育机会。

三、个别教育的方法

(一)个别谈话法

个别谈话法,是指监狱民警与罪犯面对面地交流思想观点和情况,解决其思想和实际问题的一种方法。根据谈话的启动主体不同,可分为约谈式谈话和接谈式谈话两种形式。

1. 约谈式谈话。约谈式谈话是指监狱民警为及时、全面地了解罪犯的思想、心理动向和行为表现,对罪犯采取的一种主动的有针对性的谈话方法。这种谈话方式是谈话教育中的主要方式,其特点是监狱民警是谈话的启动者,谈话对象确定、目的明确、方案预定、准备充分。根据个别教育的任务和目的不同,约谈式谈话又可分为收集情况、启发引导、突击触动、表扬警戒、辅导教育、安慰问候等类型。①

2. 接谈式谈话。接谈式谈话是指罪犯主动来找监狱民警谈话,监狱民警接谈的一种谈话方式。罪犯在遇到现实困难时,也时常会希望通过向民警反映而获得关心、帮助、答疑、解惑。对此,民警首先要热情接待,不可漠视和推脱。其次,要认真聆听罪犯的谈话内容,判断其谈话意图,尽量将本次接谈变被动为主动。最后,民警要区别情况,妥善处理。具体如下:谈话民警能够当场解决的事情,将谈话延续下去,实现解决问题的目的;在民警职权范围内但不能够当场解决的事情,不要轻易下结论,可以和罪犯约定时间再谈;如果是超越谈话民警职权范围的事情,可以如实告知罪犯自己无权处理,告诉他正确的反馈途径;民警代为上报的,待有权部门处理后,民警再将事情处理结果反馈给罪犯。

(二)个别感化法

个别感化法,是指监狱人民警察以真情实意、满腔热情去影响罪犯个体,以达到潜移默化目的的一种方法。个别感化法在个别教育中是一种很有效的"催化剂",是充满关爱的人性化的教育方法。要运用好个别感化法,必须做到以下两点:一是尊重罪犯人格。尊重是一种接纳他人的基本态度。尊重罪犯人格是运用感化法的前提、基础。罪犯普遍存在敏感、多疑、戒备、抵触的服刑心理,因此,监狱民警如果不能在与罪犯接触过程中,做到人格上的尊重,生活上的关心,就很难获得罪

① 参见赵卫宽主编:《罪犯教育》,中国政法大学出版社 2015 年版,第 128 页。

犯的认同和信任,也就无法实施感化教育。二是注重罪犯情感引导。个别感化时,民警要帮助罪犯认识、表达和调节自己的情绪,让罪犯学会面对逆境,学会与他人相处,进而使其拥有良好的服刑心理和人际关系,激发罪犯的改造积极性。

(三)个别训练法

个别训练法,是指监狱民警在布置任务时,有针对性地要求个别罪犯按照一定的规范,从事某些改造活动,以形成良好的思想品质和行为习惯的教育形式。个别训练的内容极为广泛,可以是单独的队列训练,个别的劳动技能训练或是单独的行为矫正训练等。要使个别训练有针对性,必须做到以下三点:一是明确问题。做好调研工作,明确罪犯存在的问题。民警要明确罪犯到底是劳动技能的缺陷,还是学习能力的缺陷,还是行为习惯的缺陷,只有找准问题所在,才能对症下药。二是布置任务。针对罪犯存在的某一方面的缺陷,结合罪犯的特点,有意识地布置训练任务,使罪犯经受锻炼。三是巩固强化。罪犯的恶习非一朝一夕能改正,在训练过程中可能会出现反复,因此,要经常检查,及时修正,反复巩固,强化效果。

第二节　个别教育策略

一、个别教育准备

俗话说:“不打无准备之仗。”个别教育是民警同罪犯展开面对面的说理斗争,要达到教育罪犯的预期目标,就需要认真做好准备,切忌没有准备,不着边际。因此,个别教育前应做到“三个明确”:一是明确罪犯信息;二是明确教育主题;三是明确教育方法。

(一)明确罪犯信息

情报信息是个别教育制定相应策略的前提和基础,也是影响教育过程发展的必要条件,更是监狱民警和罪犯沟通交流的纽带。“工欲善其事,必先利其器”,要做好个别教育,应当收集和分析罪犯相关情报信息。监狱实践工作中,民警可以通过档案查阅、相关当事人询问、量表测试、耳目反馈、来往信件检查等各种可行的科学的方法,全面了解罪犯情况,即罪犯“四知道”。罪犯“四知道”主要包括四个方面情况。一是罪犯的个体情况,包括罪犯的年龄、入狱前的职业、学历、婚姻状况、子女情况、经济状况、身体情况以及罪犯的个性、脾气、爱好、特长等。二是罪犯的社会关系情况,包括罪犯家庭成员情况、主要社会关系情况;如果是共同犯罪,还包括同案犯状况等。三是罪犯的犯罪情况,包括犯罪类型、是初偶犯还是惯犯累犯、犯罪原因、犯罪过程、恶习程度、法庭审理情况等。四是罪犯的服刑改造情况,包括罪犯服刑心理特点(如心理状态,气质类型,心理抑制能力和平衡能力,现实改造心境、情绪等),罪犯现实改造表现(如入监后的表现,认罪态度,劳动、学习生活表现,遵守监规纪律情况,是否被奖励或处罚等),罪犯的知识与能力(如文化程度、专业知识、思维能力、理解能力等)。

特别值得注意的是,对收集的材料,要去伪存真,明确现有的案件材料中哪些是确凿可靠的,哪些还需要进一步查证,哪些材料可以谈话时使用,哪些材料不能使用等,最大限度地利用好相关情报资料,做到对罪犯进行个别教育时,摸准其"脉搏",掌握其思想"症结",提高谈话质量。

(二)明确教育主题

个别教育要有明确的教育主题,即通过个别教育能实现什么改造目标。在监狱实际工作中,个别教育通常具有以下目的:第一,收集情况。即有意识地了解罪犯的某些情况,掌握罪犯的思想动态,为制定针对性的管理和教育措施提供参考依据。第二,解决问题。围绕罪犯在改造过程中遇到的具体困难或问题展开个别谈话或感化教育,以达到启发引导、解决问题、激励改造的目的。第三,表扬鼓励。针对罪犯个体在改造中的进步、成绩、优点,通过谈话教育,及时提出肯定、赞美、奖励,激发罪犯的改造热情。第四,批评惩戒。针对罪犯个体在改造中的退步、缺点、不足,通过谈话教育,及时指出问题、给予提醒警示。第五,布置任务。在个别教育时,给罪犯布置教育改造、生产劳动、"三课"学习等方面的具体任务与要求。第六,情感沟通。监狱民警与罪犯以"拉家常"的方式进行交流,以促进互信,为教育改造个体罪犯奠定基础。

(三)明确教育方法

围绕教育目标,结合罪犯的个体情况,个别教育的方法较多,有正面灌输、迎头痛斥、以理服人和以情化人等。其中,个别谈话的方式方法更加灵活。比如,引导罪犯发现自身问题时,可以采用正面说理或言语点拨的方法;针对罪犯的错误言行,可以采用警告劝导、触动其内心的方法;收集罪犯信息或沟通感情时,可以采用比较轻松、自由的谈心或商讨的方式。总之,监狱民警应当根据罪犯情况和教育主题,提前选定有效的教育方法。

二、个别教育时机

"机不可失,失不再来。"对于监狱民警来说,抓住时机对罪犯进行教育,是成功教育的关键一环。处于教育时机里的罪犯,其情绪大多处于波动状态,抵触或对抗心理最薄弱,积极性也容易被调动起来,对事物的认识会随着监狱民警的及时教育而上一个台阶。所以,监狱民警要经常注意去发现和捕捉教育时机,以求获得最佳的教育效果。通常,罪犯个别教育时机出现有以下情形。

1. 某种不良行为抬头时。大量事实证明,恶习的养成往往与第一次发生不良行为时未能获得及时指正密不可分。刚出现某种不良行为时,很多罪犯不自知或是抱着侥幸的思想,因此,监狱民警应当及时开展个别教育,指明是非,详陈利弊。

2. 罪犯新入监时。罪犯新入监后往往背负巨大的思想压力,以及出现各种对监狱制度的不适应,此时,对新犯开展个别教育,摸清新犯的基本情况,向新犯宣传党的监狱工作方针和政策,介绍监狱的日常管理制度及行为规范,可以使新犯消除紧张、恐惧等不良心理,尽快适应监狱的改造环境,为今后的改造开好头、起好步。

3. 罪犯改造环境变化时。面对陌生的改造环境,罪犯往往感到孤独或压抑。比如,罪犯从其他监狱(监区、分监区)调入,同犯之间缺乏了解;对警察的管理、教育方式有一个适应的过程。此时,应及时对罪犯开展个别教育,弄清罪犯调动的原因,掌握罪犯的思想动态,对其今后的改造作要求,使其在新的改造环境中平稳过渡。

4. 罪犯受到奖励或惩罚时。当罪犯受到表扬、物质奖励、评为劳动改造积极分子、获记特殊表扬、减刑等奖励时,应及时对罪犯开展个别教育,帮助罪犯总结经验,更重要的是教育罪犯珍惜改造成果,防止罪犯产生自满情绪,鼓励罪犯以此为动力,做到百尺竿头,更进一步。同理,当罪犯受到批评、扣分、警告、记过、禁闭、降低管理级别、加刑等处罚时,应及时对罪犯开展个别教育,帮助罪犯认真分析受到处罚的原因和应吸取的教训,鼓励罪犯重新扬起积极改造的风帆。

5. 罪犯改造遭遇挫折时。罪犯在服刑期间,若遇到减刑不顺、身体不适、家庭变故(如近亲属病故、离异、妻子下岗及子女辍学)等具体问题时,监狱民警应及时对罪犯开展个别教育,针对罪犯的实际问题,帮助罪犯厘清思路,教育罪犯冷静对待所发生的一切变故,切勿冲动或感情用事,同时尽最大努力帮助罪犯解决实际困难,解除罪犯的后顾之忧,稳定罪犯的改造情绪。例如,某监狱罪犯王某在亲情电话中得知母亲病故时,情绪低落,思想包袱重,对此,责任警察及时对王某开展个别教育,引导王某深刻认识自己的犯罪行为给家庭和亲人造成的伤害,同时还安排王某留监休息两天。经过多次谈话教育和引导,王某终于放下沉重的思想包袱,逐步从失去亲人的巨大痛苦中解脱出来,改造劲头更加十足,通过减刑提早出狱。

6. 亲友接见或社会帮教后。当罪犯家属会见后或参加社会帮教活动后,罪犯往往情绪波动大,民警应趁热打铁,捕捉罪犯情绪或思想变化的兴奋点,有针对性地进行谈话或行为养成训练等。

7. 传统佳节前后。“每逢佳节倍思亲”,在中秋节、春节等传统节日,罪犯往往思亲恋家情绪加剧,因此,民警应根据罪犯的具体情况,尤其关注老病残罪犯、外省籍罪犯和“三无”罪犯,在节日前夕对其开展激励教育。

8. 罪犯之间发生矛盾冲突时。日常改造生活中,罪犯因争生产工具、就餐(洗漱、列队)时拥挤抢位而发生矛盾或冲突的现象时有发生,对此,应及时对罪犯开展个别教育,查清事情经过,并对罪犯进行严肃、认真的谈话教育,防止矛盾激化。

总之,抓住了罪犯情绪变化的关键时期,就抓住了教育的主动权。因此,监狱民警要善于抓住时机,或创设、捕捉新的“时机”,使个别教育起到事半功倍的效果。

专栏 15-1　十必谈

第十七条　罪犯有下列情形之一的,监狱人民警察应当及时对其进行个别谈话教育:

(一)新入监或者服刑监狱、监区变更时;

(二)处遇变更或者劳动岗位调换时;

(三)受到奖励或者惩处时;

(四)罪犯之间产生矛盾或者发生冲突时;

(五)离监探亲前后或者家庭出现变故时;

(六)无人会见或者家人长时间不与其联络时;

(七)行为反常、情绪异常时;

(八)主动要求谈话时;

(九)暂予监外执行、假释或者刑满释放出监前;

(十)其他需要进行个别谈话教育的。

资料来源:《监狱教育改造工作规定》(司法部令第 79 号),2003 年 6 月 3 日部长办公会议审议通过,自 2003 年 8 月 1 日起施行。

三、个别教育技巧

(一)倾听艺术

倾听是沟通技巧中最基本的技巧,是影响过滤和筛选信息、实现沟通目标的第一障碍。

罪犯个别谈话教育中的倾听,应当做到以下几个方面:一是认真。监狱民警在个别教育过程中必须认真倾听罪犯的陈述。在沟通过程中,如果民警不认真地倾听罪犯的陈述,对罪犯的发言表现得漫不经心,或不耐烦,或急于打断罪犯以便尽快表达自己的意见，都会难以了解罪犯的具体情况。另外，由于不尊重罪犯，所以当民警开展教育时，罪犯也有可能会用同样的态度回敬，这样的个别教育就无法进行下去。二是专注。在倾听中，监狱民警应该对罪犯的谈话内容表现出极大的兴趣。罪犯讲话时，民警应该注视对方的双眼，并用一些体态语言，如点头、微笑等来表示专心和关注，以调动罪犯主动陈述的积极性，鼓励罪犯认真地讲述相关情况、信息。三是全面。为了全面掌握罪犯的全部信息材料，在罪犯陈述时，尽量让罪犯开口，把一切都听进来；如果有不明白的地方，及时提问，让罪犯再重复一遍甚至几遍，直至完全明白而且清楚地把握罪犯的思想动态为止。在个别教育过程中，监狱人民警察通过认真倾听和观察，就可以把握罪犯的心理定式和个性特征，获得正常的信息反馈，形成有效的思想交流，开展针对性的个别教育。

（二）语言艺术

第一，要做到情理结合。个别教育要“动之以情、晓之以理”，其中“动之以情”就是一种感化，即以情感人。监狱民警在对罪犯进行个别谈话、感化教育时，如果双方情感真挚、心理相容、态度诚恳、语气亲切，就能引起思想情感上的共鸣，促进思想问题的解决。反之，如果缺乏真情实感、态度傲慢、语气生硬，必然会引起罪犯的恐惧心理、防御心理和颓废心理，始终与监狱民警保持一定的心理距离，就难以达到教育的预期目的了。因此，在进行个别教育时，监狱民警要营造出一个情感融洽、气氛良好的环境。感化罪犯的目的是“晓之以理”，即摆事实、讲道理，以理服人，也即要从客观存在的事实中引出一定的道理。动之以情，不是感情用事，不能忘记晓之以理，更不能忽略理论，甚至悖理换情，一味满足、迁就罪犯不合理的要求。否则，既放弃了政策、原则，又坑害了受教育的罪犯，也难免责任追究到自己头上。这里强调的晓之以理，就是采取具体问题具体分析的方法，不讲假话、大话和空话，而是要坚持实事求是、以理服人；要按照事物发展的客观规律和人的正确思维活动方式，把情与理紧密地结合起来。

第二，要做到简洁得体。监狱民警在对罪犯进行个别教育时，应当争取在有限的时间内，尽量让罪犯明白更多的道理，尽量提出和解答更多的问题，这就要求民警在内容上既要紧扣主题，又要简洁明快、言语得体。也就是说，要注意谈话的对象、目的、背景、场合和气氛。例如，在不同性别、年龄、犯罪经历、犯罪类型、改造态度及性格、气质、修养的罪犯面前，说话的语气、语调要有所不同。在正式与非正式场合，众犯与单独场合，谈话内容要有所区别，努力做到说话得体。同时，还要注意一个看不见、摸不着的因素——气氛。与初犯、违规犯、反改造尖子等谈话时，不能随随便便，无所顾忌。与老犯、女犯等谈话时，不要讲该罪犯忌讳的话。过年过节或其他喜庆日子里不要对罪犯进行批评式和使其难堪的谈话,即使要谈,也应在事后委婉地表达。在罪犯碰到伤心的事情时,应说些慰藉的语言、开导的语言,不言不语会使罪犯误解民警对他的伤心表示冷漠无情等。

第三,要做到语调多变,感染力强。语调,通俗而言就是说话的腔调。在口语表达中,语调往往比语意(内容)更为重要,因为它是传情达意的重要声音手段。监狱民警在个别教育的口语表达中,要综合运用不同的语调要素,使自己的语调生动且富有感染力,对罪犯产生吸引、感化的效果。首先,要注意声音高低的变化。话语的表现力很大程度来源于声音高低的变化。关键词或者重要的观点,应当把调子提高点儿,音量重一点儿。声音一定要有高低轻重,不仅能够重点突出,而且让人舒服。没有高低轻重变化的声音,很容易让人昏昏欲睡。其次,要注意说话节奏的快慢。语速的快与慢,以及相应的节奏感,也是决定语调的重要因素。说话声音的快慢可以由自己掌控,要快慢交替着讲话,总是连珠炮式的语速不好,总是和风细雨、不紧不慢也不好,不能自始至终都一种速度,否则语调也不会发生变化。最后,还要注意去掉不恰当的尾音。一个句子的结尾,加上不必要的拖腔、奇怪的上滑音、令人不爽的缀语,让语调变得令人不悦,都是不恰当的,要坚决去掉。

(三)非语言技巧

监狱民警在开展个别教育时,要善于利用目光注视、面部表情、身体语言、空间距离等非语言行为。一般而言,有助于个别教育的非语言行为主要有:保持着装整齐,警容风纪端正;态度端正,表情自然,既不过于严肃,也不与罪犯嬉皮笑脸,个别教育过程中即使比较愉快或幽默,民警的笑容也不宜过分张扬;民警与罪犯之间的距离在确保安全的前提下保持正常社交距离,坐姿端正,切忌跷二郎腿;非特定情况下,个别教育过程中一般不当面做记录;民警主动与罪犯进行眼神交流,但不必长时间注视,如果罪犯回避或低头时,则可以适时提醒罪犯抬头进行目光交流。

专栏 15-2 罪犯史某个别教育案例

罪犯史某,20岁,因抢劫罪被判处有期徒刑6年。该犯在思想上从没有真正认识自己犯罪的根源,家人因他被判刑入狱觉得丢人而倍加嫌弃,对其不管不问,故其缺乏改造动力与信心,认为反正出去也得不到社会和家人的理解,干脆"做一天和尚撞一天钟",混刑度日。该犯防备心强,对监狱民警从不愿多谈经历和内心真实想法。某天下午,该犯情绪极不稳定,参加生产劳动时心不在焉,监狱民警发现后,把他叫到生产线小工区的一个角落,了解情况。刚开始,该犯坚持称没事。监狱民警见他不愿多谈,就对他说:"你不想说,没关系,但你今天下午情绪不好,就不要参加生产了,坐在这里休息一下吧,不然的话,有可能操作不当不小心伤了自己。”听了这些话,该犯非常感动,再也控制不住自己的情绪,眼泪不停地流,并向监狱民警讲起了自己的经历,为什么走上了犯罪的道路以及家人对他的失望。其间,监狱民警没有因为过了下班时间,打断该犯,而是继续耐心地听其倾诉,使他在倾诉的过程中,尽情地释放情绪,也从其倾诉中进一步了解了该犯的内心世界和人生经历。

可见,监狱民警与罪犯好比两条平行线,若他们之间没有架起桥梁,始终就没有交集。要改造好罪犯,必须与罪犯搭起一座沟通的桥梁,找到突破口,才有可能做到真正掌握罪犯的思想动态,提高教育的针对性。

资料来源:监狱真实案例。

四、个别教育效果巩固

(一)个别教育记录

个别教育记录是监狱人民警察在对罪犯开展个别教育过程中形成的书面材料,记录谈话时间、地点、对象、内容及分析意见,反映个别教育的质量和实效的文书,也是下次开展个别教育的依据。

个别教育记录,可以现场记录,也可以事后记录。现场记录是指边教育边记录,一般采用问答式记录方式,即一问一答,这种记录方式有利于详细还原整个教育过程,往往用于询问事件经过、调查取证、核实问题等情形。事后记录是指以罪犯自述和教育要点的方式记录教育过程。这种回忆记录的方式往往适用于罪犯思想汇报、批评教育、鼓励教育等大多数情形,特点是比较概括,有利于教育的持续进行和深入开展。个别教育记录往往分为三大部分:首部、正文和尾部。首部体现个别教育的具体时间、地点、教育对象及其基本情况、教育目的;正文由谈话内容构成,是整个教育过程的记录;尾部主要由分析处理意见构成。分析处理意见是个别教育记录的落脚点,包括教育效果分析和下步措施。这部分需要切实分析罪犯的教育效果,寻找对策,解决罪犯的思想问题,消除安全隐患,制定有针对性的教育、矫治和管控措施。

(二)个别教育的追踪与巩固

监狱人民警察应当在进行个别教育后预测并跟踪教育效果。比如,经过个别教育,罪犯是否有了新的认识,新的认识是什么,这种认识是否具有稳定性和深刻性;又如,罪犯遇到的问题是否通过教育得到解决,希望融洽的关系是否通过教育得到改善,希望化解的矛盾是否通过教育得以化解等,这些内容是否具有持续性和非反复性。监狱人民警察还可以通过布置罪犯本人写思想汇报,或是其他罪犯根据观察其谈话后的反应所作的材料等方式佐证谈话教育的效果。如果教育工作确实还需强化和提升,监狱人民警察就应进一步制订和实施巩固性的个别教育方案。内容包括:针对已取得的成果如何趁热打铁,巩固深化;针对已经发现的问题如何更好地摸准罪犯的脉搏,抓住思想症结,不拖延改造时机;针对谈话前事先设定的目的,哪些是没有实现的部分,如何做好下一步工作,是抓紧思想教育,抓准时机,积极出击,巩固改造成果,还是结合罪犯心理矫治和狱政管理等工作,另想办法,再寻契机,促成罪犯的思想转化。总之,罪犯教育改造工作是一个长期、持续、反复、复杂的过程,因此,在完成一次个别教育之后,要就本次教育效果进行分析、跟踪和巩固,做到循序渐进,实现罪犯改造从"量变"到"质变"的飞跃。

研究与思考

1. 什么是罪犯个别教育?罪犯个别教育有哪些方法和特点?
2. 在开展罪犯个别教育之前,必须做好哪些方面的准备?
3.《监狱教育改造工作规定》中,对罪犯开展个别谈话的十种情形有哪些?
4. 罪犯个别教育技巧的运用需要注意哪些方面?

第十六章　社 会 教 育

重点提示

1. 社会教育是指为了达到罪犯顺利回归社会的目的，监狱机关依靠社会力量，对罪犯开展的有计划、有组织的教育改造活动。

2. 社会教育体现了一种大教育改造观，体现了“三个延伸”思想，是社会治安综合治理的重要组成部分，是推进监狱工作“三化”建设的要求，适应了行刑社会化的发展趋势。

3. 社会教育的功能主要表现在以下四个方面：调动罪犯改造的积极性，提高改造质量；对罪犯施行强制性再社会化，增强罪犯的社会适应性；充分利用社会各方面资源，提高改造工作效率；争取社会的理解和支持，促进监狱工作的整体进步。

4. 社会教育的形式可以分为三大类：“请进来”的形式，“走出去”的形式，“签订帮教协议，建立帮教组织”的形式。

社会教育是改造罪犯、提高教育改造质量的一个不可缺少的重要手段。《监狱法》第六十一条规定，教育改造罪犯要采取“狱内教育与社会教育相结合的方法”，这一规定使社会教育有了明确的法律依据。随着社会的不断发展和改造罪犯过程中实践经验的积累，社会教育越来越受到重视。本章将对社会教育的内涵和理念、社会教育的功能、社会教育的形式等问题进行探讨。

第一节　社会教育的内涵与理念

一、社会教育的内涵

（一）社会教育的定义

在教育领域中，不同学者对社会教育的概念有不同的界定，归纳起来有广义和狭义两种认识。广义的社会教育“指一切社会生活影响于个人身心发展的教育”;狭义的社会教育“指学校教育以外的一切文化教育设施对青少年、儿童和成人进行的各种教育活动”。①

罪犯教育是人类社会整个教育中的一部分,是一种特殊的教育活动。狭义的罪犯教育是指监狱为改造罪犯而进行的有目的、有计划、有组织的思想、文化、技术教育,即所谓的“三课教育”。广义的罪犯教育是指监狱在执行刑罚过程中,所进行的一切凡能改造罪犯思想、品德,矫正犯罪恶习,增进罪犯知识、技能的活动。这里谈的社会教育应属广义的罪犯教育的形式之一。在罪犯教育领域内,一些学者对社会教育含义的认识也有所不同。例如:

所谓社会教育,是指劳改机关借助社会力量的积极影响转变罪犯消极意识,使之成为新人的一种手段。②

所谓社会教育,是指监狱借助各种社会力量的积极影响参与罪犯的教育改造活动,从而加速罪犯的思想改造,提高改造质量的一种重要手段。③

还有学者将之称为运用社会力量改造罪犯,含义是“以监狱为主体,在各级党委、政府的领导下,依靠各个部门、各群众团体、企事业单位、各基层组织、学校和社会各界人士,以及罪犯的亲属等,配合监狱共同做好对罪犯的改造工作,提高改造质量,维护社会的安定”④。

所谓社会教育,就是监狱人民警察利用监狱以外的社会力量对罪犯进行的教育改造活动。⑤

所谓社会教育,是指监狱借助各种社会力量的积极影响参与罪犯的教育改造工作,从而加速罪犯的思想改造,提高改造质量的一种教育影响活动。⑥

综合上述观点,我们将社会教育的概念归纳为:为了达到罪犯顺利回归社会的目的,监狱机关依靠社会力量,对罪犯开展的有计划、有组织的教育改造活动。

(二)理解社会教育概念的要点

对社会教育这一概念的理解应把握以下几个要点:

---

① 中国大百科全书总编辑委员会《教育》编辑委员会、中国大百科全书出版社编辑部编:《中国大百科全书》(教育卷),中国大百科全书出版社1985年版,第313页。

② 杜雨主编:《罪犯教育学》,陕西人民出版社1989年版,第292页。

③ 杜雨主编:《监狱教育学》,法律出版社1996年版,第293页。

④ 杨殿升、张金桑主编:《中国特色监狱制度研究》,法律出版社1999年版,第250页。

⑤ 王明迪主编:《罪犯教育概论》,法律出版社2001年版,第101页。

⑥ 周雨臣:《罪犯教育专论》,群众出版社2010年版,第217页。

1. 社会教育的对象

虽然社会教育的主体可能来自社会,但教育对象却是监内服刑人员。无论组织罪犯亲属入监帮教,还是组织罪犯出监参观,目的都是教育罪犯,为改造罪犯服务。因此,社会教育的对象是监狱中的罪犯。

2. 社会教育的主体

社会教育的主体具有多元性。监狱机关是罪犯教育的主体,承担着惩罚和改造罪犯的任务,具体由监狱人民警察来履行。社会教育是对罪犯进行改造的一种手段、方法,监狱机关自然就成为社会教育的主体。同时,社会教育的主体还包括各种社会力量,如各种社会职能部门(公检法机关、人大、政协以及工、青、妇、团等群众团体等)、社会知名人士(著名的劳动模范、英雄人物、教育工作者、专家学者、作家、演员等)、罪犯亲属、改过自新的刑满释放人员等。

3. 社会教育的特点

社会教育同监内教育一样,并不是随意进行的,也是有目的、有计划、有组织的。什么时间、什么地点、什么内容、请谁来、到哪里去、哪些罪犯参加等,都要事先根据一定目的,制订详细的计划,并且由专人负责,按计划组织实施。

4. 社会教育的目的

作为一种教育改造活动的方法和途径,社会教育通过对罪犯施加一定积极的影响,使罪犯早日消除犯罪心理,改掉犯罪恶习,重新成为守法公民,达到提高罪犯改造质量的目的。

二、社会教育的理念

目前,我国对社会教育的研究还比较少,在罪犯教育领域内,人们对社会教育的认识存在差异。一些学者将社会教育视为辅助教育的手段之一,与监内正规教育区别开。这里所说的监内正规教育是指对罪犯进行的以思想、文化、技术为内容,有详细教学计划、有专门师资、有固定时间和场所的教育活动。它具有鲜明的法定性、规范性、计划性和系统性。所谓辅助教育,是指监狱机关在开展正规教育之外,组织罪犯参加的各种有利于教育目的的实现的教育活动。

过去,在监狱实际工作中,人们通常将"三课教育"视为罪犯教育的核心,而将社会教育看作一种辅助手段,是次要的,甚至有人认为社会教育可有可无,这是一种错误的社会教育理念。

新时期要做好罪犯教育改造工作,我们必须树立正确的社会教育理念,才能充分发挥社会教育的功能,提高罪犯教育改造的质量。

(一)社会教育体现的是一种大教育改造观

大教育改造观是一种宏观意义上的教育改造,作为监狱工作三大改造手段之一的教育改造则是微观意义上的教育改造。根据《监狱法》总的精神,我国监狱的全部活动都应具有教育人、改造人的意义。监管改造、劳动改造、教育改造这三大改造手段实际上是一个不可分割的统一的整体,其中教育是贯穿始终的一根红线,而劳动则是其主要手段,管理是根本保障,三者的最终目的都是教育转化罪犯,矫正其犯罪恶习,预防其重新犯罪。因此,大教育改造观认为,对罪犯的教育改造是一种培养人、造就人的活动,劳动改造、监管改造从本质上说,也是一种教育活动,是教育改造的一个重要组成部分。社会教育也是一种教育人、挽救人的活动,体现了大教育观的思想。

(二)社会教育体现了"三个延伸"思想

教育改造工作向前、向外、向后延伸,统称为"三个延伸"。向前延伸是指公检法等部门从侦查、起诉、审判阶段起,就结合本职业务对行为人进行认罪服法教育,并向监狱机关详细介绍案情、违法犯罪原因、罪犯思想现状、心理特征等,为罪犯入监后的教育改造创造有利条件。向外延伸是指动员监狱机关和社会各方面力量,通力合作,共同参与罪犯的教育改造工作,提高罪犯的社会适应能力,有利于罪犯重新回归社会。向后延伸是指罪犯离开监狱后,监狱机关要向有关部门介绍罪犯的现实表现、思想状况等,并协助做好安置落实、接茬帮教工作,巩固教育改造成果,降低重新犯罪率。"三个延伸"是系统观念在教育改造工作中的生动体现,是社会治安综合治理的重要组成部分,是广大监狱干警在长期工作实践中摸索和总结出的行之有效的经验。它把教育改造工作的空间从狱内扩展到社会大环境之中,将时间从罪犯服刑这一特定时期延伸到刑前和刑后。社会教育主要体现了"三个延伸"中的向外延伸,它有利于发动社会各界力量、调动一切可能的积极因素,教育和转化罪犯,以达到预防和减少犯罪的目的。

(三)社会教育是社会治安综合治理的重要组成部分

社会治安综合治理,是指在各级党组织和政府的统一领导下,依靠国家政权、社会团体和广大人民群众的力量,各部门协调一致、齐抓共管,运用政治的、经济的、行政的、法律的、文化的、教育的等综合手段,整顿社会治安,打击和预防犯罪,改造违法犯罪人员,保障社会稳定,为改革开放和社会主义现代化建设创造良好的社会环境。社会治安综合治理是由打击、防范、教育、管理、建设、改造等六个方面和环节构成的社会系统工程。监狱工作是这个大系统中的一个子系统,是这一有机整体的重要组成部分。社会治安综合治理中的改造是广义上的改造,从其对象来看,除被判处徒刑的以外，还包括拘役、缓刑的对象等。监狱担负着对其中罪行最严重、恶习最深、人数最多的这一部分人的改造任务。监狱在惩罚、改造罪犯过程中，通过依靠全社会的力量，运用政治的、经济的、行政的、法律的、文化的、教育的等各种手段，把罪犯改造成为守法公民，推进社会治安的良性循环。监狱改造工作的目的必须依靠社会力量才能实现，社会教育是提高改造质量、预防重新犯罪的一种重要手段，是社会治安综合治理的重要组成部分。

（四）社会教育是推进监狱工作“三化”建设的要求

新时期司法行政工作的改革，对监狱工作提出了新的要求。随着监狱体制改革的逐步推进，监狱工作的职能将实现专门化，监狱将成为名副其实的刑罚执行机关。如何进一步提高教育改造质量，已经成为当前和今后一个时期监狱工作迫切需要回答的问题。做好监狱工作，“惩罚与改造相结合，以改造人为宗旨”是方针，安全稳定是前提，提高罪犯教育改造质量是中心，法制化、科学化和社会化是提高教育改造质量的有效手段。推进监狱工作“三化”建设，即法制化、科学化和社会化，是当前监狱工作的重要任务。所谓监狱工作社会化，就是要克服刑罚执行工作的封闭性、神秘感，利用社会力量，服务于对罪犯的教育改造工作。这就必须坚持以我为主，充分借助社会力量，利用社会资源，建立多角度、多层次、多方位的帮教体系，进一步提高教育改造质量，增强罪犯刑满后适应社会的能力。社会教育是监狱工作社会化的内容之一，符合推进监狱工作“三化”建设的要求。

（五）社会教育适应了行刑社会化的发展趋势

行刑社会化本身是一个广义的概念。监狱行刑的社会化，是指对被判处有期徒刑、无期徒刑的罪犯的行刑，积极依靠社会力量的支持和参与，努力打破监狱自身的封闭状态，使罪犯在服刑中尽可能多地接触外界社会，以增强罪犯改造效果的一种行刑方式。我国传统的行刑制度主要是封闭式行刑。随着社会的不断发展和人类文明程度的不断提高，以及当今世界各国对人权问题的普遍重视，行刑社会化已成为世界行刑制度的发展趋势。

罪犯之所以犯罪，很重要的一个原因就是社会化程度不够，可能是社会化不完全，也可能是经历了错误的社会化，导致个性心理缺陷，而封闭式的行刑方式很可能使其在反社会化的方向上越走越远。因此，要想达到罪犯教育改造的预期目标，就必须努力打破监狱的封闭状态，使罪犯在服刑过程中尽可能多地接触外界社会，通过与社会的不断接触，逐渐接受社会对其施加的积极影响和要求，掌握一定的生活规范、价值规范、道德规范、法律规范和生产生活技能等，弥补自身的社会化缺陷，早日改造成为一个守法公民，重新回归社会，并且不再重操旧业。社会教育在教育改造罪犯、提高教育改造质量方面起到的重要作用,符合行刑社会化的要求,适应了行刑社会化的发展趋势。

第二节 社会教育的功能

社会教育是改造罪犯,提高教育改造质量的一个不可缺少的重要手段。《监狱法》第六十一条规定,教育改造罪犯要采取“狱内教育与社会教育相结合的方法”,这一规定使社会教育有了明确的法律依据。随着社会的不断发展和改造罪犯过程中实践经验的积累,社会教育的功能日益明显,其重要性也越来越突出。

这是因为,罪犯是社会人,其改造离不开社会。罪犯首先是人,其次才是犯人。人的本质属性是社会性,罪犯的本质属性有二:一是社会性,二是刑事违法性。罪犯生活在客观世界中,其心理和行为时刻受到来自社会方方面面的影响。首先,罪犯的犯罪心理的形成离不开社会,是对客观世界中消极不良因素的主观能动的反映。其次,罪犯被判刑后也离不开社会。虽然罪犯被判处在监狱服刑,与外界社会相隔离,但监狱的封闭是相对的,罪犯并不能与社会完全隔离,况且监狱本身就是一个社会的缩影。罪犯在监狱中要受到来自监狱人民警察、其他罪犯的影响,也可以通过电视、广播、报纸、杂志、网络等了解外界的信息,同时罪犯和家属之间也可通过电话、写信、探视等方式进行联系。由此可见,罪犯不可能与社会完全隔离。在罪犯改造的过程中,其犯罪心理的消除,犯罪恶习的矫正,良好行为的养成都离不开社会环境对他施加的积极影响。

社会教育的功能主要表现在以下四个方面:

一、调动罪犯改造的积极性,提高改造质量

活动的积极性是提高活动效率、实现活动目标必不可少的一个重要因素。在教育改造罪犯过程中,只有外在压力,而没有罪犯内在的改造动力,是不可能达到改造罪犯的预期效果的。必须调动罪犯的改造积极性,使罪犯由“要我改造”变为“我要改造”,才能达到提高罪犯改造质量的目的。社会教育通过“请进来”“走出去”、签订帮教协议等多种形式,开展丰富多彩的活动,帮助罪犯认清社会形势,看到自己的前途,从而调动其改造的积极性。罪犯改造的积极性主要体现在:能够认罪服法,主动交代余罪;积极参加劳动、文化和技术知识的学习、思想政治教育;主动配合监狱人民警察的工作,揭发检举其他罪犯的违反监规纪律的行为等。

专栏 16－1　监狱内的罪犯就业推介会

2009 年 11 月 19 日，豫西监狱文化广场举办了一场特殊的就业推介会。来自山东、浙江、江苏、河南等地的 39 家社会企业，来到监狱抢“人才”，和 100 多名即将刑满释放的服刑人员签订了就业意向书，其中多家企业“抢”到数名“人才”后，决定长期使用。

资料来源：郭同鼎、刘瑞芳：《高墙内，青天蔚蓝——河南省豫西监狱依法维护服刑人员合法权益侧记》，载《人权》2010 年第 2 期。

二、对罪犯施行强制性再社会化，增强罪犯的社会适应性

社会化是指作为个体的生物人成长为社会人，并逐步适应社会生活的过程，经由这一过程，社会文化得以积累和延续，社会结构得以维持和发展，人的个性得以形成和完善。①

再社会化是指改变原已习得的价值标准和行为规范，建立新的价值标准和行为规范，确立新的生活目标的过程。② 这种过程可以是自愿的、非强制性的，如新兵入伍、专业的改变、国籍的变更等；也可以是被迫的、强制性的，如对罪犯的改造。狭义的再社会化指的就是强制性再社会化，即通过法律等强制手段来实施的再社会化过程。

按照社会学的观点，罪犯是一个社会化失败的个体，在其社会化过程中，由于社会化不完全或经历了错误的社会化而产生社会化缺陷，因此需要进行再社会化，即罪犯被迫重新习得社会规范、掌握生活技能，以弥补原来的社会化不足。由于罪犯的特殊身份，这种再社会化必然具有强制性。通过服刑期间的教育改造，改变罪犯错误的价值观念、生活方式和行为习惯，使之接受符合社会发展要求的价值标准、生活方式、行为规范、法律规范和道德规范等，矫正恶习，成为守法公民。

罪犯的社会化离不开社会环境的影响，为了使罪犯顺利地完成再社会化，就需要调动各种环境因素对罪犯施加积极影响。封闭式的改造使罪犯与社会隔绝，容易导致个性的扭曲，难以实现再社会化。社会教育方式通过充分调动社会各方面力量，帮助罪犯认清社会形势，熟悉社会环境，掌握社会的基本规范，从而增强罪犯的社会适应性，有利于刑满释放后重新回归社会。

---

① 参见郑杭生主编：《社会学概论新编》，中国人民大学出版社 1992 年版，第 103 页。

② 参见周晓虹：《现代社会心理学》，上海人民出版社 1997 年版，第 161 页。

三、充分利用社会各方面资源,提高改造工作效率

罪犯犯罪心理的形成和犯罪行为的发生都是主体内外多种因素相互影响、相互作用的结果,因此对罪犯的教育也应是多形式、多内容、多层次的。从广义的教育概念出发,在罪犯改造过程中,处处体现着教育的作用。一方面,围绕罪犯开展的各种活动如监管、劳动、三课教学、文体活动、参观等都对罪犯的改造起着一定的教育作用;另一方面,与罪犯相联系的各种人,也都可以对罪犯起到教育影响作用。

可以说,罪犯教育改造是一项复杂的社会系统工程,光靠监狱无法实现,要依靠社会力量,充分利用社会各方面的教育资源。《监狱法》第六十八条规定:"国家机关、社会团体、部队、企业事业单位和社会各界人士以及罪犯的亲属,应当协助监狱做好对罪犯的教育改造工作。"这是实行社会教育的法律依据。社会教育体现了专门机关和群众路线相结合的政策,只有充分发动和依靠广大人民群众,充分利用社会各方面资源,社会教育工作才能发挥应有的作用,提高改造工作的效率。

四、争取社会的理解和支持,促进监狱工作的整体进步

监狱作为国家机器之一,也是社会的一个组成部分,监狱的进步和发展离不开社会各方面的支持。过去,由于旧监狱的黑暗与狱吏的残暴,给人们留下深刻的印象,加上监狱工作的特殊使命和封闭性,使人产生神秘感,社会各方面对监狱缺乏了解。人们一提到监狱,就会联想到铁门、铁窗、铁锁链,认为监狱是阴森恐怖、充满暴力的地方,对监狱人民警察的工作、生活更缺乏了解。没有了解,当然谈不上理解和支持。实行社会教育,依靠社会力量改造罪犯,增强了监狱工作的开放性,大大提高了监狱工作的透明度,也增进了社会各方面对监狱人民警察工作的理解。通过社会教育的渠道,能够使社会各方面充分了解社会主义监狱制度的优越性,了解监狱人民警察的光荣使命。一些社会人士参与对罪犯的帮教活动之后,认识到监狱人民警察工作的艰苦性、危险性和任务的复杂性、艰巨性,对他们的高度的事业心、责任感非常敬佩,表示愿意支持监狱工作。在社会教育实践中,有主动对罪犯进行帮教和提供心理咨询的,有自愿为监狱教育改造罪犯捐款、捐物的,一些社会职能部门在为监狱生产减免税收、为改造罪犯提供物质保障等方面给予了大力支持,促进了监狱工作的整体进步。

第三节　社会教育的形式与管理

一、社会教育的形式

(一)“请进来”的形式

“请进来”是监狱根据改造罪犯的需要,有目的地邀请狱外社会力量对罪犯进行帮助和教育,也就是利用亲朋好友和其他社会人士参与帮教,对罪犯进行规劝的形式。这是目前我国监狱利用社会力量改造罪犯运用最广泛的一种形式。具体包括以下几种形式:

1. 邀请各级党政机关领导,到监狱视察,向罪犯作形势政策报告,召开座谈会听取并回答罪犯关心的热点问题等。这一形式充分体现了党和国家对罪犯的教育、挽救政策,有利于罪犯了解改革开放和国家建设的大好形势,增强积极改造、重返社会的信心。

2. 邀请监狱当地或罪犯原判所在地的公、检、法、司机关人员来监狱对罪犯进行法制宣传和认罪服法教育;听取罪犯的申诉、控告、检举;由原办案单位针对罪犯的有罪不认情况,讲理、讲法、批驳、解答咨询等。

3. 邀请社会先进人物,如英雄人物、劳动模范等到监狱作先进事迹报告,并与罪犯一起座谈,能起到良好的榜样教育作用。

4. 邀请社会科学、自然科学方面的专家、学者到监狱作形势政策、科技进步、爱国主义等方面的报告;请心理专家或心理医生为罪犯开展心理咨询,进行心理辅导等。

5. 邀请社会上的一些企事业单位和社会团体与监狱联合办学,到监狱参观、演讲、座谈和演出等。

6. 邀请罪犯亲属到监狱机关参观,并参与对罪犯的帮教。我国监狱中普遍实行罪犯家属定期接见制度、通信制度、同居制度;部分地区监狱为罪犯开设了亲情电话以利于其与亲人交流感情;还有少数具备条件的监狱开设了亲情餐厅和狱内购物超市,供接见家属和服刑罪犯使用。这一系列亲情教育制度充分体现了我国政府对广大服刑人员的人文主义关怀,也是人道主义行刑思想的具体体现。邀请罪犯亲属配合监狱机关对罪犯进行规劝和帮教,具有针对性,可对症下药;同时以情感为突破口,用亲情感化罪犯,罪犯对其亲属的规劝易于接受,有利于消除罪犯的对立情绪,调动其改造的积极性。

7. 邀请犯罪被害人(包括被害单位、被害的自然人等)到监狱揭露、控诉犯罪的危害,以唤醒罪犯的良知,从而使其认罪服法,并发自内心地悔罪。

8. 邀请一些在社会上取得显著成绩、作出突出贡献的刑满释放人员到监狱现身说法,起到典型示范作用。这些人对罪犯有很大的影响力,更具亲近性、可学性和感染性。有计划地组织这些回头浪子到监狱以自己的亲身经历现身说法,往往对罪犯触动大、影响深,能帮助罪犯消除顾虑,树立改造的信心,积极配合教育改造活动,收到特有的教育效果。

9. 邀请社会上的新闻媒体到监狱了解情况,以专题的形式采访报道监狱依法治监、教育、挽救、改造罪犯的实际情况,营造良好的舆论氛围,增进狱内外的相互了解,增强罪犯改造的积极性。

10. 积极吸收社会志愿者参与对罪犯的帮教工作。

11. 举办罪犯就业推介会。

(二)"走出去"的形式

"走出去"就是有计划地组织一定范围的罪犯到社会上参观学习、参加社会服务和有益的活动,接受社会教育。具体形式主要有:

1. 组织罪犯就近到社会上参观当地城乡改革开放建设成就,参观风景名胜,参观展览馆、博物馆、纪念馆,瞻仰烈士陵园,接受社会主义和爱国主义教育。

2. 组织一些表现好的罪犯到社会上参加一定的劳动或公益活动,培养集体主义精神和公德意识。

3. 组织罪犯参加一些健康的社会活动,如参加社会上的文艺、体育、诗歌、书画比赛;组织监狱文艺队到帮教协议单位或其他单位进行义务演出,加强罪犯与社会的联系,增进社会对罪犯的了解。

4. 积极创造条件,组织罪犯参加电大、函大、高自考的学习及社会上的职业技能培训、考核等,提高罪犯自身的素质,为其重新回归社会奠定基础。

5. 组织一些表现好的罪犯到党政机关、企业、学校等进行现身说法演讲,汇报改造情况,培养积极进取的精神,接受群众监督。

6. 组织罪犯离监探亲或通过亲情电话与亲属联络感情,通过亲情感化罪犯,帮助罪犯积极改造。

专栏 16-2　春节期间 999 名离监探亲罪犯全部回归

为践行好总体国家安全观下的监狱治本安全观,司法部部署在 2018 年春节期间集中开展一次罪犯离监探亲活动。记者从司法部获悉,春节期间,共有 27 个省(自治区、直辖市)311所监狱批准999名罪犯离监探亲,截至2月20日,已全部安全顺利返回监狱,收到良好效果。

为何实际离监探亲人数比春节前报道将有1300名罪犯获准离监探亲有所减少?记者在采访时得知,有的罪犯通过亲情电话与家属沟通,延期至元宵节或者清明节;有的罪犯家属在外地打工,没有赶回家,无法及时办理手续和到监狱接罪犯;有的经评估后,仍没有把握,为慎重考虑,减少了数量。

资料来源:中国新闻网,https://www.chinanews.com.cn/gn/2018/02-22/8452331.shtml.,2022年5月22日最后浏览。

(三)"签订帮教协议,建立帮教组织"的形式

帮教协议是监狱与有关党政机关、基层组织或个人,为了正常开展好社会帮教工作,明确各自的责任而订立的书面契约。签订帮教协议或帮教合同,是促使帮教活动经常化、制度化的一项措施。自北京市于20世纪80年代中期首创由监狱管理局与各城区人民政府签订帮教协议以后,各地相继推广,并在实践中不断完善。签订帮教协议可以将帮教活动的内容、形式以及各方的权利、义务、监督检查等长期地固定下来。帮教协议有的是监狱与帮教方的"双方协议",但大多是由监狱或中队、帮教者(即社会组织、各界人士)和帮教对象(即罪犯)三方签订。监狱部门应主动和有关部门、人士联系,通过签订帮教协议,建立经常化、制度化的社会帮教模式。

1. 帮教协议的结构

帮教协议的结构与一般的"合同"类似,主要由五个部分组成:

(1)协议名称;

(2)签订协议各方的名称及简称;

(3)签订协议的目的;

(4)协议的项目、条件、责任及有效期;

(5)协议各方签字、盖章并署明签订日期。

2. 帮教协议的主要内容

(1)帮教方承诺在哪些时间、以哪些形式,给予帮教对象哪些内容的帮教。例如,定期通信、会见,促使罪犯稳定改造情绪,认罪服法,积极改造等。

(2)监狱方承诺为帮教活动的正常开展提供必要的组织和实施条件。例如,及时向帮教方提供帮教对象的情况,为帮教活动的开展提供适宜的场所、时间和其他条件等。

(3)帮教对象保证主动认真地接受帮教,积极改造。例如,定期以书面形式或

口头形式如实汇报自己的思想状况和改造表现等。

3. 建立帮教组织

为使这一工作正规化、经常化,政府应建立社会帮教中心,统一指挥协调该项工作,并建立各种帮教组织。

社会帮教组织主要有:地方各级党政机关与有关部门,包括安置帮教工作领导小组及其办公室、关心下一代工作委员会、政法委员会及公安局、检察院、法院、司法局和村镇、街道等基层党政组织。安置帮教工作领导小组及其办公室是开展社会帮教活动的重要组织部门。关心下一代工作委员会多由担任过领导职务的老同志组成。党政机关对罪犯的犯罪原因等方面有深刻的了解,教育的针对性也较强。其他组织,包括地方人大、政协、民主党派、共青团、妇联、工会等群众团体及学校、新闻机构、工矿等单位。

我们应该大力发展现有的社会帮教制度。社会帮教应以有效改造罪犯为核心目标,弥补监狱教育的不足并使其向社会延伸。当前,社会帮教的重点应定位于解决服刑罪犯的思想教育、技能培训和刑满释放人员的帮扶、接纳工作。

在罪犯教育实践中,要根据社会教育的目的和内容,选择适宜的社会教育形式,这样才能充分发挥社会教育的作用,实现预期目的。同时,在社会教育实践中,要根据社会发展的新形势,不断探索新的社会教育形式,为罪犯教育工作不断注入新的活力。

二、社会教育的管理

为保证社会教育的有序进行,充分发挥社会教育的功能,并且确保监狱的安全,监狱机关应加强对社会教育的管理工作。

(一)精心组织

社会教育要追求实效,而不要注重形式。考虑到监狱的特点和罪犯的特殊性,组织社会教育时,对“请进来”的社会力量在人数和范围上一定严格审查和控制,不要追求规模。社会人士参观监狱,一般不组织罪犯搞过于复杂的欢迎仪式,这种参观活动,也不能影响正常的教学和生产。

为追求实效,防止社会教育摆花架子,走过场,监狱机关还应对社会教育的内容、形式,进行严格的审查。在必要时,要请社会人士对教育的内容和形式做必要的调整和补充。

(二)严加防范

社会教育使罪犯与社会、社会各界人士广泛接触,监狱机关在组织这项教育活动中,应时刻不忘罪犯的主观恶性和社会的复杂性。为防止出现意外事故,应依法对这项教育活动严格管理。社会人士来监狱参观、作报告,与罪犯接触,要严格执行有关制度,在任何情况下,对任何人都不要搞“特殊化”。组织家属帮教,更应严格管理、严密监控,要认识到罪犯和家属之间的血缘亲情关系,可能使他们共同违反法律规定,钻管理制度不严的空子。

组织罪犯“走出去”时,更要严格实施防范措施。对参观路线、参观时间、参观地点,要事先考察,祛除不安全因素。对外出参观的罪犯要实行有效的“保夹”,要明确严明的纪律。

社会教育的安全防范非常重要,为不破坏教育的气氛,这种防范要力求“内紧外松”,以保证既取得明显的教育效果,又杜绝任何事故。

(三)纳入主流

社会教育活动的复杂性和社会帮教成员的多样性,决定了社会教育对罪犯的改造既有积极的一面,也可能有消极的一面。因此,对于社会教育不可任其自然发展,在严格监控的同时,关键是考虑社会教育对监内教育的配合和补充。也就是说,系统的、有目的的、有计划的监内教育是主旋律。是否开展社会教育,关键是看它是否有益于狱内教育。同时,开展社会教育,也要把它纳入或者使它服从于狱内教育的计划。

研究与思考

1. 社会教育的理念应当从哪几个方面来理解?
2. 社会教育具有哪几个方面的功能?
3. 如何有效组织社会教育,应当注意哪些问题?

第十七章 监狱文化

重点提示

1. 监狱文化是指监狱在执行刑罚、改造罪犯的实践中所建立起来的精神文化、物质文化、制度文化的总和。

2. 监狱文化的特征包括强制性、闭合性、法制性、稳定性、时代性。

3. 监狱文化的功能包括导向功能、凝聚功能、约束功能、激励功能、辐射功能。

4. 监狱物质文化建设的要求包括监狱的物质环境必须整洁卫生;监狱物质文化建设要富有文化内容;监狱物质文化建设要具有审美价值。监狱制度文化建设的价值目标包括法治化、科学化、人性化。

5. 监狱精神文化建设的内容包括:提炼鲜明独特的共同价值观;塑造富有尊严和人道的监狱形象;形成积极向上的监狱风气;建立健康和谐的人际关系;构建丰富发达的文化网络。

现代教育学把课程分为正规课程和潜在课程两个方面。正规课程是学校教育中有计划的学科体系;潜在课程又称隐性课程,与正规课程相对应。潜在课程是"通过整个学校的环境、气氛、风气所施加给学生的影响,起到教育作用的"。①

《监狱教育改造工作规定》第五章第三十二条规定:"监狱应当组织罪犯开展丰富多彩的文化、体育等活动,加强监区文化建设,创造有益于罪犯身心健康和发展的改造环境。"与思想、文化、职业技能等显性教育课程相对,监狱文化建设是监狱的潜在课程。现代监狱不仅是刑罚执行机关,它同样是作为罪犯的学习、生活环境而存在的,监狱文化中的物质、社会和文化体系同样会使罪犯学习到非预期的、非计划的知识、价值观念、规范或态度。

① 参见靳玉乐:《潜在课程论》,江西教育出版社1996年版,第22页。

第一节 监狱文化概述

监狱文化是一个整体性的、综合性的概念。监狱的建筑、设施、布局、氛围、风气、制度以及监狱人民警察的人格等,都能对罪犯产生教育影响,因而都归属于监狱文化这一隐性课程的内容。

一、监狱文化的内涵

正如有的论者所说,监狱文化作为一种国家政治文化,一种群体文化,自监狱创立之日起,便在客观现实中存在。但在理论上深入研究它,还是20世纪80年代以来的事。1989年上海提篮桥监狱在罪犯改造实践中首次提出了"监区文化"的概念,对监狱这一特殊的环境中的文化现象作出了明确界定。

(一)文化

什么是文化?这是一个令人颇费思量的难题。据学者的考证,中文的"文化"两字最早见于《易经》,"刚柔交错,天文也,文明以止,人文也。观乎天文,以察时变,观乎人文,以化成天下"。"文化"即"人文化成"的简称。由此可见,文化概念的形成与人的参与息息相关,没有人就没有了文化的主体,人总是文化中的人,文化总是特定人群的文化,这是理解一切文化的重要依据。

西汉刘向将"文"与"化"二字联为一词:"圣人之治天下也,先文德而后武力。凡武之兴,为不服也。文化不改,然后加诛。""文化内辑,武功外悠。"这里的"文化",或与天造地设的自然对举,或与无教化的"质朴""野蛮"对举。因此,在汉语系统中,"文化"的本义就是"以文教化",它表示对人的性情的陶冶,品德的教养,本属精神领域之范畴。随着时间的流变和空间的差异,"文化"逐渐成为一个内涵丰富、外延宽广的多维概念。

关于文化的解释众说纷纭,有的学者甚至列举了161种文化的定义,也有人说有200多种定义。有学者指出,文化具有两方面的特性:一方面,文化具有人为的性质,是人类的本质活动的对象化;另一方面,文化具有群体性,它是历史积淀下来的被群体所共同遵循或认可的共同行为模式。从这个意义上说,人们每天接触的环境就是一种文化,因此胡适说文化是"人们生活的方式",梁漱溟先生关于文化则有"人类生活的样法"的判断。美国的克鲁克洪则认为,文化是"历史上所创造的生存方式的系统,既包括显性方式又包括隐性方式;它具有为整个群体共享的倾向,或是在一定时期为群体的特定部分所共享”。[①] 学界普遍认为,文化广义上是指人类创造出来的物质和精神财富的总和;狭义上是指社会意识形态,以及与之相适应的制度和组织机构。

(二)监狱文化

法国人义佐说:“欲知其国文明之程度,须视其国监狱制度之良窳。”[②]沈家本曾援引西方学者“觇其监狱之实况,可测其国程度之文野”之说,认为“东西各国以囹圄之良窳觇政治之隆污”[③]。这些都是早期对监狱作为一种文化或文明现象的认识,从监狱作为一种文化现象角度来理解监狱文化。从“物质和精神财富的总和”来看,监狱无疑是文化现象,是一国文明的窗口。[④] 不过,在监狱学界多数学者看来,提及“监狱文化”或者“监区文化”,其所指并非这种宏观意义上的文化现象,而是监狱内部有意识建设的特殊“文化”。关于这种内部的“文化”仍有不同看法。有的人认为,监狱文化包括主流文化和监狱亚文化。有的人则认为,监狱文化就是监狱中的主流文化。本书持后一种观点,将监狱文化理解为监狱中的主流文化,并将监狱文化作为大力倡导和建设的对象。也就是说,将监狱文化视为“好的”“有价值的”东西,因而是需要大力建设的东西。

因此,监狱文化是指监狱在执行刑罚、改造罪犯的实践中所建立起来的精神文化、物质文化、制度文化的总和。监狱中“有形的”环境和物质条件属于文化的一部分或曰“载体”,但监狱文化的核心是精神和氛围,即所谓“形而上者”。

监狱文化作为一种实践形式早已有之,新中国监狱中开展的罪犯文体活动、制作的标语口号、监区环境美化等可以视作监狱文化的雏形。不过直到 20 世纪 80 年代之前,监狱文化建设都处在一种自发和零散状态之中。理论上对监狱文化的关注从 20 世纪 80 年代开始,实践中自觉的建设工作也是这个时期的事情。上海市监狱在多年实践的基础上于 1989 年提出了监区文化建设这一课题。[⑤]《监狱学总论》印证了这一说法,认为“监区文化这一概念,最早由上海监狱系统干警在 1989 年提出并广泛地开展了从实践到理论的探讨和研究”[⑥]。1990 年,《劳改理论与实践》在第四期刊登了《上海监区文化建设研讨会纪要》,从另一个侧面印证了监狱文化探

---

① 参见[美]克鲁克洪:《文化与个人》,高佳译,浙江人民出版社 1986 年版,第 6 页。

② 李甲孚:《中国监狱法制史》,台北,台湾商务印书馆 1984 年版,绪论。转引自张晶:《走向启蒙:基于监狱·矫正的视角》,法律出版社 2008 年版,第 163 页。

③ 薛梅卿等主编:《清末民初改良监狱专辑》,中国监狱学会 1997 年版,第 29 页。

④ 参见马志冰、姜晓敏:《“监狱文化与矫正工作论坛”综述》,载《中国监狱学刊》2007 年第 5 期。

⑤ 朱济民主编:《论上海监狱工作》,上海人民出版社 1995 年版,第 411 页。

⑥ 金鉴主编:《监狱学总论》,法律出版社 1997 年版,第 530 页。

索源自上海监狱系统的事实。

分析监狱文化建设产生的历史背景和动因，应该说监狱文化建设是我国监狱工作“历史新时期发展的产物，具有历史必然性”[①]。监狱文化产生的历史条件可以概括为三个方面：监狱的特殊学校化、行刑社会化、改造手段多元化。监狱的特殊学校化使文化建设在“高墙电网之内取得了生存和发展的土壤”；行刑社会化则使监狱产生了适应社会文化建设的需要、有意识选择文化的需要、与社会交流的需要；改造手段多元化使文化学尤其是企业文化进入了监狱工作者的视野。[②] 多方面的因素最终促成了监狱文化课题在20世纪80年代浮出水面。

二、监狱文化理论的发展历程

监狱文化的产生有一个不可忽视的外部诱因，那就是20世纪80年代兴起的“文化热”。社会问题的解决在遇到困境的时候，往往会导致文化上的反思。在中国，20世纪上半叶“五四”新文化运动时期围绕着中西文化的比较问题，曾发生过文化问题的大争论。到了20世纪80年代，深刻的社会转型再一次引起了“文化热”。“文化热”对监狱工作也产生了潜移默化的影响，“监狱文化”提法的出现与此不无关系。[③]

考察监狱文化的发展历史发现，这是一个包含在教育改造工作之中和逐步独立成一种重要的建设内容的过程，也是从最初作为“辅助教育”手段逐步发展成为渗透到监狱工作各个方面的过程。监区文化建设无论从法律上，还是在制度上，都显得资源不足。《监狱法》虽然对开展监区文化活动提出了具体要求，但是这些要求并不足以系统指导监区文化的全面建设活动。2003年《监狱教育改造工作规定》（司法部令第79号）出台后就发生了重大改变，“监区文化建设”作为第五章专门加以规定，内容进一步丰富。2007年出台的《教育改造罪犯纲要》在“教育改造罪犯工作的实施”中规定，“发挥改造环境和监狱文化氛围对罪犯的熏陶作用。要为罪犯营造良好的改造环境，做到规划合理，设施齐全，环境美化，监区整洁。要广泛开展丰富多彩的文化、体育活动，定期举行文艺演出、体育比赛，组织罪犯学习音乐、美术、书法等，丰富罪犯文化生活，陶冶罪犯情操，使罪犯在文明、人道，有利于身心健康，有利于矫治恶习，有利于重返社会的氛围中得到改造”。对《监狱法》的要求进

---

① 朱济民主编：《论上海监狱工作》，上海人民出版社1995年版，第415页。

② 朱济民主编：《论上海监狱工作》，上海人民出版社1995年版，第412－414页。

③ 朱济民主编：《论上海监狱工作》，上海人民出版社1995年版，第414页；孙平：《文化监狱的构建》，中国政法大学出版社2007年版，第4页。

一步细化,改变了监区文化建设资源不足的问题。

在推进文化改造的实践中,文化监狱、文化监区建设方兴未艾,儒家文化、"孝"文化、"红色文化"、乡土文化纷纷进教材、进监狱,文化品牌创建、文化设施建设、文化活动组织、文化工程推进紧锣密鼓,可以说,高墙内的文化建设正呈现出蓬勃发展态势。但这些都只是文化改造的一个方面或者表象,真正的文化改造是以文化为载体,发挥"以文化人、以文塑人、以文育人"的作用,其实质就是要发挥文化的教化作用,不断提升人的精神境界。文化改造的过程其实就是一种优秀的理念、传统、习惯、积淀的传承和发展过程。包括罪犯在内,每个人都在继承文化,同时也在创造和发展文化。

专栏 17-1 黑龙江省女子监狱文化改造方法不断创新

黑龙江省女子监狱有个特殊的监区,叫文艺监区,是针对女性服刑人员的特点创建,这里的服刑人员各怀才艺。

监区领舞的服刑人员叫徐某,年仅 25 岁的她入狱前在黑龙江省剧院工作,是一名专业的舞蹈演员,但因感情纠纷纵火,被判处有期徒刑 15 年。她告诉记者,刚刚入狱时自己的情绪十分低落,觉得整个人生都完了,没想到的是在集训监区 3 个月后,自己的特殊才艺被监狱领导发现,转到了文艺监区后觉得自己重获新生。"我入狱前每天的工作就是编排舞蹈和练功,现在我每天的工作同样是这些,失去了自由却还能继续儿时的梦想,整个人都自信了起来。"徐某说。

而文艺监区的监区长邹警官同样是一位才艺出众的"80 后",她告诉记者,文艺监区看押的都是平均年龄 30 岁左右的青年人,在歌舞方面都有各自的特长,日常的主要工作就是编排舞蹈、导演情景剧以及研究开拓新的文艺表演模式,表演中对真善美的展现、对自由生活的向往,潜移默化地净化着服刑人员的心。

监区服刑人员赵某因贩毒被判处有期徒刑 10 年,入狱时年仅 21 岁,如今她的刑期已经不足半年。在接受记者采访时,她说,出狱之后想做的第一件事就是寻找报名"星光大道"的途径,无论自己的歌声会不会取得优异的成绩,她都想找个公开的机会向社会讲述自己曾经经历过的一切,并且要告诉所有人自己将重新开始。

资料来源:中国经济网。

第二节　监狱文化的特征和功能

监狱文化最初是作为一种教育改造的手段或者狱政管理的手段提出的，其目的在于增强罪犯改造的实效性，提高管理和教育罪犯的质量。但是，监狱文化作为一种隐性课程，与狱政管理、教育改造、劳动改造这些“硬件”相比是“软件”，其价值取决于监狱文化作为“软件”的特征和功能。

一、监狱文化的特征

每一种文化在历史长河中都逐渐形成了自身的特征，从而使不同文化得以展示出不同的生命活力。监狱文化也是在长期的沉淀和积累中，形成了鲜明的特征。

（一）强制性

法国社会学家埃米尔·涂尔干强调：“文化是我们身外的东西——它存在于个体之外，而又对个人施加着强大的强制力量。”[①]监狱作为刑罚执行机关，其特定的社会职能和管理方式使监狱文化自然成为更为突出的干预、控制载体，具有更加突出的强制性。特别是代表监狱制度文化的各项监规监纪，明确地规定了限制性内容，并以国家权力作为保障，违犯就将受到相应的惩罚，从而成为强制力的突出体现。

（二）闭合性

监狱文化与其他文化范畴的最大区别在于文化空间的闭合性。监狱文化的闭合性表现在三个方面。一是监狱文化信息输入输出的封闭性，监狱围墙几乎阻断了罪犯自由获取信息的可能性，所有允许罪犯获得的信息都是监狱管理者认可的社会信息。二是监狱文化活动方式的闭合性。罪犯在服刑期间所开展的文化活动必须得到监狱管理者的许可，并且在监狱内部由监狱人民警察组织罪犯开展活动，罪犯没有是否参加活动的选择权，更没有选择参加何种活动的权利。三是监狱人际交往的闭合性。罪犯与他人的交往是在监狱人民警察的监控下完成的，并且交往活动会因为不利于监狱安全和罪犯改造而被限制或终止。当然，由于监狱是一个相对封闭的、具有高度控制力的环境，更有利于监狱管理者引导和形成一种良性

① ［美］C. 恩伯、［美］M. 恩伯：《文化的变异——现代文化人类学通论》，杜杉杉译，辽宁人民出版社1988年版，第37页。

的监狱文化。

(三)法制性

监狱文化是当代中国法治文化的重要组成部分。监狱法律法规构成了监狱文化的外延表现形式。监狱法律思想、监规监纪等因素构成了监狱文化不可或缺的部分。监狱文化的核心,即监狱精神文化,其实就是监狱人民警察的法律思维方式和价值追求,包括运用法律思维、追求法律价值和树立法律信仰。

(四)稳定性

监狱作为一个特定的载体,即使其自然属性发生了巨大变化,但其内生的自发的本质属性即惩罚是永远不会发生变化的。监狱的监禁关押条件发生了明显的变化,但监狱还是用来惩罚和改造罪犯的。换句话说,监狱文化是刑罚史积累下来的被社会所遵循或认可的共同的行为规则。因此,监狱文化具有较强的稳定性,并且由于监狱文化的器物形态的封闭独立,使社会信息难以越过高墙电网对监狱内部文化发展产生影响。这种形态是历史凝聚成的,在短期内得到改变是很难的。

(五)时代性

监狱文化是一种实践性很强的文化建构,它只能在特定的条件和可能性的约束下发生。正如马克思所说:"人们自己创造自己的历史,但是他们并不是随心所欲地创造,并不是在他们自己选定的条件下创造,而是在直接碰到的、既定的、从过去继承下来的条件下创造。"①监狱文化形式其实就是一种历史的积累,每个时期的监狱文化都被打上了时代烙印。它表现为监狱文化的社会制约性和历史性,表明的是这种文化产生的必然性和何以如此的原因。现代监狱文化更凸显21世纪监狱行刑的指导思想,即努力教育改造罪犯,使罪犯成为守法公民,早日回归社会。

二、监狱文化的功能

从哲学上看,功能则是某种事物发挥的作用,是由事物的内部结构决定的,一般指的是事物的客观属性。监狱文化建设所引起的各种变化、带来的各种结果和影响都可以称为监狱文化的功能。可以说,从一开始出现,监狱文化建设实践就发挥着重要的功效。监狱文化建设弘扬积极的文化道德观念,用社会主义先进文化引导和规范监狱亚文化,构建一种积极向上、团结进取、守法守规的文化氛围。

(一)导向功能

监狱文化作为监狱工作最深层次的意识观念,对监狱工作者和改造对象的思

① 《马克思恩格斯全集》(第8卷),人民出版社1961年版,第117页。

想观念、价值追求、行为方式都会产生重要的导向作用。对于监狱人民警察而言，文化建设极大地丰富文化生活，满足他们不断增长的文化需求，并将其内化为自身价值观念，引导他们积极向上，对各项工作制度以及日常的监管工作由认知到认同、由他律到自律，将制度执行变成一种自然而然的自觉行为，极大地降低了监督制度执行的成本。对于罪犯而言，良好的监狱文化本身蕴含着明确的改造目标、良好的道德规范和抑恶扬善的改造风尚，罪犯置身于这种改造氛围中，在其教化和影响下，进一步认识到自己犯罪行为的社会危害性，真正认罪悔罪，自觉接受改造，逐渐对其产生强烈的价值认同和舆论导向，这就对罪犯的思想改造起到了一种潜移默化的导向作用。

（二）凝聚功能

监狱文化的凝聚作用是指通过监狱文化建设，可以使每一位监狱工作者及其被改造对象形成共同的思想观念和价值观念，构建共同的愿景。对于监狱人民警察而言，监狱文化能够凝聚人心、汇集力量，推进队伍建设，增强职业认同感和工作归属感，进而能够将各种力量凝聚到改造罪犯的中心任务和总体目标上。对于罪犯而言，监狱文化在对罪犯心理、性格和行为进行引导与约束的同时，将他们的主要精力凝聚到遵守监规纪律、积极改造上，从而自觉服从管教，自觉参与到改造活动中。

（三）约束功能

监狱文化是党的监狱工作方针、政策以及社会公众对罪犯要求的文化表现形态，为每一位监狱工作者以及被改造对象都提供了正确的价值取向、行为规范和准则，对两大群体的思维和行为习惯都具有潜移默化的规范和约束作用。对于监狱人民警察而言，监狱文化在规范的执法行为，促进其公正文明执法方面发挥着重要的作用，不仅能够提高执行规章制度的成效，而且能够弥补规章制度所不能覆盖或力所不能及的管理事项。对于罪犯而言，监狱文化在监狱有目的、有计划、有系统地培育和渲染下，通过对罪犯施加教育影响，发挥监狱文化教化、矫正、约束和调试罪犯的心理、性格和行为举止的作用，促使每个罪犯的思想言行趋向并符合预先设定的监狱文化的要求。

（四）激励功能

文化作为一种精神财富，具有一种强大的精神激励作用，能够激发斗志、陶冶情操、激发潜能，提高理论修养，升华精神境界。对监狱人民警察而言，监狱文化有利于全面提升监狱民警的综合素质，促进监狱民警充分发挥其潜能，极大激发他们的工作积极性和工作热情。对罪犯而言，渗透着和谐情感等人文色彩的监狱文化，能够激发罪犯自我改造的内驱力与积极性,激励罪犯从心理、品格和行为举止等方面向优秀文化靠拢,促进罪犯改造质量的提高。

(五)辐射功能

监狱一旦形成具有自己特色的"文化场",对监狱周边乃至社会都将会起到一定的促进作用。① 监狱是社会的一个组成部分,与社会息息相通,同时,监狱又与监狱两大群体警察和罪犯的家庭密切相关,因此,监狱文化可以突破监狱围墙圈定的范围,辐射到监狱以外的场所,对社会施加一定的影响。

第三节 监狱文化建设

所谓监狱文化建设,是监狱以自我理性认识为基础,对自身物质文化、制度文化和精神文化的改造和构建,使其促进罪犯的健康发展。② "凡人类文化,其结构都是由物质文化、制度文化和精神文化这三个相互联系、相互依存而又彼此独立的部分形成的。监狱文化的外层是物质文化,核心层是精神文化,处于内层与外层之间层是制度文化。这三个层次是彼此依存、相互统一的。"③《教育改造罪犯纲要》规定,"要为罪犯营造良好的改造环境,做到规划合理,设施齐全,环境美化,监区整洁。要广泛开展丰富多彩的文化、体育活动,定期举行文艺演出、体育比赛,组织罪犯学习音乐、美术、书法等,丰富罪犯文化生活,陶冶罪犯情操,使罪犯在文明、人道,有利于身心健康,有利于矫治恶习,有利于重返社会的氛围中得到改造"。监狱良好的物质文化、制度文化和精神文化都将对罪犯产生深刻、广泛而持久的影响。良好的监狱文化将潜移默化地推进罪犯的健康发展。

一、监狱物质文化建设

在监狱的文化结构中,物质文化处于外层。监狱的物质文化是指监狱的环境,其中包括布局、建筑、绿化等。监狱的物质文化与罪犯的教育存在密切的关系。《教育改造罪犯纲要》规定"要为罪犯营造良好的改造环境,做到规划合理,设施齐全,环境美化,监区整洁"。良好的监狱物质文化能为罪犯提供自我改造的环境,因此现在监狱都高度重视物质文化建设。

---

① 参见白焕然等:《监狱环境文化研究》,内蒙古文化出版社 2009 年版,第 8 - 9 页。

② 参见陈士涵:《人格改造论》(增补本),学林出版社 2012 年版,第 599 页。

③ 陈士涵:《论现代化文明监狱》,载《劳改劳教通讯》1994 年第 8 期。

第一，监狱的物质环境必须整洁卫生。整洁卫生的物质环境有利于罪犯的身心健康。纵观人类历史，监狱多是以黑暗、肮脏、拥挤、凌乱的负面形象呈现在我们面前。清代方苞在《狱中杂记》中揭露了清代监狱的黑暗状况：全无窗户，空气污浊、“矢溺皆闭其中”，夜中疫病囚死，“生人与死者并踵顶而卧，无可旋避，此所以染者众也”。监狱改革先驱霍华德在论述监狱改革时使用大量的篇幅讨论监房的面积和卫生条件。[①] 因此，物质环境是罪犯改造的第一个最基本的物质条件。在监狱文化建设中首先应当创造卫生的环境，环境包括监区园林绿化、监舍的采光通风、卫生设施、医疗机构、活动场所等。

第二，监狱物质文化建设要富有文化内容。其一，监狱的布局应在文化中心附近，即监狱的地理位置不宜远离现代文化中心——城市。监狱建在偏远荒芜的地区，将导致监狱文化的贫乏和枯竭；偏远荒芜之地容易使罪犯从内心形成被社会遗弃的观念，不利于其自我改造。在离城市不远的近郊地区建造监狱是比较适宜的。其二，监狱应多建造富有文化内容的建筑和设施，如教学大楼、体育活动场所、舞台、广播室、展览室等。《监狱教育改造工作规定》第五章第三十三条规定，“监狱应当办好图书室、阅览室、墙报、黑板报……”“监狱图书室藏书人均不少于10本”。其三，选择和布置具有教育启迪文化意义的警句名言展示在监狱的显要之地。

第三，监狱物质文化建设还要具有审美价值。监狱的物质文化是精神文化的物化。报复主义和威慑主义的刑罚思想，在监狱物质文化上的物化结果是监狱环境的狰狞和丑恶，而现代教育刑的刑罚思想在监狱物质文化上的物化结果是监狱环境的美化。现在监狱的布局设计和建筑具有了审美价值，如草坪、花园、壁画、雕塑、喷泉等，构成了监狱的审美内容。

二、监狱制度文化建设

在监狱的物质文化与精神文化之间的中间层是监狱的制度文化。作为刑罚的执行机构，监狱的制度文化比普通的社会工作机构更为发达，在监狱工作的各个部门、各个环节都建立了严密的制度。监狱的制度文化在罪犯改造中是极其重要的潜在课程，对罪犯的行为规范有直接的决定作用。监狱制度文化建设的价值目标是法治化、科学化和人性化[②]。

第一，法治化是监狱制度文化建设的首要目标。其一，监狱各项制度的制定和实施，是围绕刑罚执行和教育改造展开的，目的是保证正确、公正而有效地执行刑

① 参见陈士涵：《人格改造论》（增补本），学林出版社2012年版，第602页。

② 参见陈士涵：《人格改造论》（增补本），学林出版社2012年版，第604页。

罚。其二,监狱的各项制度的建立和完善是法律的内容在监狱中的具体化。监狱制度文化所体现的是现代的法治精神,例如,监狱制度必须是公开的,在制度面前是人人平等的。这样的制度保障了依法治监的实现。

第二,监狱制度文化建设应当追求科学化。在监狱的制度文化中应当包含科学因素,或者说监狱制度的制定是以科学知识为基础的。这样的监狱制度就能符合刑罚执行活动和教育改造活动的规律。监狱的刑罚执行和教育改造是内容丰富的实践活动,其中存在许多客观的规律。科学则是符合客观规律的知识体系。监狱的制度要能够符合刑罚执行和教育改造的客观规律,就必须不断吸纳现代科学技术的成果,使自身不断地得到改进和完善。这就是监狱制度文化建设的科学化。

第三,监狱制度文化建设应当追求人性化。监狱制度文化建设应当以维护罪犯作为人的尊严和权利、关注罪犯作为人的个性发展为出发点。监狱制度文化建设的人性化包括两个方面:其一,改进和摒弃背离人道主义的制度。在监狱文化中,深藏着忽视人性的文化遗传基因,它往往可能在监狱制度中显现出来,例如,有些监狱在制定制度时仅仅考虑控制罪犯行为的需要,而忽视了尊重罪犯权利。过于烦琐、严格的制度对大多数罪犯来说不仅不是必要的,而且是非常有害的,这些制度会束缚罪犯的个性发展,导致罪犯出现监狱化人格。在控制罪犯的行为的同时,应当尊重罪犯的人格尊严和需要,这样才能使罪犯从他律转化为自律。2004 年司法部发布的《监狱服刑人员行为规范》较之前的《罪犯改造行为规范》,在尊重罪犯和关注罪犯权利上已经有了很大的发展。其二,应当积极建立和完善体现人道主义内容的监狱制度。例如,维护罪犯的法定权利的制度,鼓励罪犯自学成才的制度,鼓励罪犯发明创造的制度等。

专栏 17-2 《监狱服刑人员行为规范》相关条款

……

第五条 依法行使权利,采用正当方式和程序维护个人合法权益。

第六条 服刑期间严格遵守下列纪律:

(一)不超越警戒线和规定区域、脱离监管擅自行动;

(二)不私藏现金、刃具等违禁品;

(三)不私自与外界人员接触,索取、借用、交换、传递钱物;

(四)不在会见时私传信件、现金等物品;

(五)不擅自使用绝缘、攀援、挖掘物品;

(六)不偷窃、赌博;

（七）不打架斗殴、自伤自残；
（八）不拉帮结伙、欺压他人；
（九）不传播犯罪手段、怂恿他人犯罪；
（十）不习练、传播有害气功、邪教。
……

资料来源：《监狱服刑人员行为规范》。

三、监狱精神文化建设

在监狱文化中，精神文化处于核心层。监狱的精神文化包含着极其丰富的内容。在罪犯改造中，监狱的精神文化是最重要的潜在课程，因为它对罪犯改造的作用和影响是最为直接、最为深刻的。所以，监狱文化建设主要是指监狱的精神文化建设。监狱精神文化建设的内容是极为丰富的。

（一）提炼鲜明独特的共同价值观

监狱共同的价值观是指监狱人民警察所形成的对监狱工作的一致性的认识、看法和评价。在监狱的精神文化建设中，共同价值观的提炼和形成，具有核心地位和作用。一是导向作用。监狱的共同价值观体现的是监狱人民警察的共识。这种共识对监管改造的发展方向起了重要的推动作用。它使每一个监狱人民警察把自己的具体工作与监狱工作发展的方向联系起来，从而具有一种导向作用。二是凝聚作用。监狱的共同价值观使监狱人民警察在工作中获得共同的评价依据，有利于消除分歧和矛盾，从而凝聚人心。三是升华作用。监狱的共同价值观使监狱的整体形象得到提升，同时使监狱人民警察获得职业的自豪感，使职业精神得到升华。

（二）塑造富有尊严和人道的监狱形象

监狱形象是监狱文化的外部形象，是监狱文化在社会公众心目中的具体投影。自古以来，监狱就是以狰狞凶恶的形象出现在人们的视野和想象中。监狱形象是刑罚思想的具体化、形象化。当教育刑论在监狱史上占据主导地位，监狱形象也就从根本上得到改变。监狱形象是潜在课程，对罪犯的改造具有直接的作用和影响。罪犯从进入监狱的第一天开始，首先感受和认识的就是监狱形象。直到罪犯刑满释放回归社会后，监狱形象仍将继续流存于他们的内心世界当中。

从罪犯改造的角度来看，监狱文化建设应当塑造具有尊严和人道的监狱形象。这样的监狱形象有利于罪犯的改造。只有富有尊严和人道的监狱形象，才能使罪犯感受到法律的权威和尊严,感受到刑罚惩罚的力度,感受到监狱纪律的严肃性,才可能产生敬畏之心,收敛之心,接受再社会化。同时,可以在人道主义精神的感化教育下,使罪犯保持自己的自尊心、自信心,改恶从善。

监狱人民警察是监狱形象的人格化,他们直接体现了监狱形象。监狱形象富有尊严和人道,是通过监狱人民警察的管理教育等实践活动体现出来的。如果监狱人民警察的执法是公正的,管理是规范的,教育是系统而科学的,作风是清正廉洁的,那么,富有尊严和人道的监狱形象就得到了塑造。

罪犯的形象是监狱形象的一面真实的镜子。罪犯的精神状态和形象折射了监狱的形象。罪犯懒懒散散、无所事事、行为举止随便甚至肆无忌惮等现象折射的是监狱缺乏尊严。罪犯太像罪犯,机械服从、缺乏主动精神、唯唯诺诺、目光呆滞等现象折射的是监狱缺乏人道。罪犯的形象应该是:囚服整洁、身体健康;严格遵守监规,循规蹈矩,但不机械呆板;富有主动精神,言行举止有礼,不做作;最重要的是,他们的精神状态是安稳踏实的,积极争取上进,对前途是乐观的,对人是真诚的,对事物是敏感活跃的。

(三)形成积极向上的监狱风气

风气作为在社会上或某个集体中流行的爱好和习惯,其实是一种文化,风气是人们的社会心理和道德素质、文化素养的外在表现,其内在核心是价值观念。风气作为一种文化是可以被创造的。监狱文化建设的内容之一,就是监狱风气的建设。风气似乎是无形的、随意的,但是对人的影响却是潜移默化的。由于监狱是一个相对封闭的、具有高度控制力的环境,更有利于监狱管理者引导和形成一种良好的积极的风气。例如,在监狱中开展读书活动和知识竞赛,可以逐渐引导罪犯从曾经崇尚暴力、金钱的风气转变为对有知识、有才能的人的崇尚。监狱可以通过多种手段和途径去创造和形成积极向上的监狱风气,教育的手段是主导,改变罪犯的世界观、价值观、人生观是关键所在。在风气的建设上不能用强制的办法,只能因势利导,善于发现群体中积极的萌芽,然后通过各种手段去复制,使它蔚然成风。

第一,应当创造和形成崇尚知识、学习知识和运用知识的监狱风气。《监狱教育改造工作规定》第五章第三十三条第一款规定:“监狱应当办好图书室、阅览室、墙报、黑板报,组织开展经常性的读书、评报活动。”引导罪犯爱买书、爱借书、爱读书,崇尚知识的风气,是以罪犯改造为出发点的。

第二,应当创造和形成与人为善的监狱风气。这一风气体现在罪犯对家人、对其他罪犯、对社会的与人为善态度和行为习惯上。通过鼓励帮助其他罪犯解决困难,向受灾地区捐款,关心家庭成员,同情弱者,明辨是非等,引导罪犯与人为善,形成做好人、做好事的监狱风气。

第三,应当创造和形成爱美求美的监狱风气。这一风气体现在罪犯对美的态度、兴趣、爱好的追求中。例如,引导罪犯注重仪表,以礼待人,爱护环境,爱好艺术,热爱大自然等。①

(四)建立健康和谐的人际关系

监狱的人际关系是监狱文化的重要组成部分,人际关系的状况如何对罪犯的改造有着直接关系,人际关系越和谐健康,罪犯越能形成良好的情绪和情感,越能积极地自我改造。冲突、紧张、病态的人际关系使罪犯难以安心改造,同时也容易损害罪犯的身心发展。监狱内部人际关系主要包括监狱人民警察之间的人际关系、罪犯之间的人际关系、监狱人民警察与罪犯之间的人际关系。其中,监狱人民警察与罪犯之间的人际关系是最主要的人际关系,这一人际关系的状况对罪犯的改造影响最大。

第一,监狱人民警察与罪犯之间不应该建立亲密关系。首先,监狱人民警察是刑罚的执行者,必须对罪犯实行严格的管控,而罪犯是服刑者,就其本能和需要而言,是不愿意接受严格管控的,只是出于无奈而已。从客观上看,监狱的性质决定了监狱人民警察和罪犯这两个社会群体之间不可能建立亲密的人际关系,因为他们的社会需要并不一致。其次,人际关系是人与人之间的心理上的距离,拉近心理上的距离是以监狱人民警察与罪犯双方的社会需要同时得到高度满足为前提。一般来说,在公正执法的实践中,这种情况并不多见,一旦这种情况出现了,执法的公正性和严肃性可能已经被损害。所以,二者之间的亲密关系,既不利于保证执法的功能性和严肃性,也不利于罪犯的改造。

第二,监狱人民警察与罪犯之间也不应该保持疏远关系,更不应该发生敌对关系。如果监狱人民警察与罪犯之间发生疏远关系甚至敌对关系,那么罪犯改造是不可能实现的。美国监狱学家马克西姆说过,"如果你不了解他们,你就不能改造他们"。② 如果你不与罪犯和谐相处,你就不可能了解他们,更不可能改造他们。即使在教育刑占主导地位的现代,监狱人民警察与罪犯之间也是很容易形成疏远关系,即双方的心理距离是比较疏远的。原因是多种多样的,比如,监狱人民警察工作不到位,罪犯有心理障碍;极少数罪犯的煽动;监狱人民警察执法不公、体罚虐待罪犯等。监狱人民警察与罪犯之间的疏远关系甚至敌对关系,很难使罪犯的改造工作收到良好的效果。心理距离远了,真诚和信任就不存在了,协调和合作也就维持不下去了。

---

① 参见陈士涵:《人格改造论》(增补本),学林出版社2012年版,第609-610页。

② 参见中华人民共和国司法部编:《外国监狱资料选编》(下册),群众出版社1988年版,第189页。

第三,监狱人民警察和罪犯应该保持一种适度的亲近关系,更准确地说,是一种健康和谐的人际关系。也就是说,监狱人民警察和罪犯之间不存在私人的亲密关系,而是一种友好的教育改造关系。在监狱人际关系的矛盾中,监狱人民警察是主要的方面,是矛盾的主要方面,起主导作用。因此,建立健康和谐的监狱人际关系主要取决于监狱人民警察。监狱人民警察在与罪犯的交往过程中,应遵循公正和公开原则、平等真诚原则。

(五)构建丰富发达的文化网络

监狱文化建设必须以文化网络的存在和发展为基础。所谓文化网络,是指监狱内部文化生活的组织和载体。《监狱教育改造工作规定》第五章规定,"监狱应当根据自身情况,成立多种形式的文艺表演队、体育运动队等,组织罪犯开展文艺、体育活动……组织罪犯学习音乐、美术、书法等,开展艺术和美育教育"。监狱的报纸、艺术团、广播、体育活动等相互交织,就形成了监狱的文化网络。文化网络的构建是最基本、最具体、最具可操作性的监狱文化建设。可以说,监狱文化建设的起步,就开始于文化网络的构建。监狱文化网络构建的意义重大。

第一,文化网络的构建改造了监狱的环境,推进了监狱环境的文明化。文化网络的建设是监狱精神文化建设的基础工作。文化网络的构建极大地丰富了罪犯的狱内生活,营造了监狱的文化氛围。文化生活和文化氛围是罪犯改造不可或缺的外部因素,文化生活贫乏、文化氛围稀薄的监狱是不能改造好罪犯的。

第二,文化网络是监狱文化的载体,将极大推动整个监狱文化建设的发展。首先,文化网络的建设推进监狱形象的塑造。文化网络的建设在改变监狱环境、丰富罪犯精神文化生活的同时会改变罪犯的精神状态,提升他们的精神境界。其次,文化网络的建设有力改变着监狱内的风气。狱内文化生活极大地丰富起来,文化氛围被营造起来的时候,各种不良的风气就会逐渐失去流行的市场,积极向上的风气逐渐形成,特别是崇尚知识、学习知识和运用知识的监狱风气,将随着文化网络的发展而形成。最后,文化网络的建设推动着狱内健康和谐的人际关系的形成。文化网络作为监狱文化建设的基础,是由各种进行文化活动的组织或团体构成的,这些进行文化活动的组织或团体就成为人际交往的载体。在其中,不仅监狱人民警察与罪犯能建立健康和谐的人际关系,罪犯之间也能建立健康和谐的人际关系,因为他们在各种健康有益的文化活动中,交流了感情,满足了社会交往需要,增强了能力,提高了素养。[①]

---

① 参见陈士涵:《人格改造论》(增补本),学林出版社 2012 年版,第 615 – 616 页。

研究与思考

1. 监狱文化的特点包括哪些?
2. 监狱文化的功能包括哪些?
3. 监狱文化建设的总体要求包括哪些内容?

第十八章　入监教育和出监教育

重点提示

1. 入监教育是罪犯教育的第一个环节。其意义在于:帮助罪犯放下思想包袱,消除思想疑虑;教育罪犯真诚认罪悔罪,端正改造态度;引导罪犯尽快适应监狱环境,安心投入改造生活。

2. 入监教育的内容包括监狱基本知识教育、认罪服法教育、行为养成教育、健康服刑指导教育、劳动观教育、改造前途教育。

3. 出监教育的意义在于巩固改造成果、为回归社会打好基础、重新设计和规划未来生活、以健康心态回归社会。

4. 出监教育的内容包括总结反思教育、社会化教育、法治及社会公德教育、心理健康教育。

第一节　入 监 教 育

一、入监教育的意义

入监教育是罪犯教育的第一个环节。按照《刑法》第四十六条、《监狱法》第七条关于犯罪分子必须接受教育和改造的要求以及《监狱教育改造工作规定》《教育改造罪犯纲要》有关规定,监狱将用两个月的时间对新入监罪犯进行一次入监教育。

(一)帮助罪犯放下思想包袱,消除思想疑虑

监狱封闭的环境设置,容易使罪犯在入监之初普遍产生悔恨、悲观、焦虑、恐惧等情绪。再加上新入监罪犯受影视剧或传闻误导,对监狱内的劳动、教育、生活、人际关系等有很多误解,容易产生种种不必要的疑虑。另外,与亲人强制分离,牵挂家人而又无能为力,入狱服刑前后的巨大心理落差,绝望、悲观、悔恨、愧疚,各种复杂

的情感交织在一起,容易使罪犯背上沉重的思想包袱。这些思想疑虑与包袱极大地困扰着新入监罪犯,使他们无法安心投入改造。

细致有效的入监教育则能够帮助罪犯放下思想包袱,消除思想疑虑,走好服刑改造第一步。在入监教育中,通过监狱法律法规知识及基本制度的教育,配合民警依法、文明的言传身教和罪犯自身在生活、学习方面的亲身体验,绝大多数罪犯都会对监狱和监狱人民警察有一个较为全面的认识,内心的恐惧感会很快消除。通过集体授课和专题讲座,结合实例,使罪犯充分了解减刑、假释相关法律法规和政策,领会"宽严相济"刑事政策的精神内涵,看清积极自觉改造的前途和希望,有助于消除因刑期漫长而产生的悲观绝望心理。对于罪犯群体中最常见的思念亲人、渴望亲情方面的思想包袱,入监教育过程中会专门安排相关教育内容,教育罪犯用正确的态度和方法处理好自己与家庭的关系,让罪犯认识到无谓的思念不仅于事无补,还会成为改造路上的绊脚石;只有积极改造,争取减刑、假释,早日回到亲人身边,才是对家庭、对亲人最好的回报。

(二)教育罪犯真诚认罪悔罪,端正改造态度

有什么样的改造态度,就会有什么样的改造表现。正确的改造态度,是良好改造表现的基础。正确的改造态度是建立在对犯罪和刑罚正确认识的基础之上的,是建立在积极进取的思想基础之上的。罪犯进入监狱后,认罪悔罪至关重要,是老实接受刑罚惩罚的前提条件,是安心改造、积极改造的思想基础,是走向新生的第一步。认罪悔罪问题解决了,罪犯就会认识到自己身上存在的问题,从而认识到改造的必要性、重要性和迫切性,才能在思想上自觉接受惩罚与改造。入监教育中将从承认犯罪事实、服从法院判决、认清犯罪危害、深挖犯罪根源、悔恨犯罪行为等方面入手,提高罪犯思想认识,端正服刑态度,帮助罪犯加深对认罪悔罪重要性的认识。

(三)引导罪犯尽快适应监狱环境,安心投入改造生活

罪犯刚入监狱时,如果不进行入监教育,马上分配到普通监区进行紧张的劳动、学习、生活,会在思想认识、人际关系、知识技能等方面出现严重的不适应状态。因此,需要通过入监教育,做好三方面的培训:

一是树立身份意识。大多数罪犯刚入监时,身份意识都比较淡薄。通过身份意识教育,促使罪犯明白自己的社会地位已经发生了变化,时刻记住自己是一名正在接受改造的罪犯,处处以罪犯的标准来要求自己的言行举止。身份意识的确立,能帮助罪犯正确进行角色定位,积极对待改造中的人和事。

二是牢记行为规范。在入监教育中,通过对《监狱服刑人员行为规范》的学习,

使入监罪犯熟知、熟背规范内容,言行举止都按行为规范执行,一言一行、一举一动都能做到心中有数。通过队列训练,强化罪犯的纪律意识、服从意识和集体观念。

三是掌握劳动技能。入监教育会结合监狱劳动特点对每个罪犯进行上岗前的劳动知识、安全知识和岗位技能培训,对考试合格者还要发放合格证,帮助新入监罪犯适应劳动岗位、顺利接受劳动改造。

二、入监教育的内容

根据司法部的要求和监狱改造罪犯的实际需要,在入监教育期间,监狱重点开展以下六个方面的教育。

(一)监狱基本知识教育

监狱基本知识教育主要包括以下五方面的内容。

1. 监狱的特征、性质和任务

(1)使新入监罪犯了解监狱的基本特征。这些特征包括法定性、强制性、封闭性、指向性、规范性等。

(2)使新入监罪犯了解我国监狱的性质。从法理意义上来说,《监狱法》第二条第一款明确规定,“监狱是国家的刑罚执行机关”。作为国家刑罚执行机关的监狱,是国家机器的重要组成部分;从政治意义上来说,我国监狱是人民民主专政的工具之一;从改造功能上来说,《监狱法》第三条规定:“监狱对罪犯实行惩罚和改造相结合、教育和劳动相结合的原则,将罪犯改造成为守法公民。”我国监狱是改造人、造就人的特殊学校。

(3)使新入监罪犯了解我国监狱的任务。根据监狱工作实践,并依据相关法律规定,我国监狱的任务就是惩罚罪犯和改造罪犯。

2. 监狱执行刑罚的法律依据

(1)了解监狱执行刑罚的宪法依据

《宪法》第二十八条规定:“国家维护社会秩序,镇压叛国和其他危害国家安全的犯罪活动,制裁危害社会治安、破坏社会主义经济和其他犯罪的活动,惩办和改造犯罪分子。”这是我国在惩罚和改造罪犯方面具有最高法律效力的宪法依据。监狱执行刑罚、惩罚和改造罪犯的一系列原则、政策、制度等,都是依据宪法的规定而制定和执行的。

(2)了解监狱执行刑罚的基本法律依据

《刑法》第四十六条规定:“被判处有期徒刑、无期徒刑的犯罪分子,在监狱或者其他执行场所执行;凡有劳动能力的,都应当参加劳动,接受教育和改造。”据此,关于监狱刑罚执行的对象是谁、对罪犯是否进行劳动改造和教育等问题都有了相应的基本法律依据。《刑法》第七十八条、第七十九条、第八十一条、第八十二条分别规定了罪犯减刑和假释的条件及相应的法定程序，这些规定为监狱行使减刑、假释建议权提供了实体上的基本法律依据。《刑事诉讼法》“执行”一编明确监狱是国家的刑罚执行机关（第二百六十四条），规定了暂予监外执行（第二百六十五条至第二百六十八条），新罪、漏罪的追诉以及减刑、假释（第二百七十三条），错判和申诉（第二百七十五条）的处理程序。《刑事诉讼法》“附则”确立了监狱独立的狱内侦查权（第三百零八条）。从而为监狱有效履行刑罚执行的职责提供了程序上的基本法律依据。

（3）了解监狱执行刑罚的专门法律依据

《监狱法》是有关监狱惩罚和改造罪犯方面的专门法律，是国家重要的刑事法律之一，与《刑法》《刑事诉讼法》共同构成了我国完整的刑事法律体系，完善了从侦查、起诉、审判到执行的刑事司法制度，以法律形式明确规范了国家刑罚执行机关与国家法律监督机关、审判机关、侦查机关在刑罚执行过程中的相互关系。

3. 监狱改造罪犯的原则与手段

我国监狱工作的方针是“惩罚与改造相结合、以改造人为宗旨”。《监狱法》第三条明确规定了我国监狱改造罪犯的原则：“监狱对罪犯实行惩罚和改造相结合、教育和劳动相结合的原则，将罪犯改造成为守法公民。”第四条规定了我国监狱改造罪犯的手段：“监狱对罪犯应当依法监管，根据改造罪犯的需要，组织罪犯从事生产劳动，对罪犯进行思想教育、文化教育、技术教育。”这就是监狱改造罪犯的三大手段，即监管改造、教育改造和劳动改造。在这三大手段中，教育是主导，劳动是基础，监管是前提。

4. 监狱人民警察的地位和职权

《监狱法》第十二条第二款规定：“监狱的管理人员是人民警察。”这在法律上明确了监狱管理人员的人民警察身份和地位：对罪犯实施惩罚和改造，是刑罚的执行者。第五条规定：“监狱的人民警察依法管理监狱、执行刑罚、对罪犯进行教育改造等活动，受法律保护。”这意味着，监狱人民警察履行职责、依法行使权力的活动，不是个人行为，而是执法行为，国家强制力确保监狱人民警察的执法活动。上述法条明确了监狱人民警察在执行刑罚和改造罪犯活动中的职权，其包括：刑罚执行权、狱政管理权、教育改造权、劳动改造权。

5. 罪犯的权利和义务

《监狱法》第七条第一款对罪犯权利作了明确规定：“罪犯的人格不受侮辱，其人身安全、合法财产和辩护、申诉、控告、检举以及其他未被依法剥夺或者限制的权利不受侵犯。”第七条第二款规定了罪犯服刑期间的义务:“罪犯必须严格遵守法律、法规和监规纪律,服从管理,接受教育,参加劳动。”入监教育还将教育罪犯认清罪犯权利和义务的特点,正确行使权利,自觉履行义务。

(二)认罪服法教育

根据相关要求,认罪服法教育主要包括以下六个方面的内容。

1. 认罪服法的概念、特点和意义

通过入监教育,罪犯要了解认罪服法的概念,即认罪就是要承认自己所犯的罪行,服法就是在承认犯罪事实的基础上,服从法院判决,接受刑罚,服从监狱人民警察的管理,遵守监规纪律,积极改造。此外,罪犯还要了解认罪服法的法定性、强制性、统一性和渐进性。

(1)法定性。我国《刑法》和《监狱法》中均有关于认罪服法的内容、要求和标准的规定。例如,《刑法》第七十八条规定,“被判处管制、拘役、有期徒刑、无期徒刑的犯罪分子,在执行期间,如果认真遵守监规,接受教育改造,确有悔改表现的,或者有立功表现的,可以减刑”。第五十七条规定:“罪犯有下列情形之一的,监狱可以给予表扬、物质奖励或者记功:(一)遵守监规纪律,努力学习,积极劳动,有认罪服法表现的……”

(2)强制性。认罪服法是我国《刑法》对罪犯的必然要求,监狱和监狱人民警察对罪犯开展认罪服法教育,是国家赋予的职权,是有强制性的。

(3)统一性。认罪服法涉及罪犯认罪态度、具体改造行为等多个方面,要求罪犯必须做到思想认识和行为表现的统一。

(4)渐进性。认罪服法贯穿于罪犯服刑改造的全过程,是一个不断提高、不断深化的过程。

要明了认罪服法对罪犯自身改造的重要性和必要性:认罪服法是国家意志和法律的必然要求,是罪犯思想改造的重要基础,是罪犯与“旧我”决裂的转折点,是罪犯重新做人的起点。

2. 承认犯罪事实

主要教育罪犯理解犯罪的概念,明白犯罪事实具有客观性和具体性的特征,犯罪事实包括犯罪的性质、犯罪的情节和犯罪的社会危害性。教育罪犯认清犯罪事实对定罪量刑的作用,明白犯罪事实是区分罪与非罪的界限标准,犯罪事实是区分此罪与彼罪、重罪与轻罪的客观依据。

使罪犯认识到承认犯罪事实的重要性,认识到承认犯罪事实是认罪的基础,是服法的前提,是罪犯由被迫改造向自觉改造转变的首要条件。

使罪犯了解承认犯罪事实的基本要求,即承认犯罪事实是确实存在的,不否认;承认犯罪事实是客观真实的,不歪曲;承认犯罪事实是基本正确的,不纠缠;做到承认事实与承认犯罪的统一,不狡辩。

3. 认清犯罪危害

认清犯罪危害,有利于增强悔罪意识,有利于增强赎罪意识,有利于强化改造意识。

教育罪犯要客观、全面地认清犯罪危害,既要认清犯罪的物质性危害,又要认清犯罪的非物质性危害;既要认清犯罪的直接危害,又要认清犯罪的间接危害;既要认清犯罪的当时危害,又要认清犯罪的遗留危害;既要认清犯罪对社会的危害,又要认清犯罪对家庭和自己的危害。

还要引导罪犯用角色换位、清算罪恶账等方法加深对犯罪危害的认识。

4. 剖析犯罪原因

引导罪犯从思想、心理、行为等方面剖析犯罪原因,认识到思想上的原因主要有极端个人主义、腐朽的享乐寄生思想、哥们儿义气的封建行帮思想、法治观念淡薄、缺乏道德修养等;心理上的原因主要有畸形心理需求、意志薄弱、情感情绪的失控、私利动机的扩张;行为上的原因主要有行为表现上的劣根性、行为方式上的盲动性、行为走向上的反向性。

5. 服从法院判决

引导罪犯从三个方面来理解法院判决:从程序上看,法院判决标志着案件审理的结束;从判决内容上看,法院判决是解决案件实体事项的实体裁判;从判决形式上看,法院判决都必须制作判决书。

认识到法院判决的作用,主要体现在维护国家尊严,保证刑罚实施;维护公民合法权益,惩罚和震慑犯罪分子;维护社会稳定,保障社会主义建设事业的顺利进行;维护经济秩序,保卫社会主义经济基础。

教育罪犯服从法院判决,认识到法院判决的权威性、强制性和公正性。要让罪犯明白,服从法院判决就是要服从法院判决对犯罪事实、犯罪性质的认定,服从法院判决的量刑。

6. 主动坦白、检举

教育罪犯领会坦白、检举的含义,放下思想包袱,纠正模糊认识,不要因为害怕加刑而心存侥幸心理,企图蒙混过关,也不要怀疑政策能否兑现,更不要害怕检举后被报复。了解有关坦白、检举的法律规定,了解监狱对坦白、检举的处理方式,了解坦白、检举的重点范围和方法,以及书写坦白、检举揭发材料的注意事项。

(三)行为养成教育

其主要是围绕《监狱服刑人员行为规范》开展教育,引导罪犯学规范、背规范、守规范,并开展队列训练,强化罪犯的纪律意识、服从意识和集体观念,最终帮助罪犯在行为规范上达到"知"与"行"的统一。

罪犯队列训练分为室外训练和室内训练两类,室外训练主要包括立正、稍息、整齐报数、蹲下、起立、三面转法、三种步法等;室内训练包括坐下、起立等。通过严格的队列训练,使罪犯做到"站有站相,坐有坐相",表现出良好的精神面貌。

(四)健康服刑指导教育

帮助新入监罪犯树立健康服刑改造意识,认识到健康不仅是身体不生病或不虚弱,而是身体的、精神的健康和社交能力良好的总称。罪犯健康教育主要包括三方面内容:预防疾病增进身体健康、调适心态保持心理健康、构建和谐人际关系。

(五)劳动观教育

主要引导罪犯摒弃对劳动改造的错误认识,了解劳动改造具有法定性、强制性、矫治性等三个基本特征,认识到劳动改造的重要意义,消除对劳动的畏难和抗拒心理。帮助罪犯强化"劳动光荣"意识,学会珍惜劳动成果,在劳动中认罪悔罪,从而树立正确的劳动观。教育罪犯在劳动中服从分配、认真负责、诚实劳动,养成劳动习惯,完成劳动任务。在入监教育中,还要根据监狱实际情况和服刑改造需要掌握基本劳动技能,遵守劳动纪律,搞好劳动保护,注意劳动安全,并在劳动中改造思想,矫正恶习。

(六)改造前途教育

主要引导新入监罪犯相信"人是可以改造的";认清形势,相信政策,增强改造信心;使其了解罪犯考核和奖惩制度,明确改造方向,明白自觉改造才有光明前途;还要引导罪犯制定改造规划,加快改造步伐。

三、入监教育的组织与实施

(一)入监教育的时间

根据司法部《监狱教育改造工作规定》第九条的规定,"对新入监的罪犯,应当将其安排在负责新收分流罪犯的监狱或者监区,集中进行为期两个月的入监教育"。入监教育结束后,监狱将对参加入监教育的罪犯进行考核验收,合格后会被送到相应类别的监区服刑改造。对考核不合格的,将延长入监教育时间,时限为一个月。

(二)入监教育的方法

1. 教育手段灵活多变

入监教育以集中学习、分组讨论为主,可能举办各种主题的辅导讲座,并组织罪犯开展加快新生步伐、增强改造信心的大讨论,以及不同内容的现身说法演讲会。集体活动中,要求每名罪犯认真学习,积极参加讨论。也要针对罪犯不同情况,加强个别教育,促使罪犯尽快适应监狱环境。

2. 强化罪犯身份意识

身份意识教育是罪犯入监教育的重点和难点,既不能简单粗暴、伤害罪犯的自尊心,也不能隔靴搔痒、难以触动罪犯内心。身份意识教育可以和认罪悔罪教育有机结合起来,一般而言,认罪悔罪问题解决得好的罪犯,身份意识也建立得好,角色转换得快。通过认罪悔罪教育,使罪犯认识到自己失去人身自由是咎由自取、罪有应得,不会再对自己的身份转换心生抵触,逐渐使身份意识在心里扎根,主动接受入监教育,安心服刑,遵规守纪,服从管理。

3. 认真做好改造计划

在学习结束时,要求每名罪犯写出入监教育总结,制定服刑规划。罪犯的服刑改造是一个艰辛的过程,尤其在刚入监时,大多数罪犯都不知道如何度过漫长刑期,要积极引导罪犯制订改造计划,认真思考自己怎样才能不虚度时光,在服刑改造期间有所收获。要使罪犯看到,"道路是曲折的,前途是光明的",只要通过自己的努力,就能缩短回家的路,早日实现与家人团聚的目标。要努力消除罪犯悲观失望的消极情绪,使之重燃生活希望。

4. 积极组织队列训练

入监教育中,一般还需进行严格的队列训练,培养罪犯的组织纪律性、集体荣誉感和遵规守纪意识。队列训练比较枯燥,罪犯容易产生抵触心理,应该向罪犯充分说明队列训练的重要意义,促使罪犯克服困难,自觉训练。

第二节 出监教育

一、出监教育的意义

做好出监教育,对于巩固罪犯改造成果,有的放矢地解决遗留问题,帮助罪犯掌握有关社会形势、政策法规、就业谋生等信息,促进其顺利回归社会、适应社会、做守法公民具有重要作用和现实意义。

（一）巩固改造成果

罪犯进入出监教育阶段，意味着罪犯的服刑改造进入尾声，可以利用这几个月的时间，静下心来，对自己改造的整体状况有一个正确的评估，对自己服刑生活中的成绩和不足有一个清醒的认识。既要肯定所取得的成绩，也有必要查找差距，明确未来的努力方向。出监教育过程中，还必须对自己的人生教训有一个深刻的反省，牢记以往犯罪的教训，化为未来人生的有益警示。如果不从主观上反省自己的犯罪原因，一味强调客观因素，吸取教训也就无从谈起，甚至还会再一次误入人生歧途。因此，每名即将新生的罪犯必须在出监教育中，认真总结改造的成功经验，汲取人生失败的教训，这是巩固改造成果，走好未来新生之路的关键。

（二）为回归社会打好基础

时代在飞速发展，社会变化之剧烈是罪犯无法想象的。因此，罪犯在临近出狱的时候，往往对这个即将重新踏入的社会感到陌生，对很多新生事物知之甚少，对社会发展形势模糊不清，对自己的未来之路心中无数。为使临释罪犯尽早熟悉和适应社会，出监教育中需要进行适应社会的教育和训练，包括形势政策、市场经济、社会发展等内容，让临释罪犯对社会总体形势有一个宏观把握。为提高学习效果，除开展课堂常规教育外，还可采取"走出去""请进来"的方式，帮助临释罪犯更全面、更直观地感受社会，如安排临释罪犯出监参观学习，播放反映形势政策以及社会面貌的专题片，邀请社会专家、学者、志愿者到监狱来讲课等。通过这些形式多样的形势教育，帮助临释罪犯更全面地了解社会，认识社会，学会正确处理回归社会后可能面临的问题，从而更好地开启新的人生之路。

（三）重新设计和规划未来生活

临释罪犯面对即将迎来的新生活，常见以下几种不良心态：有些罪犯急于求成，头脑发热，想在出狱后大干一番，要把服刑"耽误"的时间"夺"回来；有些罪犯梦想坐享其成，对社会、原单位的安置政策抱有不切实际的幻想，试图不劳而获；有些罪犯眼高手低，大事干不了，小事不愿干，自身缺乏一技之长，还不愿脚踏实地，一心想着找个"钱多事少"、轻松挣大钱的工作；有些罪犯悲观失望，对未来信心不足，认为顶着罪犯的名声，无法在社会立足。出监教育期间，通过形势、政策、就业指导等教育，帮助罪犯认清形势、认清自己，仔细判断自己的得与失，客观评估自己的优势与不足，结合社会发展情况，正确自我定位，找准人生位置，更好地融入社会。

（四）以健康心态回归社会

刑罚执行通过对罪犯的惩罚与改造，维护了公平正义和法律尊严。与此同时，监狱执行刑罚的过程，在客观上会对罪犯的心理造成不同程度的负面影响，使罪犯在不同程度上产生“监狱人格”。通过出监教育，改变和有效缓解罪犯的“监狱人格”，重塑“社会人格”，是一个绕不过去的重要课题。此外，由于即将出监，罪犯心理与常规教育阶段相比也会发生较大变化，容易出现焦虑、畏惧、自卑心理，害怕家人的不理解和社会的责备，不知如何面对家人、朋友、被害人和社会。针对这些不良心理，要在出监教育中对罪犯进行比较系统的心理健康知识教育，使其心理尽快恢复健康状态，完成从罪犯到新人的心理转变，为适应社会生活奠定基础。

二、出监教育的内容

司法部《监狱教育改造工作规定》提纲挈领地指出了出监教育的内容：“监狱组织出监教育，应当对罪犯进行形势、政策、前途教育，遵纪守法教育和必要的就业指导，开展多种类型、比较实用的职业技能培训，增强罪犯回归社会后适应社会、就业谋生的能力。”具体来说，出监教育应包括以下四个方面的内容。

（一）总结反思教育

引导罪犯系统、认真地总结自己服刑改造的收获与不足，进行自我反思，汲取人生教训，帮助罪犯进一步明辨是非，巩固改造成果。总结反思应从五个方面进行：

1. 法治观念

引导罪犯反思自己在法治观念方面，是否已通过服刑改造汲取了犯罪教训、增强了法治观念，回归社会后是否能做到自觉远离犯罪。

2. 思想道德

在思想道德方面引导罪犯反躬自省，以前扭曲的人生观、价值观、世界观是否已得以矫正，曾经颓废的理想和信念是否已重新燃起，拜金主义、享乐主义、极端个人主义等腐朽的思想是否已从内心彻底清除，是否已做到了真正的洗心革面。

3. 文化技术

总结学习文化技术的得与失，通过监狱的学习、培训，自己是否已掌握一两门谋生技能，回归社会后，自己是否能够自力更生，具有独立生存能力。

4. 监规纪律

在监规纪律方面，回顾服刑过程中，自己是否有过较为严重的违纪行为，在遵规守纪方面还存在哪些不足，是否已树立起纪律观念。

5. 人生教训

在人生教训方面，是否已真正找到了犯罪原因，是否已汲取了教训，经历了蜕变是否能不再重蹈覆辙。

（二）社会化教育

1. 社会形势教育

引导罪犯正确认识和把握我国社会主义初级阶段的基本国情，既要看到现代化建设的伟大成就和制度优势，也要正视社会主义初级阶段的国情现实和社会加速转型期必须面对的种种社会矛盾。尽早预防和避免各种怨天尤人、自暴自弃甚至仇视社会的思想和心理，防止误入歧途甚至重蹈覆辙。引导罪犯初步认识我国现阶段的政治、经济、社会发展趋势，认清未来发展的机遇和挑战，顺应时代潮流，既要看到即将回归社会面临的种种挑战，正视自己的缺点和不足，更要看到即将回归社会面临的各种有利条件，争取做一个能发现机遇、抓住机遇并实现自我的人。

2. 有关释放与安置的教育

使罪犯了解释放的程序和需要办理的手续，教育罪犯面临释放时应注意的问题，积极征求临释罪犯对监狱的执法活动、教育管理措施等方面的宝贵意见和合理建议。帮助罪犯了解刑释人员回归社会后的落户政策，了解刑释人员的生活、就业、重新就学等方面的安置政策，使之体会到社会主义优越性和人道主义精神。

3. 劳动与就业观念教育

帮助罪犯树立正确的劳动观念，消除不劳而获、好逸恶劳的腐朽思想。教育罪犯正确理解政府就业政策，改变陈旧过时的就业观念，充分发挥自身的主观能动性，变消极等待为积极主动，以主动、自信、乐观、积极的态度面对就业问题。介绍就业市场状况及有关制度，使罪犯了解当前就业形势，了解择业的基本原则，学会全面认识和正确评价自己的职业能力，树立正确的劳动意识、竞争意识和自主意识；让罪犯在择业时，能够对职业的经济地位、社会地位、稳定性，职业的社会意义、安全感及个人的能力作综合评价和权衡，不再充满幻想，不单纯从个人兴趣出发，也不为他们和传统观念所左右，一切从实际出发，自主、客观、合理地选择自己的职业。介绍求职基本知识和技巧，包括如何撰写个人简历、如何收集用人信息、如何辨别中介机构、如何准备面试等实用知识。介绍创业政策，使罪犯了解相应的法律和法规，介绍创业途径和创业技巧，帮助罪犯通过自主创业实现再就业。

4. 社会保障知识教育

系统介绍社会保障制度，让罪犯了解当地关于医疗、养老、失业、住房、最低生活保障等方面的相关政策，了解申请相关社会保障的条件和程序，帮助罪犯在遇到困难时正确求助，借助社会力量解决个人实际困难，从而更顺利地融入社会。引导罪犯正确认识我国社会保障制度，不能对社会保障制度抱有不切实际的幻想，打消等、靠、要的消极思想，国家的最低生活保障制度只能维持个人最低的基本生活，只有通过自己的辛勤劳动才能创造幸福、美满的生活。

5. 社区矫正知识教育

对于假释、暂予监外执行类罪犯，应向其系统介绍社区矫正制度，使之了解社区矫正制度的特点、功能、目的和意义。使罪犯认识到，社区矫正是一项具有执行主体特定性、执行依据法定性和执行方式强制性特点的刑罚执行活动，使之在社区矫正期间自觉遵守相关规章制度，自觉接受矫正机构管理。要让罪犯了解社区矫正制度中的管理制度、公益劳动制度和社会保障制度等，了解社区矫正人员考核与奖惩制度，鞭策、激励罪犯积极改造思想，悔过自新。

（三）法治及社会公德教育

1. 遵纪守法教育

对罪犯进行法治观念教育，提高罪犯守法自觉性，养成守法习惯，回归社会后能够正确处理生活中的各种社会利益关系，正确面对各种复杂形势和问题，不因无知和冲动而再次犯罪。强化罪犯出监后抵御外界环境诱惑、增加防腐抗病的能力，防止重新犯罪。

2. 社会公德教育

引导罪犯接受并理解社会公德的内容，自觉按照社会公德的标准来规范自己的言行举止，并有意识地培养自己树立与社会主义公共道德一致的道德观念，共同形成良好的社会风气。着重介绍职业道德和婚姻道德，引导罪犯处理好工作问题和家庭关系。在职业道德方面，介绍职业道德的基本内容，教育罪犯在未来的劳动岗位遵守本职工作所要求的行为准则，讲究公德，恪尽职守，不以权谋私，不出卖原则，防止罪犯将来禁不起利益诱惑，走上职务犯罪的歪路。婚姻道德方面，介绍婚姻道德的基本内容，教育罪犯树立正确的婚姻观念，尊重、理解家庭亲人，增强家庭责任感，促使罪犯婚姻关系朝着健康的方向发展，实现家庭和睦，生活美满。

3. 文明礼仪教育

不少罪犯文化素质较低，行为粗野，言语粗俗，严重影响其顺利融入社会。因此，在出监教育中，有必要开展文明礼仪教育，介绍文明礼仪基本规范。对罪犯进行基本的礼仪教育，从仪容、举止、表情、服饰、谈吐、待人接物等方面介绍个人礼仪、公共礼仪、公务礼仪、日常交际礼仪等，教育罪犯在敬人、自律、适度、真诚的原则上进行人际交往，告别不文明的言行，以便将来顺利融入社会。

（四）心理健康教育

1. 克服自卑心理

引导罪犯正确对待失败，在挫折面前保持平常心；激励罪犯保持自信，凡事抱有志者事竟成的信念;教育罪犯正确评价自己,人犯了罪以后并不是一无是处;鼓励罪犯正确表现自己,恰当展示自己的长处,鼓舞信心,克服自卑,轻装前进。

2. 摒弃报复心理

虽然经过监狱的改造,但还是会有部分临释人员将自己的入狱迁怒于他人或社会,准备在回归社会后展开报复。出监教育期间,必须加强这方面的教育,让罪犯认识到报复心理的危害性,意识到报复别人就是在报复自己,理解"伤人即是伤己"的道理。引导罪犯敞开心扉,缓解情绪,通过改变发泄渠道,将心中扭曲的报复心理宣泄出去。同时,引导罪犯学会宽容,以包容的态度处世,提高做人的智慧。

3. 调适焦虑心理

焦虑是临释罪犯常见的心理问题,出监教育期间,应该使罪犯学会冥想、肌肉放松、自我暗示等常用的心理调节方法,摆脱焦虑的困扰。

4. 树立竞争意识

面对出监后激烈的社会竞争,有些罪犯会出现胆怯、畏惧心理,需要引导罪犯正确看待竞争,认识到竞争无处不在,不能躲避、畏惧,激励罪犯回归社会后主动参与社会竞争。同时,也要让罪犯认识到,有竞争就有可能失败,需要正确对待竞争中的失败,败而不馁,鼓起勇气,迎接新的挑战。

5. 增强社会适应能力

罪犯在封闭的监狱环境里服刑,感受不到社会环境、社会风气、生活方式等方面的进步与变化,需要通过心理健康教育,帮助临释罪犯在心理上努力适应社会变化,充分估计到出狱后可能遇到的困难,进而坚定克服困难的决心。还要帮助罪犯适应重返社会后担任的各种社会角色,如职务角色、家庭角色、公民角色、伙伴角色等,熟悉角色规范,掌握角色能力,培养自信心和荣誉感,做好重返社会、适应角色的心理准备。

专栏 18-1 三所典型出监监狱的实践探索

湖南省星城监狱、浙江省乔司监狱出监分监狱、四川省锦江监狱是进入21世纪以来,我国三个具有代表性的出监监狱。

2003年,湖南省星城监狱经司法部批准成立,是我国第一所出监监狱。该监狱提出了"理论+模拟+励志"的培训模式,并与社会办学机构开展广泛合作,采取专业整体外包、聘请师资参与教学等灵活方式开展技能培训工作。浙江省乔司监狱出监分监狱于2011年3月30日揭牌,其特点是采用小班化教学,开展"社会情境教育"。该监狱在浙江省率先设立回归中心和模拟社会实训基地,建立模拟交通服务站、模拟派出所、模拟人才市场、模拟行政办证中心、模拟银行等功能室,开展适应社会的专项训练。四川省锦江监狱始建于1954年，于2011年改建为四川省第一所出监监狱。该监狱在常规出监教育基础上，建立了模拟工厂和物业公司，让罪犯竞聘就业上岗，促进罪犯实现从"监狱人"到"社会人"的转变。

资料来源：徐静村：《监校合一：出监监狱管理模式的创新价值及理论意义》，中国检察出版社2013年版；"中国监狱罪犯教育改造模式研究"课题组：《中国监狱罪犯教育改造模式研究》，载《中国监狱学刊》2014年第3、4期。

三、出监教育的实施

（一）出监教育的时间

司法部《监狱教育改造工作规定》第五十五条规定："监狱对即将服刑期满的罪犯，应当集中进行出监教育，时限为三个月。"

（二）出监教育的组织

出监教育采用课堂讲授、罪犯自学和开展其他出监教育改造活动相结合的方法，适当安排必要的劳动改造，辅之以开展狱外参观教育等社会实践活动。具体而言，监狱民警要按照整体要求，重点完成好两项组织工作：

1. 组织罪犯做好回顾总结

（1）开展自查反思

自查反思的内容主要包括以下九个方面：一是世界观、人生观、价值观是否有根本转变；二是对犯罪原因的认识是否深刻；三是认罪服法是否发自内心；四是遵纪守法观念是否牢固；五是不良行为和不良心理的矫治是否彻底；六是学习、劳动的态度是否端正；七是对国家法律的认识是否到位；八是对改造过程是否认识清晰，取得了哪些成绩，自身有哪些长处和优势，记功受奖和处罚的原因及教训，自身还存在哪些主要问题；九是回归社会后应该重点注意什么问题和今后努力的方向。

（2）写好回顾总结

总结改造生活的主要方法是对比和启发。所谓对比法，就是对自身改造前后进行对比，自己与身边同犯进行对比，在比较中发现自己的进步和不足。所谓启发法，就是通过与罪犯个别谈话和组织罪犯的改造总结座谈汇报会，启发罪犯做好总结，在总结成绩和找出存在问题的基础上，制定出狱后的规划。

（3）开展交流、评议

个人总结和交流材料写好后，要在罪犯中进行交流和评议。交流和评议主要有三种形式:一是监狱民警指导修改;二是罪犯以班组讨论等形式集体交流;三是召开座谈会。

(4)做好改造鉴定

由监狱民警根据罪犯表现情况作出改造鉴定。

2. 出监教育的组织

监狱应遵循集体教育与个别教育相结合、一般教育感化与重点帮教相结合、监内教育与监外教育相结合、思想教育与解决实际问题相结合的原则,组织好出监教育活动。应当引导罪犯积极参加出监教育各项活动,把握机会,学有所成。

研究与思考

1. 入监教育的意义是什么?你对此有何理解?
2. 入监教育的内容有哪些?你认为重点是什么?
3. 组织出监教育应当注意哪些方面的问题?

第十九章 罪犯教育改造质量评估

重点提示

1. 罪犯教育改造质量评估,是指对罪犯教育改造效果的评价。

2. 根据评估所依据标准的不同,罪犯教育改造质量评估可以分为不同类型。例如,形成性评估和终结性评估,个体评估和群体评估,定量评估和定性评估,入监评估、中期评估与出监评估,狱内评估与狱外评估。

3. 罪犯教育改造质量评估应当遵循导向性原则、科学性原则、适时性原则、标准化原则、可操作性原则等。

4. 罪犯教育改造质量评估的方法可以分为传统方法和现代循证矫正方法两大类。

第一节 罪犯教育改造质量评估概述

一、罪犯教育改造质量

(一)罪犯教育改造质量的概念

罪犯教育改造质量,是指监狱通过教育改造对罪犯所产生的效果。罪犯教育改造质量是一个具有中国特色的社会学概念。与教育改造质量类似的概念还有教育改造效果、矫正效果等。这几个术语虽然侧重点不同,如教育改造质量强调从质和量两个角度进行评价,教育改造效果侧重从社会效果角度进行总体评价,而矫正效果侧重借鉴西方矫正的概念;但从总体来看,这几个词的含义大抵相同,都是强调改造罪犯的效果。

(二)罪犯教育改造质量概念的历史考察

罪犯教育改造质量的提出和使用,是我国罪犯改造工作理念变迁的一个缩影。因此,要了解中国的罪犯教育改造工作,离不开对罪犯教育改造质量概念的历史考察。

1."改造质量"一词的由来

"改造质量"一词是在改革开放的大背景下使用的。1980 年公安部连续发布《劳动农业生产座谈会纪要》、《关于切实加强劳改单位安全生产的意见》和《关于劳改机械工业企业管理整顿现场会座谈纪要》等三个文件,提出"由于林彪、江青反革命集团对劳改农场严重破坏的影响尚未彻底肃清,改造质量不高……"1981 年第八次全国劳改工作会议指出,当前"改造质量下降,犯人逃跑增加,刑满释放后重新犯罪的情况比较严重",并提出"提高改造罪犯的质量"的要求。1982 年公安部《监狱、劳改队管教工作细则(试行)》规定,"监狱、劳改队对刑满释放的人员,要经常进行改造质量的考察工作"。从 20 世纪 80 年代初开始的全国性对刑满释放人员改造质量跟踪调查,也为罪犯改造质量理论与实践的发展奠定了基础。

2. 罪犯改造质量与企业管理质量

罪犯教育改造质量的提出与发展,也与改革开放之初我国引入西方企业质量管理理念密切相关。监狱办企业是我国的特色,监狱企业管理也在一定程度上受到了企业质量管理理念的影响,特别是 ISO 9000 质量管理体系。ISO 9000 质量管理体系是国际标准化组织(ISO)制定的国际标准之一,我国在 20 世纪 90 年代将 ISO 9000 系列标准转化为国家标准,随后各行业也将 ISO 9000 系列标准转化为行业标准。我国监狱企业也在一定程度上接受了 ISO 9000 系列标准。1987 年 6 月,司法部还专门成立了企业质量管理协会,其宗旨和任务主要是为劳改、劳教企业质量管理提供技术咨询和诊断。监狱将企业标准化质量管理的经验进一步借鉴到罪犯教育改造中,在一定程度上丰富了我国罪犯教育改造质量的理论与实践。

3. 罪犯改造质量专题会议

为增强教育改造罪犯的效果,司法部先后召开几次会议专题研究罪犯教育改造质量工作。1986 年 9 月,司法部在山东省泰安市召开了中华人民共和国成立以来首次全国性提高劳改、劳教工作质量理论研讨会,对推进我国罪犯教育改造质量管理工作起到了积极的作用。2002 年 12 月,司法部在山东省济南市召开全国监狱系统提高罪犯改造质量工作座谈会,提出了罪犯改造质量的六项标准。学界广泛开展了罪犯改造质量标准大讨论,使提升罪犯改造质量的观念深入人心。2004 年 8 月,中国监狱学会在新疆维吾尔自治区石河子市组织召开罪犯改造质量与处遇个别化理论研讨会,研究讨论了罪犯改造质量问题。这些专题会议的召开,为推进我国罪犯教育改造质量研究起到了重要作用。

二、罪犯教育改造质量评估

(一)罪犯教育改造质量评估的概念

罪犯教育改造质量评估,是指对罪犯教育改造效果的评价。

有学者认为,所谓罪犯改造质量评估,是指对服刑人员个体的悔改程度和“守法公民”状态程度的评价和测量。[①] 也有学者提出,所谓罪犯改造质量评估,是指监狱系统根据所收集的各种信息资料,对罪犯个体或群体经过改造成为守法公民的程度、水平与状态进行判断、描述、鉴定、评价和估量的总称。通过罪犯改造质量评估,监狱系统不仅能获得罪犯个体或群体是否改造好以及改造到何种程度的资料,而且能获得有助于考核评价和改进监狱工作的信息。

(二)罪犯教育改造质量评估的分类

根据评估所依据标准的不同,罪犯教育改造质量评估可以分为以下几种:[②]

1. 形成性评估和终结性评估

以评估的目的为标准,罪犯教育改造质量评估可以分为形成性评估和终结性评估。

形成性评估是指通过诊断罪犯教育方案或计划、教育内容和方法中存在的问题,为正在进行的罪犯教育活动提供反馈信息,以提高正在进行的教育活动质量而进行的评估。

终结性评估是指在罪犯教育活动结束后对教育效果的评价。终结性评估考察罪犯教育的最终结果,是对罪犯教育全过程的检验,其评价也是综合性的,其获得的结果具有较高的概括性。例如,对罪犯改造手段是否有效的评估就属于终结性评估。

2. 个体评估和群体评估

以评估的对象为标准,罪犯教育改造质量的评估可以分为罪犯个体教育改造质量评估和罪犯群体教育改造质量评估。

罪犯个体教育改造质量评估是对罪犯个体教育效果的好坏、优劣所进行的判断和测量。罪犯个体是罪犯教育的核心对象,每个罪犯在教育活动中的行为和状态表现,既是罪犯教育活动开展的前提条件,也是教育效果评估的首要依据。

罪犯群体教育改造质量评估是在确定的时间内,通过选定对整体罪犯教育效

---

① 参见张晶:《罪犯改造质量评估模式研究》,载《河南司法警官职业学院学报》2006 年第 2 期。

② 参见魏荣艳主编:《罪犯教育学》,法律出版社 2015 年版,第 194 – 195 页。

果有重要影响的测定点来对监狱教育工作加以评价和检测,它反映的是罪犯教育的宏观效果。

3. 定量评估和定性评估

以评估的方法为标准,罪犯教育改造质量的评估可以分为定量评估和定性评估。

定量评估是通过对罪犯在教育活动中的行为表现和受教育的状态程度进行数量化分析和计算,从而对教育的效果和价值作出判断。定量评估有助于评估的精确化,加强评估的区分度,降低评估的主观性和模糊性,增强评估结果的说服力。

定性评估是对罪犯在教育活动中的行为性质和受教育状态程度进行的分析、评定和说明。定性评估比定量评估简便易行,但容易受主观意识的支配而有失客观性,加上评估工作中,有些评估内容可以量化,有些不能或不易量化,所以一般都将定量研究和定性研究结合起来使用。

4. 入监评估、中期评估和出监评估

根据评估时间的不同,罪犯教育改造质量评估可以分为入监评估、中期评估和出监评估。

入监评估是指在罪犯刚一入监时对罪犯开展的评估,主要目的是初步确定罪犯的危险系数、改造难度等。入监评估的结果可以作为监狱开展个性化改造的重要参考,也为后期教育改造质量评估奠定基础。

中期评估是指在改造中期对罪犯改造质量开展的评估,主要目的是评估前一阶段的改造效果,查找存在的问题并进行适当调整,以便下一阶段取得更好的教育改造效果。

出监评估是指在罪犯出狱前对改造质量开展的评估,主要目的是评估罪犯出狱后是否有再犯的可能。出监评估是罪犯教育改造质量评估中最重要和最关键的一环。

5. 狱内评估和狱外评估

根据评估主体的不同,罪犯教育改造质量评估可以分为狱内评估和狱外评估。

狱内评估是指监狱对罪犯教育改造质量进行的评估。监狱是罪犯教育改造的主要场所,监狱对自身组织开展的教育改造活动进行评估,既是考核管理的需要,也是进一步提升监狱工作质量的需要。狱内评估涉及的范围一般比较广,也比较具体,评估方法相对比较传统,这种评估属于监狱系统的一种自我评估,具有一定的主观性。

狱外评估是指狱外人员对监狱教育改造罪犯的质量进行的评估。监狱之外对罪犯改造质量评估感兴趣的，多是专家和学者。这些狱外的专家、学者往往更关注罪犯是否重新犯罪这一最主要的指标，评估方法相对比较科学，评估结果相对比较客观。

（三）罪犯教育改造质量评估的意义

罪犯教育改造质量评估是我国监狱教育改造工作走向科学化的必经路径。罪犯教育改造质量评估有利于促使我国教育改造质量评估从经验走向科学，从零碎走向系统，从传统走向现代，从现象走向本质。①

1. 促进改造质量评估从经验走向科学

长期以来，我们对罪犯改造质量的评估是以个人的经验性的主观判断为主要特征的，其中虽然不乏合理乃至科学的成分，但从总体上看，这种主观判断明显带有一定的片面性。规范的改造质量评估，将各种理性、定性的要求细化为定量性的规定和量表式的模式，并由专门的软件对各种关联数据进行处理，避免了人为的主观因素的干扰。同时，注意吸收监狱民警以及专家的观察和鉴定，并根据不同的接触、不同的层面、不同的角度，必要时借助于专家的意见，确定相应的权重，使评估呈现为多维结构，从而可以实现比较科学的评估。

2. 促进改造质量评估从零碎走向系统

尽管过去对罪犯改造质量的评估从内容上看是完整的，如认罪服法，服从管教，参加劳动、学习，遵守监规等，但其内容本身的连贯性不够，缺乏照应，单个的内容多。其结果是，单一的要求往往要求绝对化，执行片面化甚至理想化，造成某些要求、指标权重的严重失衡，呈现零碎化的特征。随着罪犯教育改造质量评估技术的逐渐成熟，罪犯改造质量评估越来越呈现出体系化的特征，逐渐从零碎走向系统。

3. 促进改造质量评估从传统走向现代

在传统的意义上，我们评价罪犯改造质量多是从政治要求的角度，以罪犯老老实实、规规矩矩为基本的改造要求和目标。这些愿望尽管是美好的，但是很难甚至根本无法做到，也不符合人的多样性，实现人的全面发展的原则。尤其是不符合现代社会要求。人的发展是多方面的和多层次的，只要是对现代社会的发展有利，就要允许他们刑满后多方位地融入社会。因此，我们要用现代的思想、理念、方法来设计对罪犯改造质量的要求和评价体系。

4. 促进改造质量评估从现象走向本质

传统的教育改造评估一般是从罪犯外在的现实表现来观察和判断的，这样就

---

① 参见张晶：《罪犯改造质量评估模式研究》，载《河南司法警官职业学院学报》2006 年第 2 期。

很难到达本质的层面。罪犯出于某种需要和功利目的而善于伪装,他们的表现中,假象的成分占有一定的比例,这对罪犯评估带来巨大挑战。随着罪犯改造质量评估的不断科学化,对罪犯评估将更侧重于本质的改造。

(四)对罪犯教育改造质量评估的争论

我国罪犯教育改造质量评估也经历了一个从经验为主到逐步科学化的发展过程。20 世纪八九十年代的罪犯改造质量评估,主要是经验式的、定性的研究,缺少统计学和心理学的量化分析方法,评估指标也相对简单。随着社会发展以及统计学、心理学量化方法的引入,罪犯改造质量评估指标越来越丰富,工具效度越来越高,方法越来越科学,罪犯改造质量评估对实践的影响也越来越大。

对罪犯教育改造质量评估的争议主要体现在两个方面:一是评估工具是否科学,是否能够正确评估罪犯教育改造的效果;二是评估结果是否乐观,教育改造罪犯是否有效。

对于评估工具科学化问题,其主要源于对罪犯再犯风险测量准确性的质疑。再犯预测是一项非常复杂的工程,也是一项世界性难题。一个人到底会不会再犯罪,有时不仅是一种数字的评估,而是有着非常复杂的社会原因。要想抽象出一个具体的评估工具来评估所有罪犯的再犯可能性其实是非常难的。到底能不能找到一种科学的方法和工具对矫正效果进行准确评估,是一项非常艰巨的任务。而到目前为止,我们离找到理想的评估方法还有很大的距离。

对于矫正效果的评估,即矫正或改造到底有没有效果,也是一个充满争议的问题。这种争议本身也体现了对评估工具和评估方法科学性的质疑。自从 1974 年罗伯特·马丁森(Robert Martinson)和同事发表题为《有什么效果? 关于监狱改革的问题与答案》的研究报告,提出了改造对减少重新犯罪没有产生效果的观点,引起了巨大的反响,以至于被称为“马丁森炸弹”(Martinson's bombshell)。这项报告宣称“除了极少的和孤立的例外情况,迄今为止所报告的改造活动没有对累犯产生明显的效果”。马丁森等人的研究结论似乎宣告了“矫正无效”时代的到来。这项研究结论成为刑事司法领域中公平模式取代医学模式的重要理由。① 还有其他一些学者也从不同角度对改造效果提出了质疑。

但是,很多学者站出来反对马丁森等人改造无效的观点,认为其改造无效的观点是站不住脚的。马丁森本人后来也对自己的观点进行了修正。但马丁森等人改造无效的观点无论对矫正理论还是矫正实践都产生了深远的影响。

---

① 参见吴宗宪:《当代西方监狱学》,法律出版社 2005 年版,第 144 页。

晚近以来，西方国家学者在评价矫正的效果时，不再笼统地评价罪犯治疗是否有效果，而是区分不同情况，分别进行评价，认为一些罪犯治疗计划是有效的或者效果是比较明显的，而另一些治疗计划是无效或者效果比较微弱的。这种态度似乎更符合实际情况。进入21世纪以来，循证矫正（evidence - based corrections）的理念逐渐兴盛，其主要特征就是通过一定的方法寻找矫正计划是否有效的证据。因此，循证矫正可以看作罪犯改造质量评估的新发展。

罪犯教育改造质量评估是一项系统工程，也是一个内在的逻辑体系。这个体系由罪犯教育改造质量评估目标、罪犯教育改造质量评估标准、罪犯教育改造质量评估方法和工具、罪犯教育改造质量评估结果、罪犯教育改造质量评估保障等几个有机部分组成。其中，评估目标是核心，所有的教育改造质量评估工作都要紧紧围绕评估目标展开。评估标准是评估目标的具体化，也是评估方法和评估工具的重要内涵。评估方法和工具是关键，评估结果是否科学，有赖于评估方法和工具的科学选择。

第二节　罪犯教育改造质量评估的目标、原则和指标

一、罪犯教育改造质量评估的目标

（一）再犯可能是教育改造质量评估的主要目标

我国《监狱法》规定，罪犯改造的目标是“将罪犯改造成为守法公民”。守法公民具有多层次的含义，其中最主要的是将罪犯改造成为不再重新犯罪的人。因此，再犯可能是罪犯教育改造质量评估的主要目标。我们的教育改造质量评估工作，主要是围绕再犯可能开展的。

（二）教育改造质量评估的其他目标

评估罪犯的再犯可能是教育改造质量评估的终极目标，但并非唯一目标。因为重新犯罪率并不能反映特定的治疗计划可能产生的所有效果。实施某一项教育改造计划可能难以看到重新犯罪率的立即下降，但是，可以预期这种教育改造计划会对犯罪人产生长期的益处，如遵规守纪意识的增强、心理症结的消解等。

二、罪犯教育改造质量评估的基本原则

罪犯教育改造质量评估的原则是指监狱在开展教育改造质量评估过程中必须

遵循的准则。在罪犯教育改造质量评估过程中,要遵循导向性、科学性、适时性、标准化和可操作性的原则。[①] 了解和贯彻这些原则,对做好罪犯教育改造质量评估工作有着非常重要的指导作用。

(一)导向性原则

导向性原则是指监狱在罪犯教育改造质量评估工作的各个环节中,以评估罪犯再犯可能为出发点和落脚点,保障罪犯教育始终坚持明确的目标定位的评估原则。导向性原则要求罪犯教育改造质量评估要紧紧围绕再犯可能这一最终目标开展工作,教育效果评估应反映罪犯教育工作的宗旨要求,从而对监狱的教育工作起到指导作用。在考核评估上述最终目标的同时,应重点考核评估教育具体目标的实现情况,以保障监狱教育改造罪犯目标的实现。

(二)科学性原则

科学性原则是指在罪犯教育改造质量评估工作中,通过建立科学的评价标准和考核体系,运用科学的考评方法,对罪犯教育的效果加以科学的评定和运用。评估工作中贯彻科学性原则,要坚持实事求是的精神,通过科学合理的评估手段、方法和技术,实现科学评价监狱罪犯教育改造工作的目的。在评估的实际工作中,要以科学的态度、严谨的作风和专业的技术水平开展评估,避免主观臆断和个人感情色彩,不受外界因素干扰,不受罪犯表面现象迷惑,力争做到评估标准科学、准确,评估过程和结果客观公正,从而提高评估结果的可信度,保证评估工作质量。

(三)适时性原则

适时性原则是指在罪犯教育改造质量评估工作中,为了引导罪犯向预期的教育目标发展,根据教育的内容、形式和方法,结合教育的时限,适时加以评估。适时性评估原则要求对不同阶段的教育活动所取得的成效进行适时评价。通过不同阶段、不同项目的考核比对,可以发现罪犯接受教育的前后变化,有利于及时掌握罪犯的教育效果。根据评估结果,及时调整教育方案,重新确立评估指标,以更好地促进评估指标体系的科学化。

(四)标准化原则

标准化原则是指在罪犯教育改造质量评估工作中应贯彻标准化理念,应尽量减少人为因素的干扰,对可能出现的误差予以最大限度的控制,以保证评估指标体系和方法的有效性以及评估结果的准确性。标准化原则要求评估指标体系标准化、评估方法的标准化和评估结果应用的标准化。

---

① 参见魏荣艳主编:《罪犯教育学》,法律出版社 2015 年版,第 196 - 198 页。

（五）可操作性原则

可操作性原则是指罪犯教育改造质量评估指标体系的设计、评估方法的采用等应符合教育改造工作实际，易于掌握，实践中切实可行。可操作性原则要求教育改造质量评估指标体系要有针对性，评估项目要有完备性，评估内容要有可测性，评估指标体系要简明，易于监狱民警操作，也要利于罪犯理解和接受。

三、罪犯教育改造质量评估指标

（一）评估指标的内容

罪犯教育改造质量评估指标是评估目标的具体化。我国罪犯教育改造质量评估的主要目标是“再犯可能”，评估指标是对罪犯再犯可能的具体化阐述。评估指标也是评估方法的重要因素。无论哪种评估方法，都是要根据某些或全部指标进行评估，或者对不同的指标进行排列组合；越是科学的评估方法，对评估指标的占有和使用越充分。那么，对罪犯教育改造质量进行科学评估，需要具体评估哪些指标？这些指标主要包括以下几类：

1. 犯罪情况指标

罪犯的犯罪情况指标是罪犯教育改造评估的基础性指标。犯罪情况指标主要包括犯罪年龄、罪名、刑种、刑期、是否暴力犯罪、犯罪危害、前科状况、是否共犯、犯罪原因、犯罪手段、犯罪动机等方面的内容。

2. 社会背景指标

罪犯社会背景指标是指罪犯生活、工作、教育等方面的指标，这些指标对罪犯重新犯罪可能产生一定的影响。社会背景指标主要包括罪犯籍贯、家庭住址、家庭经济状况、教育经历、捕前职业、特殊经历等。

3. 个人素质指标

个人素质指标是指能体现罪犯个人素质的那些指标，具体包括罪犯道德素质、法律意识、受教育程度、工作技能、智商和情商等。一般而言，一个人综合素质越高，其重新犯罪的可能性相对更小。

4. 日常改造表现指标

罪犯日常改造表现指标，是指监狱根据罪犯日常改造表现对罪犯进行考核评估的指标。罪犯的日常改造表现一般可以分为认罪悔罪、服从管理、劳动改造、教育改造等几类。

认罪悔罪指标主要包括是否承认犯罪事实，是否服从法院判决，是否认清犯罪危害，是否撰写认罪悔罪书，是否积极赔偿被害人，是否正在申诉等方面。

服从管理指标包括是否遵从警察权威,是否通过正常法律渠道解决问题,扣分情况,受到行政处分情况,处遇等级等。

劳动改造指标包括劳动态度是否端正,是否遵守劳动纪律和生产操作规程,完成劳动定额情况,劳动请假情况等方面。

教育改造指标主要包括参加教育活动态度,学习成绩是否及格,掌握职业技术技能情况,文化程度学习情况等。

5. 社会支持指标

社会支持指标主要包括家庭关系、亲戚关系、邻里关系等方面,如家庭经济状况、婚姻状况、亲情状况、会见次数、电话和通信情况、亲戚关心情况、社区接纳程度、再就业机会等。一般而言,罪犯社会支持力度越大,其重新犯罪的可能性越小。

6. 心理健康指标

心理健康指标主要包括是否存在精神疾病,是否患有抑郁症、偏执人格等特殊心理问题,情绪控制能力,人际关系,自我意识等方面。一些心理测量量表对心理健康指标的设定更为细致。

7. 其他指标

罪犯重新犯罪不仅是监狱和罪犯个人的责任,而且是社会的责任。社会对罪犯的权益保障、就业歧视、社会援助、社会帮教、工作环境和社会环境等,也对罪犯是否重新犯罪有一定的关联。这些指标在一定程度上对罪犯教育效果的评估也起到一定的作用。

需要说明的是,罪犯教育改造质量评估的指标是多层次的,上述每个指标还可以细化为更多的指标。在这些指标中,有些指标是比较重要的,很多评估方法都将其作为重要的指标之一,并赋予较大的权重。也有些指标是次要的,一些评估方法并没有将其纳入评估指标体系中。评估指标的选择和指标权重的赋予,是评价评估方法科学性和评估结果准确性的重要依据。

(二)评估指标的权重

评估指标的权重是指某个指标在指标体系中的重要性程度。权重规定了指标在整个指标体系中的重要性,也在一定程度上反映出各指标之间的相互关系。上述评估指标哪些重要,哪些不重要?不同的评估方法对评估指标的倚重可能不同。评价哪种评估方法更科学,需要对评估结果与实践进行对照检验。

对于评估指标权重的分配,应注意以下几点:一是要确定评估指标权重大小的依据,并对评估指标权重进行设计、实验和调整,最终达到评估指标权重分配的科学化。二是要尽量将指标转化为可以量化的因素,这样便于统计和评估,也有利于评估结果的客观性。三是要实时调整评估指标权重。不同罪犯、不同时期、不同情况下，评估指标的权重可能有所不同，这就需要根据实际情况进行调整，这样才能更好地保证评估的科学性。

第三节　罪犯教育改造质量评估的方法

一、罪犯教育改造质量评估的传统方法

罪犯教育改造质量评估的传统方法主要有观察评估法、考核评估法、测验评估法、结构面试评估法、调查统计评估法等。不同的评估方法对罪犯教育改造质量评估的侧重点有所不同。

（一）观察评估法

观察评估法是指通过日常观察来评估罪犯教育改造质量的方法。这种方法是监狱人民警察在日常教育改造过程中采取的方法。有一定经验的监狱人民警察能够根据罪犯的日常表现，推测罪犯后期的行为表现，评估罪犯的教育改造效果。这种评估方法的优点是便于开始实施，贴近改造实践，但缺点是容易受到监狱工作人员思维习惯的影响，主要局限于对罪犯在监狱内表现的评估，因此带有较强的主观性和一定的片面性。观察评估法一般只能就罪犯个体或小的罪犯群体进行评估，难以开展较大规模的罪犯改造质量评估。

（二）考核评估法

考核评估法是指将罪犯的日常改造表现以绩效考核分数的形式进行评估的考评办法。对罪犯日常改造表现进行计分考核，是我国监狱对罪犯教育改造质量进行评估的最常见的方式。考核分数是罪犯改造质量评估的重要参考，一般而言，考核分数越高的罪犯，改造质量评估的分数也越高。这种评估方法的优点是可操作性强，受众广，所有的罪犯都可以进行考核评估，但缺点是局限于罪犯狱内改造表现，难以过滤罪犯的改造假象，无法对罪犯进行全面立体的考核，其评估效果也难以确保客观。

（三）测验评估法

测验评估法是指通过测试验证的方式对罪犯改造质量进行的评估。考试测验、问卷测验、量表测验等均属于测验评估法。相比较而言，量表测验评估方法更为科学，其评估结果可信度更高些。测验评估法的优点是不再局限于对罪犯日常改造表现的评估，而是把罪犯心理健康、社会交往等其他社会心理因素纳入评估范

围,这对于全面评估罪犯教育改造效果有重要意义;其缺点是受制于测评工具的科学性和有效性,有时候也会有失客观。

(四)结构面试评估法

结构面试评估法是指通过与罪犯面对面交流对改造质量进行评估的方法。例如,假释委员会对罪犯进行的假释风险评估即为面试评估法。这种评估方法的特点是,根据所制定的教育改造评估指标,通过多名测评人员与罪犯面对面的言语交流,提出特定的问题由罪犯回答,对罪犯改造效果进行标准化评价。面试评估法的优点是具有专家参与,对罪犯有直观的感受,缺点是受到专家个人喜好的影响,带有一定的主观色彩。

(五)调查统计评估法

调查统计评估法是指通过开展调查,对收集的数据进行统计分析的评估方法。司法部从1986年起连续五年组织各省、市(除西藏、广西外)对1982年至1986年刑释人员回归社会后三年内表现进行调查,调查结果显示五年间共调查13.7万人,其三年内年平均重新犯罪率为5.1%,即为这种调查评估方法。这种调查统计方法对于评估我国教育改造罪犯的质量,无疑是具有非常强的证明力的。调查统计数据特别是全国性的调查统计数据,对于评估我国罪犯教育改造整体效果,具有其他方法无法比拟的优势。

二、现代循证矫正的主要方法

循证矫正是罪犯教育改造质量评估的现代发展,循证矫正的一些新的方法对于改造质量评估有重要意义。这些新的循证方法主要有以下几种:①

(一)表决计分评价法

1996年,美国国会通过一部联邦法律,要求总检察长提供一份独立评估报告,就司法部犯罪预防补助拨款计划的实施效果进行评估,并要求必须采用严格的、科学的、公认的评估标准和方法。受全国司法研究所委托,以谢尔曼教授为首的研究小组承担了此项评估任务,他和他的同事提出了一种全面的表决计分评价法,称为“马里兰科学方法测算表”。这种表决计分评价法没有采用有关许多特定标准的计分总和的方法(如从0~100),而是使用了一种简单的5个等级,主要目的是设计测算内在效用的一个简单等级,以便于理论学者、政策制定者和实际工作者进行交流和沟通。这五个等级分别为:1级——在一个时点上预防计划和犯罪测算值之间的

① 参见王辉:《当代西方循证犯罪预防研究简述及启示》,载《河北法学》2012年第12期。

相关性;2 级——在不可比的控制条件下,预防计划之前和之后的犯罪测算值;3 级——在实验的和可比的控制条件下,预防计划之前和之后的犯罪测算值;4 级——在多实验和控制单位条件下,即控制影响犯罪的其他变量,在预防计划之前和之后的犯罪测算值;5 级——把预防计划和控制条件随机地赋值给单位。

(二)荟萃分析评价法

荟萃分析评价法也称元分析法,是指用统计合并的方法对具有相同研究目的的多个独立研究结果进行比较和综合分析的研究方法。传统的文献综述是对有关文献的内容或结论进行罗列、简单描述和初步论述,荟萃分析则是将已经获得的研究结果进行综合分析,特点是用统计分析方法验证有效的结论,从而更为科学、客观地综合反映研究成果。这种方法首先应用于医学领域,并发展成为一门新兴学科——"循证医学"的主要内容和研究手段。从医学领域来看,根据荟萃分析所依据的基础或数据来源,可以将其分为三类:文献结果荟萃分析、综合数据荟萃分析、单个病人数据荟萃分析。这三种分析方法的特点分别是:文献结果荟萃分析的文献检索局限于已经发表的研究,然后将这些研究的结果进行综合分析;综合数据荟萃分析不仅要收集已发表的相关文献,还要收集原作者关于相关统计数据的概述;单个病人数据荟萃分析除了要检索所有已发表的相关文献,还要寻找各科学团体未发表的有关研究报告,进一步扩大了文献范围。

(三)系统性评价法

系统性评价法是一种通过严格程序来考察给定研究问题的研究结论一致性的研究方法。系统性评价法最早出现在流行病学研究中,后来才引入犯罪预防领域。坎贝尔联盟犯罪与司法研究小组在把系统性评价应用于刑事研究领域方面处于领先地位。该小组系统性评价的主要特征如下:有明确的目标;有明确的合格性标准;查找研究的目的是减少潜在的偏差;根据合格性标准筛选每项研究,并证明排除的研究是正确的;汇集最完整的、可能的数据资料;适当且可能时,采用定量分析方法分析结论;最后提交结构性和详尽的报告。

研究与思考

1. 你认为罪犯教育改造质量评估的意义是什么?
2. 罪犯教育改造质量评估指标内容可以分为几类?你认为其中哪些指标比较关键?
3. 在评估指标权重分配中,应当注意哪些问题?
4. 罪犯教育改造质量评估的传统方法和现代循证矫正方法的主要区别在哪里?

第二十章　欧美国家的罪犯教育

重点提示

1. 欧美国家的罪犯教育与近代监狱和监禁刑的兴起密切相关，确切地说对罪犯开展教育是预防刑思想的产物，在此之前报应刑时代罪犯教育效果甚微。

2. 欧美国家罪犯教育理论的形成经历了预防理论、特殊预防理论和教育刑理论三个阶段。

3. 欧美国家罪犯教育的内容包括宗教教诲、劳动教育、文化教育、社会教育、心理健康教育等几个方面。

第一节　欧美国家罪犯教育的萌芽

一、奴隶制、封建制时期的罪犯教育

奴隶制时期的刑罚思想是报复主义，监狱监禁的对象只是待审的和待执行的罪犯，在报复主义阴影中罪犯教育难觅踪迹，古罗马、古希腊流传下来的史料中很难窥见罪犯教育的痕迹。

封建制时期的刑罚思想是报应主义，监狱以威吓犯罪人为必要，监狱充满了恐怖、暴力、血腥和黑暗。由于封建社会宗教势力的发展，政教结合，教会与监狱建立了千丝万缕的联系。在中世纪的欧洲，教会利用修道院关押教会判处的异端分子，进而又开始关押刑事罪犯甚至政治犯。在修道院的监狱中，对罪犯进行宗教教诲成为监狱的重要内容，宗教界的神职人员也开始和罪犯直接接触。从欧洲的监狱史看，从13世纪起教会的神职人员便开始介入监狱工作，到罪犯中作布道，但一般还没有固定的监狱牧师。英国最早有固定监狱牧师的就是布莱德威尔感化院，对于一般监狱神职人员仅是偶尔光顾。直到18世纪中期，监狱对罪犯实施宗教训诫的活动都是非常有限的，因为当时的监狱管理当局并未把改造犯人作为监狱的一

项任务，许多监狱的牧师都是作为点缀品，由教会的牧师兼任。[①] 无论效果如何，这种情况使封建时代的欧洲监狱，开始有了一种专门从事教诲工作的人员。可能正是由于这一点，欧洲监狱史学家经常讲："牧师是监狱教育的先驱。"[②]

二、资本主义早期的罪犯教育

（一）教育背景

西方资本主义早期的罪犯教育与近代监狱和监禁刑的兴起有关。近代监狱和监禁刑起源于16世纪新兴资本主义兴起时期，资本主义的快速发展导致近代监狱与监禁刑产生并使之占据主要地位。其产生因素包括两方面：一是人文因素，资产阶级革命派提出的"天赋人权""自由、平等、博爱"的政治主张和思想文化主张深入人心，并且进入社会文化各个领域，成为衡量政治文明、社会进步的主要标志。二是现实因素，监禁刑的产生与新兴资产阶级解决所谓的"流民"问题密切相关。16世纪英国"流民"的主要成分是"圈地运动"中失去土地的农民。大批农民失去土地，成为流浪汉和乞丐，拥入大城市和小城镇，这些人的存在导致很多犯罪的兴起，如盗窃、抢劫、滋事。1517年英国伦敦在全城选区进行调查登记，开列名单，这份名单中全市共有1000名"流民"，但实际的数量应该远远超过这个数字。1569年枢密院在全国实行秘密监视和搜查"流民"的计划，根据档案的记载，在1569～1572年的逮捕活动中，18个郡共有750名"流民"被逮捕；在1631～1639年的逮捕活动中，37个郡有2.6万人被逮捕。当时正是社会化大生产时期，资本家工厂需要大量的手工劳动者，这些充斥街头的流浪汉和乞丐，不仅严重影响着社会治安，而且妨碍了新兴资本主义生产方式的顺利进行。在这种情况下，政府将这些人收容起来，在限制他们自由的同时，组织他们进行社会化劳动，并对其进行职业教育。这个时期的"流民"以失业农民为主要特征，被捕的"流民"一般是身强体壮者。法令规定，"年老、体弱无劳动能力的属于救济之列，而非惩罚对象"。对这些人可以发放乞食徽章允许佩戴者沿街乞讨。

（二）英国布莱德威尔感化院（Bridewell Detention Center）

西方国家的罪犯教育的萌芽就是从收容流浪汉、懒汉、乞丐并对他们进行劳动技能培训和感化教育开始的，这一时期称为西方监狱史上的感化院时期。最有名的是英国的布莱德威尔感化院，其雏形是1550年一批新教士重组的伦敦医院，用来

① 参见潘华仿主编：《外国监狱史》，社会科学文献出版社1995年版，第29页。

② 兰洁主编：《教育改造学》，法律出版社1999年版，第336页。

收容有过失的青少年和流浪者。1557 年经英王爱德华六世批准,在一座旧宫殿上建起了著名的布莱德威尔感化院,收容流浪汉、懒汉及乞丐,并对其进行强制劳动和感化训练。① 由于这所感化院非常成功,1576 年英国议会要求英国的每个郡都要建一所这样的感化院,在这一时期英国共建立了 200 所与布莱德威尔感化院类似的感化院。

通过组织劳动,在创造一定财富的同时,使他们养成劳动的习惯,以便将来能够重返社会。在布莱德威尔感化院,单纯的惩罚理念已退居次要地位,犯人劳动被有意识地作为教育手段来使用,而不再被视为身体的痛苦和折磨。同时,建立布莱德威尔劳动所②的目的,是向流浪者、不劳而获的罪犯注入犹太教、基督教(Judeo-Christian)所共有的道德以及劳动与节俭的道德。这种道德主张体力劳动有利于人的灵魂。③

(三)荷兰阿姆斯特丹矫正院(Amsterdam Detention Center)

英国的感化院制度影响到欧洲,许多国家纷纷效仿,先后建立许多此类机构。其中,对世界现代监狱制度影响最大,并在监狱史上有着重要地位的是 16 世纪末建立的荷兰阿姆斯特丹矫正院,两百年后各国的狱政管理及其规定仍与当年阿姆斯特丹矫正院的情形相差无几。通过关押有劳动能力但却贪吃懒做的人和扰乱社会治安的人,对他们进行训练,使他们自食其力,安分守己地生活。由于这些机构是用来"矫正"罪犯,于是教育训练的场所就按这种基本概念命名,称作"矫正院"。④ 1595 年,阿姆斯特丹建立第一所男犯矫正院,称"锉房",组织罪犯进行劳动,主要是制作染料,将一种含有染料的树木锉成粉末,以满足蓬勃兴起的纺织印染工业的需要。1596 年,又建立第一所女犯矫正院,称"织造所",以纺纱为主,兼做织布、缝纫。⑤ 矫正院最初的本意是收容那些具有劳动能力的流浪汉和乞丐。鉴于刑事犯罪的增多,只好将那些因贫穷犯罪的妓女、少年盗窃犯和犯有轻罪的犯人送往矫正院进行劳动改造。

1. 矫正院成立的理论依据

根据当时加尔文教派的观点:就业是对付贫困和由此而产生的犯罪的最佳手

---

① 参见李贵方:《自由刑比较研究》,吉林人民出版社 1992 年版,第 14 页。

② 布莱德威尔劳动所,系中央司法警官学院翟中东教授的提法,本处是直接引用,故尊重原作者的名称。

③ 参见翟中东:《对西方国家早期改造罪犯实践的探究》,载《中国监狱学刊》2014 年第 4 期。

④ 参见[德]京特·凯泽:《欧·美·日本监狱制度比较》,刘瑞祥、潘佳斌、红云译,中国政法大学出版社 1989 年版,第 13 页。

⑤ 参见潘华仿主编:《外国监狱史》,社会科学文献出版社 1995 年版,第 295 页。

段。“孜孜不倦的劳动是免下地狱并使心灵得到永久安宁的唯一办法，谁没有这种追求目标的努力，即就只能采取适当的强制措施挽救他们的灵魂，以使他同上帝遭到破坏的关系重新恢复正常。”这是16、17世纪初风靡欧洲的矫正院成立的理论依据。①

2. 矫正院成立的宗旨

矫正院成立的宗旨是通过劳动来教育和矫正在押人员。② 阿姆斯特丹矫正院是根据基督教改革派的要求设立，在宗教改革旗帜下发展起来的。人文主义已形成一股社会思潮，称为人道主义思想。主张以人为中心，反对以神为中心，重视人的价值，是资产阶级的世界观，推动了近代资本主义监狱制度的形成。

3. 矫正院教育的内容

阿姆斯特丹矫正院注重对犯人的精神感化和职业辅导。其女犯矫正院的标语上写着：“勿怕，我并非对你的恶行加以报复，而是将你导于善；我的手虽严，但我的心仍慈善。”阿姆斯特丹斯平豪斯监狱是1597年成立的，在其监狱大门上方有这样一条横幅：“不要害怕！我不是以牙还牙，而是强迫你为善。我手腕似铁，但我心中充满慈爱。”这种最初类型的处刑有一个明确的目标：按照加尔文劳动伦理观念，通过劳动进行强迫训练教育，并提供宗教帮助。③ 犯人平时参加活动，但饭前必须进行祷告，星期日要做礼拜。少年犯除参加劳动外，还要定期听教员讲课，其他犯人则学习《圣经》，《圣经》人手一册。

受英国、荷兰监狱的影响，特别是在阿姆斯特丹矫正院的影响和推动之下，到17世纪初，类似于矫正院的机构在欧洲的法国、德国、波兰等国家纷纷建立。到1786年，德国至少已有60所矫正院。④ 需要指出的是，16、17世纪在欧洲盛行一时的矫正院并不是现代意义上的监狱或矫正机构。由于当时资产阶级革命刚刚起步，封建势力仍很强大，社会政治经济的发展还未达到近代监狱的要求。但矫正院时代是西方自由刑发展史上的一个里程碑，监狱与刑罚有机的结合，赋予自由刑以新的含义。刑罚执行职能的这种变化，使监狱不再仅仅考虑隔离、安全、强制，而是要在此基础上集中考虑如何保证刑罚执行的完成与完善。这时候教育罪犯这一活动真正登上历史的舞台，发挥它在管理罪犯中的作用。

---

① 参见潘华仿主编：《外国监狱史》，社会科学文献出版社1995年版，第295页。

② 参见潘华仿主编：《外国监狱史》，社会科学文献出版社1995年版，第295页。

③ 参见[德]京特·凯泽：《欧·美·日本监狱制度比较》，刘瑞祥、潘佳斌、红云译，中国政法大学出版社1989年版，第13页。

④ 参见潘华仿主编：《外国监狱史》，社会科学文献出版社1995年版，第296页。

第二节 欧美国家罪犯教育理论的形成及实践

一、近代监狱改良运动

关于近代监狱改良的萌芽,比较公认的是始于18世纪意大利罗马教皇克里门斯十一世(Clemens PP. XI)。1703年罗马教皇将圣·米歇尔教堂的一部分改造成未成年人监狱,收容20岁以下的未成年罪犯及不良少年,这是世界上第一所少年监狱。在这所监狱中,实行矫正主义的管理方式,对罪犯实行教育感化。由于圣·米歇尔少年矫正的管理方式对后来的矫正制度影响较大,被尊称为近代狱制改良的发端之一,同时也奠定了克里门斯十一世在世界矫正史上的地位。[①]

最著名的监狱改良运动是由英国的慈善家、监狱改革家约翰·霍华德(John Howard)[②]发起的。1755年,霍华德在去葡萄牙首都里斯本实施地震救援的途中不幸被法国当作战俘送进法国监狱,亲身经历法国监狱的惨状深深刺痛了霍华德悲悯救赎的慈善之心,促发了他监狱改良的决心。1773年,他被任命为英国贝福德郡的司法行政长官,这使他有机会调查和了解各地监狱的弊端,并对国内监狱进行了实地考察。1775年、1777年,他还先后访问了欧洲其他一些国家。1777年,霍华德出版的《英格兰及威尔士监狱状况》一书中对当时英国监狱对囚犯的人身摧残和精神折磨的黑暗内幕进行揭露和批判。该书不仅得到一般人的支持,而且还得到当时英国著名的政治家辉格党(Whig Party)下院领袖查尔斯·詹姆士·福克斯(Charles James Fox)[③]等人的支持,促使法院和地方机构的态度发生了变化,加强了对监狱管理工作的关注,从而促使议会成立各种改革委员会。英国的一些法学家认为,议会的各种改革委员会的活动推动了各郡对地方监狱管理的变革。初期的改革只涉及监狱的物质条件,减轻刑罚,保障罪犯健康、防治传染病,但很快就发展到倡导以人道和理性的原则对待囚犯。1773年,在霍华德的建议下英国国会通过

---

① 参见王泰:《现代监狱制度》,法律出版社2003年版,第56页。

② 约翰·霍华德(John Howard, 1726~1790年)出生于英国。为了探求监狱的改良方法,霍华德从1775年至1790年的15年间,6次出国考察监狱状况,涉足法国、德国、意大利、荷兰、丹麦、瑞士、瑞典、挪威、俄国、波兰、匈牙利、奥地利、比利时、葡萄牙、西班牙等15个国家。把自己的全部财产、毕生精力献给了监狱改良事业,被尊称为监狱学鼻祖。

③ 查尔斯·詹姆士·福克斯(Charles James Fox, 1749~1806年),是英国辉格党资深政治家,在议会中积极提倡政治改革、宗教容忍,此外又努力捍卫自由和少数异见人士的权益,到晚年还推动废除奴隶贸易,颇受称誉。

一项监狱改革法案，法案规定由高等法院法官指派英国教会的牧师到郡监狱中对犯人做宗教训诫，以此来感化犯罪人，使他们改邪归正。[①] 有关法规条款明确规定，牧师有权检查所长和其他管理人员的工作；牧师在履行自己的职责时，服从管委会的监督，牧师有权把他认为值得引起注意的问题直接呈送管委会，就他认为对矫正囚犯有利的任何事情和监所改革事宜向管委会提出建议，管委会下达的对牧师的指示不通过监所长，而直接由监狱秘书交给牧师。监狱牧师的职责和权力极为广泛，牧师处于一种非常有影响的地位。1778 年，霍华德与英国著名法学家布莱克斯顿·伊登联合起来向议会提出一项建立国家教养所的法案，英国议会通过了《教养法》法案。该法案中提出：以预防犯罪为目的，囚犯要进行经常性的劳动并接受系统的宗教训诫，使他们有可能养成勤奋的劳动习惯和良好的品德。该法案并未真正实施，1784 年被废除。

二、欧美国家罪犯教育理论的形成

报应刑论在西方刑法史上一直处于统治地位，直到 19 世纪的后半叶，资本主义社会高重新犯罪率说明刑事古典学派报应刑理论的失败，自由刑的执行需要新的理论上和制度上的突破。预防理论被重视并应用到罪犯管理的实践中，罪犯教育思想与制度开始萌发了新的生机与活力。

（一）预防理论

作为一种比较系统的刑法理论，预防理论是意大利学者贝卡里亚提出来的，他是预防思想的奠基人。贝卡里亚对报应刑论持彻底否定的态度。他在其成名作《论犯罪与刑罚》中写道："刑罚的目的既不是要摧残折磨一个感知者，也不是要消除业已犯下的罪行。"[②]意思是，刑罚的目的并不是要使人受到折磨和痛苦，也不是要使已实施的犯罪成为不存在。他提出，刑罚目的仅在于预防犯罪。"刑罚的目的仅仅在于：阻止罪犯再重新侵害公民，并规诫其他人不要重蹈覆辙。"也就是说，刑罚的目的，只是阻止有罪的人不再使社会遭受危害并制止他人实施同样的行为。贝卡里亚所指的"阻止有罪的人不再使社会遭受危害"这一特殊预防手段，尚未重视通过刑罚的教育功能使犯罪人不再危害社会的价值，主要是从"隔离"的立场出发"阻止有罪的人不再使社会遭受危害"，强调剥夺犯罪人危害社会的客观条件，使其无法再危害社会。贝卡里亚掀开了罪犯教育的冰山一角，认为报应刑思想解决

---

① 参见潘华仿主编：《外国监狱史》，社会科学文献出版社 1995 年版，第 30 页。

② ［意］切萨雷·贝卡里亚：《论犯罪与刑罚》，黄风译，北京大学出版社 2008 年版，第 29 页。

不了犯罪根本问题,预防刑才能从根本上解决犯罪问题,但他还没有触及罪犯教育这一问题的实质。

(二)特殊预防理论

特殊预防理论的核心是通过教育矫正犯罪人,预防其重新犯罪。人们对特殊预防的重视起始于18世纪末,风行于19世纪和20世纪前半叶。关于罪犯能否被矫正,有三种不同的观点。第一种观点认为,罪犯不能够被矫正。刑事人类学派创始人龙勃罗梭认为,促使罪犯犯罪的决定因素是遗传因素,罪犯的犯罪具有天生性,因而罪犯不能被矫正,只能采取包括流放罪犯于荒岛或者用医学的方法切除前额等方法剥夺其犯罪的能力。后来龙勃罗梭的学生意大利法学家菲利也认为生物原因是罪犯犯罪的重要原因,如脑异常、颅骨异常、主要器官异常、感觉能力异常、反应能力异常等。[①] 第二次世界大战后,也有学者根据自然科学研究成果提出"内分泌失调理论""染色体异常理论",以此说明罪犯不能被矫正,只能被治疗。第二种观点认为,有的罪犯可以被矫正,有的罪犯是不能被矫正的。刑事社会学派的代表人物李斯特提出:"矫正可以矫正的罪犯,不能矫正的不使为害。"持这种观点的还有德国、荷兰、挪威等欧洲国家学者,他们从人道主义与防卫社会的愿望出发,认为应当对罪犯进行矫正,但是对有些罪犯能否被矫正持怀疑态度,放弃对罪犯的矫正效果的追求。第三种观点认为,罪犯都具有矫正的可能性。例如,美国和苏联都持这种观点。美国等西方国家是基于人性解放和对人性的深刻认识,也是基于生理学、心理学、行为学等科学原理的指导实践。苏联等社会主义国家,主要是根据辩证唯物主义认识论,马克思主义认识世界、认识社会、认识人类的自然规律的基本原理。马克思主义认为,整个自然界、社会和人的思想都处在不停的运动、变化、发展之中。运动变化是物质存在的形式和根本属性,绝对静止和不变的事物是不存在的。具体到认识领域,马克思主义认为:"人的意识随着生活条件、社会关系和社会存在的改变而改变。"[②]马克思从辩证唯物主义认识论出发,认为罪犯的思想意识和行为恶习,也是随着特定的社会条件和客观环境的变化而变化的,认为大多数罪犯都是可以矫正的。

(三)教育刑理论

德国刑法学家弗朗斯·冯·李斯特(Franz von Liszt)是刑事社会学派的代表,他提出了教育刑思想。刑事社会学派的一个重要观点是强调刑罚目的是对罪犯施

---

① 参见[意]恩里科·菲利:《犯罪社会学》,郭建安译,中国人民公安大学出版社1990年版,第42页。

② 《马克思恩格斯选集》(第3版第1卷),人民出版社2012年版,第419-420页。

以教育，使他们重新适应社会，不再犯罪。

他认为，犯罪既非犯罪人自由意志的选择，也不是天生固有的。他把犯罪原因归结为社会原因和个人原因两个方面：“犯罪一方面是犯罪人的个人特征的产物，另一方面也是犯罪当时犯罪人周围的社会关系的产物。”这就是所谓的犯罪原因二元论。① 根据犯罪原因的二元论，李斯特提出刑罚目的有二：一是教育矫正目的。国家对犯罪人适用刑罚不应单纯为惩罚而惩罚，在报应之外，刑罚应该还有另外的目的，即用刑罚教育矫正犯罪人，刑罚的本质应该是教育而非惩罚。二是防卫社会目的。刑罚目的不应只是为报应犯罪人，而应是如何使犯罪人能够再度适应社会共同生活而成为有用的社会组成人员，顺利回归社会，从而达到防卫社会的目的。

教育刑论使刑罚的价值取向发生了根本的变化，对罪犯的教育在刑罚活动中成为主导，取代了报应、惩罚与威吓，监狱罪犯教育的重要地位也由此确定。李斯特认为，犯罪人之所以犯罪，是因为在他们身上有“主观恶性”。要想使刑罚真正地发挥作用，就必须去努力消除这一主观恶性。因此，刑罚的真正对象不是犯罪行为而是犯罪人，是犯罪人身上的主观恶性。刑罚过程应该是消除犯罪人主观恶性的过程，而这一过程就是所谓的“矫正”。李斯特认为，刑罚是一个自然而然必需的教育过程，刑罚的主要目的应该是对犯罪人作合适的影响，以使犯罪人适应社会不再犯罪。1870 年美国第一届监狱工作代表大会在俄亥俄州的辛辛那提举行，这次会议的中心议题是罪犯更新，教育刑成为监狱行刑的指导思想。

三、美国罪犯教育的实践

（一）美国独居制罪犯教育实践

18 世纪末期，欧洲的刑罚和监狱改革运动影响和鼓舞了美国的监狱改革家。他们也开始积极地从事监狱改革运动，对美国监狱的状况做了许多调查工作，发现美国监狱的恶劣状况和不良管理同霍华德在他的著作中所描述的情形极相类似。最先发起监狱改革运动的是 1786 年美国宾夕法尼亚州的教友派组织，其极力主张改革狱制，提出了“以宗教精神改善狱制”的思想。为了促进监狱改革工作的顺利开展，刑罚和监狱改革家们于 1787 年 5 月成立了“费城监狱改良协会”，这是美国第一个专门从事监狱改革活动的组织。该协会的目的是，为改善监狱的不良状况而努力。建立的第二年，该协会在本杰明 · 拉什的领导下向宾夕法尼亚州议会提

① 参见吴宗宪：《西方犯罪学》，法律出版社 2006 年版，第 162 页。

出建议,要求改革"杂居制",实行"独居制"。1790 年宾州议会通过决议批准了这一建议,决定正式采用新狱制,开始建造新监狱。[1] 这一时期的监狱制度改革,主要是羁押方式、监禁方式的改进,因为这是监禁刑成为刑罚制度的主要刑种以后,必然首先遇到的问题。改革由宗教组织发起,从设计监狱建筑开始。依照教堂忏悔室的格局,每人一室,建立悔罪院式的监狱。据说之所以设计成这样,就是为了使服刑罪犯便于在静默中增加向上帝忏悔的机会。[2] 犯人在被完全剥夺自由的状态下生活,每时每刻都必须保持沉默,在沉默中让犯人有充分的机会忏悔和反省自己所犯的罪行;参与宗教活动时也必须隔离,每个人的座位就像竖起来的婴儿车,面向着牧师,看不到其他犯人。分房制的本意在于通过隔离、独居,不但能够达到自由刑剥夺自由的目的,还能避免犯人之间互相传染恶习和恃强凌弱,改进旧监狱非人道的做法,并使犯人在孤寂沉默中反省,以达到悔罪的目的。但是,这种独居制使犯人终日在苦闷、无聊中度日,精神上备受折磨和痛苦,经常发生发疯、变态、自杀等事件。同时,这种对犯人所实行的"冷酷的感化"也没有取得实际的效果。因此,独居制在美国流行的时间不长,即被以后产生的沉默制所取代。但无论是独居制还是沉默制,其所处的时代都是报应刑时代,主张刑罚的目的是报应,监狱的任务是如何完成对监禁罪犯实施惩罚,达到剥夺罪犯自由的目的,对罪犯的教育只限于宗教教诲和独居反省。独居监禁极易损害罪犯的身心健康,难以组织有益的生产劳动,更难以实行有组织的罪犯教育。

(二)欧美国家教育刑思想的监狱实践

最早将教育刑思想付诸实施的是美国的埃尔米拉感化院(Elmira Reformatory)。该感化院于 1876 年建立,由著名监狱改革家、美国监狱协会的主要负责人泽布伦·布罗克韦(Zebulon R. Brockway)担任感化院的监狱长。他试图把感化院建成一个具有学校氛围的机构,较多地强调教育青少年罪犯,对其进行文化的、职业的和道德的教育。这个感化院在建筑结构上类似于奥本监狱,采用内监房式样,夜晚独居监禁,白天集体劳动、接受教育和训练。该感化院是美国第一所具有教育矫正性质的矫正机构,是美国早期教育模式的典范。"埃尔米拉制"的主要做法有:

第一,实行不定期刑。法院的判决中不宣告具体刑期,但是规定执行刑期的上限,不得超过所犯罪行大小应科的最高刑。[3]执行刑期的长短完全由"监内委员会"确定。该委员会有委员 5 ~7 人,由州议会选举,州长任命。

---

① 参见王泰:《现代监狱制度》,法律出版社 2003 年版,第 79 页。

② 参见王泰:《现代监狱制度》,法律出版社 2003 年版,第 80 页。

第二，严格限制收容的适用对象。埃尔米拉感化院中的收容对象都是年龄在16～30岁的初犯，并且恶性较轻，有悔改表现，否则不收。由此可以明显看出，埃尔米拉制的试验性质，同时也等于宣布，它不能成为完整的监狱行刑制度。

第三，强化监内制度管理。监内管理按照陆军编制，管教人员称为“教官”，实行严格的军营式生活，训练内容以行为训练和体格训练为主。埃尔米拉感化院设有天主教牧师和犹太教牧师，实行宗教教诲。有文化教育，办有狱内学校和狱内报纸。设有习艺训练所，习艺训练有29个工种供服刑罪犯自愿选择。服刑罪犯的处遇分为三个等级：第一级为优越处遇级，第二级为中间级（初入监者），第三级为处罚级。违反监规纪律的，按具体规定罚款。每月被罚款达到一定数目以上者，为“品行不完全”，进入第三级处罚级。相反，累计6个月的“品行完全”就可以获得升级。到第一级后再连续6个月“品行完全”，即可获得假释资格。但是，学习成绩不及格、习艺不合格者需要加期。获假释资格者，经监狱长和委员会认可，于当月20日以后放出，假释考验期为6个月。

应该说，这种主张对现代监狱制度有积极的影响，有力地推动了现代监狱制度的发展。在教育刑思想的指导下，形成了一系列激励罪犯改造的制度——如不定期刑制度、假释制度、减刑制度、分类制度、累进处遇制度——都是为激励罪犯积极改造而创立。不定期刑制度因埃尔米拉感化院的试验成功而引起世人注目，美国的一些州纷纷效仿，对30岁以下至16岁的初犯适用这种做法。国际监狱协会在1910年华盛顿会议和1925年伦敦会议上，都曾向各国推荐这种制度。

第三节 欧美国家罪犯教育内容

在教育刑思想的指导下，各国监狱罪犯教育工作逐渐完善和系统，许多国家甚至通过立法，确定了罪犯教育的地位、内容以及教育的组织实施。联合国《囚犯待遇最低限度标准规则》第七十七条规定，应该设法对可以从中受益的一切囚犯继续进行教育、包括在可以进行的国家进行宗教教育。时至20世纪末，不但世界多数国家都对罪犯开展教育工作，而且大多数国家对罪犯的教育有了长足进步。综合各国情况，在19世纪末20世纪初西方国家罪犯教育主要包括以下五个方面内容：

一、宗教教诲

所谓宗教教诲，就是通过宗教来培养罪犯品德的方法。欧美国家普遍有信仰基督教、天主教的传统,宗教在人们生活中占据非常重要的地位。在教育刑思想指导下,许多国家都对罪犯进行宗教教诲。但宗教教诲的内容多是对底层犯罪的民众进行思想麻醉式的说教。因为19世纪的欧洲,工人阶级和资产阶级之间的矛盾还相当尖锐,资本的积累在许多方面还处于相对无序和相对野蛮的状态,资本家为榨取剩余价值,全然不顾工人死活。社会底层的人们对于这种剥削和财富分配的不均极其仇恨,随之而来的是对保护这些罪恶的制度的强烈不满。监狱中的罪犯绝大多数来自社会底层,因此这种情绪表现也最为充分。针对这种情况,宗教教诲宣扬现世的一切都是上帝的旨意;宣扬禁欲主义,不要去追求现世的物质享受,而应去追求来世的天堂;宣扬对统治阶级的剥夺和压迫逆来顺受,不得反抗。在资产阶级利益的推动下,宗教教诲得到政府、监狱机关的支持和帮助,成为西方监狱教育的重要内容。

美国大部分州的监狱都设有牧师、传教士,除此之外,还有一些自愿传教的业余人员。这些传教人员必须具备广泛的宗教知识以及劝导和抚慰经验。他们的主要工作有:主持监狱内日常的宗教活动,指导罪犯学习、研究宗教事务,承担着劝导罪犯的事务,帮助罪犯解决精神危机等。法国监狱内的宗教活动主要由神职人员组织实施,这些神职人员是由宗教机构向各地的监狱推荐的,他们的主要工作是主持监狱内的祭祀事务、向罪犯提供经常性的帮助等。英国监狱不但设有专职的神职人员,还设有教堂,教堂也成为英国监狱的基本设施和教育罪犯场所。

“宗教乃藉神之力,志在劝善,最易动人,尤易动社会中下等无知识之平民。犯罪人中,以此种下等人为多数,故宗教之力,功效无穷。”①由此可见,宗教活动在罪犯矫治中作用很多,可以使罪犯在服刑时减少其精神压力和负担,能帮助罪犯调整和适应监狱生活。不仅如此,参加宗教活动还能帮助罪犯减少违反监规纪律的频率。鉴于上述宗教教诲在罪犯教育矫治中的积极意义,许多国家都将宗教教诲作为罪犯教育改造的重要手段。

二、劳动教育

在西方国家,监狱组织罪犯劳动已有较长历史,罪犯劳动的性质与目的伴随着行刑思想的演变而不断变化。在报应刑时期,刑罚的目的在于惩罚罪犯,威吓社会。在监狱行刑上以使罪犯从事各种劳役、遭受痛苦为目的,罪犯的劳动只是作为惩罚罪犯的手段。这一时期的罪犯的劳动经常是一种无社会效益和经济效益的无效劳

---

① 刘迪:《论中国近代以来的教育矫正措施及改革方向》,载《佳木斯教育学院学报》2013年第9期。

动。英国议会1971年颁布的国家《教养法》规定，劳动是惩罚罪犯的一种手段，在教养所中，无论是男性或女性，年老体弱或身体强壮，都必须以自己体力所能及的最大限度从事最艰苦、最具有奴役性的非生产劳动。当时的法国、德国等许多国家也都有类似的规定。可见，报应刑时期的罪犯劳动的目的就是单纯的惩罚。

自19世纪末教育刑思想取代报应刑思想以后，罪犯的劳动逐渐由单纯的惩罚手段演变为矫正罪犯、提高其生活技能的手段。在自由刑创始阶段，发现罪犯在监狱内的时间在增长，罪犯在狱内要度过刑罚所规定的刑期，不能终日无所事事、惹是生非。加之当时许多罪犯是失去土地的农民，在社会上就是无业或者失业人员，好逸恶劳、缺少工业生产技能是他们没能融入工业社会的主要原因。因此，一些欧洲国家开始在狱内对罪犯进行劳动教育，一是从思想上重视劳动对罪犯的教育矫正作用，纠正其好逸恶劳、不劳而获的恶习；二是培养罪犯的劳动技能，对罪犯进行职业技能的培养和训练，指导罪犯通过在狱内的“习艺”，将来能够适应社会。在这一指导思想的影响下，一些国家甚至把实施教育的监狱叫作“矫正院”“习艺所”。从历史上看，如果说宗教教诲是最早进入监狱的教育矫正工作的话，劳动教育、职业培训就是紧随其后的教育活动。

近代以后，西方监狱学者更加重视监狱内的罪犯劳动。他们认为，组织罪犯参加劳动，有几个显而易见的好处：(1)缓和囚犯对监禁生活的厌倦。枯燥单调的监禁，每天时间有限的放风，使许多囚犯或心情抑郁，或无事生非，而劳动在一定程度上能缓解这种情况。(2)减少国家财政开支。罪犯劳动创造的经济效果，一部分改善犯人的生活，一部分上交国家，这样有助于减少国家在刑罚领域的巨大支出。(3)有助于罪犯学习、掌握生产技艺。欧美国家的囚犯许多都是失业者或无业游民，西方社会学家和犯罪学家认为，缺少一技之长是他们走上犯罪道路的重要原因。而狱内劳动有助于改变这种状况，为囚犯获释后适应社会创造条件。(4)矫正罪犯。生产劳动中的组织纪律要求，生产劳动中的人与人之间的接触，都对犯罪人有潜移默化的矫正作用。

监狱组织罪犯参加劳动的这些明显益处，各国监狱机关都非常重视。同时，为了最大限度地发挥罪犯劳动的效益，各国通过立法明确规定了罪犯劳动的目的。德国规定，罪犯从事劳动和劳动疗法培训和深造，应有助于提供、保持或提高犯人的释放后的谋职能力。波兰规定，被判刑人参加劳动，旨在使其养成劳动习惯，学到专业技能，为获释后开始正当生活做准备，同时也为了保持和发展其体力和智力。①

① 宝红胜：《我国服刑人员劳动权法律保障研究》，内蒙古大学2013年硕士学位论文。

比利时规定,在监狱中组织犯人劳动是为了更积极地改造犯人,使他们更好地重返社会,尤其要关心对犯人的职业培训。[①] 概括来说,各国立法中都很重视监狱劳动对罪犯的矫正目的。当然,立法内容和实践效果并不会完全等同,许多国家在组织罪犯劳动中,没能完好地实现其目的。

各国监狱立法在确定罪犯劳动的目的的同时,也界定了罪犯劳动的性质。与报应刑思想占统治地位时期相比,这些规定最大的特点是惩罚色彩减弱。《阿根廷国家监所法》第五十四条规定:“监所的劳动是一种处遇,而不是附加的惩罚。”《西班牙刑法典》第二十六条规定:“劳动是犯人的权利和责任,是改善犯人的根本手段。”但是,许多国家在规定监狱罪犯劳动的性质时,也强调了其强制性。例如,阿根廷规定,劳动对于被监禁者来说是强制性的,如果犯人没有正当的理由而拒绝劳动,将被看作严重违反纪律,并受到纪律制裁。

世界各国在犯罪劳动性质和目的上的规定,以及各国的理论宣传,在世界范围内产生了一定的影响,以至于联合国预防犯罪和罪犯待遇大会对罪犯劳动问题也极为关注,并通过了许多文件,建议各国监狱机关重视罪犯劳动,规范罪犯劳动,最大限度地发挥罪犯劳动的效用。1955 年在日内瓦召开的联合国第一届预防犯罪和罪犯待遇大会上通过关于监狱罪犯劳动的专门决议,建议各国祛除报复主义的影响,明确监狱中罪犯劳动的性质。决议明确指出,凡服刑者都必须参加劳动,但要以医生开具的体质和神经状况证明为度。监狱劳动不应被视为附加刑罚,而是一种有利于恢复罪犯适应能力、为从事某种职业做准备、培养他们良好的劳动习惯、防止游手好闲和放荡不羁的措施。在同一次会议上通过的联合国《囚犯待遇最低限度标准规则》第七十一条规定,监狱劳动不使罪犯感到痛苦;劳动应在可能范围内,使罪犯能够维持并且增加他们释放后的就业能力。第七十五条规定,囚犯每日及每周最高工作时数由法律或行政规则规定,但应考虑到当地有关雇用自由工人的规则或习惯。

联合国预防犯罪和罪犯待遇大会通过的这些文件,又影响到各国的有关立法及法律修订,同时,也影响到各国监狱组织罪犯劳动的实践。罪犯劳动成为各国刑事处分重要构成部分,成为刑罚的要素。甚至一些欧洲国家监狱创立了劳动改造模式,如俄罗斯及东欧等一些社会主义国家。劳动改造模式基于马克思、恩格斯最先创立“劳动创造人类本身”的基本理论,在这一理论的基础上,马克思在《哥达纲领批判》(Critique of the Gotha Programme)中提出:“改造犯人的唯一手段,是生产

① 赖早兴:《监狱劳动合理化论纲》,载《法学评论》2007 年第 2 期。

劳动,并在劳动中受到教育”“体力劳动是防止一切社会病毒的消毒剂”,把劳动作为改造罪犯基本手段。这一模式创建于俄罗斯苏维埃政权成立的初期,司法人民委员部1918年颁布的“关于作为刑罚方法的剥夺自由及执行这种刑罚方法的程序的暂行指令”中规定了对犯人进行劳动改造的矫正方法,这种方法就是组织罪犯进行有益的生产性劳动、政治教育和丝毫不带侮辱人格性质的管理制度。其劳动改造分为“普通管束”“加强管束”“严格管束”“特别管束”四种劳动改造营,以及过失犯劳动改造村,根据犯罪的严重程度和危险程度划分到不同的服刑单元实行强制性程度不同的劳动改造。[①] 劳动改造集法律强制性、刑事惩罚性和教育改造性于一体,劳动成为改造罪犯的最主要的手段。

三、文化教育

法国著名作家雨果有句名言,“多一所学校,少一所监狱”。这句话说明了犯罪行为与文化知识水平之间的关系,即知识匮乏可能与犯罪行为发生呈现一定的相关性。西方工业革命之后,随着城市的不断兴起和膨胀,大量失去土地的农民进入城市,犯罪率急剧上升,他们没有受过教育,文化知识水平低下,缺乏谋生手段和能力,只好去偷去抢,走上犯罪道路。在明确了这个问题之后,欧美国家普遍在狱内开展文化教育,尤其对青少年罪犯,文化教育成为教育的主要内容,并且根据教学规律系统开展扫盲教育、初级教育甚至是高等教育、专项教育,提高罪犯的文化素质,以重新适应社会生活。

在美国监狱中,罪犯的文化知识教育一般可分为三类:中等和普通教育、成年犯的基础教育、大学预科教育。这三类教育所对应的罪犯有所不同,中等和普通教育主要是为未通过中等教育的罪犯提供的,可分为小学、初中、高中几个层次,教学内容与罪犯的教育升级考试有关;成年犯的基础教育主要目的在于帮助罪犯提高基本的阅读、写作和算数能力;大学预科教育主要是监狱与附近的二年制或四年制学院合作,为罪犯提供大学的教育课程,结业的罪犯也可获得相关的结业文凭。教师的来源有两类:一类是专职教师,由监狱自己配备具有大学毕业以上文化程度的人担任;另一类是兼职教师,聘请社会上的教师担任,这些社会教师主要由地方教育局提供。在美国,兼职教师承担了监狱中罪犯的绝大部分教育工作。其教育形式也多种多样,有面授教学、函授教学,有的也允许罪犯到社会上的学习机构进行学习。在美国,越来越多的罪犯在监狱中获得学士学位,有的甚至获得硕士和博士学位。

---

① 参见潘华仿:《外国监狱史》,社会科学文献出版社1995年版,第515–517页。

法国监狱也非常重视罪犯的文化知识教育。法国的相关法律规定,各个监狱机构都要保证对罪犯实施初等教育,具体做法是凡是不满25周岁的以及不能流利进行阅读、不能计算和写作的罪犯必须接受初等教育。对于文盲罪犯和外籍罪犯,应当开设专门课程。另外,任何罪犯都可以参加由法国教育部举办的函授课程学习,并规定参加函授课程学习以及完成相关作业的时间只能利用劳动以外的时间进行;对于一些监狱内无法开设也无法通过函授进行的课程,法国规定可以对在押罪犯实行半自由制度,即允许他们到监狱外开设这些课程的机构中学习。

就英国而言,监狱对罪犯广泛开展扫盲教育和基础教育。扫盲教育针对文盲罪犯开展,目的在于使罪犯掌握最基本的读、写、算能力。英国监狱开设的基础教育主要是培养罪犯基本生活技能的教育,其目的在于帮助罪犯将所学的知识和技能运用于社会生活。除此之外,英国监狱注重罪犯接受高等教育的可能性,英国监狱努力为愿意接受高等教育的罪犯创造条件。

四、社会教育

监狱借助各种社会力量的积极影响参与罪犯的教育改造工作,从而加速罪犯的思想改造,提高改造的质量。自由刑成为刑罚体系的核心刑种,教育刑思想被广泛应用到监狱行刑,但是由于各种社会原因导致犯罪率居高不下。西方监狱学家在遏制犯罪领域发现社会因素是影响犯罪的根本原因,认为监狱行刑的目的是让罪犯能够重新适应社会生活,成为有用的社会组成人员,许多西方国家监狱都开始重视对罪犯的社会教育。相比狱内教育,社会教育具有开放性、易受性和实效性等特点。所谓开放性是指社会教育不再局限于监狱内部,而是从社会大环境中寻求对罪犯进行教育的因素;所谓易受性是指相比狱内教育,社会教育形式多样、生动活泼、感染性强,更容易为罪犯所接受;所谓实效性是指社会教育相比其他教育形式更能吸收、促进和巩固罪犯思想改造的实际效果。因此,社会教育在中外监狱工作中都是一种非常重要的罪犯教育形式。在欧美国家,社会公众参与监狱工作是一项传统,罪犯教育矫治工作会受到公众的关注,得到社会的帮助,社会诸多社团、组织也会积极参与罪犯矫正活动。他们认为,非监狱工作者参与监狱工作可以在形式上突破传统框架,志愿者具有专业技能,可以弥补监狱工作人员的不足,而且他们来自社会,更容易得到罪犯的信任。除此之外,由于社会志愿者对监狱工作有较大兴趣,他们可以给监狱工作带来一些新的思维和方法。

在美国,除教堂的神职人员可以参与对罪犯的矫治外,一些高等院校、社区机构里的人员也可以参与此项工作。另外,受害者群体和已经出狱的罪犯也可以参与。受害者群体作为监狱矫正的志愿者可以发挥特殊的作用,如可以让罪犯更深刻地感受犯罪行为给受害者、受害者的家庭以及社会带来怎样恶劣的影响。这些志愿者有的出于人道主义目的、有的出于个人兴趣爱好、有的出于为社会负责的心态来向罪犯提供服务,如在罪犯刚入狱时他们会对罪犯进行一些帮助和指导,以帮助罪犯顺利适应监狱生活;与罪犯的父母、子女、朋友联系,以帮助罪犯改造;向罪犯介绍社会的变化,使罪犯不至于与社会脱节;举办一些课程和活动帮助罪犯度过闲散时光,或者开展一些宗教方面的活动。

在德国,来自社会的工作者都会积极参与到罪犯的教育矫治工作中,无论是未成年犯监狱、成年犯监狱还是其他的罪犯关押场所,都可以见到社会工作者的身影,社会教育已经成为德国刑罚执行工作中不可缺少的部分。他们会在罪犯入狱后的不同阶段承担不同的工作内容。例如,在罪犯入监初期,他们会通过与罪犯谈话等方式收集资料,帮助罪犯适应监狱生活以及建立与外界的联系;在服刑中期的改造阶段,他们的主要任务就是针对每个罪犯的不同情况,帮助他们制订相应的学习、生活、培训计划,向他们提供一些有益的精神和物质帮助;在出狱前期,他们的主要工作就是帮助罪犯寻找工作、住房等,给罪犯提供一些出狱后的咨询、指导,帮助他们顺利地返回社会。在德国,有一些高等院校不仅帮助监狱开设课程,还会为罪犯课程的开设承担一部分费用。

《意大利监狱法》第十七条规定,应遵循使罪犯和被收容人重返社会的宗旨,鼓励并组织个人、公司团体和机构参加教育活动。对一切关心罪犯重返社会的工作并有能力促进监狱组织与自由社会间交往的人,根据监狱法官的方针并经监狱长同意,可以经常出入监狱。

社会教育还促使各国监狱重视做好罪犯与家属的会见,建有一定规模的接见室,增加罪犯与亲人的联系。监狱的生活、工作环境、工作性质、技能培训也尽可能地与社会接轨同步。

五、心理健康教育

所谓心理健康教育就是通过向罪犯传播心理健康知识,转变罪犯的心理健康观念,使罪犯对自己的心理健康水平有一个正确的认知,在遇到较轻的心理问题时能够自我调节,遇到较重的心理问题时有主动求治的欲望,从而促进罪犯心理的发展和不断完善,最终消除犯罪这一不适应社会的行为。中外对于衡量罪犯心理健康有着基本相同的指标,如能够建立积极、良好的人际关系;有健康的情绪生活;乐于学习和劳动;有正确的自我意识;有正常的行为和协调的个性;能够面对现实、把握现实等。罪犯的心理健康教育对象是罪犯群体,其目的在于预防罪犯出现心理问题或对罪犯进行发展性的心理辅导。

罪犯心理健康教育的内容包括:(1)心理健康基本知识的教育。帮助罪犯树立关于心理健康的科学观念,了解影响心理健康的各种可能因素和关系。(2)认知模式教育。使罪犯掌握认知的观念及其与心理健康的关系,培养正确的认知模式和思维方式。(3)积极情感教育。使罪犯掌握疏导和消除不良情感体验的方法,建立积极向上的情绪情感。(4)意志力和生活方式优化教育。其目的主要是使罪犯增强心理承受力,培养优良的意志品质,建立良好的生活方式。(5)人格健全教育。主要是使罪犯了解不健全的人格对心理健康的消极影响,掌握消除不健全人格和培养健全人格的方法。(6)人际关系教育。其目的在于使罪犯掌握人际交往的基本常识和技巧,发展和谐、健康的人际关系。

就罪犯服刑的不同阶段而言,心理健康教育的侧重点也会有所不同。入监初期,心理健康教育的侧重点在于帮助罪犯顺利适应监狱生活;服刑中期,心理健康教育侧重于人际关系教育,以及加强罪犯心理受挫能力教育;出监前期,心理健康教育的侧重点则是如何帮助罪犯适应社会生活,消除罪犯消极回归心理。以英国监狱为例,在罪犯出监教育的过程中,他们会开设一系列心理健康教育的课程,这些课程旨在改变罪犯的不良态度,鼓励罪犯认识自己的潜能,建立自信心和自尊心。通过开设心理健康教育课程,帮助罪犯顺利回归社会生活,降低重新犯罪的可能性。

研究与思考

1. 报应刑思想指导下的监狱行刑有无对罪犯的教育?
2. 预防刑思想指导下的监狱对罪犯教育为什么会失败?
3. 独居制罪犯教育实践中有无对罪犯的教育?请谈谈其具体体现。
4. 惩罚罪犯与教育罪犯是否存在矛盾?
5. 监禁罪犯与罪犯社会化之间的矛盾如何解决?